SCHÄFFER POESCHEL

Andreas Georg Scherer / Jens Michael Alt (Hrsg.)

Balanced Scorecard in Verwaltung und Non-Profit-Organisationen

2002
Schäffer-Poeschel Verlag Stuttgart

Herausgeber:

Prof. Dr. Andreas Georg Scherer,
Lehrstuhl für Grundlagen der Betriebswirtschaftslehre und Theorien der Unternehmung, Institut für betriebswirtschaftliche Forschung (IfbF), Universität Zürich

Dipl.-Verw.Wiss. Jens Michael Alt,
Wissenschaftlicher Assistent am genannten Lehrstuhl

Die Deutsche Bibliothek – CIP-Einheitsaufnahme

Balanced Scorecard in Verwaltung und Non-Profit-Organisationen :
Andreas Georg Scherer/Jens Michael Alt (Hrsg.)
- Stuttgart : Schäffer- Poeschel, 2002
    ISBN 3-7910-2043-9

Gedruckt auf säure- und chlorfreiem, alterungsbeständigem Papier.

ISBN 3-7910-2043-9

Dieses Werk einschließlich aller seiner Teile ist urheberrechtlich geschützt. Jede Verwertung außerhalb der engen Grenzen des Urheberrechtsgesetzes ist ohne Zustimmung des Verlages unzulässig und strafbar. Das gilt insbesondere für Vervielfältigungen, Übersetzungen, Mikroverfilmungen und die Einspeicherung und Verarbeitung in elektronischen Systemen.

© 2002 Schäffer-Poeschel Verlag für Wirtschaft · Steuern · Recht GmbH & Co. KG
www.schaeffer-poeschel.de
info@schaeffer-poeschel.de
Einbandgestaltung: Willy Löffelhardt
Druck und Bindung: Franz Spiegel Buch GmbH, Ulm
Printed in Germany
April / 2002

Schäffer-Poeschel Verlag Stuttgart
Ein Tochterunternehmen der Verlagsgruppe Handelsblatt

Vorwort

Der vorliegende Band erscheint zu einer Zeit, in der der öffentliche Sektor in der Bundesrepublik mit einer neuerlichen Sparwelle rechnen muss: Die hohen Haushaltsdefizite im Bund, in den Ländern und in den Gemeinden zwingen zu einschneidenden Maßnahmen, nicht zuletzt auch um die Stabilitätskriterien der EU einzuhalten. So ist zu erwarten, dass öffentliche Leistungen auf allen Ebenen einer umfassenden Wirtschaftlichkeitsprüfung unterzogen werden. Hiervon ist auch der Non-Profit-Sektor berührt, insoweit sich die öffentliche Hand aus vielen Bereichen weiter zurückzieht und Private in die entstehenden Lücken einspringen müssen. Zudem ist zu erwarten, dass die öffentlichen Zuschüsse zurückgehen, so dass die Institutionen sich nach neuen Geldgebern umsehen bzw. mit geringerer finanzieller Unterstützung besser haushalten müssen.

In einer solchen Situation kommt die „Balanced Scorecard" (BSC) für Verwaltung und Non-Profit-Organisationen gerade recht. Dieses Controlling-Instrument wurde vor zehn Jahren zunächst in der Privatwirtschaft entwickelt und verspricht eine konsequente Ausrichtung aller Aktivitäten an der effizienten Umsetzung vorgegebener strategischer Ziele. Dabei steht nicht nur die Kostenersparnis im Vordergrund, sondern die günstige Positionierung im Wettbewerb um Kunden und knappe Ressourcen. Die BSC ist in der Privatwirtschaft gut eingeführt. So verwundert es nicht, dass neuerdings auch der Öffentliche Sektor dieses Instrument zur Kenntnis nimmt und zur Steuerung einsetzen will. Hierzu muss die BSC allerdings an die spezifischen Anforderungen Öffentlicher Institutionen angepasst werden. Konkrete Konzepte und detaillierte Erfahrungsberichte sind jedoch rar. Es ist unsere Überzeugung, dass die hier anvisierte Problematik bislang weder durch die Literatur zum New Public Management noch zur BSC hinreichend abgedeckt wird:

1. Die bisherigen Beiträge zur „Neuen Steuerung" bzw. zum „New Public Management" liefern zwar zumeist tiefgehende Diskussionen von Reformvorhaben im öffentlichen Sektor. Nach unserer Einschätzung fehlt es jedoch an konkreten Beschreibungen strategischer Controlling-Instrumente und an Erfahrungsberichten zu deren praktischer Umsetzung (Operationalisierungslücke der Verwaltungsreform).

2. Kaplan und Norton, die beiden Erfinder der BSC, haben in jüngster Zeit zwar immer wieder das Potenzial der BSC für den öffentlichen Bereich deutlich gemacht. Während aber für die Privatwirtschaft mittlerweile eine große Dichte an Publikationen und Fallbeispielen zur Balanced Scorecard zu verzeichnen ist, haben die Erfahrungen mit der BSC in öffentlichen Organisationen erst begonnen. Systematische Aufarbeitungen von BSC-Anwendungen im öffentlichen und Non-Profit-

Bereich sind in der Literatur relativ selten und weit verstreut, Gesamtdarstellungen sind eher unterrepräsentiert (Anwendungslücke in öffentlichen Institutionen).

Die Herausgeber betrachten es folglich als wichtige und lohnenswerte Aufgabe, die skizzierten Lücken zu schließen. Der Sammelband soll *zwei Ziele* erfüllen: Zum einen wollen wir die unterschiedlichen Rahmenbedingungen strategischer Steuerung in Öffentlichen Institutionen herausarbeiten, zum anderen sollen einige der bisher dort durchgeführten praktischen BSC-Einführungen exemplarisch referiert werden. Dabei wird auch auf die besonderen Implementierungsprobleme eingegangen.

Der Sammelband umfasst 14 Beiträge aus der betriebswirtschaftlichen Forschung und aus der Beratungspraxis. In einem ersten theoretischen Teil werden die Spezifika und Steuerungsanforderungen Öffentlicher Institutionen dargestellt. Hierdurch lassen sich die bestehenden Problemfelder verdeutlichen und Anforderungen an eine wirksame strategische Steuerung im Öffentlichen Sektor ableiten. Im zweiten Teil soll die Entwicklung der BSC am jeweiligen Einzelfall detailliert nachvollzogen werden. Die Beiträge beziehen sich auf Beispiele aus Kommunalverwaltungen und Bundeswehr, aus dem Pflegebereich, dem Krankenhaus, aus Sportvereinen, Kirchen und aus Jugendhilfeeinrichtungen. Jeder Beitrag greift darüber hinaus ein besonderes Problem der BSC-Einführung auf.

Das Buch richtet sich an Wissenschaftler und Praktiker auf dem Gebiet der strategischen Steuerung und des New Public Management, vor allem aber an Reformer, Umsetzungspraktiker und Controlling-Verantwortliche in Verwaltungen und Non-Profit-Organisationen.

Entstanden ist dieses Buchprojekt im Rahmen unserer Arbeit am Fachbereich Politik- und Verwaltungswissenschaften der Universität Konstanz. Hier durften wir in den vergangenen zwei Jahren eine Reihe von Studien zur Steuerung mit der Balanced Scorecard in Verwaltungen und Non-Profit-Organisationen, aber auch in privatwirtschaftlichen Unternehmen, selbst durchführen oder aber begleiten. Die besondere Ausrichtung des verwaltungswissenschaftlichen Fachbereichs an der Schnittstelle betriebswirtschaftlicher und politikwissenschaftlicher Fragestellungen war in besonderer Weise geeignet, sich des Themas anzunehmen.

Die BSC-Projekte wurden in Form von Einzelfalluntersuchungen direkt mit den jeweiligen Institutionen, z.T. unter Beteiligung von Beratungsunternehmen, durchgeführt. Für diesen Sammelband konnten darüber hinaus eine Reihe von Experten aus der Wissenschaft sowie aus der Organisations- bzw. Beratungspraxis gewonnen werden, die wir im Rahmen unserer Arbeit kennen lernen durften. Sie haben ihr Wissen und ihre Erfahrung mit uns geteilt. Allen beteiligten Personen und Institutionen gilt daher unser herzlichster Dank!

Schließlich haben nicht zuletzt Frau Rollnik-Mollenhauer und Frau Knapp vom Verlagshaus Schäffer-Poeschel dank des in uns gesetzten Vertrauens sowie ihrer Unterstützung beim Erstellen der Druckvorlage einen wichtigen Anteil am Zustandekommen dieses Bandes. Alle Beteiligten haben zur fristgerechten Fertigstellung dieses Buches in hervorragender Weise zusammengearbeitet.

Mögen die Beispiele aus diesem Sammelband zur kreativen Nachahmung, vor allem aber zum kritischen Nachdenken anregen.

Konstanz und Zürich, im Februar 2002   *Andreas Georg Scherer*
                                                Jens Michael Alt

Inhaltsverzeichnis

Vorwort V

Abkürzungsverzeichnis X

A Theoretischer Teil: Rahmenbedingungen und Herausforderungen der BSC-Steuerung in Öffentlichen Institutionen 1

Besonderheiten der strategischen Steuerung in Öffentlichen
Institutionen und der Beitrag der Balanced Scorecard
(*Andreas Georg Scherer*) 3

Die Steuerungsfähigkeit wiedererlangen – Die Balanced Scorecard
für das Management von Non-Profit-Organisationen
(*Markus Gmür/Julia Brandl*) 27

Balanced Government – Die Eignung der Balanced Scorecard als
Organisationsentwicklungsprozess in der Öffentlichen Verwaltung
(*Jens Michael Alt*) 43

Ist die Balanced Scorecard ein innovativer Ansatz oder ein
herkömmliches Kennzahlensystem?
(*Rainer Beyer*) 73

B Praktische Anwendungsfälle: Die BSC in Verwaltung und Non-Profit-Organisationen 91

Balanced Scorecard als Steuerungsinstrument für
Kommunalverwaltungen
(*Cornelia Gottbehüt*) 93

Ergebnisorientierte Steuerung von Großstädten mit Hilfe
von Balanced Scorecards
(*John Lührs/Katrin Vernau/Ute Lysk*) 117

Balanced Scorecard als Instrument des Controlling
in der Bundeswehr am Beispiel des Heeres
(*Frank Hippler/Guido Benzler*) 141

Die Balanced Scorecard als Grundlage für ein integratives
kennzahlengestütztes Controlling in der Jugendhilfe
(*Michael Worschischek*) 165

Einführung der Balanced Scorecard in einer großen diakonischen
Wohlfahrtseinrichtung
(*Rainer Beyer/Markus Horneber*)... 191

Einsatz strategischer Steuerungssysteme für stationäre Pflegedienste
(*Adelheid Susanne Esslinger*) 211

Entwicklung einer Balanced Scorecard als strategisches
Steuerungsinstrument in einem öffentlichen Klinikum
(*Sonja Roth*) 239

Zur Anwendbarkeit einer Balanced Scorecard im Sportverein
(*Albert Galli/Marc Wagner*) 265

Leistungsorientierung mit der Balanced Scorecard als
Baustein eines kirchlichen Controlling
(*Martin Mertes*).. 283

C Synopsis und Kritik 317

Strategisches Management in öffentlichen Verwaltungen –
Zur Funktion und Leistungsfähigkeit der Balanced Scorecard
als strategisches Planungs- und Managementkonzept
(*Dietrich Budäus*) 319

Autorenverzeichnis.. 339

Abkürzungsverzeichnis

Abb.	Abbildung
Abs.	Absatz
AfA	Abschreibung für Abnutzung
AG	Aktiengesellschaft
AGAB	Arbeitsgruppe Aufwandsbegrenzung im Betrieb
AKS	Arbeitskreis Spielflächen
Art.	Artikel
Anm. d. Verf.	Anmerkung des Verfassers
BDA	Bundesvereinigung der deutschen Arbeitgeberverbände
BMVg	Bundesverteidigungsministerium
BPflV	Bundespflegeverordnung
BSC	Balanced Scorecard
BSHG	BundessozialhilfeGesetz
BWL	Betriebswirtschaftslehre
CESAG	Centre d'Etudes des Sciences appliquées à la Gestion
CJD	Christliches Jugendwerk Deutschland
DAX	Deutscher Aktien Index
DB	Deckungsbeitrag
DIN	Deutsche Industrienorm
DRGs	Diagnosis Related Groups
EVA	Economic-Value-Added
EDV	Elektronische Datenverarbeitung
EFQM	European Foundation for Quality Management
EU	Europäische Union
FAU	Friedrich-Alexander-Universität Erlangen-Nürnberg
FH	Fachhochschule
FüH	Führungsstab des Heeres
GG	Grundgesetz
GmbH	Gesellschaft mit beschänkter Haftung
GO	Gemeindeordnung
GR	Gemeinderat
GuV	Gewinn- und Verlustrechnung
HA	Heeresamt
HfüKdo	Heeresführungskommando
HGB	Handelsgesetzbuch
HJWG	Hegau-Jugendwerk Gailingen GmbH
IAS	International Accounting Standards
IfbF	Institut für betriebswirtschaftliche Forschung

IMB.K	Institut für Managementberatung Konstanz
YMCA	Young Men's Christian Association
ISO	International Organization for Standardization
ISPE	Intensive Sozialpädagogische Einzelhilfe
IT	Informationstechnologie
JuHilfeA	Jugendhilfeausschuss
KGSt	Kommunale Gemeinschaftsstelle
KHG	Krankenhausfinanzierungsgesetz
KJHG	Kinder- und Jugendhilfegesetz
K+L	Kosten- und Leistungsrechnung
KLR	Kosten- und Leistungsrechnung
KLV	Kosten- und Leistungsverantwortung
KV	Krankenversicherung
MA	Mitarbeiter
MDS	Minimum Data Set
NPO	Non-Profit Organisation
NRW	Nordrhein-Westfalen
NSM	Neues Steuerungsmodell
NW	Nordrhein-Westfalen
ÖMIS	Öffentliches Management Informationssystem
OLAP	Online Analytical Processing
QM	Qualitätsmanagement
QZ	Qualitätszirkel
O.V.	Ohne Verfasser
p.a.	per annum
PflegeVG	Pflegeversicherungsgesetz
PR	Public Relations
PPP	Public Private Partnership
RAI	Resident Assessment Instrument
RAP	Resident Assessment Protocol
Rdnr.	Randnummer
Ress.	Ressort
SGB	Sozialgesetzbuch
SGE	Strategische Geschäftseinheit
SPFH	Sozialpädagogische Familienhilfe
TQM	Total Quality Management
UM	Umweltmanagement
US-GAAP	United States-Generally Accepted Accounting Principles
UTA	Umwelt- und Technikausschuss
WU	Wirtschaftsuniversität Wien

A Theoretischer Teil:
Rahmenbedingungen und Herausforderungen der BSC-Steuerung in Öffentlichen Institutionen

Andreas Georg Scherer*

Besonderheiten der strategischen Steuerung in Öffentlichen Institutionen und der Beitrag der Balanced Scorecard

1 Einführung: Strategische Steuerung, Balanced Scorecard und Öffentliche Institutionen

2 Funktionswandel in Öffentlicher Verwaltung und Non-Profit-Organisationen
   2.1 Von der Bürokratie zum New Public Management
   2.2 Herausforderungen für ein Controlling in Öffentlichen Verwaltungen und Non-Profit-Organisationen

3 Die Balanced Scorecard: Formale Grundidee und Integration in den Steuerungsprozess
   3.1 Defizite klassischer Performance-Measurement-Instrumente
   3.2 Formales Denkraster der Balanced Scorecard
   3.3 Einbindung der Balanced Scorecard in den Steuerungsprozess

4 Perspektiven der Anwendung der Balanced Scorecard in der Öffentlichen Verwaltung und in Non-Profit-Organisationen
   4.1 Die Balanced Scorecard als Steuerungsrahmen für die Öffentliche Verwaltung
   4.2 Problembereiche der Anwendung

5 Literaturverzeichnis

---

* Prof. Dr. Andreas Georg Scherer, Institut für betriebswirtschaftliche Forschung (IfbF), Universität Zürich.

1 Einführung: Strategische Steuerung, Balanced Scorecard und Öffentliche Institutionen

Die *strategische Steuerung* von Organisationen hat sich in den vergangenen Jahren zu einem der zentralen Themen in Managementforschung und -praxis entwickelt. Neben den Managern (Entscheidern) kommt den Controllern und ihren Unterstützungsleistungen bei der Planung, Informationsbeschaffung, Kommunikation und Kontrolle eine steigende Bedeutung zu.[1] Gleichzeitig vollzieht sich ein Wandel im Controllingverständnis. Die Entwicklung weist hier weg vom klassischen Finanzcontrolling, dessen Kennzahlensysteme in erster Linie auf vergangenheitsorientierten, eher kurzfristigen Finanzdaten basieren, hin zu einem ganzheitlichen, strategischen Controllingverständnis (vgl. u.a. Pietsch/Scherm 2000, Steinle et al. 1998, Steinmann/Scherer 1996a, dies. 1996b, Weber 1999).

Ein *strategisches Controlling* stützt sich sowohl auf monetäre als auch auf nichtmonetäre Messgrößen, berücksichtigt kurzfristige sowie langfristige Erfolgsindikatoren und versucht, den gesamten Leistungserstellungsprozess strategieadäquat abzubilden, d.h. nicht bloß die Leistungsergebnisse zu erfassen, sondern auch die wichtigsten Erfolgsfaktoren, um im Sinne einer Vorsteuerung eingreifen zu können. Ein solches Steuerungsverständnis muss zwei Dinge sicherstellen: Zum einen soll die effiziente Umsetzung der Strategie gewährleistet werden, zum anderen soll dafür Sorge getragen werden, dass Veränderungen in der Umwelt oder in der Organisation, die ein Umsteuern des strategischen Kurses erforderlich machen, rechtzeitig erkannt und notwendige Reformulierungen der Strategie initiiert werden. Strategische Steuerung kann dabei aber nicht mehr als eine exklusive Aufgabe der Organisationsspitze oder einzelner Manager verstanden werden, sondern muss vielmehr von der gesamten Organisation getragen werden (vgl. Steinmann/Kustermann 1996, Steinmann/Schreyögg 1986, Simons 1995). Dementsprechend initiiert ein wirksames strategisches Controlling einen organisationsweiten Kommunikations-, Lern- und Entwicklungsprozess, der es ermöglicht, dass alle Mitarbeiter ihr Wissen und ihre Potenziale für die Organisation mobilisieren und einen Beitrag zur Erreichung der strategischen Ziele sowie zur wirksamen Kontrolle der Strategie leisten können.

Ein Management-Instrument, das diesen Entwicklungen und den neuen Anforderungen an ein strategisches Controlling in besonderer Weise gerecht werden will, ist die *Balanced Scorecard* (BSC) von Kaplan und Norton (1992, 1994, 1996, 1997, 2001). Die BSC genießt derzeit unter Managern, Beratern und Wissenschaftlern in den Vereinigten Staaten und zunehmend auch im deutschen Sprachraum eine große Populari-

---

[1] Dies zeigen einerseits die zahlreichen Veröffentlichungen auf diesem Gebiet, andererseits auch die Suche nach Controlling-Verantwortlichen in allen Wirtschaftsbereichen.

tät. Auch auf dem Buchmarkt ist die Balanced Scorecard, zumindest was den privatwirtschaftlichen Sektor angeht, mit einer großen Zahl an Neuerscheinungen präsent.

Parallel zu den privatwirtschaftlichen Unternehmen zeichnen nun aber auch *öffentliche Verwaltungen* und *Non-Profit-Organisationen* die oben beschriebene Entwicklung, wenngleich mit etwas Verspätung, nach.[2] Angesichts der Bemühungen im Zuge der Verwaltungsreform um die Einführung von „Neuer Steuerung" und Controlling in der Öffentlichen Verwaltung und in Non-Profit-Organisationen ist auch in diesem Sektor ein stark wachsender Bedarf an geeigneten Steuerungskonzeptionen und an Implementierungswissen erkennbar (vgl. z.B. Budäus et al. 1998, Budäus/Buchholtz 1997, Ferlie et al. 1996, Horak 1995, Naschold/Bogumil 2000, Schedler/Proeller 2000, Theuvsen 2001, Thom/Ritz 2000). Die Balanced Scorecard kann hierfür allerdings nicht ohne weiteres aus dem privatwirtschaftlichen Bereich übertragen werden. Dies deshalb nicht, weil Öffentliche Institutionen hinsichtlich der organisationalen Steuerung durch einige Besonderheiten bzw. eine höhere Komplexität gekennzeichnet sind (vgl. z.B. Budäus 1998, Gmür/Brandl 2000, Kaplan/Norton 2001, S. 133 ff., Theuvsen 2001 sowie zuletzt im kritischen Überblick Boyne 2002). Hierzu gehören u.a. die Interessenvielfalt bei der Entscheidungsfindung, die Priorität der Gemeinwohl- vor den Finanzzielen, komplexere Bürger/Kunden-Beziehungen, die politischen Rahmenbedingungen, das Demokratie- und Öffentlichkeitsprinzip oder das Stabilitäts- und Sicherheitsstreben der Mitarbeiter. Diesen Rahmenbedingungen ist beim Einsatz einer Balanced Scorecard als Steuerungsinstrument im öffentlichen Bereich Rechnung zu tragen. Demzufolge muss beim Transfer des BSC-Erfahrungswissens privater Unternehmen auf Öffentliche Institutionen eine Modifikationsleistung erbracht werden, die oftmals nicht ohne Probleme bewältigt werden kann. Der vorliegende Band handelt von diesen Schwierigkeiten sowie den Möglichkeiten zu ihrer Bewältigung und will damit eine Lücke schließen.

Ich will in diesem einleitenden Beitrag auf die Besonderheiten der strategischen Steuerung in öffentlichen Institutionen hinweisen (Abschnitt 2), in die Grundidee der Balanced Scorecard einführen (Abschnitt 3) und Perspektiven der BSC-Anwendung im öffentlichen Bereich skizzieren (Abschnitt 4). Die weiteren Aufsätze in diesem Band gehen dann jeweils auf spezifische Fragestellungen bezüglich der Steuerung mittels der BSC sowie auf konkrete Anwendungsbedingungen in Öffentlichen Institutionen ein.

---

[2] Im vorliegenden Beitrag verwende ich den Begriff „Öffentliche Institutionen" als Oberbegriff, unter dem ich die „öffentliche Verwaltung" und „Non-Profit-Organisationen" fasse.

2 Funktionswandel in Öffentlicher Verwaltung und Non-Profit-Organisationen

2.1 Von der Bürokratie zum New Public Management

Moderne Managementkonzeptionen haben inzwischen nicht nur in der Privatwirtschaft Einzug gehalten, vielmehr sehen sich heute auch Öffentliche Verwaltungen und Non-Profit-Organisationen mehr und mehr dazu veranlasst, über eine bessere Steuerung ihrer Abläufe nachzudenken (vgl. z.B. Budäus et al. 1998, Ferlie et al. 1996, Klimecki/Müller 1999, Naschold/Bogumil 2000, Schedler/Proeller 2000, Thom /Ritz 2000). Die Entwicklung weist dabei weg vom klassischen Steuerungsmodell der Öffentlichen Verwaltung, das noch eng mit den Prinzipien der Bürokratie von Max Weber verknüpft ist, hin zu einem Managementverständnis, das sich an eingeführten Konzeptionen der Erwerbswirtschaft orientiert (vgl. Abbildung 1).

Bürokratiemodell	New Public Management-Modell
◆ Arbeitsteilung	◆ Teamwork
◆ Amtshierarchie	◆ Flache Organisation/ Dezentralisierung
◆ Fachqualifikation	◆ Generalist
◆ Regelsteuerung	◆ Zielvorgaben
◆ Versorgungsprinzip	◆ Leistungslohn
⇩	⇩
Zentralaktorsteuerung	Dezentrale Steuerung

Abbildung 1: Bürokratiemodell vs. New Public Management Modell
(vgl. Schedler 1995, S. 15, modifiziert)

Waren für das *Bürokratiemodell* noch typische Strukturmerkmale wie eine starke Arbeitsteiligkeit, eine ausgeprägte hierarchische Ordnung sowie eine strikte Orientierung an vorgegebenen Regeln, denen sich Verwaltungsbeamte nach einer entsprechenden Fachschulung unterzuordnen hatten, kennzeichnend, so adaptiert das sogenannte „*New Public Management*" gängige Erfolgsrezepte der Privatwirtschaft (vgl. z.B. Ferlie et al. 1996, Naschold/Bogumil 2000, S. 84 ff., Schedler 1995, Schedler/Proeller 2000, S. 75 ff.): Statt Spezialisten sind nun stärker Generalisten gefragt, die nach konkreten Zielvorgaben eigenverantwortlich die besten Mittel wählen und sich dabei oftmals in selbststeuernden „Teams" aufeinander abstimmen. In diesen lässt sich gar kein formaler Vorgesetzter mehr ausmachen. Nicht die Orientierung an vorgegebenen Regeln und der Eingriff des Vorgesetzten trägt hier zur bestmöglichen Koordination der arbeitsteiligen Prozesse bei, sondern vielmehr die Selbstorganisation eigenverantwortlicher Akteure, die ihre Handlungen an vereinbarten Zielen ausrichten und dabei durch einen Leistungslohn zu einer besonderen Anstrengung motiviert werden sollen. Während also im Bürokratiemodell das Gelingen der Koordination von der Intelligenz des „Organisators" abhängt und dessen Vermögen, auftretende Probleme *ex ante* anhand allgemeiner Regeln zu erfassen und zu bewältigen („Zentralaktorsteuerung"), vertraut das New Public Management stärker auf das (personelle) Rationalitätspotenzial der Organisationsmitglieder, die vorhandenen Spielräume im Sinne der Organisationsziele zu nutzen und zu innovativen Lösungen zu gelangen, die sich nicht durch den Strukturgestalter antizipieren lassen („Dezentrale Steuerung") (vgl. Schreyögg/Noss 1994). Diese innovative Ausrichtung der Öffentlichen Verwaltung erfordert somit ein entsprechend angepasstes Führungsverhalten sowie neue Organisationsstrukturen und personalpolitische Instrumente (vgl. hierzu Klimecki/Müller 1999, Thom/Ritz 2000).

Die Gründe für diese Neuorientierung sind nicht zufällig, sondern lassen sich unter anderem auf die *Steuerungsdefizite der Bürokratie* bzw. „mechanistischer Organisationsstrukturen" zurückführen, die bereits in den sechziger und siebziger Jahren in der Privatwirtschaft offenkundig wurden und nun auch im öffentlichern Sektor unübersehbar werden. Unter Bedingungen hoher Komplexität und Dynamik, so zeigt sich, muss eine zentrale Steuerung anhand vorgegebener Regeln versagen. Dies deshalb, weil zum einen die Regelkonstrukteure nicht in der Lage sind, die Komplexität der Steuerungsaufgabe vollständig abzuarbeiten und die zukünftigen Entwicklungen hinreichend genau zu antizipieren (*Irrtumswahrscheinlichkeit der Planung*) (vgl. Schreyögg/Steinmann 1985, Simons 1995), zum anderen, weil sich der bürokratische Regelapparat nicht ohne weiteres an die sich ändernden Anforderungen anpassen lässt (*Inflexibilität der Bürokratie*) (vgl. z.B. Schreyögg/Noss 1994).

Einhergehend mit dieser Erkenntnis setzt sich ein *neues Staatsverständnis* durch, in dem die Beziehung zwischen Bürger und Staat neu definiert wird (vgl. z.B. Naschold/Bogumil 2000, S. 80 ff.). Während noch in den sechziger und siebziger Jahren die Auffassung dominierte, der Staat habe eine Vielzahl von Fürsorgepflichten gegenüber seinen Bürgern wahrzunehmen, zeigte sich in den achtziger Jahren, dass die Bürger damit Zug um Zug entmündigt und die öffentlichen Kassen über Gebühr strapaziert wurden. Heute weist die Entwicklung in die andere Richtung. Nicht nur die finanziellen Nöte der öffentlichen Haushalte, sondern auch das neue Selbstverständnis der Bürger lassen den „schlanken Staat" attraktiv erscheinen, dem die Bürger nicht als Bittsteller, sondern selbstbewusst als „Kunden" gegenüber treten.

Diese Entwicklung mündete in den achtziger und neunziger Jahren in eine große *Deregulierungs-* und *Reprivatisierungswelle*, bei der ehemals öffentliche Leistungen in den privaten Sektor zurückverlagert werden sollten (vgl. Naschold/Bogumil 2000, S. 44 ff.). Zugleich öffnete sich der Öffentliche Sektor dem Markt. Eine stärkere Leistungsorientierung und Wirtschaftlichkeit sollte die Produktion der öffentlichen Güter kennzeichnen (vgl. hierzu Theuvsen 2001).

Parallel hierzu vergrößerte sich auch der sogenannte „dritte Sektor". In dem Maße, in dem sich der Staat aus vielen Bereichen zurückzieht, treten häufig Private in die entstandene Lücke und bieten die Leistungen auch ohne Gewinnerzielungsabsicht an (Non-Profit-Organisationen). Gleichwohl lässt sich auch hier eine verstärkte Orientierung zu mehr Effizienz und Leistung beobachten, sollen doch angesichts der immer knapper werdenden staatlichen Zuflüsse die erforderlichen Leistungen kostengünstiger erstellt werden (vgl. Berens et al. 2000, Eschenbach 1998, Horak 1995). Dies gilt insbesondere auch im Falle der Finanzierung durch private Geldgeber, die ein besonderes Augenmerk auf den wirtschaftlichen Einsatz der von ihnen zur Verfügung gestellten finanziellen Mittel legen.

2.2 Herausforderungen für ein Controlling in Öffentlichen Verwaltungen und Non-Profit-Organisationen

Beim „Controlling"-Begriff handelt es sich um einen Anglizismus, dem in Deutschland eine Wortverwendung zugrunde liegt, die in den USA nicht immer eine passgenaue Entsprechung findet; dies im Unterschied etwa zum „Marketing"-Begriff, der hier wie dort im gleichen Sinne verstanden wird. Dies mag einer der Gründe dafür sein, dass mit der in Deutschland in den neunziger Jahren einsetzenden Konjunktur des Controlling-Begriffes dessen Bedeutung immer unklarer wurde. Der Controlling-Begriff wurde mit immer mehr Funktionen aufgeladen, so dass der Unterschied zum Management-Begriff völlig verschwamm (vgl. hierzu kritisch Steinmann/Scherer 1996a, dies. 1996b): Die Inhalte einiger mit „Controlling" überschriebener Lehrbücher waren am Ende nicht mehr von den Inhalten der klassischen „Management"-Lehrbücher zu unterscheiden. Erst in jüngster Zeit ist es gelungen, etwas Ordnung in dieses Begriffswirrwarr zu bringen (vgl. z.B. Küpper 2001, Pietsch/Scherm 2000, Steinmann/Scherer 1996a, dies. 1996b, Weber 1999).

Controlling soll hier als eine Steuerungsaufgabe verstanden werden, bei der es um die Steuerung des (arbeitsteiligen) Managementprozesses geht. Der Managementprozess selbst lässt sich zerlegen in die Funktionen Planung, Organisation, Personaleinsatz, Mitarbeiterführung und Kontrolle (vgl. z.B. Steinmann/Schreyögg 2000). Er dient der Steuerung des (in der Regel arbeitsteiligen) Leistungserstellungsprozesses, der idealtypischerweise nach Sachfunktionen bzw. Wertaktivitäten gegliedert wird: z.B. Einkauf, Produktion, Absatz etc. Bei zunehmender Komplexität dieser Steuerungsaufgabe wird es allerdings erforderlich, auch den Managementprozess selbst arbeitsteilig anzulegen, da ein einzelner Manager mit der Bewältigung dieser Aufgabe überlastet wäre (Scheitern der bürokratischen Zentralaktorsteuerung). Damit erwächst eine neue (Meta-)Steuerungsaufgabe, die die Steuerung des (arbeitsteiligen) Managementprozesses betrifft und dem Controlling zukommt (vgl. Abbildung 2).

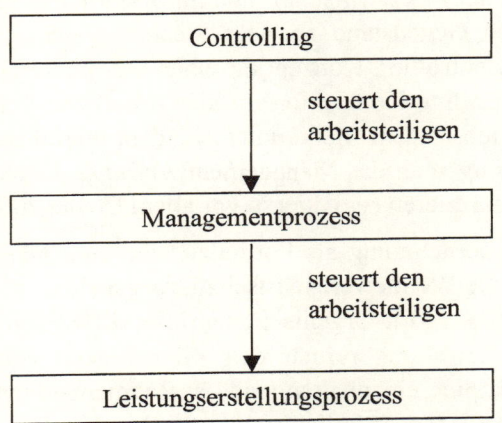

Abbildung 2: Zum Verhältnis von Controlling, Managementprozess und Leistungserstellungsprozess

Das strategische Management und das zu seiner Steuerung konzipierte strategische Controlling sind insoweit *strategisch*, als es hier darum geht, ein Produkt-Markt-Konzept sowie die entscheidenden Einflussfaktoren zu definieren, mit deren Hilfe es einer Organisation gelingen soll, sich im Wettbewerb gegenüber der Konkurrenz durchzusetzen. In der Literatur zum strategischen Management dominieren hierbei zwei Perspektiven (vgl. zum Überblick Müller-Stewens/Lechner 2001, S. 95 ff.): Im „Market-Based-View" geht es darum, sich mit Hilfe einer Differenzierungs-, Kostenführerschafts- oder Nischenstrategie günstig im Wettbewerbsumfeld zu positionieren und alle Wertaktivitäten bzw. internen Prozesse auf die Erlangung eines Differenzierungs- oder Kostenvorteils auszurichten (vgl. z.B. Porter 1985, ders. 1986). Der „Resource-Based-View" dagegen erklärt den Wettbewerbsvorteil aufgrund einmaliger, nicht imitierbarer und nicht substituierbarer Ressourcen oder Kernprozesse, mit deren Hilfe es einem Wettbewerber gelingen kann, sich gegenüber der Konkurrenz abzuheben (vgl. z.B. Prahalad/Hamel 1990, Hamel/Prahalad 1997). Beide Perspektiven des strategischen Managements sind gleichermaßen auf ein gut funktionierendes strategisches Controlling angewiesen. Im einen Falle geht es darum, solche Strukturen und

Prozesse anzulegen, die es dem Management ermöglichen, eine erfolgsversprechende Position im Wettbewerb zu finden und sich dort erfolgreich zu platzieren, im anderen Falle geht es darum, alle Managementanstrengungen auf die Identifikation und Pflege von Kernprozessen und Kernressourcen zu lenken.

Das Erfordernis eines so verstandenen strategischen Controlling ergibt sich somit zugleich mit den Steuerungsgrenzen der Bürokratie. Konzeptionell setzt der Controlling-Begriff damit in der Privatwirtschaft und im öffentlichen bzw. Non-Profit-Sektor zunächst am gleichen Gegenstand an: Der Steuerung des arbeitsteiligen Managementprozesses. Die Controlling-Konzeption einer Privatunternehmung muss sich allerdings von der Controlling-Konzeption für die Öffentliche Verwaltung oder für eine Non-Profit-Organisation in dem Maße unterscheiden, wie diesen Institutionen unterschiedliche Anforderungen an das Management zugrunde liegen. Diese Unterschiede lassen sich wie folgt skizzieren (vgl. hierzu vor allem Boyne 2002, Horak 1995):

Während der Privatunternehmung als Formalziel die *Gewinnmaximierung* bzw. Gewinnerzielung durch die Wettbewerbswirtschaft vorgegeben ist, verfügen Öffentliche Verwaltungen bzw. Non-Profit-Organisationen über differenziertere Zielsysteme. So ist die Öffentliche Verwaltung primär dem *Gemeinwohl* verpflichtet. Dass dabei Wirtschaftlichkeitsprizipien einzuhalten sind, ist Rahmenbedingung ihrer Betätigung, nicht aber ihr primäres Ziel. Ähnliches gilt für Non-Profit-Organisationen, deren Zielbündel von den bestimmenden Anspruchsgruppen definiert werden und bei denen Wirtschaftlichkeit abermals Randbedingung ihrer Betätigung ist. Öffentliche Institutionen sind damit im Vergleich zur Privatwirtschaft durch eine größere Interessenvielfalt gekennzeichnet. Zwar wurde die Vielfalt der Interessen auch in der Privatwirtschaft in den achtziger Jahren (neu) entdeckt (vgl. z.B. Freeman 1984, Bozeman 1987 bzw. davor auch schon Steinmann 1969). Der darauf aufbauende „Stakeholder-Ansatz" wurde jedoch in den letzten Jahren in der Erwerbswirtschaft durch eine einseitige Orientierung am „Shareholder-Value" verdrängt.

Öffentliche Institutionen müssen sich darüber hinaus oftmals mit *komplexeren Bürger-/Kunden-Beziehungen* auseinander setzen, weil der Kreis der Leistungsempfänger häufig nicht mit den Leistungsbezahlern deckungsgleich ist. Öffentliche Institutionen müssen dem *Demokratie- und Öffentlichkeitsprinzip* in besonderer Weise gerecht werden. Dies gilt insbesondere für die öffentliche Verwaltung (Exekutive), die im republikanischen Verfassungsstaat an Recht und Gesetz gebunden ist und der parlamentarischen Kontrolle unterliegt. Aber auch die Non-Profit-Organisationen unterliegen einer besonderen Publizitätspflicht, die sich aus ihrer Verantwortung gegenüber ihren bestimmenden Stakeholdern und gegenüber der Öffentlichkeit ergibt.

Neben den Formalzielen Gemeinwohlorientierung und Wirtschaftlichkeit unterliegt die inhaltliche Ausrichtung der Öffentlichen Verwaltung dem *Diktat der Politik*. Dies ist zumindest idealtypisch so. Faktisch aber lässt sich beobachten, dass das Verwaltungssystem eine Eigendynamik entwickelt hat und die Grenzen zwischen der Definition politischer Ziele in den Parlamenten und der administrativen Umsetzung in der Verwaltung verschwimmen (vgl. hierzu die Beiträge in Klimecki/Müller 1999, S. 131 ff., sowie Schedler/Proeller 2000, S. 18 f.). Dies gilt insbesondere dort, wo politische Mandate im Nebenberuf ausgeübt werden und die Mandatsträger mit der strategischen Steuerungsaufgabe überfordert sind, während der Sachverstand in der hauptamtlichen Verwaltung angesiedelt ist. Eine solche Situation hat oftmals zur Folge, dass die Verwaltung die Initiative an sich reißt und die Mandatsträger die strategischen Vorlagen der Verwaltung mangels eigenem Sachverstand nur noch „abnicken". Eine ähnliche Situation findet sich in Non-Profit-Organisationen, in denen häufig die verantwortlichen Spitzenpositionen im Nebenamt ausgeübt werden und die Strategie tatsächlich von nachrangigen hauptamtlichen Managern bestimmt wird.

Diese Sachverhalte lassen insgesamt ein *strategisches Defizit* in den Öffentlichen Institutionen erkennen (vgl. Nutt/Backoff 1993). Die verantwortlichen Politiker oder NPO-Funktionäre geben oftmals keine präzisen strategischen Vorgaben und sind zugleich nicht in der Lage, die Richtung der Verwaltung bzw. der Institution zu bestimmen und ausreichend zu kontrollieren. Die (strategischen) Handlungsprogramme entwickeln sich mehr emergent, und sind, sofern sie überhaupt als konsistentes Muster im Fluss der verschiedenen Handlungen erkennbar sind,[3] den Akteuren häufig nicht bewusst (*implizite Strategien*) (vgl. Mintzberg/Waters 1985, Müller-Stewens/Lechner 2001, S. 50 ff.). Oder aber die Institution agiert mehr oder minder völlig *richtungslos*, die Handlungen und Initiativen werden nicht aufeinander abgestimmt, vorhandene Ressourcen werden unkoordiniert eingesetzt und nach dem Prinzip der Gießkanne verteilt. Dort, wo keinerlei Zielpunkte und Maßstäbe existieren, kann dann auch keine effiziente Kontrolle ausgeübt werden. Richtungslosigkeit und Unwirtschaftlichkeit sind dann die (eigentlich vermeidbare!) Folge.

Aus diesen Rahmenbedingungen ergeben sich einige besondere *Herausforderungen an ein Controlling* für Öffentliche Institutionen (vgl. hierzu auch Budäus/Buchholtz 1997):

(1) Das Controlling muss den *unterschiedlichen Interessen* der involvierten Stakeholder gerecht werden. Während in der Privatwirtschaft die finanzielle Perspektive den Kulminationspunkt bildet, müssen bei der Öffentlichen Verwaltung das Gemeinwohlinteresse und bei Non-Profit-Organisationen die Interessen der bestimmenden Stakeholder berücksichtigt werden.

---

[3] Der bekannte kanadische Strategieforscher Henry Mintzberg definiert eine Strategie als ein „pattern in a stream of actions" (vgl. Mintzberg/Waters 1985, S. 257).

(2) Das Controlling muss die beteiligten Akteure permanent zum *Nachdenken* über die gewählten strategischen Kurse anhalten. Dies ergibt sich aus der prinzipiellen Irrtumswahrscheinlichkeit der Planung.

(3) Das Controlling muss *horizontale und vertikale Kommunikationsprozesse* in der Organisation stimulieren, damit die Organisationsmitglieder sich in strategische Entscheidungsprozesse mit ihrem spezifischen Know-How einbringen und helfen, einen erfolgversprechenden strategischen Kurs zu definieren und diesen auch umzusetzen. Nur so kann strategisches Denken als ein organisationsweites Phänomen verankert werden.

(4) Das Controlling muss helfen, eine *Brücke zwischen der Politik und der Verwaltung* zu schlagen. Die Verwaltung muss eindeutige Vorgaben erhalten und die Politik muss in die Lage versetzt werden, den Fortschritt jederzeit zu kontrollieren, um bei Abweichungen mit geeigneten Maßnahmen eingreifen zu können.

3 Die Balanced Scorecard: Formale Grundidee und Integration in den Managementprozess

3.1 Defizite klassischer Performance-Measurement-Instrumente

Bei der Balanced Scorecard (BSC) handelt es sich um ein kennzahlenbasiertes Performance-Measurement-System, das gleichermaßen eine Ex-post-Kontrolle und eine vorlaufende strategische Steuerung der Aktivitäten einer Organisation erlauben soll. Dieses Instrument wurde zu Anfang der 90er Jahre von Professor Robert Kaplan (Harvard Business School) und von David Norton (damals Berater bei KPMG) zunächst für die Anwendung in der Privatwirtschaft konzipiert (vgl. Kaplan/Norton 1992, dies. 1997), später von den beiden Autoren allerdings auch für die Öffentliche Verwaltung und den Non-Profit-Bereich empfohlen (vgl. Kaplan/Norton 2001, S. 133 ff.). Die BSC ist heute in den USA weit verbreitet. Seit einigen Jahren stößt sie auch in Deutschland in der Praxis auf gewaltiges Interesse (vgl. Speckbacher/Bischof 2000). Dies zeigen nicht nur die vielen Publikationen zu diesem Thema, sondern letztlich auch die große Nachfrage nach Beratungsleistungen bei der Einführung einer Balanced Scorecard (vgl. z.B. Horváth 2001, Horváth & Partner 2001).

Die Balanced Scorecard will die *Defizite traditioneller Kennzahlensysteme* beheben und damit eine wichtige Instrumentenlücke schließen (vgl. Kaplan/Norton 1997). Traditionelle Kennzahlensysteme sind in der Regel monodimensional, d.h. sie messen nur eine Steuerungsdimension. Sie sind vergangenheitsorientiert, zu sehr an monetären Erfolgsgrößen orientiert und vernachlässigen insbesondere intangible Assets und

Fähigkeiten. Sie zeigen nur den kurzfristigen Erfolg an und sind zu wenig mit den strategischen Zielsetzungen einer Organisation verkoppelt, vielmehr tendieren sie dazu, zu spät auf strategisch relevante Veränderungen hinzuweisen. Zusammenfassend lässt sich festhalten, dass die traditionellen Kennzahlensysteme in Situationen hoher Komplexität und Unsicherheit zu versagen drohen.

An diesen Defiziten also setzt die Balanced Scorecard mit einem völlig *neuen Steuerungsverständnis* an (vgl. Kaplan/Norton 1997, S. 7 ff.). Sie stützt sich auf monetäre sowie auf nicht-monetäre Leistungsmessgrößen. Sie berücksichtigt gleichermaßen kurzfristige wie langfristige Zielgrößen. Die BSC überwacht nachlaufende Zielgrößen (im Sinne einer traditionellen Kontrolle „ex-post") ebenso wie vorlaufende Indikatoren („Leistungstreiber", Kontrolle „ex-ante"). Sie verkoppelt Ziele und Maßnahmen im Sinne von Ursache-Wirkungsbeziehungen und will damit die „Erfolgsrezepte" der Organisation bzw. der Manager dokumentieren und überprüfbar machen. Damit beabsichtigt die Balanced Scorecard eine gesamthafte Leistungsschau des Unternehmens und zwar sowohl aus der Perspektive des Leistungsergebnisses (dies insbesondere aus der Sicht der Kapitalgeber und der Kunden) als auch aus der Perspektive der Leistungsentstehung (d.h. der zur Leistungserstellung notwendigen Prozesse und der Fähigkeit, diese durch Lernen permanent zu verbessern).

Zusammengefasst will die Balanced Scorecard zu einer *höheren Transparenz* des Leistungserstellungsprozesses beitragen und so eine *effektivere Steuerung* ermöglichen. Die BSC ist damit eine vielversprechende Antwort auf die oben skizzierten Herausforderungen an das Controlling.

3.2 Formales Denkraster der Balanced Scorecard

Bei der Balanced Scorecard handelt es sich um einen *offenen, formalen Denkrahmen*, dessen inhaltliche Kategorien auf die konkrete Anwendungssituation einer Organisation zugeschnitten werden müssen. Ursprünglich wurde die BSC von Kaplan und Norton als ein Instrument zur Umsetzung und Kontrolle von Strategien konzipiert. Ihr Einsatz, so die Absicht der Autoren, solle die Implementierungsbemühungen unterstützen und setze somit eine bereits formulierte Strategie voraus (vgl. Kaplan/Norton 1997). Die abstrakten Vorgaben der Unternehmensvision und der Strategie sollen in konkrete Handlungsorientierungen übersetzt werden. Hierzu muss eine Operationalisierung von Vision und Strategie erfolgen. Im Zuge der Umsetzung müssen Unterziele und Maßnahmen bestimmt werden, die der Erreichung der strategischen Ziele dienlich sind (vgl. Abbildung 3).

In ihrem Grundkonzept haben Kaplan und Norton (1997, S. 23 ff.) *vier Perspektiven* vorgeschlagen, die in einer Zweck-Mittel-Beziehung zueinander stehen. Diese Perspektiven sind aus der Strategie abgeleitet. Sie markieren die Voraussetzungen, die gegeben sein müssen, und die Maßnahmen, die durchgeführt werden müssen, damit sich die Strategie realisieren lässt. In der *finanziellen Perspektive* werden die finanziellen Zielgrößen festgelegt. Zugleich wird definiert, anhand welcher Kennzahlen die finanzielle Situation gemessen und überwacht werden soll. Grundfrage ist hier: „Welche finanziellen Ziele müssen wir erreichen, um unsere Anteilseigner zufrieden zu stellen?" Die *Kundenperspektive* ist bereits Mittel zum Zweck. Hier werden die Ziele definiert, die beim Kunden erreicht werden müssen, damit sich der finanzielle Erfolg einstellt und die Strategie erfolgreich umgesetzt wird. Die Perspektive der *Internen Geschäftsprozesse* beleuchtet den Prozess der Leistungserstellung. Hier werden Zielgrößen definiert und anhand operabler Kennzahlen messbar gemacht, die die Qualität des Wertschöpfungsprozesses betreffen und letztlich als Voraussetzung angesehen werden müssen, damit sich der bei den Kunden angestrebte Erfolg einstellt. Kernfrage ist hier: „Durch welche internen Geschäftsprozesse müssen wir uns auszeichnen, um Anteilseigner und Kunden zu befriedigen?" Die Perspektive *Lernen und Entwicklung* schließlich dynamisiert den Leistungserstellungsprozess. Hier geht es darum, Ziele und Kennzahlen zu definieren, die die Voraussetzungen markieren, damit die Organisation jede Chance zur Verbesserung (der internen Prozesse) auch tatsächlich nutzt. Im Ergebnis markieren diese vier Perspektiven eine Zweck-Mittel-Kette im Sinne eines „Erfolgsrezeptes".

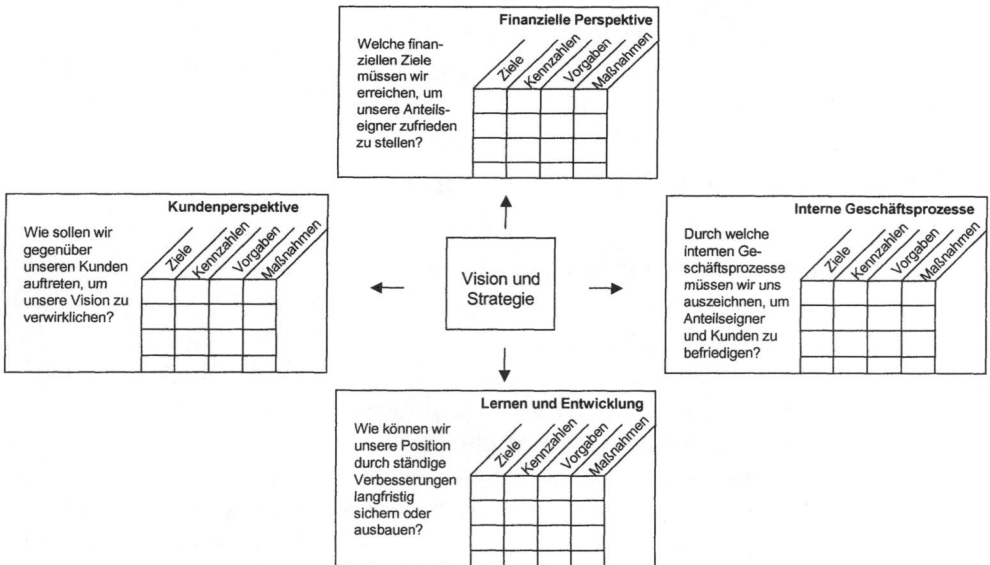

Abbildung 3: Balanced Scorecard als Rahmen zur Operationalisierung der Strategie (vgl. Kaplan/Norton 1997, S. 9, modifiziert)

Auch wenn die vier Perspektiven in dieser Grundform häufig zitiert werden, darf nicht vergessen werden, dass es sich nur um einen *Idealtypus* handelt, d.h. um ein Raster, das zwar im Prinzip auf jede Organisation angewendet werden kann, das zu seiner optimalen Verwendung aber eine spezifische Anpassung an die jeweilige Anwendungssituation voraussetzt. Dies betrifft nicht nur die Auswahl geeigneter Ziele und Kennzahlen, vielmehr können die situativen Anforderungen auch eine Modifikation oder Ausweitung der vier Perspektiven erforderlich machen. Eine solche Modifikation ist, wie wir sehen werden, insbesondere in der Öffentlichen Verwaltung und im Non-Profit-Bereich angezeigt (vgl. hierzu auch Berens et al. 2000, Horváth & Partner 2001, S. 375 ff., Kaplan/Norton 2001, S. 133 ff.).

Bevor ich auf die Besonderheiten der Anwendung der BSC in Öffentlichen Institutionen eingehe, will ich noch einige Worte über die Einbindung der BSC in den Managementprozess verlieren. Daran soll deutlich werden, dass sich hinter der Idee der BSC eben nicht nur ein (weiteres) Kennzahlensystem verbirgt, sondern dass es sich vielmehr um eine *völlig neue Steuerungsphilosophie* handelt, die – richtig verstanden – an die Umorientierung modernen Managements – weg vom Bürokratiemodell, hin zur dezentralen Steuerung – anschließbar ist und damit als eine Antwort auf die Controlling-Aufgaben verstanden werden kann.

3.3 Einbindung der Balanced Scorecard in den Steuerungsprozess

Wie kann die Balanced Scorecard in den Managementprozess eingebunden werden und damit ihrem Zweck, einen Beitrag zur Steuerung des Managementprozesses zu leisten, gerecht werden? Die Antwort auf diese Frage lässt sich anhand von vier Problemfeldern strukturieren, die zugleich die relevanten *strategischen Steuerungsaufgaben* markieren (vgl. Abbildung 4).

(1) Die Balanced Scorecard soll helfen, den *Zielfindungs- und Strategieformulierungsprozess zu unterstützen*. Im ursprünglichen Konzept von Kaplan und Norton wurde zunächst vorausgesetzt, dass Vision und Strategie bereits gegeben sein müssen, bevor die Entwicklung einer BSC einsetzt (vgl. Kaplan/Norton 1997). Später zeigte sich allerdings, dass die Balanced Scorecard bzw. das Denken in BSC-Kategorien den Strategieformulierungsprozess wesentlich unterstützen kann. Dies insbesondere dann, wenn – wie in vielen Organisationen der Fall – keine explizit formulierte Strategie existiert und bzw. oder die Akteure nur eine implizite Vorstellung davon haben, welche Richtung die Organisation einschlagen soll und welche Faktoren dabei besonderes (wettbewerbs-)relevant sind. In anderen Fällen herrscht keine Übereinstimmung über die strategischen Ziele.

Abbildung 4: Die Einbindung der Balanced Scorecard in den Managementprozess (vgl. Kaplan/Norton 1997, S. 10, modifiziert)

In allen diesen Situationen kann die BSC als Instrument zur Zielformulierung eingesetzt werden und kann im Zuge dessen dazu beitragen, die Konsensfindung zu erleichtern. Diese Erkenntnis wurde von Kaplan und Norton später konsequent umgesetzt, indem die beiden Autoren aufzeigen, wie die BSC die Prozesse zur Entwicklung von „Strategy maps", also die explizite Formulierung von Erfolgsrezepten einer Organisation, unterstützen kann (vgl. Kaplan/Norton 2001, S. 65 ff.).

(2) Indem die Balanced Scorecard Ziele und Maßnahmen transparent macht, kann sie dazu beitragen, die *kommunikativen Prozesse* im Zuge der Strategiebildung und -umsetzung zu unterstützen. Dies kommt insbesondere solchen Managementansätzen entgegen, die zur Aktivierung des in einer Organisation vorhandenen Intelligenzpotenzials den Einbezug (im Prinzip) aller kompetenten Organisationsmitglieder vorschlagen (vgl. z.B. Hart 1992, Mintzberg/Waters 1985, Simons 1995, Steinmann/Schreyögg 1986). Sofern sich im Rahmen solcher Kommunikationsprozesse eine Einigung (Konsens) über die zu erreichenden strategischen Ziele und die hierzu erforderlichen Maßnahmen einstellt, entwickeln die beteiligten Akteure ein persönliches *Commitment* zur Umsetzung der Strategie, sind also zur Erreichung der strategischen Ziele intrinsisch motiviert (vgl. hierzu die Beiträge

in Frey/Osterloh 2001).⁴ Darüber hinaus empfehlen Kaplan und Norton eine Verknüpfung der Leistungskennzahlen der BSC mit dem formellen Anreizsystem der Organisation, was die extrinsische Motivation der Organisationsmitglieder zur Strategieumsetzung steigern soll. Die Autoren warnen zugleich aber auch vor den möglichen dysfunktionalen Effekten einer extrinsischen Fehlsteuerung (vgl. Kaplan/Norton 1997, S. 211 ff.), was in der allgemeinen Euphorie über die Wirksamkeit von Leistungslöhnen derzeit gerne übersehen wird (vgl. hierzu kritisch Pfaff et al. 2000). Soweit die Balanced Scorecard die Kommunikationsprozesse und die Bildung von Commitment unterstützt, leistet sie einen wichtigen Beitrag zur *personellen Umsetzung* (Durchsetzung) der Strategie.

(3) Neben der personellen Umsetzung unterstützt die Balanced Scorecard aber auch die *sachliche Umsetzung*, indem sie hilft, die *Gesamtaufgabe zu zerlegen*, Ziele und Unterziele zu bestimmen und dann Ziele und Maßnahmen in eine logisch-pragmatische Zweck-Mittel-Ordnung zu bringen, schließlich Ressourcen zuzuteilen und Meilensteine festzulegen, anhand derer der Umsetzungsfortschritt überwacht werden kann. Auf diese Weise lassen sich Arbeitspakete strukturieren und konkrete Verantwortlichkeiten zuweisen. Der Arbeitsfortschritt kann dann anhand definierter Kennzahlen für jedes Paket überwacht werden.

(4) Eine in Theorie und Praxis häufig vernachlässigte Funktion stellt die des *strategischen Lernens* bzw. der *strategischen Kontrolle* dar (vgl. Schreyögg/Steinmann 1985, Steinmann/Schreyögg 1986). Diese Funktion wird von Kaplan und Norton als besonders wichtig angesehen (vgl. Kaplan/Norton 1997, S. 15 ff.). Sie dient der Dynamisierung des Managementprozesses und der permanenten Weiterentwicklung der BSC und der in ihr enthaltenen Erfolgsrezepte (Zweck-Mittel-Ketten). Grundgedanke ist dabei, dass die gewählte Strategie und die auf ihr basierenden Zweck-Mittel-Ketten *prinzipiell irrtumsbehaftet* sind. Die strategischen Planer können sich bei der Formulierung der Strategie bzw. über die ihr zugrundeliegenden Erfolgsrezepte irren, weil sie prinzipiell nicht in der Lage sind, die Komplexität der Situation vollständig zu durchschauen und die Zukunft richtig zu antizipieren. Aus diesem Grunde schlagen Kaplan und Norton (1997, S. 16 f.) vor, bei der Umsetzung der Strategie nicht nur die gewählten Maßnahmen zu überwachen („Single loop learning"), sondern auch die Strategie selbst zum Gegenstand kritischer Reflexion zu machen („Double loop learning").

Die Balanced Scorecard eignet sich damit zur Unterstützung eines modernen Controlling-Konzepts und dient somit der Steuerung des arbeitsteiligen Managementprozes-

---

[4] Einige empirische Studien zeigen allerdings, dass im öffentlichen Sektor bei den Mitarbeitern ein geringeres Commitment mit den Organisationszielen vorliegen würde als in der Privatwirtschaft (vgl. im Überblick Boyne 2002, S. 113).

ses unter den Bedingungen hoher Komplexität und Dynamik der Umwelt, konfliktärer Interessen und Zielvorstellungen der Akteure sowie Multipersonalität und Dezentralität der Entscheidungs- und Umsetzungsprozesse. Damit sind *Situationsmerkmale* umrissen, die sowohl in der Erwerbswirtschaft als auch im öffentlichen Bereich derzeit prägend sind. Gleichwohl erfordert der Einsatz der BSC eine spezifische Anpassung an die Herausforderungen Öffentlicher Institutionen (vgl. hierzu auch Berens et al. 2000, Galli/Wagner 1999, Horváth 2001, S. 301 ff, Horváth & Partner 2001, S. 375 ff., Kaplan/Norton 2001, S. 133 ff., Morganski 2001, Schedler/Proeller 2000, S. 199 ff., Weise/Kühnle 2000)

4 Perspektiven der Anwendung der Balanced Scorecard in der Öffentlichen Verwaltung und in Non-Profit-Organisationen

4.1 Die Balanced Scorecard als Steuerungsrahmen für die Öffentliche Verwaltung

Wie wir oben gesehen haben, stellen sich an ein Controlling in Öffentlichen Verwaltungen und Non-Profit-Organisationen besondere Herausforderungen. Dies betrifft zum einen die gewandelte Bedeutung der Finanzperspektive. Während in der Privatwirtschaft dieselbe dominiert, steht bei Öffentlichen Institutionen der Gemeinwohlgedanke im Vordergrund. Auch die „politische Vision", die die Strategie einer Kommunal-, Landes- oder Bundesverwaltung bestimmt, muss letztlich dem Gemeinwohl verpflichtet sein. Die Perspektiven der Balanced Scorecard müssen diesem Sachverhalt Rechnung tragen (vgl. Abbildung 5). Hierzu schlage ich vor, die Finanzperspektive durch eine Perspektive „Wirtschaftlichkeit und Gesetzmäßigkeit" und die Kundenperspektive durch eine Perspektive „Gemeinwohlorientierung/Bürgerperspektive" zu ersetzen. In der Perspektive *„Gemeinwohlorientierung/Bürgerperspektive"* geht es um die Frage: „Welche Ziele müssen wir für/bei unsere(n) Bürgern erreichen, um unsere politische Vision zu verwirklichen?" Diese Perspektive definiert die Leistungen der Verwaltung gegenüber den Bürgern aus der Perspektive der Leistungsempfänger. Bei der Perspektive *„Wirtschaftlichkeit und Gesetzmäßigkeit"* geht es dagegen um die Randbedingungen der Politik, mit denen gleichsam die Restriktionen der öffentlichen Leistungserstellung markiert werden. Die Kernfrage lautet hier: „Welche wirtschaftlichen und rechtlichen Restriktionen müssen wir einhalten, um unseren gesetzlichen/politischen Auftrag zu erfüllen?" Wie in der idealtypischen BSC für erwerbswirtschaftliche Unternehmen so müssen auch bei Öffentlichen Institutionen die Perspektiven „Interne Verwaltungsprozesse" sowie „Lernen und Entwicklung" berücksichtigt werden.

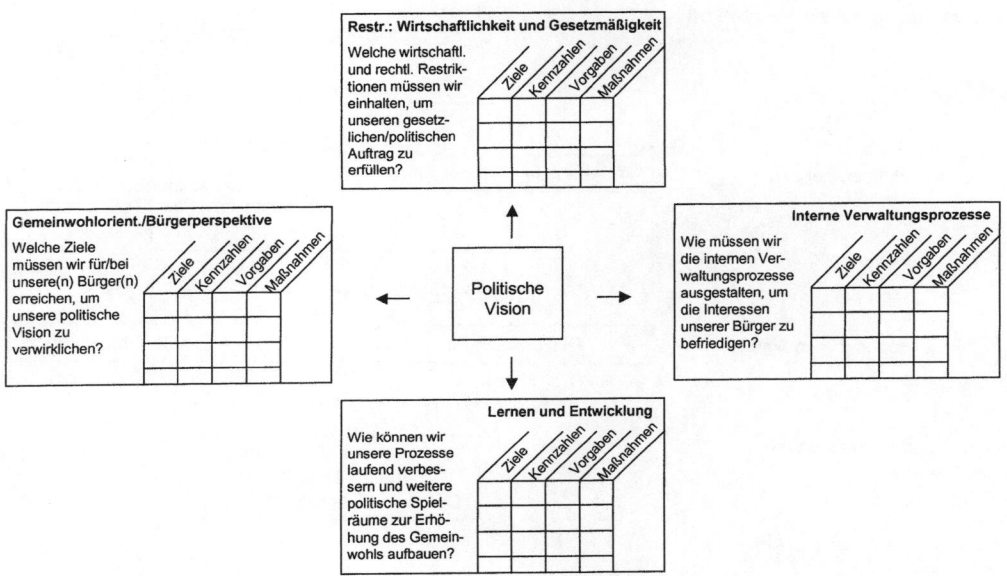

Abbildung 5: Die Balanced Scorecard als Steuerungsrahmen für die öffentliche Verwaltung (vgl. Kaplan/Norton 1997, S. 9, modifiziert)

Der strategische Steuerungsgedanke der Balanced Scorecard wird mit Hilfe einer logisch-pragmatischen Verknüpfung der Perspektiven zu einer Zweck-Mittel-Kette verfolgt, die aufzeigt, durch welche Mittel die Realisation der Strategie ermöglicht werden soll und wie dieser Zweck-Mittel-Zusammenhang anhand von Kennzahlen überwacht werden kann. Mit dieser Zweck-Mittel-Kette wird gleichsam das Erfolgsrezept der Strategie dokumentiert. Beispielsweise könnte eine solche Zweck-Mittel-Kette für eine Ausbildungsinstitution, z.B. für eine Hochschule, etwa wie folgt aussehen (vgl. Abbildung 6).

Die Hochschule versucht, sich im Wettbewerb um gute Studenten und finanzielle Zuschüsse durch eine *verbesserte Ausbildungsqualität* und durch *kürzere Ausbildungszeiten* gegenüber konkurrierenden Hochschulen durchzusetzen. In der BSC muss nun das Zweck-Mittel-Schema transparent (und messbar) gemacht werden, das aufzeigt, wie das Ziel erreicht werden kann. Die Hochschulleitung nimmt nun an, dass eine *Verbesserung der Prozessqualität* und eine *Verringerung der Prozessdurchlaufzeit* zur Erreichung besserer Ausbildungsqualität und kürzerer Ausbildungszeiten beiträgt.

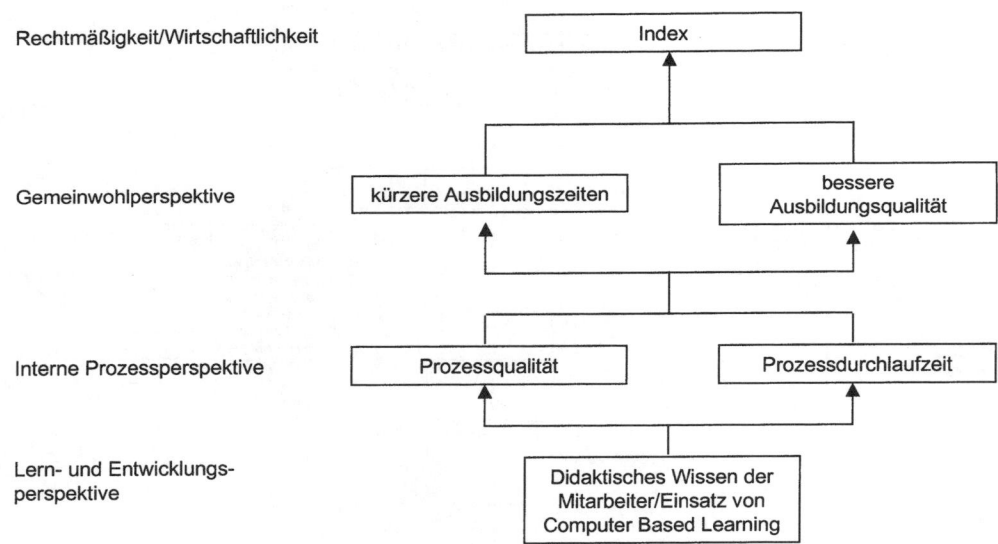

Abbildung 6: Ursache-Wirkungskette in der BSC einer öffentlichen Ausbildungsinstitution (vgl. Kaplan/Norton 1997, S. 29, modifiziert)

Aus der Lern- und Entwicklungsperspektive könnte wiederum eine *Verbesserung des didaktischen Wissens der Mitarbeiter* sowie ein verstärkter *Einsatz von Computer Based Learning* zu einer Verbesserung der Kennzahlen in der Internen Prozessperspektive beitragen. Auf diese Weise entsteht eine vollständige Zweck-Mittel-Kette, die (neben weiteren Zweck-Mittel-Ketten) die Grundlage der Strategie bildet und die Erfolgsrezepte abbildet, an denen sich die Hochschule im Wettbewerb orientiert. Die Perspektive der Rechtmäßigkeit/Wirtschaftlichkeit wird hier als (noch näher zu definierender) Index angegeben und stellt eine restringierende Nebenbedingung dar, die den Raum prinzipiell möglicher Strategien und Maßnahmen einschränkt.

4.2 Problembereiche der Anwendung

Der Einsatz der Balanced Scorecard als Strategisches Steuerungsinstrument bringt einige Problembereiche in der Anwendung mit sich, die bereits aus der Privatwirtschaft bekannt sind und die erfolgreiche Implementierung dieses Controlling-Instrumentes immer wieder erschweren. Diese Probleme sind auch im öffentlichen Bereich virulent. Sie lassen sich wie folgt skizzieren:

(1) *Gegebene Politik wird vorausgesetzt*: Die BSC fußt auf der Annahme, dass die Strategie bereits formuliert ist. Dies ist in vielen Fällen, insbesondere in Öffentlichen Institutionen nicht der Fall. Unter diesen Umständen muss erst ein Diskurs über den strategischen Kurs in Gang gesetzt werden, bevor die Maßnahmen und Kennzahlen bestimmt werden können, die der Umsetzung dieses Kurses dienen sollen. Gleichwohl könnte die BSC – richtig eingesetzt – den Strategieformulierungsprozess als kommunikatives Instrument („Redeinstrument") unterstützen.

(2) *Formelle vs. informelle Planung*: Bei der BSC handelt es sich um ein formelles Planungs- und Controlling-Instrument. Aus der Literatur zum Strategischen Management ist hinlänglich bekannt, dass Formalisierung nicht notwendigerweise zum Erfolg des Planungsprozesses beiträgt. Es ist deshalb darauf zu achten, dass im Zuge der Entwicklung einer Balanced Scorecard erfolgsversprechende Initiativen und Innovationen nicht unterdrückt werden, so dass der innovative Charakter des strategischen Denkens nicht dem Formalismus zum Opfer fällt.

(3) Die BSC tendiert dazu, eine *Top-Down-Perspektive* zu bevorzugen, auch wenn im Ansatz von Kaplan und Norton die Beteiligung nachgeordneter Managementebenen immer wieder eingefordert wird. Hier ist darauf zu achten, dass nachgeordnete Managementebenen auch tatsächlich in die Entscheidungsprozesse involviert und zum kritischen Mitdenken motiviert werden.

(4) Die BSC tendiert dazu, einer *Bürokratisierung der Organisation* weiter Vorschub zu leisten. Ich sehe hier insbesondere die Gefahr, dass der BSC-Entwicklungsprozess zu einer Routine verkommt, dass im Zuge dieses Prozesses ein umfangreiches Kennzahlensystem entwickelt wird und dass Maßnahmen und Regeln definiert werden, die letztlich zu einer *Übersteuerung der Organisation* führen und damit Flexibilität und Öffnung gegenüber Neuerungen verhindern.

(5) *Prüfung der Ziel-Mittel-Ketten*: Die in der BSC definierten Zweck-Mittel-Ketten sind allenfalls Annahmen über bestehende Erfolgsrezepte. Diese Erfolgsrezepte müssen sich in der praktischen Anwendung auf ihre Richtigkeit hin bewähren. Bei Abweichungen müssen die Gründe analysiert und die Erfolgsrezepte gegebenenfalls revidiert werden. Der Einsatz der BSC darf nicht dazu führen, die in ihr definierten Vorgaben völlig unkritisch umzusetzen.

(6) *Koppelung der Zielgrößen an Anreizsysteme*: Die von vielen Autoren empfohlene Verkoppelung der BSC mit dem formalen Anreizsystem bzw. dem Entlohnungssystem (vgl. z.B. Weber/Schäffer 1999) soll die Mitarbeiter dazu motivieren, die in der BSC definierten Ziele auch tatsächlich umzusetzen. Dies birgt aber zugleich die Gefahr, dass die Organisationsmitglieder bei aller Konzentration auf die vorgegebenen Zielsetzungen dieselben nicht mehr kritisch hinterfragen (vgl. Kaplan/Norton 1997, S. 209 ff.). Dies wäre aber erforderlich, weil die strategi-

schen Planer nicht davon ausgehen können, dass die von ihnen gewählten Strategien und getroffenen Maßnahmen in jedem Falle richtig sind („Irrtumswahrscheinlichkeit der Planung", s.o.). Darüber hinaus ist aus der Literatur bekannt, dass es bei starker extrinsischer Motivation zu Fehlsteuerungen kommen kann; dies zum Beispiel dann, wenn Tätigkeiten vernachlässigt werden, die nicht entlohnt werden bzw. entlohnt werden können oder wenn die intrinsische Motivation der Akteure durch extrinsische Anreize, z.B. aufgrund eines an BSC-Kennzahlen orientierten Leistungslohns, verdrängt wird (vgl. Kaplan/Norton 1997, S. 213, sowie zur Anreizproblematik ausführlich Frey/Osterloh 2001).

(7) Die Anreizproblematik ist auch verknüpft mit einem *Operationalisierungs-/Quantifizierungsproblem*. Viele Aufgaben oder Zielsetzungen, die ein Manager verfolgen muss, lassen sich nicht oder nur schwer quantifizieren. Die Gefahr besteht hier, dass solche Aufgaben zugunsten leicht operationalisierbarer und messbarer Aufgaben vernachlässigt werden (sog. „Multi-Tasking-Problem") (vgl. im Überblick Pfaff et al. 2000).

(8) Schließlich muss festgehalten werden, dass es sich bei der Implementierung einer Balanced Scorecard nicht um die Einführung eines (weiteren) neuen Steuerungsinstrumentes handelt, sondern vielmehr soll mit der BSC ein komplexer Organisationsentwicklungsprozess in Gang gesetzt werden, der eine entsprechende Umgestaltung der Organisationsstruktur und der personalpolitischen Instrumente erforderlich macht. Dies betrifft zum einen den Abbau bürokratischer Strukturen, zum anderen die Einführung eines modernen Personalmanagements, das die Organisationsmitglieder in die Lage versetzt, ihr Humanpotenzial zu entwickeln und in Strategieformulierungs- und -umsetzungsprozesse einzubringen (vgl. hierzu z.B. Klimecki/Gmür 2001, Klimecki/Müller 1999, Thom/Ritz 2000).

Der praktische Einsatz der Balanced Scorecard wird zeigen, inwieweit es gelingt, diese Problembereiche in den Griff zu bekommen. Im vorliegenden Band sind Anwendungsfälle aus der Praxis dokumentiert, die eine Orientierung geben sollen, wie die hier skizzierten Schwierigkeiten bewältigt werden können.

5 Literaturverzeichnis

Berens, W./Karlowitsch, M./Mertes, M. (2000): Die Balanced Scorecard als Controllinginstrument in Non-Profit-Organisationen, in: Controlling, Heft 1, S. 23 – 28.

Boyne, G. A. (2002): Public and Private Management: What's the Difference? In: Journal of Management Studies 39, S. 97 – 122.

Bozeman, B. (1998): All Organizations are Public, London.

Budäus, D. (1998): Von der bürokratischen Steuerung zum New Public Management - Eine Einführung, in: Budäus, D./Conrad, P./Schreyögg, G. (Hrsg.): New Public Management. Managementforschung 8, Berlin, New York, S. 1 – 10.

Budäus, D./Buchholtz, K. (1997): Konzeptionelle Grundlagen des Controlling in öffentlichen Verwaltungen, in: Die Betriebswirtschaft 57, S. 321 – 337.

Budäus, D./Conrad, P./Schreyögg, G. (Hrsg.) (1998): New Public Management. Managementforschung 8, Berlin, New York.

Eschenbach, R. (Hrsg.) (1998): Führungsinstrumente für die Nonprofit Organisation, Stuttgart.

Ferlie, E./Ashburner, L./Fitzgerald, L./Pettigrew, A. (1996): The New Public Management in Action, Oxford.

Freeman, R. E. (1984): Strategic Management. A Stakeholder Approach, Boston (Mass.).

Frey, B. S./Osterloh, M. (2001): Managing Motivation, Wiesbaden.

Galli, A./Wagner, M. (1999): Balanced Scorecard an der Schnittstelle Profit-Non-Profit? Das Beispiel Berufsfußball, in: Der Betrieb 52, Heft 39, S. 1965 – 1969.

Gmür, M./Brandl, J. (2000): Die Balanced Scorecard. Ein Instrument zur aktivierenden Steuerung mitgliedschaftlicher Organisationen, in: Verbands-Management 3/2000, S. 32 – 41.

Hamel, G./Prahalad, C. K. (1997): Wettlauf um die Zukunft, Wien.

Hart, S. L. (1992): An Integrative Process for Strategy Making Processes, in: Academy of Management Review 17, S. 327 – 351.

Horak, C. (1995): Controlling in Non-Profit-Organisationen: Erfolgsfaktoren und Instrumente, 2. Auflage, Wiesbaden.

Horváth, P. (Hrsg.) (2001): Strategien erfolgreich umsetzen, Stuttgart.

Horváth & Partner (2001): Balanced Scorecard umsetzen, 2. Auflage, Stuttgart.

Kaplan, R. S./Norton, D. P. (1992): The Balanced Scorecard: Measure That Drive Performance, in: Harvard Business Review 78, January – February, S. 71 – 79.

Kaplan, R. S./Norton, D. P. (1994): Wie drei Großunternehmen methodisch ihre Leistung stimulieren, in: HARVARD BUSINESSmanager 2/1994, S. 96 – 104.

Kaplan, R. S./Norton, D. P. (1996): Using the Balanced Scorecard as a Strategic Management System, in: Harvard Business Review 74, January – February, S. 75 – 85.

Kaplan R. S./Norton D. P. (1997): Balanced Scorecard: Strategien erfolgreich umsetzen, Stuttgart.

Kaplan R. S./Norton D. P. (2001): The Strategy Focused Organization, Boston (Mass.).

Klimecki, R. G./Gmür, M. (2001): Personalmanagement, 2. Auflage, Stuttgart.

Klimecki, R./Müller, W. R. (Hrsg.) (1999): Verwaltung im Umbruch. Modernisierung als Lernprozess, Zürich.

Küpper, H.-U. (2001): Controlling, 3. Auflage, Stuttgart.

Mintzberg, H./Waters, J. A. (1985): Of Strategies, Deliberate and Emergent, in: Strategic Management Journal 6, S. 257 – 272.

Morganski, B. (2001): Balanced Scorecard. Auf dem Weg zum Klassiker, München.

Müller-Stewens, G./Lechner, C. (2001): Strategisches Management, Stuttgart.

Naschold, F./Bogumil, J. (2000): Modernisierung des Staates. New Public Management in deutscher und internationaler Perspektive, 2. Auflage, Opladen.

Nutt, P./Backoff, R. (1993): Organizational Publicness and its Implications for Strategic Management, in: Journal of Public Administration Ressearch and Theory 3, S. 209 – 231.

Pfaff, D./Kunz, A./Pfeiffer, T. (2000): Balanced Scorecard als Bemessungsgrundlage finanzieller Anreizsysteme. Eine theorie- und empiriegeleitete Analyse der resultierenden Grundsatzprobleme, in: Betriebswirtschaftliche Forschung und Praxis 52, S. 36 – 55.

Pietsch, G./Scherm, E. (2000): Die Präzisierung des Controlling als Führungs- und Führungsunterstützungsfunktion, in: Die Unternehmung 54, S. 395 – 412.

Porter M. E. (1985): Wettbewerbsstrategie, Frankfurt a.M.

Porter M. E. (1986): Wettbewerbsvorteile, Frankfurt a.M.

Prahalad C. K./Hamel G. (1990): The Core Competence of the Corporation, in: Harvard Business Review 68, S. 79 – 91.

Schedler, K. (1995): Ansätze einer wirkungsorientierten Verwaltungsführung. Von der Idee des New Public Management (NPM) zum konkreten Gestaltungsmodell: Fallstudie Schweiz, Bern u.a.

Schedler, K./Proeller, I. (2000): New Public Management, Bern, Stuttgart, Wien.

Schreyögg, G./Noss, C. (1994): Hat sich das Organisieren überlebt? Grundfragen der Unternehmenssteuerung in neuem Licht, in: Die Unternehmung 48, S. 17 – 33.

Schreyögg, G./Steinmann, H. (1985): Strategische Kontrolle, in: Zeitschrift für betriebswirtschaftliche Forschung 37, S. 391 – 410.

Simons, R. (1995): Levers of Control. How Managers Use Innovative Control Systems to Drive Strategic Renewal, Cambridge (Mass.).

Speckbacher, G./Bischof, J. (2000): Die Balanced Scorecard als innovatives Managementsystem, in: Die Betriebswirtschaft 60, S. 795 – 810.

Steinle, C./Eggers, B./Lawa, D. (Hrsg.) (1998): Zukunftsgerichtetes Controlling. Unterstützungs- und Steuerungssystem für das Management, 3. Auflage, Wiesbaden.

Steinmann, H. (1969): Grossunternehmen im Interessenskonflikt, Stuttgart.

Steinmann, H./Kustermann, B. (1996): Unternehmensführung als Steuerungslehre. Auf dem Weg zu einem neuen Steuerungsparadigma. Zugleich eine Besprechung des Buches von Robert Simons: „Levers of Control – How Managers Use Innovative Control Systems to Drive Strategic Renewal", in: Journal für Betriebswirtschaft 46, S. 265 – 281.

Steinmann, H./Scherer, A. G. (1996a): Controlling und Unternehmensführung, in: Schulte, C. (Hrsg.): Lexikon des Controlling, München, Wien, S. 139 – 144.

Steinmann, H./Scherer, A. G. (1996b): Controlling, strategisches und operatives, in: Schulte, C. (Hrsg.): Lexikon des Controlling, München, Wien, S. 135 – 139.

Steinmann, H./Schreyögg, G. (1986): Zur organisatorischen Umsetzung der strategischen Kontrolle, in: Zeitschrift für betriebswirtschaftliche Forschung 38, S. 747 – 765.

Steinmann H./Schreyögg G. (2000): Management, Grundlagen der Unternehmensführung, 5. Auflage, Wiesbaden.

Theuvsen, L. (2001): Ergebnis- und Marktsteuerung öffentlicher Unternehmen, Stuttgart.

Thom, N./Ritz, A. (2000): Public Management. Innovative Konzepte zur Führung im öffentlichen Sektor, Wiesbaden.

Weber, J. (1999): Einführung in das Controlling, 8. Auflage, Stuttgart 1999.

Weber, J./Schäffer, U. (1999): Balanced Scorecard & Controlling, Wiesbaden.

Weise, F./Kühnle, B. A. (2000): Strategieorientiert Planen und Steuern, in: Neues Verwaltungsmanagement 3/2000, S. 1 – 54.

Markus Gmür/Julia Brandl[*]

Die Steuerungsfähigkeit wiedererlangen – Die Balanced Scorecard für das Management von Non-Profit-Organisationen

1   Ziel des Beitrags

2   Zwischen Skylla und Charybdis: Verbandsführung und die latente Gefahr von Über- und Untersteuerung

3   Die Balanced Scorecard als Steuerungsinstrument

4   Perspektiven und Grenzen der Balanced Scorecard für ein aktivierendes Verbandsmanagement

5   Literaturverzeichnis

---

[*]   Dr. Markus Gmür, Assistent am Lehrstuhl für Management, Universität Konstanz, Dipl.-Verw. Wiss. Julia Brandl, Beraterin, Wien.

1 Ziel des Beitrags

Eine Hauptfunktion der Verbandsführung besteht in der Aktivierung von Veränderungsprozessen, um fortlaufend auf neue Aufgaben und Situationen reagieren zu können. Verbandsorganisationen laufen jedoch ständig Gefahr, in eine Steuerungsparalyse zu geraten. Diese Paralyse ergibt sich aus einem Nebeneinander von Über- und Untersteuerung. Übersteuerung resultiert aus einer Überbetonung von Entscheidungsprozessen gegenüber Zielen und Ergebnissen. Zu Untersteuerung kommt es, wenn Entscheidungen zu grundlegenden aber konfliktträchtigen Fragen zugunsten nachrangiger Probleme verschoben werden. Die Balanced Scorecard (BSC) als Instrument für eine zielorientierte Unternehmensführung ist ein Ansatz zur Unterstützung eines aktivierenden Verbandsmanagements, das die latente Tendenz zur Über- und Untersteuerung verringert. In diesem Beitrag wird ausgeführt, worauf die Tendenz zur Steuerungsparalyse zurückgeht, welche Anforderungen sich daraus für das Verbandsmanagement ergeben und welche Lösungswege eine Balanced Scorecard eröffnet.

2 Zwischen Skylla und Charybdis: Verbandsführung und die latente Gefahr von Über- und Untersteuerung

Langfristige Planung wird von Verbänden zunehmend als notwendiges und aktuelles Steuerungsinstrument wahrgenommen. Dafür gibt es gute Gründe: Ein geeignetes Planungsinstrument ermöglicht zielorientierte Entscheidungen für die Zukunft. Außerdem wird die Verantwortung über Ergebnisse gegenüber Dritten transparent gemacht. Beide Funktionen sind wichtig für die Bestandssicherung eines Verbands.

In der Praxis liegt die Steuerungsproblematik von solchen mitgliedschaftlichen Organisationen entgegen häufiger Vermutungen nicht darin, dass sich ein Großteil der Planungen auf Finanzkennzahlen bezieht und die primären Zielsetzungen außer Acht lässt. Es ist vielfach festzustellen, dass auch Sachziele zur Genüge thematisiert und diskutiert werden. Die Probleme liegen vielmehr in dem hohen Aufwand, der mit der Gewinnung von Steuerungsinformationen betrieben wird, sowie in der schwachen Rückkopplung der Ergebnisse zu den Zielen des Verbands. Die fortlaufende Aktivierung in einer Weise, dass die internen Prozesse auch wirklich zur Zielerreichung und Interessendurchsetzung beitragen, wird so erheblich behindert.

Die heutige Situation vieler Verbände zeigt, dass die derzeit eingesetzten Steuerungsverfahren wenig geeignet sind, um zielorientierte Entscheidungen zu treffen und Transparenz bzgl. der Entscheidungsfindung gegenüber Dritten sicherzustellen. Verbandssteuerung geschieht im Spannungsfeld von umfassender Beteiligung und geteilter Verantwortung, welche vom Grundsatz her ausdrücklich begrüßt werden. So wie sie in der Praxis gelebt werden, sind Beteiligung und Teilung von Verantwortung die Hauptursachen sowohl für *Über-* als auch *Unter*steuerungseffekte (vgl. Abbildung 1).

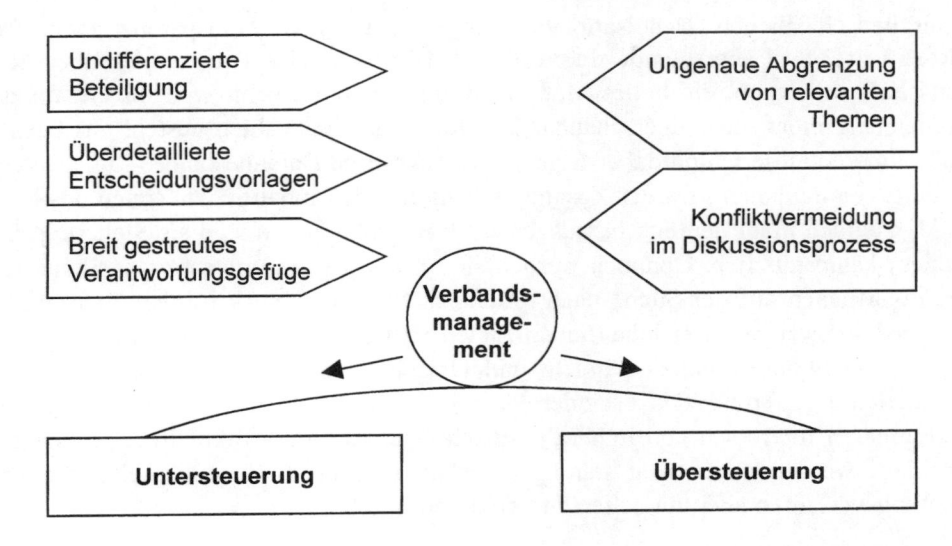

Abbildung 1: Über- und Untersteuerung im Verbandsmanagement

Übersteuerung beruht auf einem unverhältnismäßig hohen Aufwand bei der Koordination von Verbandseinheiten (z. B. Fachausschüsse, Teilverbände). Dieser Aufwand wird verursacht durch die umfassende Beteiligung verschiedenster Anspruchsgruppen, überdetaillierte Entscheidungsvorlagen sowie durch aufwändige, schleifenförmige Abstimmungsprozesse.

a) Die undifferenzierte Beteiligung von Anspruchsgruppen führt dazu, dass fachliche Kompetenz für das Zustandekommen von Entscheidungen eine nur untergeordnete Rolle spielt.

Entscheidungen werden in Verbänden durch interne Gremien und Arbeitsgruppen vorbereitet; externe Interessensvertreter werden aber mitunter ebenfalls um Empfehlungen gebeten, um eine möglichst umfassende Absicherung zu erreichen. Dabei wird nur wenig darauf geachtet, über welche Kompetenzen die Befragten verfügen und in welcher Form Stellungnahmen gewichtet werden müssen. Folglich bringen auch diejenigen Anspruchsgruppen Meinungen ein, welche mangels unmittelbarer Betroffenheit nicht an einer Mitsprache interessiert sind, möglicherweise auch nicht über die entsprechende Fachkompetenz verfügen. Damit wird nicht nur die Ergebnisqualität gefährdet, sondern auch der zeitliche Ablauf des Entscheidungsprozesses, weil die Mitwirkungsbereitschaft durch das fehlende Betroffenheitsgefühl verringert wird.

b) Es besteht wenig Transparenz über verbandliche Aktivitäten, da der Detaillierungsgrad von Entscheidungsvorlagen häufig zu hoch bzw. zu undifferenziert ist.

In mitgliedschaftlichen Organisationen wird großer Wert auf Transparenz gelegt. Paradoxerweise wird aber gerade durch die Absicht, über alle Themen detailliert Rechenschaft abzulegen, ein hohes Maß an Intransparenz erreicht, weil ihr Gesamtzusammenhang nicht mehr überschaubar ist. Bei Finanzkennzahlen besteht das latente Risiko, überdetaillierte und daher wenig aussagekräftige Datenbestände (sog. „Datenfriedhöfe") aufzubauen. Da der Zusammenhang mit den inhaltlichen Zielen des Verbandes vielfach nicht deutlich herausgestellt werden kann, sind sie als Steuerungsinstrument kaum nützlich. Dennoch werden sie oft als solches eingesetzt, weil sie den Verantwortlichen auf der Suche nach rationalen Entscheidungskriterien einen hohen Reifegrad suggerieren. Bei inhaltlichen Zielen fällt es häufig schwer, Themen überhaupt zu Sachkomplexen zu bündeln und Ursache- und Wirkungszusammenhänge darzustellen. Der Grund: Diskussionen über Sachthemen sind für Verbände aufgrund der originären Interessen von je her „politisch" und damit konflikthaltiger. Lösungsvorschläge werden daher zwar ständig andiskutiert, führen mangels geeigneter Abstimmungsverfahren aber nur selten zu konkreten Ergebnissen.

c) Abstimmungsprozesse werden in mehreren Schleifen durchgeführt, da die Bereitschaft zur Übernahme von Verantwortung gering ist

Mitgliedschaftliche Organisationen verfügen über ein breit gestreutes Kompetenz- und Verantwortungsgefüge. Daher besteht die Tendenz, Entscheidungen möglichst nicht allein zu treffen, sondern sich bei möglichst vielen Akteuren rückzuversichern. Die geringe Bereitschaft zur Übernahme von Verantwortung ist häufig auch dann vorhanden, wenn den Akteuren die Kompetenz zur Entscheidung offiziell zugeschrieben ist. Bis es zu einer Entscheidung kommt, werden aufwändige interne Abstimmungsprozesse durchgeführt – ihrem Umfeld gegenüber verhält sich die Organisation hingegen passiv. Die Organe des Verbands werden hierbei umfassend einbezogen; bis zu einer definitiven Entscheidung vollziehen sich die Abstimmungen meist in mehreren Schleifen. Dies erweist sich in der Regel nicht nur als sehr zeitaufwändig, sondern führt insbesondere zur Verzögerung der erforderlichen Veränderungen. Je einschneidender eine Entscheidung für einen Verband ist, desto mehr Aufwand wird in die Rückversicherung investiert.

> *Am Beispiel der von den Wirtschaftsverbänden eingereichten Vorschlags im Vorfeld zur gesetzlichen Pflegeversicherung (PflegeVG) soll der Preis wenig qualifizierter Entscheidungsvorlagen und hohem Beharrungsvermögen veranschaulicht werden: Zu Beginn der Debatte über die Finanzierung von Pflegekosten Anfang der 90er Jahre hatten die drei Spitzenverbände der Deutschen Wirtschaft in Eigenregie ein Finanzierungsmodell entwickelt. Durch dieses sogenannte „Zwei-Komponenten-Modell" sollten die Arbeitgeber vor allem von einer neuen Kostenbelastung durch steigende Sozialbeiträge weitestgehend verschont werden. Durch die starke Fokussierung des verantwortlichen Arbeitskreises der Wirtschaftsverbände auf das Thema „Kostenbelastung" wurden inhaltliche Kriterien zur Ausgestaltung der Pflegefinanzierung in den Hintergrund gedrängt. Damit war die Verfolgung der Pflegedebatte durch die Wirtschaftsvertreter erheblich eingeschränkt. Die Verbände beharrten lange Zeit auf ihrem Vorschlag, so dass eine Dialog- und Verhandlungsfähigkeit gegenüber anderen Interessensvertretern nur eingeschränkt möglich war. Eine wesentliche Ursache hierfür ist wohl in der weitgehend ungeklärten Verantwortlichkeit über die Richtungsgebung in der Pflegedebatte zwischen den Einzelverbänden zu sehen. Am ehesten war Konsens über die Beibehaltung der einmal gewählten Ausgangsposition zu erreichen. Erst als von anderer Seite bereits umsetzungsfähige Alternativmodelle vorlagen, sah man die Aussichtslosigkeit einer politischen Umsetzung des Arbeitgebervorschlages ein. Die Möglichkeit zur Einflussnahme auf die nachfolgende Pflegedebatte waren inzwischen aber erheblich geringer geworden.*

Auf den ersten Blick erscheint es paradox, dass neben den aufgeführten Aspekten die *Untersteuerung* ein zentrales Problem von Verbänden darstellt. Untersteuerung ist gegeben, wenn Steuerungsentscheidungen sich nicht an der Wichtigkeit für die Erreichung der Verbandsziele orientieren. Sie beruht zum einen auf der geringen Fähigkeit, Entscheidungsprobleme auf Kernpunkte zu reduzieren und zum anderen auf der Furcht vor Auseinandersetzungen um konflikthaltige Themen.

a) *Verbänden fehlt es durch die ungenaue Abgrenzung von Themen vielfach an der Fähigkeit, Entscheidungsprobleme auf das Wesentliche zu konzentrieren.*

In den oft lange andauernden Diskussionsprozess fließen eine Vielzahl an Aspekten ein, die das Thema inhaltlich zunehmend komplex und damit schwer von benachbarten Themenstellungen abgrenzbar machen. Wenn aber alles mit allem zusammenhängt, leidet darunter letztendlich die Handhabbarkeit des Themas. Durch die bis zum Schluss beibehaltene Komplexität lässt sich nur selten eine abstimmungsfähige Entscheidungsvorlage erreichen. Folglich werden nur wenige oder keine der zuvor diskutierten Fragen entschieden, während die wahrgenommenen Probleme ungeachtet einer hohen Dringlichkeit zur Lösungsfindung fortbestehen.

b) *Die Tendenz zur Konfliktvermeidung im Diskussionsprozess führt zu wenig spezifizierten Ergebnissen und zur Durchsetzung des jeweils Stärkeren.*

Entscheidungen auf unteren Organisationsebenen beziehen sich erfahrungsgemäß vor allem auf konfliktarme Themen – und sind in der Wahrnehmung der Funktionäre eher unpolitisch. Konflikthaltige Inhalte hingegen werden häufig auf die nächsthöhere Verbandsebene getragen. Eine Annäherung im Laufe des mehrstufigen Diskussionsprozesses (z.B. Gremien, Ausschüsse) findet kaum statt, weil auf jeder Ebene Disharmonien zwischen den Funktionären (z.B. Austrittsdrohungen) bzw. Auseinandersetzungen mit einflussreichen Interessensvertretern (z.B. Drohung der Unterstützungsverweigerung) vermieden werden. Formulierungen in derartigen Entschlussfassungen sind möglichst mehrdeutig gehalten, so dass auch die Integration von zuvor widersprüchlichen Auffassungen möglich wird. Wenn Entscheidungen dann doch unumgänglich werden, erfolgen sie häufig im Sinne der konfliktstärkeren Fraktion innerhalb des Verbandes. Letztlich richtet sich durch dieses Harmoniestreben die Verbandstätigkeit entweder an den Interessen konfliktorientierter Interessensvertreter aus oder setzt die originäre Kompetenz zur Positionsbestimmung gänzlich außer Kraft.

> *Ein weiteres Beispiel aus dem Bereich der Wirtschaftsverbände illustriert das Problem: Aufgrund einer Unterschätzung der Bedeutung der Entsenderichtlinie für europäische Arbeitnehmer im Baugewerbe (1995) hat die Bundesvereinigung der Deutschen Arbeitgeberverbände (BDA) einen Mitgliedsverband verloren. Bei der bevorstehenden Gesetzesänderung zugunsten der deutschen Bauarbeitgeber ging es darum, die befürwortende Haltung der Bauindustrie mit der kritischen allgemeinen Verbandsposition auf einen Nenner zu bringen. Ein Zuspitzen der Problemlage hatte sich bereits seit Monaten abgezeichnet; dennoch wurde eine innerverbandliche Debatte über das Thema wegen seiner Konflikthaltigkeit immer wieder verdrängt. Schließlich trat der Bauverband aus der Dachorganisation aus, weil er seine Interessen nicht mehr vertreten sah. Etwa zur gleichen Zeit wurde eine Gesetzesänderung zur Absenkung der Mindesthöhe bei der Lohnfortzahlung im Krankheitsfalle diskutiert. Obwohl sich durch die neu vorgegebene Mindesthöhe von 80% faktisch kaum etwas änderte (tarifliche Vereinbarungen beliefen sich in fast allen Branchen weiterhin auf 100 Prozent), nahm die äußerlich wahrnehmbare Debatte innerhalb der Arbeitgeberverbände hierzu einen weitaus größeren Raum als bei der Entsenderichtlinie ein.*

Abbildung 2 fasst die Effekte bzw. Konsequenzen der Über- und Untersteuerung zusammen.

Auslöser der Übersteuerung → **Verbandsmanagement** ← **Auslöser der Untersteuerung**

Konsequenzen der Untersteuerung
- Mangelnde Konzentration auf entscheidungsrelevante Themen
- Durchsetzung der jeweils Stärkeren

Konsequenzen der Übersteuerung
- Fachliche Kompetenz spielt nur eine untergeordnete Rolle
- Intransparenz über die bereit gestellten Informationen
- Abstimmungsprozesse in mehreren Schleifen

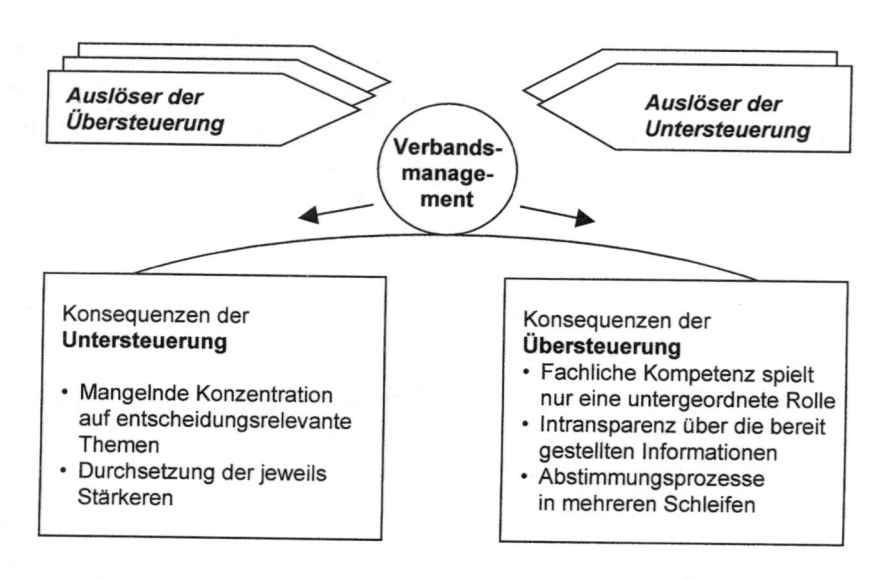

Abbildung 2: Effekte der Steuerungsschwächen im Verbandsmanagement

Die Beispiele zeigen, dass die Steuerungsmöglichkeiten von mitgliedschaftlichen Organisationen durch die aufgezeigten Probleme maßgeblich reduziert werden. Die Entscheidungsfähigkeit bezieht sich letztlich nur auf Teilaspekte von Problemen bzw. konfliktarme Fragen, die mitunter mit einem hohen Aufwand erarbeitet worden sind. Durch diese Form der selektiven Problembearbeitung werden anstelle von Veränderungsmöglichkeiten die Beharrungstendenzen innerhalb des Verbands verstärkt. Häufig sind es sogar die für den Fortbestand der Organisation entscheidenden Fragen, die nicht bzw. nur unbefriedigend gelöst werden können. Entscheidungen werden nicht gefällt, wenn ihre Wirkung zu wenig fassbar bzw. zu konflikthaltig sind. Verbandsfunktionäre befassen sich deswegen häufig mit kleineren, handhabbaren Problemstellungen (z.B. Mitgliederverwaltung). Komplexe bzw. politische Fragen werden hingegen kaum diskutiert, weil die Gefahr eines innerverbandlichen Zerwürfnisses sehr groß erscheint.

Es wird folglich ein Verfahren in Form eines Managementsystems benötigt, das zur Herstellung einer verbesserten Entscheidungsfähigkeit bei Verbänden beiträgt und eine aktivierende Steuerung einleitet. Welche Leistungen ein solches Managementsystem erbringen muss, zeigt Abbildung 3.

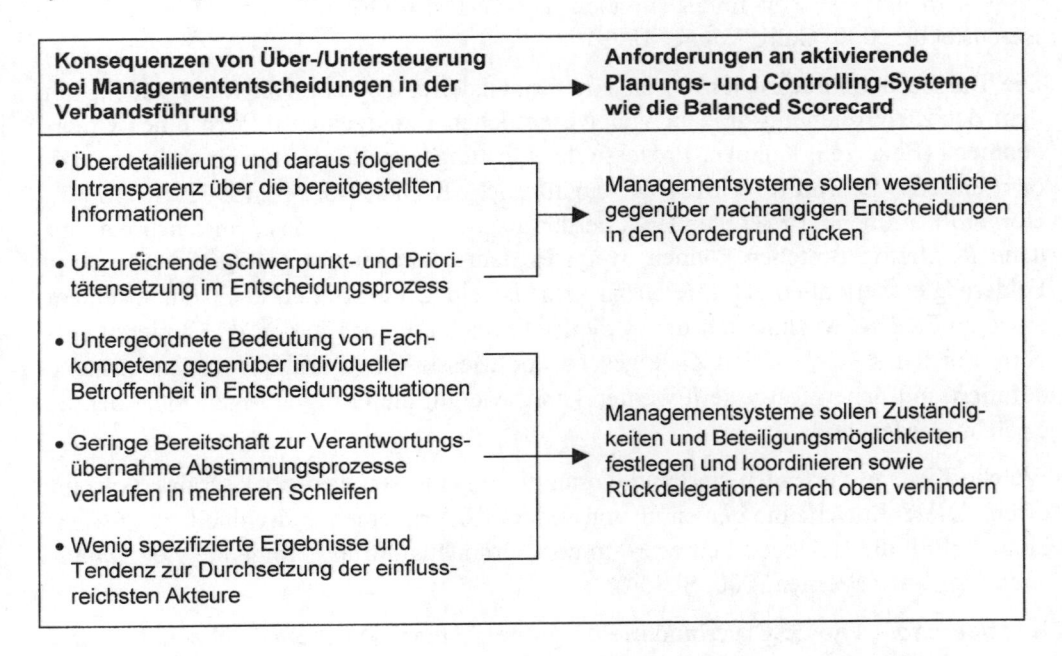

Konsequenzen von Über-/Untersteuerung bei Managemententscheidungen in der Verbandsführung	Anforderungen an aktivierende Planungs- und Controlling-Systeme wie die Balanced Scorecard
• Überdetaillierung und daraus folgende Intransparenz über die bereitgestellten Informationen • Unzureichende Schwerpunkt- und Prioritätensetzung im Entscheidungsprozess	Managementsysteme sollen wesentliche gegenüber nachrangigen Entscheidungen in den Vordergrund rücken
• Untergeordnete Bedeutung von Fachkompetenz gegenüber individueller Betroffenheit in Entscheidungssituationen • Geringe Bereitschaft zur Verantwortungsübernahme Abstimmungsprozesse verlaufen in mehreren Schleifen • Wenig spezifizierte Ergebnisse und Tendenz zur Durchsetzung der einflussreichsten Akteure	Managementsysteme sollen Zuständigkeiten und Beteiligungsmöglichkeiten festlegen und koordinieren sowie Rückdelegationen nach oben verhindern

Abbildung 3: Steuerungsschwächen und Konsequenzen für Managementsysteme

Diese Gegenüberstellung zeigt, dass gleichgültig, ob eine Organisation eher zur Über- oder zur Untersteuerung neigt, ein Planungs- und Controlling-System zwei wesentliche Leistungen erbringen muss: Erstens muss es zu einer Strukturierung von Entscheidungssituationen beitragen, welche die wichtigsten Kriterien und Fragen in den Vordergrund rückt, und zweitens eine eindeutige Zuordnung von Zuständigkeiten ermöglichen oder einfacher ausgedrückt und direkt auf die Balanced Scorecard übertragen: *Eine Balanced Scorecard ist dann ein geeignetes Steuerungsinstrument für eine aktivierende Verbandsführung, wenn daraus ersichtlich wird, welche Entscheidungen zuerst getroffen werden müssen und wer dafür verantwortlich ist.*

3 Die Balanced Scorecard als Steuerungsinstrument

Seit in den 70er Jahren formale Planungs- und Steuerungsmodelle zunehmend der Überzeugung gewichen sind, Managementprobleme seien viel zu komplex, um sich in einfache Modelle übersetzen zu lassen, hat kein Steuerungsinstrument so großes Interesse hervorgerufen wie gegenwärtig die Balanced Scorecard von Kaplan/Norton (1997). In jüngster Zeit findet sie auch in Non-Profit-Organisationen Eingang (vgl. Berens et al. 2000, Galli/Wagner 1999).

Die Balanced Scorecard (BSC) ist ein formalisiertes System von Messgrößen, mit dem der Zielerreichungsgrad in vier wesentlichen Managementfeldern eines Unternehmens (Finanzen, Kunden, Prozesse der Leistungserstellung, Lernen und Innovation) laufend überprüft wird (vgl. ausführlich Kaplan/Norton 1997, S. 46 ff., Horváth/Kaufmann 1998). Die BSC beruht auf der Annahme, dass Unternehmen nur dann langfristig bestehen können, wenn es dem Management gelingt, in allen vier Feldern gleichermaßen erfolgreich zu sein. Ist ein Unternehmen auch nur in einem einzigen Feld schwach, gefährdet es die Zielerreichung auch in den drei anderen Feldern. Für jedes Feld werden Ziele gesetzt und Messkriterien und Toleranzspielräume definiert, mit denen festgestellt werden kann, wie gut die dazugehörigen Ziele bereits erreicht worden sind.

Welche Ziele zu verfolgen sind und woran diese gemessen werden, lässt das Konzept offen. Diese Entscheidungen sind von jedem Unternehmen individuell zu treffen. Somit erfüllt die Balanced Scorecard in der „Grundausführung" folgende vier *Funktionen* (vgl. auch Werner 2000, S. 456):

1. *Integration*: Die BSC verbindet eine große Spanne von Aufgabenbereichen und weist auf ihre inneren Zusammenhänge hin: kein finanzieller Erfolg ohne Prozessoptimierung und kein Markterfolg ohne laufende organisationale Lernfortschritte.

2. *Vereinfachung*: Wesentliche Ziele werden in den Vordergrund gerückt und Prioritäten gesetzt. Handlungsfähig ist das Management einer Organisation, wenn die Zahl der zu verfolgenden Ziele und Erfolgsgrößen überschaubar ist.

3. *Systematisierung und Transparenz*: Die BSC bietet ein Ordnungsschema für vielfältige Ziele und Erfolgskriterien, die das Management eines Unternehmens seiner Leitung zugrunde legen will, und zeigt darüber hinaus verbleibende Lücken auf, die zu schließen sind. Mit der Systematisierung werden Kompetenzen und Verantwortung verteilt und zugeordnet. Das ist auch eine wichtige Voraussetzung dafür, Ziele und Erfolgsgrößen sowie Konflikte und Synergien transparent zu machen.

4. *Ausrichtung*: Verbandsmanagement muss sich mit einem komplexen Geflecht betrieblicher Funktionen auseinandersetzen. Diese Funktionen lassen sich in Zielen bündeln. Dadurch bekommt die Verbandsführung eine eindeutige Ausrichtung in ihren Leitungsaktivitäten.

Die Balanced Scorecard wurde als Steuerungsinstrument für Unternehmen entwickelt, deren oberstes Formalziel im wirtschaftlichen Erfolg und einer wettbewerbsfähigen Kapitalrentabilität zu sehen sind.

Wie und unter welchen Bedingungen lässt sich das Konzept der BSC nun aber auch auf das Management eines Verbands oder anderer mitgliedschaftlicher Organisationen ohne primäres Gewinnerzielungsziel sinnvoll anwenden? Die wesentlichen *Besonderheiten eines Verbands* im Unterschied zu einem Unternehmen lassen sich in folgenden fünf Merkmalen zusammenfassen (vgl. auch Berens et al. 2000, S. 23 f., Eckardstein/Simsa 1997, S. 321 ff., Horak 1997, S. 131 f., Schwarz 1996, S. 24 ff., Nutt/Backoff 1992, S. 22 ff.):

1. *Sachziel-Dominanz:* Die Zielsetzungen von Verbänden sind nur begrenzt mit den Erfolgskriterien von Unternehmen vergleichbar, wo Formalziele wie die Gewinnmaximierung einen hohen Stellenwert haben, was auch ein Konzept wie die BSC betont. Bei Verbänden sind solche Formalziele zwar ebenfalls vorhanden, aber sie sind den inhaltlichen Zielsetzungen, die sich auf Organisationszweck und -auftrag beziehen, untergeordnet. Das Interesse am gemeinsamen Erreichen der Sachziele ist ausschlaggebend zur Gründung eines Verbands und sein Erfolg bemisst sich vorrangig an der laufenden Bestätigung der Zielverfolgung. Unternehmen können ihre Produkte und Märkte mit dem Ziel der Wertsteigerung neu bestimmen, Verbände ihren politischen oder gesellschaftlichen Auftrag aber nur in wenigen Ausnahmefällen. Die Sachziel-Dominanz hängt auch eng mit der besonderen Motivationsstruktur der Mitglieder und Beschäftigten zusammen. Für die BSC bedeutet das, dass an die Stelle des Shareholder Value der Stakeholder Value als Bündel von Sachzielen treten muss.

2. *Interessenvielfalt:* Ein Verband ist nicht gleich der Summe seiner Mitglieder. Während bei der Verbandsgründung in der Regel eine hohe Übereinstimmung über das Sachziel vorliegt, ergeben sich später durch die Ausdifferenzierung der Verbandsstrukturen (z.B. in Fachgremien) verschiedene Anspruchsgruppen mit individuellen Interessenlagen. Durch die Zusammenarbeit mit Externen kommen weitere Interessen dazu, die auf die Erreichung der Sachziele einwirken. Eine langfristig erfolgreiche Verbandsarbeit beruht darauf, alle Ziele in die Steuerungsinstrumente ausgewogen aufzunehmen. In der BSC müssen Ausgleich und Bündelung vielfältiger Interessen gelingen, um den Stakeholder Value als oberstes Organisationsziel zu maximieren.

3. *Adressaten:* Je nach Organisationstyp richten sich die Leistungen einer mitgliedschaftlichen Organisation entweder an die Mitglieder, wie das bei Interessenverbänden der Fall ist, oder die Leistungsempfänger sind wie bei einem Wohlfahrtsverband zwar Externe, aber sie erbringen keine Gegenleistung, die zu den Organisationszielen beiträgt. An die Stelle des rein ökonomisch verstandenen Kundennutzens sind die Erwartungen der Leistungsadressaten der Organisation zu setzen. Verbände stehen zwar gegenüber anderen Interessenträgern auch in einer Wettbewerbssituation, aber nicht um wirtschaftliche Austauschbeziehungen sondern um politischen Einfluss. Ihre Adressaten, die „Kunden" des Verbands, bereiten nicht die wirtschaftliche Grundlage des Verbands. Das bedeutet, dass die beiden oberen Felder der BSC (Finanzziele bzw. Kundenziele) anders verknüpft werden müssen als es bei Wirtschaftsunternehmen der Fall ist.

4. *Politische Rahmenbedingungen:* Alle Organisationen des Dritten Sektors stehen mehr oder weniger im Spannungsfeld zwischen Markt und Staat. Dies bedeutet Abhängigkeit von der Gestaltung der politischen Rahmenbedingungen. Finanzwirtschaftliches Zielsystem und Leistungserstellung werden in hohem Maße von gesetzlichen Vorschriften geprägt, die den Handlungsspielraum für die Betätigung eines Verbandes abstecken. Diese Inhalte müssen sich in der BSC über alle vier Ebenen hinweg wiederfinden. Da sich die Rahmenbedingungen laufend ändern, sollten sich für eine langfristige Planung im Zielsystem zusätzlich hiervon unabhängige Zielsetzungen wiederfinden.

5. *Demokratisches Prinzip:* In Verbänden spielen Wahlen als Steuerungsmechanismus eine wichtige Rolle. Nicht nur werden führende Positionen nach diesem Prinzip besetzt, sondern auch Sachentscheidungen damit legitimiert. Auch nach einer Zielfestlegung sind Entscheidungsträger darauf angewiesen, sich laufend des Mandats zur Zielrealisierung zu versichern. Das ist vor allem für den Prozess der Erstellung einer BSC von großer Bedeutung.

In Abbildung 4 sind die wesentlichen Besonderheiten mitgliedschaftlicher Organisationen (gegenüber Wirtschaftsbetrieben) und ihre Konsequenzen für eine Balanced Scorecard einer solchen Organisation zusammenfassend dargestellt.

Besonderheiten mitgliedschaftlicher Organisationen	... erfordern Anpassungen der „klassischen" BSC ...	Ebenen der Balanced Scorecard für mitgliedschaftliche Organisationen
1. Sachziel-Dominanz		Erreichung der obersten **Organisationsziele**
2. Interessenvielfalt		
3. Adressaten		Zufriedenstellung der **Kunden/Adressaten**
4. Politische Rahmenbedingungen		Optimierung der **Leistungserstellung**
5. Demokratisches Prinzip (beeinflusst vor allem den Prozess der BSC-Entwicklung)		Sicherung der **Lern- und Innovationsfähigkeit**

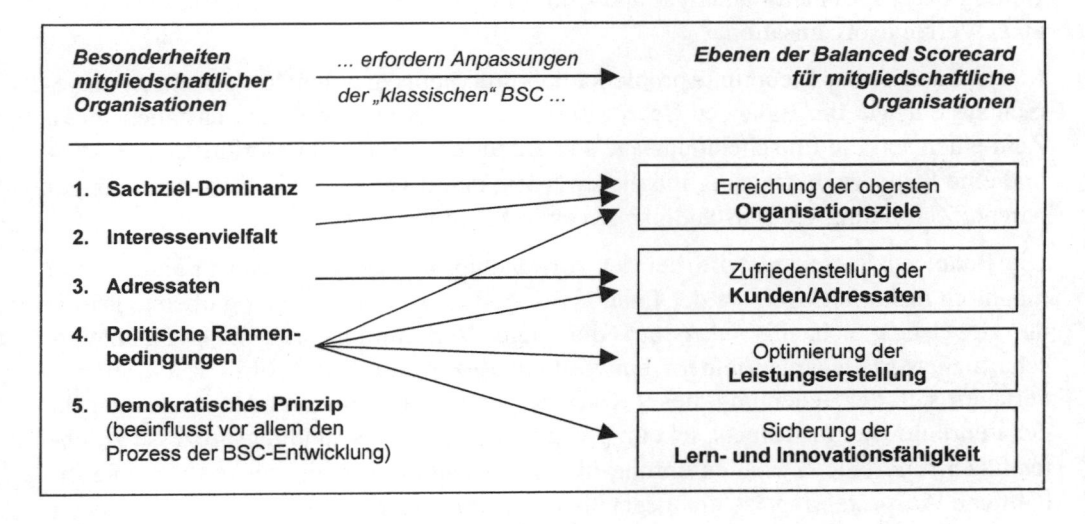

Abbildung 4: Übertragung der Balanced Scorecard auf die Verbandsführung

Für die Erstellung einer Balanced Scorecard ergeben sich daraus vorrangig Konsequenzen für die beiden ersten Ebenen. Was die beiden Managementfelder der Leistungserstellung bzw. der Lern- und Innovationsfähigkeit betrifft, so finden sich dagegen enge Parallelen: Auch Verbände müssen sich immer wieder mit Fragen der Effizienz ihrer Leistungen auseinandersetzen. Innovations- und Lernfähigkeit sind auch hier eine wichtige Voraussetzung, um veränderten Erwartungshaltungen der Mitglieder oder Adressaten entgegenzukommen.

4 Perspektiven und Grenzen der Balanced Scorecard für ein aktivierendes Verbandsmanagement

Wie wirkt sich die Einführung einer Scorecard auf das Management einer Verbandsorganisation aus? Welche Perspektiven für eine aktivierende Verbandsführung eröffnet sie?

Wie Siciliano (1997) in einer Untersuchung von lokalen Organisationen des YMCA in den USA zeigen konnte, besteht ein signifikanter Zusammenhang zwischen der Nutzung formaler Planungssysteme und dem Erfolg der betreffenden Organisation, gemessen sowohl am finanziellen Erfolg als auch der Einschätzung durch die nationale Gruppe des YMCA. Obwohl diese Studie sich nicht auf die Balanced Scorecard bezieht, bietet sie doch erste empirische Anhaltspunkte für einen positiven Beitrag eines formalen Planungs- und Controlling-Systems auf die Leistungsfähigkeit einer Verbandsorganisation.

In der Analyse der Steuerungsproblematik wurde herausgearbeitet, dass ein Managementsystem wie die Balanced Scorecard vor allem zwei Wirkungen entfalten muss: Zum einen soll die Entscheidungslage so strukturiert werden, dass Prioritäten deutlich und eine Schwerpunktsetzung möglich werden; damit verbunden soll auch eine transparente Zuordnung von Zuständigkeiten erreicht werden.

Die Balanced Scorecard wird bei der Anwendung auf Unternehmen in erster Linie inhaltlich diskutiert, weil sie der finanzwirtschaftlichen Zielerreichung oberste Priorität zuweist, gleichzeitig aber auf die enge Verknüpfung mit nicht-finanzwirtschaftlichen Managementfeldern hinweist. In Bezug auf Non-Profit-Organisationen verlagert sich die Bedeutung dieses Konzepts vom inhaltlichen auf den Prozessaspekt der Führung: Das Instrument scheint geeignet zu sein, Entscheidungsprozesse zu unterstützen und eine Verbandsführung überhaupt handlungsfähig zu machen. Die inhaltliche Ausgestaltung ist demgegenüber von ihrer Bedeutung her als zweitrangig anzusehen.

Im einzelnen ist zu erwarten, dass eine Balanced Scorecard vor allem folgende aktivierende Wirkungen entfalten kann:

- Die *Kompetenzen* der an Entscheidungen beteiligten Anspruchsgruppen werden mitunter als fachlich ungeeignet angesehen. Ausgehend vom Zielsystem der BSC können nicht nur Themenfelder bestimmt werden, welche die zu beteiligenden Anspruchsgruppen durch eine entsprechende Fokussierung klar eingrenzen. Es lassen sich mit zunehmendem Interesse an Beteiligung auch Anforderungen an die Qualifikation der Entscheider bzw. der Vorbereiter von Entscheidungen definieren, die eine Art Zugangsvoraussetzung bilden. Hierzu sollte zunächst auf Basis der Anforderungen eine Bestandsaufnahme zur Ermittlung des Qualifikationsbedarfs durchgeführt werden. Künftige Personalentscheidungen, insbesondere Personalentwicklungsmaßnahmen, werden damit zur Stärkung der Kompetenzen des Verbands in Bezug auf die vereinbarten Ziele getroffen; die Qualität der Beschlüsse wird so nachhaltig verbessert.

- Eine Verbesserung der *Transparenz* von Entscheidungsvorlagen lässt sich durch eine BSC in zweifacher Hinsicht erreichen: Zum einen erlaubt die Scorecard eine Verknüpfung von inhaltlichen Zielen und finanziellen Steuerungsgrößen. Durch eine zusammenhängende Darstellung erhalten Entscheider deutlich mehr Steuerungsinformationen und erweitern damit ihren Spielraum bei der Lenkung von Verbandseinheiten maßgeblich.

- Zum anderen bietet die BSC über die klare Abgrenzung von Verantwortlichkeiten die Möglichkeit, den gewünschten Detaillierungsgrad von Entscheidungsvorlagen personen- bzw. funktionsbezogen zu regeln. Auch wenn die abgestufte Ordnung von Informationen scheinbar mit höherem Aufwand verbunden scheint, ist eine zielgruppengerechte Aufbereitung von Informationen wegen der verbesserten Transparenz vorzuziehen.

- Die Teilung von *Verantwortung* zwischen Organen ist ein wesentliches Merkmal von demokratischen Organisationen. In Verbänden führt dies mitunter zu unerwünschten Effekten wie z. B. einer mangelnden Bereitschaft zur Übernahme von Verantwortung und aufwändigen Abstimmungsprozessen. Eine BSC ordnet den verbandlichen Funktionsträgern die Verantwortung für (Teil-)Ziele zu und schafft damit Transparenz über Zuständigkeiten. Ähnlich wie im Kontraktmanagement in der öffentlichen Verwaltung wird die Verantwortung zwischen dem „was" und dem „wie" geteilt. Demnach soll die politische Führung sich auf die Formulierung der Ziele einer Maßnahme konzentrieren („was"), während der Verwaltung die konkrete Umsetzung („wie") in alleiniger Zuständigkeit in die Hände gelegt wird. In diesem Prinzip kommt eine Grenzziehung zum Ausdruck, die Zuständigkeiten verteilt und dadurch eigenständiges Handeln der Beteiligten legitimiert. Auf diese Weise kann Verantwortung ohne laufende nachträgliche Kontrolle delegiert werden kann. Gelingt es im Zielbildungsprozess, den Zielrahmen festzulegen und basisdemokratisch abzusichern, ist die Balanced Scorecard eine ausreichende Legitimationsgrundlage für das Verbandsmanagement. Da die Erreichung der Ziele auf Grundlage der Scorecard stets messbar ist, wird auch die Bewährung in der Verantwortung überprüfbar. Es obliegt nun dem Funktionsträger, seine Ressourcen zielführend einzusetzen.

- Die BSC geht von obersten Zielsetzungen aus, die schrittweise konkretisiert und mit Themenfeldern ausgefüllt werden müssen. Dabei werden entsprechend der anfangs festgelegten Prioritätensetzung Themen innerhalb des Zielkorridors mit unterschiedlicher Relevanz versehen. Dies geschieht wahlweise über ein analytisches Bewertungsverfahren (z. B. Nutzenanalyse) durch die Funktionäre oder über die Mitglieder. Mittels einer so durchgeführten Abgrenzung wird die *Filterung* von Themen möglich, die vordringlich bearbeitet werden sollten. Die Abgrenzbarkeit der Themen zur Vermeidung von zu hoher Komplexität wird dabei durch das Verfahren der Themenableitung aus Zielen gewährleistet.

- Die komplexe Interessenvielfalt als Voraussetzung der Verbandstätigkeit bringt immer wieder konfliktäre Entscheidungssituationen mit sich, die zu einer Blockierung der Verbandstätigkeit führen kann. Die Ursache dieser Konflikte lässt sich mit einer Scorecard nicht beseitigen, aber ihre Entwicklung kann dazu genutzt werden, in einen strukturierten Diskussionsprozess über die Zielverflechtungen als Verfahren zur *Konfliktbewältigung* einzutreten. Eine Klärung von Zielen und Zielprioritäten setzt voraus, dass sie für alle Beteiligten transparent sind, und dazu bietet sich das Instrument an.

Die Balanced Scorecard kann als Instrument dazu genutzt werden, die Tendenz vieler mitgliedschaftlicher Organisationen zur partiellen Übersteuerung zu vermindern. Sie schließt auf der anderen Seite häufig anzutreffende Lücken der Untersteuerung. So bietet sie sich als Richtschnur zu einem Verbandsmanagement an, das sich auf die wesentlichen Erfolgsfaktoren konzentriert und diese so verschlankt, dass sie gestaltbar und entwicklungsfähig werden. Die Balanced Scorecard kann als nützliches Instrument zur langfristigen Steuerung einer mitgliedschaftlichen Organisation wie eines Unternehmens eingesetzt werden.

Mit der Anwendung dieses Instruments sind aber auch *Grenzen* verbunden, die allerdings weniger im Konzept selbst als in generellen praktischen Problemen in der Anwendung formalisierter Instrumente liegen (vgl. dazu auch Werner 2000, S. 456 f.):

- Formalisierte Verfahren machen im Zusammenhang mit ihrer Neueinführung deutlich, wo Lücken in der integrierten Steuerung einer Organisation bestehen. Sind sie erst einmal eingesetzt, führen sie aber leicht dazu, dass sich das Management nur noch auf die Kriterien, die das Verfahren vorsieht, konzentriert. Damit werden unter Umständen unerwünschte neue „blinde Flecken" erzeugt.

- Formalisierte Verfahren, welche die Messbarkeit der Ziele betonen, führen leicht dazu, dass sich das Blickfeld des Managements zukünftig nur noch auf quantifizierbare Kriterien versteift. Die quantitative Leistungserfüllung kann die schwerer erfassbare Qualität der Leistungserstellung in den Hintergrund drängen.

- Formalisierte Verfahren können die Präzision der Organisationssteuerung erhöhen, aber sie tragen die Gefahr einer Bürokratisierung in sich, welche die Effizienzgewinne unter Umständen wieder verzehrt, wenn sich das formale Verfahren von seinem zugrunde liegenden Zweck entfernt und verselbstständigt.

So liegen Chancen und Gefahren der Anwendung dieses Instruments für ein aktivierendes Verbandsmanagement eng beieinander. Die Balanced Scorecard kann nicht alle Managementprobleme eines Verbands lösen, aber sie kann ein wichtiges Hilfsmittel zur operativen Steuerung mitgliedschaftlicher Organisationen sein und damit an der Verbandsspitze Freiräume für die Beschäftigung mit den grundlegenden strategischen Entscheidungen schaffen.

5 Literaturverzeichnis

Berens, W./Karlowitsch, M./Mertes, M. (2000): Die Balanced Scorecard als Controllinginstrument in Non-Profit-Organisationen, in: Controlling, 12. Jahrgang, Heft 1, S. 23 – 28.

Eckardstein, D. v./Simsa, R. (1997): Entscheidungsmanagement in NPOs, in: Badelt, C. (Hrsg.) Handbuch der Nonprofit Organisation: Strukturen und Management, Stuttgart, S. 315 – 329.

Galli, A./Wagner, M. (1999): Balanced Scorecard an der Schnittstelle Profit – Non-Profit? In: Der Betrieb, 52. Jahrgang, Heft 39, S. 1965 – 1969.

Horak, C. (1997): Management von NPOs - eine Einführung, in: Badelt, C. (Hrsg.): Handbuch der Nonprofit Organisation: Strukturen und Management, Stuttgart, S. 123 – 133.

Horváth, P./Kaufmann, L. (1998): Balanced Scorecard. Ein Werkzeug zur Umsetzung von Strategien, in: Harvard Business Manager, 21. Jahrgang, Heft 5, S. 39 – 48.

Kaplan, R. S./Norton, D. P. (1997): Balanced Scorecard: Strategien erfolgreich umsetzen, Stuttgart.

Nutt, P. C./Backoff, R. W. (1992): Strategic Management of Public and Third Sector Management, San Francisco.

Schwarz, P. (1996): Management in Nonprofit Organisationen, 2. Auflage, Bern/Stuttgart.

Siciliano, J. I. (1997): The Relationship Between Formal Planning and Performance in Nonprofit Organizations, in: Nonprofit Management and Leadership, 7. Jahrgang, Heft 4, S. 387 – 403.

Werner, H. (2000): Die Balanced Scorecard: Hintergründe, Ziele und kritische Würdigung, in: Wirtschaftswissenschaftliches Studium, 29. Jahrgang, Heft 8, S. 455 – 457.

Jens Michael Alt[*]

Balanced Government –
Die Eignung der Balanced Scorecard als Organisationsentwicklungsprozess in der Öffentlichen Verwaltung

1   Ist die Balanced Scorecard (BSC) ein geeignetes Steuerungsinstrument für die Öffentliche Verwaltung?

2   Bestandteile und Herausforderungen der BSC-Einführung

     2.1   Die Balanced Scorecard als integratives Managementinstrument

     2.2   Annahmen zum BSC-Modell

     2.3   Funktionen der Balanced Scorecard

3   Besonderheiten der Balanced Scorecard in der Öffentlichen Verwaltung

     3.1   Veränderungsdruck

     3.2   Wertigkeit von Gemeinwohl- und Finanzzielen

     3.3   Interessen und Aufgabenfelder

     3.4   Politische, rechtliche und institutionelle Rahmenbedingungen

     3.5   Zusammenfassung und Thesen

4   Konzeptionierung einer „öffentlichen" Balanced Scorecard

     4.1.   Das Model „Balanced Government"

     4.2   Handlungsempfehlungen

     4.3   Offene Fragen

5   Fazit und Ausblick: Das Modell „Balanced Government" muss sich in der Praxis erweisen

6   Literaturverzeichnis

---

[*]   Dipl.-Verw.Wiss. Jens Michael Alt, Assistent am Lehrstuhl für „Grundlagen der BWL und Theorien der Unternehmung", Institut für betriebswirtschaftliche Forschung, Universität Zürich.

1 Ist die Balanced Scorecard (BSC) ein geeignetes Steuerungsinstrument für die Öffentliche Verwaltung?

Anfang der 90er Jahre entwickelten Robert S. Kaplan und David P. Norton (vgl. Kaplan/Norton 1992, 1992a, 1994, 1996, 1997, 2001) einen neuen strategischen Handlungsrahmen für Management und Controlling.[1] Besonderes Merkmal der *Balanced Scorecard* ist ihr integrativer Ansatz (vgl. Guldin 1997, S. 289), der die wechselseitigen Abhängigkeiten von strategischer Planung, Strategievermittlung und -implementierung sowie der Zielkontrolle berücksichtigt. Mit der Balanced Scorecard entsteht kein neues Zielsystem, sondern die bestehenden Strategien werden expliziert, operationalisiert, neu angeordnet, überprüft und ggf. verändert. Wichtig ist es, sich überhaupt strukturiert und systematisch mit dem dynamischen Strategie- und Steuerungsprozess zu befassen und aus dieser Beschäftigung heraus zu lernen bzw. zu verändern (vgl. Kaplan/Norton 2001, S. 4). *Lässt sich die Balanced Scorecard nun aber auch auf öffentliche Institutionen übertragen?*

Das große Versprechen der Balanced Scorecard und der Optimismus, mit dem dieses Instrument empfohlen wird, ruft Berater, Manager[2] und nunmehr auch die *Öffentliche Verwaltung* auf den Plan. Der öffentliche Bereich und insbesondere einzelne Stadtverwaltungen beschäftigen sich seit einigen Jahren mit der sogenannten „Neuen Steuerung"[3] der lange Jahre durch das Weber'sche Bürokratiemodell geprägten öffentlichen Organisationen. Mit der Einführung von Kosten- und Leistungsrechnung, des produktorientierten Haushaltes oder von Qualitäts- und Kontraktmanagement haben zunehmend auch moderne Managementmethoden Einzug in die Öffentliche Verwaltung gehalten (vgl. Budäus et al. 1998, S. 1 ff.). Vielerorts sind Teamarbeit, Dezentralisierung, flache Hierarchien und „Management by Objectives" anstelle der Bürokratie-Prinzipien Arbeitsteilung, Amtshierarchie oder Aktenmäßigkeit bislang jedoch nur sehr anfänglich verwirklicht. Auch dort, wo das „Neue Steuerungsmodell" (NSM) bereits Fuß gefasst hat, fehlt es an geeigneten Instrumenten der Steuerung, Mitarbeiterorientierung, Organisationsveränderung und an moderner Unternehmensführung

---

[1] Ihren ersten Aufsatz zur Balanced Scorecard mit dem Titel: The Balanced Scorecard: Measures That Drive Performance" veröffentlichten Kaplan/Norton zu Beginn des Jahres 1992 in der Zeitschrift „Harvard Business Review" (vgl. Kaplan/Norton 1992).

[2] Alfred Kieser beschreibt derartige Organisationsmoden als „Arenen", in denen sich u.a. Berater, Manager, Professoren, staatliche Stellen, Redakteure von Managementzeitschriften, Buchverlage, Seminarveranstalter etc. tummeln und diesen auf Grundlage persönlicher Ziele und kooperativer Spielzüge zum Erfolg verhelfen (vgl. Kieser 1996, S. 23).

[3] Die „Kommunale Gemeinschaftsstelle" (KGSt) hat im deutschsprachigen Raum den Begriff des „Neuen Steuerungsmodells" (NSM) geprägt.

(vgl. Töpfer 2000, S. 3). *Wodurch kann der notwendige Veränderungsprozess und Paradigmenwechsel in der Öffentlichen Verwaltung angestoßen werden?*

Management befasst sich mit der Steuerung von Organisationen. *Controlling* arbeitet dem Management als Instrument und Institution der Planung, Kommunikation, Information und Kontrolle zu.[4] Bei der Strategie handelt es sich um eine langfristige Planung, die angibt, wie unter den Bedingungen von Unsicherheit und Komplexität eine Organisation ihr Überleben in einer grundsätzlich feindlichen Umwelt sicherstellen will. Die Strategie lässt sich mit Hilfe der sogenannten „Strategy maps" nur vorläufig festlegen (vgl. Kaplan/Norton 2001, S. 63 ff.) und ist darauf ausgelegt, anstelle von konkreten Lösungswegen Möglichkeiten zu schaffen, die die Unternehmung zu einem erfolgreichen Umgang mit der wachsenden Komplexität und Unsicherheit der Umwelt befähigen. *Wie ist nun eine wirkungsvolle Steuerung der Öffentlichen Verwaltung zu erreichen?*

Die Balanced Scorecard scheint dabei in der Lage, Management, Strategie und Controlling in einem umsetzungsorientierten Verfahren zu einem gewissen Einklang zu bringen. Durch dieses neue Management-Instrument erweitert sich der Controllingbegriff hin zu einer strategischen Planung und Steuerungsunterstützung, die als „dezentraler Prozeß der Informationsaufnahme und -verarbeitung" die gesamte Organisation mit einschließt (Steinmann/Scherer 1996, S. 136). *Welches aber sind die Voraussetzungen und Rahmenbedingungen für einen solchermaßen dynamischen Organisationsentwicklungsprozess in der Öffentlichen Verwaltung?*

Der vorliegende Beitrag versucht, den *Organisationsentwicklungsprozess*[5] der Balanced Scorecard auf die Öffentliche Verwaltung zu übertragen. Dabei wird sich der Argumentationsverlauf an den soeben angedeuteten Fragen und Themenstellungen orientieren. Auf eine technische Darstellung der Balanced Scorecard als Kennzahleninstrument und Berichtsbogen wird verzichtet.[6] Der Schwerpunkt dieses Beitrags liegt vielmehr eindeutig auf dem dynamischen Einführungs- und Entwicklungsprozess der strategischen Steuerung. Hierin wird sowohl für die Balanced Scorecard als auch für die Reform der Öffentlichen Verwaltung eine besondere Schwierigkeit vermutet und

---

[4] Der diesem Beitrag eigene Management- bzw. Controlling-Begriff kann hier nicht ausführlich dargestellt werden. Er orientiert sich an der Darstellung des Management-Begriffs nach Steinmann/Schreyögg 2000, S. 5 ff. sowie am Controllingverständnis nach Weber 1998. Einen umfassenden Überblick über das „Controlling" gibt Eschenbach 1996.

[5] Der Begriff „Organisationsentwicklung" ist hier weit auszulegen. Er wird verstanden als grundlegender Beitrag zu einer „Lernenden Organisation" bzw. einem „Management of Change". Zur „Organisationsentwicklung" i.e.S., deren Methoden und historischen Wurzeln, vgl. u.a. Bennis, 1969 sowie Lewin, 1947.

[6] Siehe hierfür die Umsetzungsbeispiele in diesem Band.

somit ein gesteigertes Forschungsinteresse angenommen. Das Wechselspiel von Strategie, Controlling und Öffentlicher Verwaltung, von Visionen, Zielen und Kennzahlen soll schließlich münden in konkreten Handlungsempfehlungen zur Gestaltung des strategischen Managementprozesses in der Öffentlichen Verwaltung sowie in einem Modell für ein „Balanced Government".[7]

2 Bestandteile und Herausforderungen der BSC-Einführung

2.1 Die Balanced Scorecard als integratives Managementinstrument

Die Vertreter der Balanced Scorecard betrachten diese als „strategisches Managementsystem" (vgl. Kaplan/Norton 1996). Demzufolge greift jedes Verständnis von der Balanced Scorecard als erweiterter Berichtsbogen für das operative Controlling bzw. als um qualitative Messgrößen erweitertes Kennzahlensystem zu kurz. An der Entwicklung, Nutzung und Weiterentwicklung der Balanced Scorecard sind im Idealfall alle Mitarbeiter und Organisationsbereiche *aktiv beteiligt*. Der Prozess der Entwicklung einer Balanced Scorecard ist somit ebenso wichtig wie die Balanced Scorecard im Ergebnis. *Der Entwicklungsprozess ist vielmehr die Balanced Scorecard* (vgl. Bodmer/Völker 2000, S. 482 ff.). Dieser verläuft idealtypisch in vier Phasen (vgl. Abbildung 1):

- Der kollektive Lern- und Entwicklungskreislauf der Balanced Scorecard beginnt an der Organisationsspitze (Top-down). Aufgabe der Führungsverantwortlichen in dieser ersten Phase ist es, einen Konsens über die Vision der Organisation sowie die grundlegenden strategischen Ziele herzustellen. Das Top-Management-Team begleitet die Balanced Scorecard in allen wesentlichen Schritten ihrer Entwicklung und Umsetzung.

- Die Formulierung der Strategie ist ein Kommunikationsprozess, an dem möglichst alle Mitarbeiter und Organisationsbereiche zu beteiligen sind.[8] Auf diese Weise werden die Ziele weitergehend begründet, verknüpft, ausbalanciert und in ihren Gesamtzusammenhang gestellt. Jeder Bereich und Mitarbeiter trägt aus seiner spezifischen Perspektive zur Strategiefindung, -implementierung und -weiterentwicklung bei.

- In der Umsetzung fließen die Ergebnisse und Erfahrungen aus den beiden ersten Managementphasen in den konkreten Planungsprozess ein. Im Verlauf der

---

[7] Dieser Beitrag beruht u.a. auf den BSC-Beratungserfahrungen des Autors in einer mittelgroßen deutschen Stadt und deren anschließender, wissenschaftlicher Aufarbeitung.

[8] Angestrebt wird ein sog. „Gegenstromverfahren". Dieses sieht eine Kommunikation „top-down" und „bottom-up" vor (vgl. Lombriser/Abplanalp 1997, S. 221, Bea/Haas 1995, S. 181 f.).

Vorausplanung in ein-, drei- oder fünf-Jahreszeiträumen werden Zielvorgaben erarbeitet, die strategischen Maßnahmen abgestimmt, die Ressourcen verteilt sowie Zeitplan und „Meilensteine" festgelegt. Die konkrete Planungsarbeit wird zunehmend von Steuerungs-/Controlling- und Linienverantwortlichen geleistet und mit dem Top-Management abgestimmt.

- Der innovativste und wichtigste Aspekt im Managementprozess der Balanced Scorecard ist der des strategischen Feedbacks und Lernens. Dieser stellt die vierte Phase des Managementkreislaufes dar (vgl. Kaplan/Norton 1997, S. 15). In regelmäßigen Abständen sind die Zielerreichung, abzulesen an Kennzahlen und Zielwerten, sowie die strategischen Ziele selbst zu hinterfragen und gegebenenfalls zu verändern.[9]

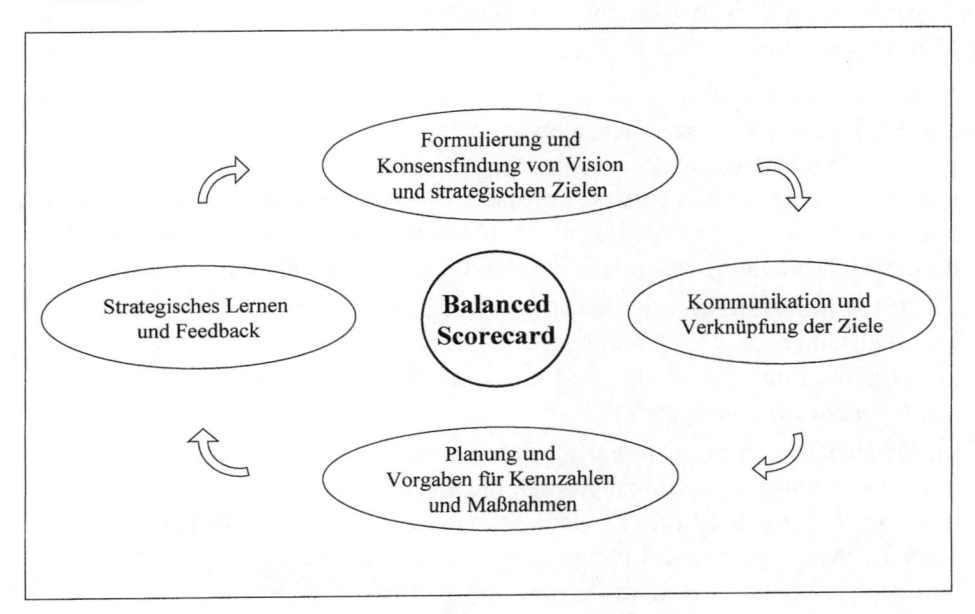

Abbildung 1: Das Managementsystem der Balanced Scorecard nach Kaplan/Norton (Quelle: Kaplan/Norton 1997, S. 10 modifiziert).

---

[9] Chris Argyris und Donald A. Schön sprechen in ihrem Konzept des „organisationalen Lernens" von „Single loop" und „Double loop-learning" (vgl. Argyris/Schön 1999). Ersteres führt zu einer Verbesserung des Organisationshandelns im Hinblick auf gegebene Ziele, eine „doppelte Lernschleife" hingegen kann zu einer grundlegenden Veränderung auch des Zielsystems und der Strategie selbst beitragen.

Der Prozess der Entwicklung einer Balanced Scorecard ist somit niemals abgeschlossen. Strategisches Feedback und Lernen führen unmittelbar wieder in die Reflexion und Umformulierung der strategischen Ziele. Die verbesserte und angepasste Strategie bedarf erneut der Kommunikation und Verknüpfung, der Operationalisierung in Form von Planung und Vorgaben sowie eines Feedback- und Lernprozesses.

2.2 Annahmen zum BSC-Modell

Jedes wirtschaftswissenschaftliche Modell ist – implizit oder explizit – mit gewissen Annahmen über die Rahmenbedingungen seiner Gültigkeit verbunden. Dies gilt in gleicher Weise für die Balanced Scorecard. Sie ist in ihrer ursprünglichen Fassung ein Instrument der Privatwirtschaft und unterliegt somit – zumeist implizit – den folgenden Annahmen:[10]

- Kaplan/Norton postulieren, dass alle Organisationen zunehmend von einem rasanten Wandel der Unternehmensumwelt betroffen sind.[11] Dieser Wandel bewirkt, dass sich die Unternehmen in immer kürzeren Abständen verändern und den neuen Umweltbedingungen anpassen müssen. Entsprechend gewinnen „Fähigkeiten", wie strategische Planung, Flexibilität, Selbststeuerung sowie Lernen und Veränderung an Bedeutung. *(Annahme des umweltinduzierten Wandels)*

- Im BSC-Modell stehen die Finanzziele letztlich an oberster Stelle. Die finanziellen Kennzahlen entscheiden in letzter Konsequenz über Erfolg oder Misserfolg einer Organisation „am Markt" und also auch über deren Existenz. *(Annahme von der Priorität der Finanzziele)*

- Im Balanced-Scorecard-Modell wird davon ausgegangen, dass ein Unternehmen über eine Leitung bzw. Spitze verfügt, die hinsichtlich der grundlegenden Zielausrichtung der Organisation mit einer Stimme spricht, bzw. zum Konsens darüber fähig ist. Mikropolitische Erwägungen und Entscheidungsmechanismen hinsichtlich der konkreten Interessen der jeweiligen Akteure in der Organisation werden weitgehend vernachlässigt.[12] *(Annahme hierarchischer Interessenbündelung bzw. Interessenharmonie)*

- Desweiteren wird angenommen, dass letztlich alle Ziele einer Organisation explizit formuliert werden können, d.h. auch kommunizierbar sind. Dies würde bedeu-

---

[10] Die Annahmen werden so in der Literatur nicht explizit genannt. Sie sollen hier thesenartig aufgestellt werden und sind als Diskussionsgrundlage zu verstehen.

[11] Der Umweltwandel lässt sich durch eine deutliche Zunahme an Vielfalt, Dynamik und Diskontinuität der Veränderungsphänomene charakterisieren (vgl. z.B. Klimecki et al. 1994, S. 6 ff.)

[12] Zu den Mechanismen politischer Entscheidungsstrukturen im Sinne der Spieltheorie, vgl. Scharpf 2000.

ten, dass es keine nach außen geheimen oder „politisch nicht zu vertretenden" Zielfelder einer Unternehmung gibt, welche möglicherweise zwar nicht die „Espoused theory", jedoch die „Theory in use" mitbestimmen (vgl. Argyris/Schön 1999, S. 29). *(Annahme einer grundsätzlich offenen Strategiedebatte)*
- Kaplan/Norton postulieren mit ihrem Modell, dass es grundsätzlich möglich ist, Organisationen durch eigenes Wissen und eigene Anstrengung selbst zu steuern. *(Annahme einer selbstgesteuerten Strategieentwicklung)*
- Bei der strategische Planung nach Kaplan/Norton wird davon ausgegangen, dass sich die Ursache-Wirkungsketten, d.h. die wesentlichen Funktionsmechanismen und Abläufe einer Unternehmung, grundsätzlich im Voraus von der Organisation selbst antizipieren lassen. *(Annahme einer rationalen Strategieentwicklung)*
- Schließlich wird im Balanced-Scorecard-Konzept eine grundsätzlich auf allen Ebenen veränderungsfähige und -willige Organisation vorausgesetzt. *(Veränderungsfähigkeit der Organisation)*

All diese Annahmen gilt es bei der Übertragung der Balanced Scorecard auf den öffentlichen Bereich zu hinterfragen. Einschränkend wurde nicht zuletzt von Kaplan/Norton immer wieder darauf verwiesen, die Balanced Scorecard sei für jede Organisation individuell zu entwickeln und beanspruche daher keineswegs Allgemeingültigkeit. Die Autoren schreiben hierzu: „Der Berichtsbogen ist keine Schablone, die ohne weiteres auf alle Unternehmen oder gar eine ganze Branche angewandt werden kann. Unterschiedliche Marktsituationen, Produktstrategien oder Konkurrenzverhältnisse erfordern unterschiedliche Berichtsbögen." (Kaplan/Norton 1994, S. 97 f.). Insbesondere für den öffentlichen Bereich haben die beiden BSC-Erfinder eine Übertragung des BSC-Konzeptes angedeutet und eindeutig befürwortet (vgl. Kaplan/Norton 2001, S. 119 ff., 1997, S. 173 ff.).

2.3 Funktionen der Balanced Scorecard

Die Darstellung der Balanced Scorecard lässt sich abschließend in einer Reihe von BSC-Funktionen zusammenfassen. Diese leiten sich insbesondere aus dem Managementkreislauf, aber auch aus den Bestandteilen des Berichtsbogens sowie den Anforderungen an den BSC-Entwicklungsprozess ab. Die Funktionen der Balanced Scorecard stellen eine wesentliche Erwartungshaltung gegenüber dem Instrument dar und sind als Erfolgsmaßstab an jedes Umsetzungsprojekt anzulegen. In Abbildung 2 sind der Managementkreislauf, die identifizierten Annahmen sowie die Funktionen der klassischen Balanced Scorecard nach Kaplan/Norton graphisch dargestellt:

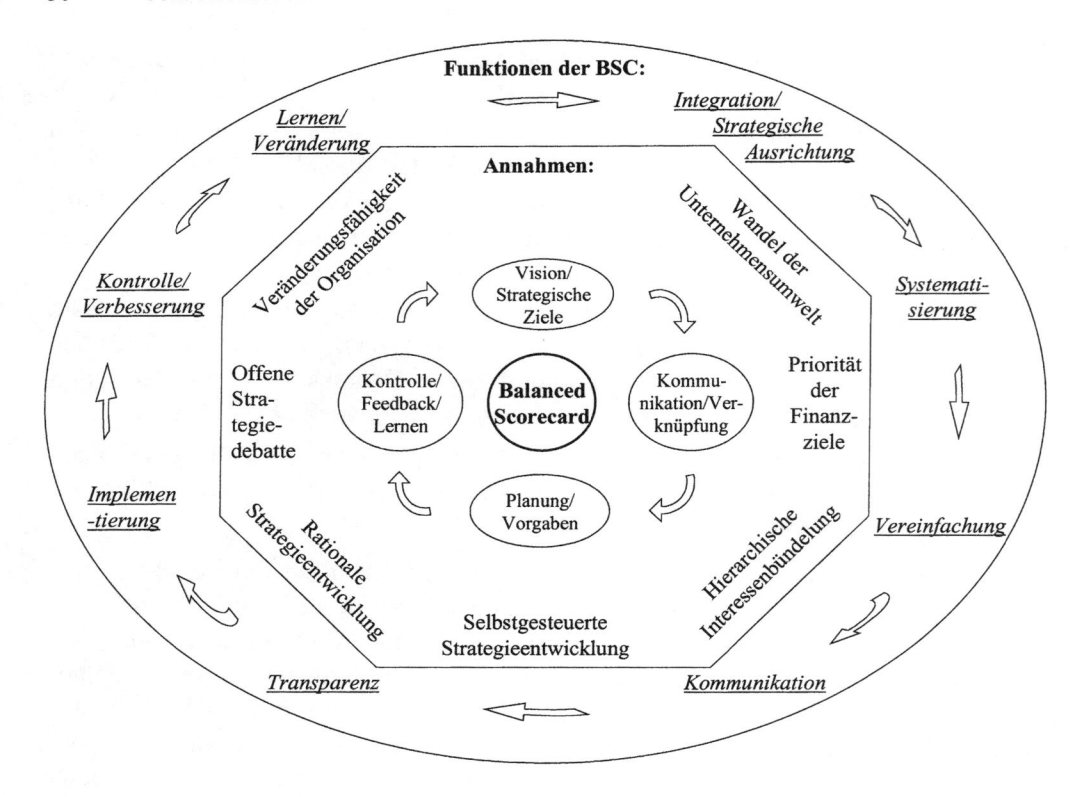

Abbildung 2: Das Modell „Balanced Scorecard"

Folgende wesentliche Funktionen bzw. Aufgaben der Balanced Scorecard lassen sich identifizieren:[13]

- *Integration und strategische Ausrichtung*: Unterschiedliche Zielvorstellungen werden zueinander geführt und mit einer gemeinsamen Stoßrichtung versehen.
- *Systematisierung*: Durch den Umgang, die neue Anordnung und die Verschriftlichung der Ziele in der Organisation entsteht ein besseres Verständnis von den eigenen Zielen und Aufgaben.
- *Vereinfachung*: Durch die Begrenzung auf 20 – 25 strategisch relevante Ziele vereinfachen sich das Verständnis und der Umgang mit der Strategie.
- *Kommunikation*: Aufgrund von Vereinfachung, Systematisierung und Verschriftlichung des Zielsystems einer Organisation lassen sich die Zielvorstellungen an die Mitarbeiter kommunizieren und im organisationsweiten Dialog objektivieren.

---

[13] Zu den Funktionen der Balanced Scorecard vgl. Kaplan/Norton 1997, Gmür/Brandl 2000, S. 7, Werner 2000, S. 456.

- *Transparenz:* Strategien und Organisationsziele bleiben nicht mehr nur einer kleinen Gruppe vorbehalten, sondern werden für alle Mitarbeiter transparent und nachvollziehbar.
- *Implementierung:* Die Strategie bleibt keine Absichtserklärung, sondern wird konkret in Maßnahmenform umgesetzt.
- *Kontrolle und Verbesserung:* Der gesamte Prozess trägt zur Kontrolle und Verbesserung der Organisationsabläufe und -ergebnisse bei.
- *Antrieb zu Lernen und Veränderung:* Die ganze Organisation ist angehalten, am Umgang mit den eigenen Strategien und Zielen zu lernen sowie sich und die eigene Organisation entsprechend zu verändern.

3 Besonderheiten der Balanced Scorecard in der Öffentlichen Verwaltung

In dem nun folgenden Kapitel wird der theoretischen Frage nach der Übertragbarkeit des BSC-Konzeptes auf die Öffentliche Verwaltung nachgegangen. In Anlehnung an Vorschläge zur BSC-Umsetzung von Verbänden und Non-Profit-Organisationen (vgl. Gmür/Brandl 2000, Horak 1996, Berens et al. 2000, Müller 2000) sollen die Rahmenbedingungen bzw. Modellannahmen der Balanced Scorecard in der Öffentlichen Verwaltung herausgearbeitet werden.[14] Hierfür werden entlang der einzelnen Abschnitte die Annahmen aus der „klassischen" Balanced Scorecard hinsichtlich ihrer Gültigkeit im öffentlichen Bereich geprüft bzw. gegebenenfalls modifiziert. Dies soll anhand der *Wertigkeit von Gemeinwohl- und Finanzzielen*, der *Interessen und Aufgabengebiete* sowie der *politischen, rechtlichen und institutionellen Rahmenbedingungen* geschehen. Begonnen wird mit der Frage nach dem *umweltinduzierten Veränderungsdruck* auf die Öffentliche Verwaltung.

3.1 Veränderungsdruck

Fraglich ist zunächst, inwieweit auch für die Öffentliche Verwaltung die Annahme eines umweltinduzierten Wandels Gültigkeit besitzt.[15] Sollte diese keinem Veränderungsdruck aufgrund des Wandels der Umwelt ausgesetzt sein, wäre nach der Definition von Kaplan/Norton auch die Einführung einer Balanced Scorecard überflüssig.

---

[14] Explizit zur Übertragung der Balanced Scorecard auf die Öffentliche Verwaltung, vgl. Kaplan/Norton 2001, S. 119 ff., Schmithals-Ferrari 2000, ebd. 2000a, Horváth & Partner 1998.
[15] Vgl. Levy/Merry 1986. Demnach sind die Auslöser für einen radikalen Wandel der Organisation in einem fundamentalen Umweltwandel („Wandel zweiter Ordnung") zu sehen, der zu einer beträchtlichen Komplexitätszunahme führt.

In Art. 28 des Grundgesetzes (GG) wird für die Gemeinden ein „Kernbereich" der Selbstverwaltungsgarantie festgelegt, der auch die Garantie einer angemessenen Finanzausstattung beinhaltet. Dieser inhaltlich nicht näher definierte Kernbereich darf in seinem Wesensgehalt nicht angetastet werden (vgl. Schmidt-Bleibtreu/Klein 1995, Art. 28, Rdnr. 9). Nichtsdestotrotz unterliegen die Gemeinden verfassungsrechtlich, politisch und faktisch einem gewissen äußeren Einfluss, der zu einem Veränderungsdruck führen könnte:

- Mit der Kernbereichsgarantie für die Gemeinden ist keine Existenzgarantie der einzelnen Gemeinde verbunden. Bestands- und Gebietsveränderungen, z.B. im Zuge einer Gebietsreform, sind „aus Gründen des öffentlichen Wohls" zulässig. Damit können die Gemeinden zwar individuell, nicht aber institutionell aufgelöst werden (vgl. ebd. Art. 28, Rdnr. 9).
- Eine Begründung für den zunehmenden Veränderungsdruck, die immer wieder genannt wird, ist die eines kleiner werdenden finanziellen Spielraums der Öffentlichen Verwaltung (vgl. Karrenberg/Münstermann 1999, S. 437). Um hier handlungsfähig zu bleiben, könnte die Verwaltung in besonderem Maße zu Effizienz und Effektivität innerhalb ihrer Organisation angehalten sein.
- Die Verwaltung, insbesondere deren politische Vertreter, unterliegen der demokratischen Kontrolle bzw. der Kontrolle durch die Öffentliche Meinung und unterstehen somit einem Rechtfertigungsdruck bzw. einer kontinuierlichen Rechenschaftspflicht.[16] Durch die Teilnahme am Wandel lässt sich das Verwaltungshandeln möglicherweise nach außen neu legitimieren. Nach innen erhöht sich hierdurch u.U. die Motivation und Arbeitszufriedenheit der Mitarbeiter.
- Möglich scheint auch, dass der Veränderungsdruck aus den Randbereichen und sog. „freiwilligen Aufgaben" öffentlichen Tätigwerdens in die Gesamtverwaltung hinein getragen wird. In diesen Randbereichen ist ein Vergleich/Wettbewerb mit privaten Anbietern leichter möglich, so dass Aufgaben, die nicht originär im Kernbereich staatlicher Verantwortung liegen, mit der Androhung von Auslagerung und Privatisierung belegt sein können (vgl. Püttner 1999, S. 548 ff.).

Ergebnis: Es deutet somit vieles auf einen sowohl finanziell als auch institutionell begründeten Veränderungsdruck in der Öffentlichen Verwaltung hin. Dieser Veränderungsdruck ist in der gegenwärtigen Lage möglicherweise nicht rein umweltinduziert, sondern wird durch eine gewisse Eigendynamik bzw. Motivation zum Wandel im Innern der Öffentlichen Verwaltung ergänzt, die zum Teil auch begrenztrationalen und politisch-taktischen Argumenten folgt.

---

[16] Der Rechtfertigungsdruck zeigt sich insbesondere in regelmäßig stattfindenden Wahlen, aber auch angesichts öffentlicher Ratssitzungen und der Kontrolle durch die (lokalen) Medien (vgl. Jarren 1999, Schedler/Proeller 2000, S. 25 ff.).

3.2 Wertigkeit von Gemeinwohl- und Finanzzielen

Weitgehende Einigkeit herrscht in der BSC-Literatur darüber, dass die Annahme einer Priorität finanzieller Ziele für öffentliche Organisationen nicht in der gleichen Weise gilt. In der Öffentlichen Verwaltung bildeten die Finanzziele zwar ebenfalls eine gewisse Grundlage für staatliches Handeln, sie seien jedoch in der Regel nicht als das letzte Kriterium für Erfolg oder Misserfolg der Organisation anzusehen. Anstelle der privatwirtschaftlichen Formalziele, wie z.B. der Gewinnmaximierung, müsse sich eine Stadtverwaltung an ihrem öffentlich-rechtlichen Auftrag, d.h. insbesondere auch an der Erfüllung inhaltlich begründeter Bürger- und Gemeinwohlziele messen lassen (vgl. u.a. Kaplan/Norton 2001, S. 119 ff.). *Wie lässt sich dieses Nebeneinander von Gemeinwohl- und Finanzzielen herleiten?*

Drei Grundprinzipien der Öffentlichen Verwaltung sollen hierfür betrachtet werden: Die öffentlich-rechtliche Verpflichtung zu *Wirtschaftlichkeit und Gemeinwohl*, die *Wettbewerbssituation* sowie die *besonderen Kundenerwartungen*. Es gilt zu untersuchen, wie sich diese Prinzipien auf das Zielsystem der Balanced Scorecard auswirken.

3.2.1 Gemeinwohlorientierung und Wirtschaftlichkeit

„Für öffentliche Verwaltungen stellen Gemeinwohl und Wirtschaftlichkeit zunächst formaljuristisch definierte und rechtlich bindende Grundsätze des Verwaltungshandelns dar" (Budäus/Buchholtz 1997, S. 323). Dies ergibt sich zwingend aus den jeweiligen Kommunalverfassungen. Nach § 1 Abs. 1 GO NW besteht das Wesen der Gemeinde in der Förderung des Wohls ihrer Einwohner. § 40 Abs. 1 GO NW besagt: „Die Verwaltung der Gemeinde wird ausschließlich durch den Willen der Bürgerschaft bestimmt." Nach § 75 GO NW ist der hierbei zu Grunde liegende Haushalt sparsam und wirtschaftlich zu führen. Der Erfolg des Verwaltungshandelns hängt dementsprechend davon ab, ob und inwieweit ein Beitrag zur Förderung des Gemeinwohls bei gleichzeitiger Beachtung der Wirtschaftlichkeit geleistet wird (vgl. ebd. 1997, S. 324).

Um den Gemeinwohlbegriff mit Inhalt zu füllen, bedarf es aus juristischer Perspektive der Auslegung dieses „unbestimmten Rechtsbegriffs" (vgl. Giemulla et al. 1994, S. 38). In politikwissenschaftlicher Betrachtung ergibt sich die Konkretisierung im Rahmen von komplexen, politischen Willensbildungsprozessen, im Zuge derer „man wertend zu unterschiedlichen Inhalten gelangt" (Eichhorn 1984, S. 238). Ein Zielsystem, das operationalisiert und messbar gemacht wird, entspricht einer solchen Ausformulierung des Gemeinwohlbegriffs (vgl. Budäus/Buchholtz 1997, S. 324).[17]

---

[17] Zur Bindung des Gemeinwohls an Werte und Ziele vgl. Arnim 1988, S. 59.

Wirtschaftliches Handeln in der Öffentlichen Verwaltung lässt sich einerseits an einer maximalen bzw. bestmöglichen Zielerreichung angesichts unveränderlich vorgegebener Mittel festmachen. Es zeigt sich andererseits in der Erreichung eines vorgegebenen Ziels mit möglichst geringem Mitteleinsatz.[18]

Stellt man das Gemeinwohl und die Wirtschaftlichkeit einander gegenüber, so zeigt sich, dass beide Prinzipien unmittelbar aneinander gekoppelt sind, ihnen jedoch eine unterschiedliche Funktion bei der Ausformulierung eines konkreten Zielsystems zukommt. Das formale Prinzip der Wirtschaftlichkeit bildet den Rahmen, innerhalb dessen eine inhaltliche Ausformulierung der Ziele stattfinden kann.

Lösungsansatz: Auf die Balanced Scorecard bezogen, heißt das, dass die Finanzperspektive und die Bürger- bzw. die Gemeinwohlperspektive zumindest gleichgeordnet sind bzw. dass die Finanzziele inhaltlich belegt werden müssen. Aufgeweicht wird der Bereich der Finanzziele einerseits durch die Möglichkeit, ja geradezu den Anreiz (Wiederwahl der Mandatsträger), auch über Jahrzehnte hinweg staatliche Defizite aufzubauen sowie durch die starke finanzielle Verflechtung von EU, Bund, Ländern und Kommunen hinsichtlich ihrer Steuereinnahmen sowie der staatlichen Ausgabenseite. Hier lässt sich die finanzielle Verantwortung allzu leicht auf die „Vorgänger-Regierung" sowie die jeweils andere staatliche Ebene abwälzen.

3.2.2 Wettbewerbssituation

Ein Leistungs- und Kennzahlensystem macht nur dann Sinn, wenn Vergleichsmaßstäbe und ein gewisses Konkurrenzverhältnis der Organisation gegenüber anderen Wettbewerbern abgeleitet werden kann. *Besteht ein solches Wettbewerbsverhältnis auch im Bereich der Öffentlichen Verwaltung?*

Mit der Flexibilisierung des Arbeitsmarkts, der zunehmenden Bedeutung von Informations- und Dienstleistungsgesellschaft oder der Desintegration von Familienstrukturen ändern sich auch die öffentlichen Aufgaben (vgl. Osner 1999, S. 18). Diese Veränderungen sowie die zunehmende Flexibilisierung und Mobilität der Wirtschaft führen dazu, dass auch die Kommunen untereinander in Konkurrenz um wirtschaftliche Standortfaktoren, Umweltstandards, Lebensqualität etc. treten. Dahinter steht die Notwendigkeit, die steigenden Ausgaben auch finanzieren zu können (vgl. Karrenberg/Münstermann 1999, S. 439 ff.). Zwar bleiben die öffentlich-rechtlichen Gebietskörperschaften und mit ihnen ein Großteil der Bürger physisch an ihre Gemarkung gebunden, die Mobilität der Unternehmen und mit ihnen die des Gewerbe- und Einkommenssteueraufkommens nimmt jedoch zu. Aufgrund dessen stellen sich Städte

---

[18] Zu Effektivität und Effizienz der Verwaltung bzw. zu dem 3-E-Modell, vgl. Budäus/Buchholtz 1997, S. 326 ff.

und Gemeinden trotz unterschiedlicher Größe, Rahmenbedingungen etc. in zunehmendem Maße dem interkommunalen Vergleich.[19]

Lösungsansatz: Städte und Gemeinden sind somit nicht durch eine völlige Abwesenheit von Wettbewerb und Konkurrenzbeziehungen gekennzeichnet. Diese sind nur oftmals schwerer fassbar (vgl. Horak 1996, S. 652). Aufgabe der Entwicklung einer Balanced Scorecard im öffentlichen Bereich ist es, diese subtilen Konkurrenzverhältnisse und Vergleichsmöglichkeiten herauszuarbeiten und zu benennen.

3.2.3 Besonderheit der Bürger- und Kundenerwartungen

Die Aufgaben der Öffentlichen Verwaltung umfassen mit der Eingriffs- und Leistungsverwaltung, mit freiwilligen Dienstleistungen und sozialer Fürsorge ein weites inhaltliches Spektrum.[20] Allgemein gesprochen stellt die Verwaltung der Allgemeinheit einerseits meritorische bzw. kollektive Güter[21] zur Verfügung und tritt dem Bürger andererseits gleichermaßen hoheitlich fürsorgend gegenüber. Kaplan/Norton trennen zwischen der Gruppe der Geldgeber[22] sowie den Beziehern öffentlicher Leistung. Beide Gruppen sind im Gegensatz zum privatwirtschaftlichen Vertragsverhältnis, bei dem zwei „gleichwertige" Vertragsparteien Geld gegen Leistung liefern, nicht identisch (vgl. Kaplan/Norton 2001, S. 120 ff.).

Lösungsansatz: Im Rahmen der Entwicklung der Balanced Scorecard muss diese Ausdifferenzierung des Kunden- und Bürgerbegriffs insofern mit berücksichtigt werden, als dass die Kunden- und Finanzperspektive sich gleichermaßen an die verschiedenen Anspruchsgruppen zu richten hat. Sowohl sachlich als auch inhaltlich gilt es, die entsprechenden Anspruchsgruppen zu fördern und zu fordern und die Kennzahlen entsprechend auszurichten.

3.2.4 Fazit

Insgesamt kann demnach von einer leichten Dominanz bzw. zumindest von einer Gleichwertigkeit der Bürger- und Gemeinwohlziele gegenüber den Finanzzielen ausgegangen werden. Aus dieser ergibt sich ein Zielsystem, das in besonderer Weise auf

---

[19] Beispiele hierfür sind das IKO-Netz der KGSt sowie ein Vergleichsring der Bertelsmann-Stiftung mit Kommunen aus dem Münsterland (Dülmen, Borken, Coesfeld, Warendorf etc., vgl. Beutel 2000, S. 187 ff.).

[20] Zur Allzuständigkeit der Gemeinden vgl. Schmidt-Bleibtreu/Klein 1995, Art. 28. Rdnr. 10.

[21] Zu den volkswirtschaftlichen Überlegungen staatlicher Aufgaben, vgl. Noll 1979, S. 77 ff., Brümmerhoff 1992, S. 79 f.

[22] Zu diesen zählen Steuerzahler, Spender etc. Kaplan/Norton sprechen bezüglich Geldgebern und Leistungsbeziehern von „customers" und „donors".

die Verschiedenartigkeit der „Kundengruppen", d.h. vor allem die Stakeholder[23], Rücksicht nehmen muss. Das Zielsystem ist somit u.U. komplexer und weiter ausdifferenziert (vgl. Eschenbach 1996, S. 51). Im Bereich der Verbände und Non-Profit-Organisationen spielt statt des Shareholder- (vgl. Michel 1997) der Stakeholdervalue die maßgebende Rolle (vgl. Gmür/Brandl 2000, S. 8, Horak 1996, S. 652). Für die Öffentliche Verwaltung schlagen Kaplan/Norton in Anlehnung an das U.S.-amerikanische Beispiel der *Stadt Charlotte* die Formulierung einer Mission oder Vision vor, an die sich sog. „Strategische Themen" anschließen (Kaplan/Norton 2001, S. 124). Die ursprüngliche Finanz- und Kundenperspektive wird in diesem Vorschlag zusammengefasst bzw. beide Perspektiven stehen auf gleicher Ebene nebeneinander.

3.3 Interessen und Aufgabenfelder

In demokratisch legitimierten und häufig mikropolitisch motivierten Institutionen wie der Öffentlichen Verwaltung stellt die Interessenvielfalt u.U. ein besonderes Problem dar, wobei auch in privatwirtschaftlichen Unternehmen Einzelinteressen, Legitimation der Vertreter und Mikropolitik beachtet werden müssen.[24] Die *Interessen und Aufgabenfelder* sollen entlang des *Demokratie- und Öffentlichkeitsprinzips,* der *Einheitlichkeit der Strategie* sowie der *Führungsverantwortung* näher untersucht werden.

3.3.1 Demokratie- und Öffentlichkeitsprinzip

In einer Demokratie geht die Macht vom Volke aus (Art. 20 GG). Letztentscheider ist somit die Gesamtheit aller Wählerinnen und Wähler. Darüberhinaus lebt die Demokratie vom politischen Diskurs, d.h. vom Streit der Parteien um die beste Art des Regierens. *Muss hieran der BSC-Konsens scheitern?*

Der demokratische Steuerungsmechanismus durch freie, gleiche, geheime und unmittelbare Wahlen und Abstimmungen zieht sich leitmotivisch durch den gesamten öffentlichen Bereich. Dabei gilt das Demokratieprinzip nicht nur als konstituierendes Prinzip für jede Art von politischem Gremium, sondern auch als Entscheidungsprinzip im Innern der Organisationen. Sowohl die führenden Positionen innerhalb der Öffentlichen Verwaltung werden nach dem Demokratieprinzip besetzt, als auch Sachentscheidungen hierdurch legitimiert (vgl. Gmür/Brandl 2000, S. 9). Nach außen hin betrifft das Demokratieprinzip die Öffentliche Verwaltung in erster Linie hinsichtlich ihrer politischen Funktionen und Entscheidungsträger. In einer Stadtverwaltung sind dies der Bürgermeister, der Stadtrat und eine Reihe weiterer Führungsper-

---

[23] Als Stakeholder werden Bezugsgruppen, Interessengruppen oder Anspruchsgruppen bezeichnet, die von der Unternehmung betroffen sind.

[24] Vgl. u.a. die verhaltenswissenschaftlichen Ansätze in Berger/Bernhard-Mehlich 1999, S. 133 ff.

sonen. Im Innern lebt das Demokratieprinzip in der Forderung nach Transparenz, Öffentlichkeit und Beteiligungsmöglichkeiten weiter.

Bezieht man direkt-demokratische Elemente wie Bürgerinitiativen oder lokale Medien mit ein (vgl. Jarren 1999), machen die demokratischen Abstimmungsmechanismen über die regelmäßigen Wahlen hinaus eine fortlaufende Rückversicherung des Wählerwillens notwendig. Inwieweit sich Demokratie in politischen Kampf- und Mehrheitsabstimmungen abspielt oder sich aus einem sachlichen Dialog legitimiert, ist eine Frage des politischen Stils, der Souveränität der Beteiligten und nicht zuletzt auch der „anwesenden" Öffentlichkeit.

Lösungsansatz: Die Entwicklung der Balanced Scorecard ist von dem angesprochenen Demokratieprinzip insofern betroffen, als sich der Zielfindungs- und Entwicklungsprozess sowohl hinsichtlich der Zusammensetzung der Entscheidungsgremien, als auch in Bezug auf die erarbeiteten Sachziele in jeder Phase seiner Entstehung und Weiterentwicklung nach außen rechtfertigen muss. Auch kann sich die Besetzung der politischen Entscheidungsorgane, die gleichermaßen über die Balanced Scorecard mitentscheiden, aufgrund von Wahlen verändern.

Als Strategie-Instrument kann sich die Balanced Scorecard nur bedingt nach den wechselnden politischen Mehrheiten richten. Sie wird sich dem Rhythmus der Legislaturperioden aber auch nicht vollständig entziehen können. Eine Lösungsmöglichkeit könnte darin bestehen, auf einen verbindlichen Konsens über Parteigrenzen hinaus hinzuwirken. Sehr optimistisch gedacht, könnte die Balanced Scorecard zu einem langfristig stabilen Bündnis der politischen Gruppen beitragen und auch den politischen Diskurs weg von partei-taktischen Mehrheits- und Kampfabstimmungen und hin zu einer „Kultur des Dialogs" verändern.

3.3.2 Einheitlichkeit der Strategie

Um eine Balanced Scorecard zu entwickeln und aufzustellen, bedarf es eines Konsens über Vision und strategische Ziele bzw. deren Operationalisierung in Kennzahlen, Zielwerten und Maßnahmen. Die Beteiligung am Entwicklungsprozess der Balanced Scorecard ist mit Verantwortung und Pflichten, aber auch mit Einflussnahme, Macht und Interessenvertretung verbunden. Aufgrund der mikropolitischen Verwebungen und Verflechtungen zwischen „politischer" Verwaltung und „verwaltender" Politik, zwischen „Machern" und „Ausführenden", zwischen „Ambitionierten" und Desillusionierten" sowie zwischen „Rot", „Schwarz", „Gelb" oder „Grün" wird insbesondere das Verhältnis von politischer Führung und Verwaltungsapparat zu einer hochkomplexen Schnittstelle.

Kaplan/Norton betonen in Anlehnung an Michael Porter, dass „Strategien einerseits Informationen darüber geben, was zu tun ist und aber auch, was nicht zu tun ist – eine

Botschaft, die besonders für öffentliche Organisationen relevant ist." (Kaplan/Norton 2001, S. 119). Die Balanced Scorecard-Erfinder attestieren dem öffentlichen Bereich dabei eine bemerkenswerte Schwäche, sich auf eine klare Strategie zu einigen. Man habe Strategie-Dokumente von bis zu 50 Seiten Länge vorgefunden, die anstelle von konkreten Zielen listenweise Programme und Initiativen beinhalteten.[25]

Lösungsansatz: Bei der Ausarbeitung eines einheitlichen Zielsystems für die Öffentliche Verwaltung gilt es, auf eine möglichst entpolitisierte, sachorientierte Zieldiskussion hinzuwirken. Hierbei kommt der Fähigkeit zu Verbindlichkeit und Klarheit im gegenseitigen Umgang sowie einem konsensorientierten, offenen Dialog zwischen Verwaltung und Politik besondere Bedeutung zu.

3.3.3 Führungsverantwortung

Unklar ist, welches Gremium die notwendige Interessenbündelung wahrnimmt. Zur Veranschaulichung soll das Bespiel einer nordrhein-westfälischen Stadtverwaltung herangezogen werden: Der Bürgermeister steht hier an der Spitze der Verwaltung.[26] Er ist in dieser Funktion in hohem Maße auf die Moderation der Interessen bzw. auf die Rückversicherung der Entscheidungen gegenüber einer Vielzahl von Anspruchsgruppen festgelegt. Der Verwaltungsvorstand mit Bürgermeister, Beigeordneten, Kämmerer und – i.w.S. – den Fachbereichsleitungen bildet die erweiterte Führungsverantwortung einer Stadtverwaltung ab. Diese ist letztlich in allen grundlegenden Entscheidungen dem Stadtrat Rechenschaft schuldig. Der Stadtrat dagegen lebt als politisches Gremium vom Diskurs und hat sich parteipolitisch in der Öffentlichkeit zu profilieren. Kaplan/Norton beziehen sich in ihren Erfahrungsberichten über die Balanced Scorecard im öffentlichen Bereich zumeist auf einzelne namentlich genannte Verantwortliche (Kaplan/Norton 2001, S. 123 ff.). Dies ist u.U. ein Indiz dafür, dass die Entwicklung der Balanced Scorecard bis zu einem gewissen Grad auf der Autorität Einzelner beruht, so dass dem BSC-Verantwortlichen eine entscheidende Rolle zukommt. Hier besteht die Moderationsaufgabe darin, die verschiedenen „Auszahlungen" für die einzelnen Teilnehmer zu optimieren und zu einem Ausgleich und Konsens im Sinne eines Pareto-Optimums zu führen.

Lösungsansatz: Zur Begleitung des BSC-Prozesses bedarf es mehrerer starker (charismatischer) Führungspersönlichkeiten innerhalb, evtl. aber auch als temporäre Berater von außerhalb der Verwaltung, die diese schwierige Moderatoren- und Kommunikationsfunktion zum Ausgleich der Interessen übernehmen. Auf Grund obiger Dar-

---

[25] Es soll jedoch gleichfalls darauf hingewiesen werden, dass solche Schwierigkeiten der Konsensfindung bzw. der Bündelung einer größeren Anzahl von Interessen auch in privatwirtschaftlichen Unternehmen vorzufinden sind (vgl. Horváth & Partner 2000, S. 134 ff.).

[26] Zu Aufgabe und Stellung des Bürgermeisters in NRW siehe §62 GO NW.

stellung könnte die Führungspersönlichkeit des Bürgermeisters noch am ehesten in der Lage sein, einen BSC-Konsens herbeizuführen. Letztlich bedarf es jedoch eines Ausgleichs operativer und strategischer Verantwortung und somit eines gemeinsamen Gremiums aus Politik (Vertreter der Fraktionen) und Verwaltung (Bürgermeister, Beigeordnete, Controllingverantwortliche).

3.4 Politische, rechtliche und institutionelle Rahmenbedingungen

Die Balanced Scorecard ist als betriebswirtschaftliches Instrument auf möglichst weitgehende Autonomie und langfristige Planungssicherheit der Entscheidungsträger ausgerichtet. Eine Entwicklung der Zielpyramide an der Spitze der Organisation bzw. in einem abgrenzbaren Teilbereich macht nur Sinn, wenn diese entweder ihre Ziele selbst bestimmen oder sich an einem festen Strategie-Rahmen orientieren können. *Ist die Öffentliche Verwaltung hier nicht in zu hohem Maße von den politischen, rechtlichen und institutionellen Rahmenbedingungen abhängig?*

3.4.1 Ziele im eigenen Verantwortungsbereich

Die Öffentliche Verwaltung ist nationalstaatlich eingebunden in einen mehrstufigen Verwaltungsaufbau. Die Bundesrepublik Deutschland besitzt mit Bund- und Ländern zwei Verfassungsebenen sowie mit den Gemeinden als Untergliederung der Länder drei Funktionsebenen. Hinzu kommen überstaatliche Bündnisstrukturen wie die Europäische Union, deren Gesetzgebung ebenso weit reichende Auswirkungen bis auf die kommunale Ebene zeitigen. Die Gemeinden nehmen neben den freien auch gesetzlich vorgegebene sowie in geringerem Umfang von Bund oder Land übertragene Aufgaben wahr (vgl. Schmidt-Bleibtreu/Klein 1995, Art. 28. Rdnr. 9). Auch finanziell und in Bezug auf staatliche Investitionsentscheidungen sind die Kommunen teilweise von EU-, Bundes- oder Landesentscheidungen abhängig (z.B. Bildung, Straßenbau, Steueranteile etc.). Eine weitere politische Abhängigkeit lässt sich im Bereich des Parteiensystems konstruieren, da die Entscheidungen der Kommunen u.U. an landes- oder bundespolitische Vorgaben bzw. Richtungsentscheidungen der Parteien gekoppelt sind.

Lösungsansatz: Die politischen Rahmenbedingungen können sich auf alle vier Perspektiven der Balanced Scorecard auswirken. Hinsichtlich der *Bürger- und Finanzperspektive* gilt es, sich auf diejenigen Aufgaben und Ziele zu konzentrieren, die langfristig absehbar im Verantwortungsbereich der Kommunalverwaltung liegen. Auch im Bereich der *internen Prozesse* sowie der *Lern- und Entwicklungsperspektive* unterliegt die Öffentliche Verwaltung rechtlichen und politischen Beschränkungen bzw. der Unsicherheit nicht oder kaum zu beeinflussender Rahmenbedingungen. Deutlich wird dies u.a. hinsichtlich des Mitarbeiteranreizsystems.

3.4.2 Anreiz zur Zielerreichung

Die Bezahlung und Beförderung des Einzelnen in der Öffentlichen Verwaltung bemisst sich in der Regel nicht nach Qualität und Effizienz der individuellen Tätigkeit, sondern nach Dienstjahren (vgl. Lorenz/Wollmann 1999, S. 492). Obwohl das Dienstrechtsreformgesetz des Bundes vom 24. Februar 1997 leistungsbezogene Vergütungselemente im Beamtenrecht inzwischen ermöglicht, wird es möglicherweise noch einige Zeit dauern bis Zulagen, Prämien, Aufstiegsverkürzungen etc. auf Grundlage besonderer Leistungen, Einsparungen oder Verbesserungsvorschläge zum festen Instrumentarium der Öffentlichen Verwaltung gehören. Darüber hinaus erschweren die unterschiedlichen Anstellungsverhältnisse im öffentlichen Bereich (Politiker, Beamte, Angestellte, Arbeiter, Ehrenamtliche) u.U. eine leistungsgerechte Bezahlung (vgl. Horak 1996, S. 652).

Lösungsansatz: Eine Honorierung der Arbeitsleistung nach beidseitig vereinbarten Maßstäben der Zielerreichung ist zwingende Voraussetzung für die Wirksamkeit der Balanced Scorecard. Deren Zielvorgaben sind mit der Verantwortungsübernahme durch konkrete Personen verbunden. Diesen gegenüber müssen die Ziele regelmäßig abgefragt und bewertet werden. Dabei stellen finanzielle Vergütungen nur einen Teil des Anreizspektrums dar. Um die Mitarbeiter zur Erreichung der gesetzten Ziele bzw. im Sinne des Erfolgs der Gesamtverwaltung zu motivieren, bedarf es langfristig eines kombinierten Systems materieller und immaterieller Anreize zur Förderung sowohl extrinsischer als auch intrinsischer Motivation.[27] Gerade in der Öffentlichen Verwaltung könnte z.B. die Abkehr von einem kontrollierenden (Amtshierarchie etc.) hin zu einem mehr informierenden Mitarbeiter-Vorgesetztenverhältnis (gemeinsame Zielvereinbarungen etc.) oder einer weitergehende Selbstbestimmung der Aufgaben intrinsische Motivationen bei den Mitarbeitern zum Tragen bringen.

3.4.3 Stabilitätsorientierte Verwaltungskultur

Die Balanced Scorecard ist ein Lern- und Entwicklungsinstrument, das der fortlaufenden Bereitschaft seiner Benutzer zu Erfolgskontrolle und zur Veränderung aus sich selbst heraus bedarf. Die Öffentliche Verwaltung hat sich trotz aller Bemühungen bisher als recht änderungsresistent erwiesen. Innovationsfeindliche Organisationsstrukturen, u.a. auch verbunden mit Regelgebundenheit, Politikabhängigkeit, der öffentlichen Monopolstellung, dem demokratischen Aufbau, bürokratischen Organisationsprinzipien, ausführungsorientierten und sicherheitsbewussten Mitarbeitern etc. erschweren die eingeforderte Innovationsfähigkeit (vgl. Horak 1996, S. 652.). Eine

---

[27] Vgl. zur Bedeutung intrinsischer Motivation bzw. immaterieller Anreizsysteme insbesondere Frey/Osterloh 2000 sowie Frey 1997.

Folge des Festhaltens am Bürokratiemodell ist die fehlende Erfahrung mit neuen, betriebswirtschaftlichen Instrumenten.

Lösungsansatz: Möglicherweise kann die Balanced Scorecard gerade aufgrund ihres integrativen Ansatzes und der Kommunikationserfordernisse einen Beitrag zu einer lern- und entwicklungsfähigen Verwaltung leisten. Hierfür gilt es, die Skepsis und die gleichermaßen vorhandenen hohen Erwartungen, die mit der Einführung der Balanced Scorecard verbunden sind, in eine aktive Veränderungsbereitschaft der öffentlichen Verwaltung und ihrer Mitarbeiter zu überführen. Von grundlegender Bedeutung scheint in erster Linie die Bereitschaft der Mitarbeiter, sich auf die neuen Managementmethoden einzulassen, d.h. Sicherheiten und Gewohnheiten aufzugeben und der Veränderung aktiv gegenüber zu treten. Balanced Scorecard und Öffentliche Verwaltung könnten im günstigen Fall in ein Wechselverhältnis treten, in welchem sie sich gegenseitig antreiben und befeuern.

3.5 Zusammenfassung und Thesen

Im zurückliegenden Abschnitt wurden die grundlegenden Annahmen des BSC-Konzeptes nach Kaplan/Norton auf den öffentlichen Bereich übertragen und an diesem argumentativ getestet. Die Analyse hat gezeigt, dass die Rahmenbedingungen zwar eine Anpassung des BSC-Konzeptes erforderlich machen, jedoch keinen grundlegenden Hinderungsgrund für die Einführung der Balanced Scorecard darstellen. Die modifizierten Annahmen für die „öffentliche" Balanced Scorecard sollen hier nochmals thesenartig zusammengefasst werden:

Finanzieller und institutioneller Veränderungsdruck: Bezüglich des Veränderungsdrucks auf die Öffentliche Verwaltung konnte gezeigt werden, dass dieser nicht finanziell, sondern vornehmlich institutionell begründet ist. Somit muss auch bei der Einführung der Balanced Scorecard dieser institutionelle Aspekt im Vordergrund stehen. Konkret sollte die Balanced Scorecard den Fokus auf eine inhaltlich wirkungsvollere Steuerung richten und sich nicht ausschließlich an finanziellen Einsparungen orientieren.

Gleichwertigkeit von Gemeinwohl- und Finanzzielen: Eine eindeutige Trennung von Gemeinwohl- und Finanzzielen konnte nicht aufrecht erhalten werden. Die Finanzziele wirken nicht als Formal-, sondern weitgehend als Sachziele auf die Bürger- und Gemeinwohlperspektive hin. Damit stehen Gemeinwohl und Finanzen in ihrer Wertigkeit nicht unter-, sondern nebeneinander.

Vielfältige Interessensstrukturen: Die Vielfalt der Interessen in einer Stadtverwaltung bedürfen der Bündelung in einem hierzu legitimierten Gremium, welches die Balanced Scorecard entwickelt und pflegt. Hier kommt der Moderation und dem Ausgleich der unterschiedlichen Interessen besondere Bedeutung zu. Gerade in einer Stadt, in der alle Beteiligten auf das langfristige Miteinander angewiesen sind, ist auf einen Konsens im Sinne des gesamtstädtischen Gemeinwohls hinzuwirken.

Begrenzt offene Strategiedebatte: Die Öffentliche Verwaltung bleibt eine „politische Veranstaltung", die nach der ihr eigenen Logik des Machterhalts und der Öffentlichkeitswirkung funktioniert. Entsprechend groß ist die Angst, der „politische Gegner" könnte die eingegangenen Verpflichtungen politisch instrumentalisieren. Es ist daher umso größere Anstrengung darauf zu verwenden, auch über die laufende Wahlperiode hinaus, einen offenen entpolitisierten Dialog im Sinne des Gemeinwohls zu führen.

Politisch, rechtlich und institutionell begrenzte Strategieentwicklung: Der politische, rechtliche und institutionelle Rahmen lässt sich sowohl als Unsicherheitsfaktor, wie auch als positiv unterstützende Bedingung für die Balanced Scorecard auffassen. Beide engen sie die langfristige strategische Planung ein, geben ihr jedoch auch einen festen, berechenbaren Rahmen.

Eingeschränkter Vergleich und Wettbewerb: Der Anreiz zu Vergleich und Wettbewerb im Innern der Öffentlichen Verwaltung und nach Außen gegenüber anderen öffentlichen Institutionen und Unternehmen ist in der Öffentlichen Verwaltung nicht sonderlich ausgeprägt. Hier besteht eine wichtige Funktion der Balanced Scorecard die diffizilen Wettbewerbs- und Vergleichmöglichkeiten herauszuarbeiten.

Eingeschränkte Veränderungsfähigkeit: Ob die Öffentliche Verwaltung die notwendige Veränderungsdynamik aufbringt, kann nur diese selbst beweisen. Einige Bemühungen im Rahmen des New Public Management geben hier Anlass zur Hoffnung. Allerdings lassen die Beharrungstendenzen innerhalb des Bürokratiemodells und der noch nicht vollzogene Paradigmenwechsel zumindest eine eingeschränkte Veränderungsfähigkeit erkennen.

Obige Thesen müssen nun in ein Balanced Scorecard-Konzept gefasst und umgesetzt werden. Grundsätzlich beziehen sich die vorzunehmenden Modifikationen eine „öffentlichen Balanced Scorecard" im Vergleich zum Ausgangsmodell einerseits auf die Balanced Scorecard als *Berichtsbogen*, andererseits auf den *Prozess ihrer Entwicklung*. Auf die konkrete Darstellung eines Umsetzungsbeispiels wird an dieser Stelle verzichtet. Vielmehr wird auf die BSC-Umsetzungen im zweiten Teil dieses Sammelbandes verwiesen.

4 Konzeptionierung einer „öffentlichen" Balanced Scorecard

4.1 Das Model „Balanced Government"

Im Folgenden soll ein Leitfaden für die Umsetzung der Balanced Scorecard in der Öffentlichen Verwaltung entwickelt werden. Hierfür lässt sich in Anlehnung an den von Kaplan/Norton erarbeiteten Managementkreislauf ein Modell „Balanced Government" konzeptionieren. Ebenso wie das Ausgangsmodell[28] verläuft auch das Modell „Balanced Government" in vier Phasen (vgl. Abbildung 3):

- In der ersten Phase formulieren Politik- und Verwaltungsführung einen strategischen Handlungsrahmen für die Gesamtverwaltung. Hierfür gilt es, über den politischen Dialog und das gemeinsame Ziel des Gemeinwohls zu einem langfristigen Konsens über das Zielsystem der öffentlichen Institutionen zu gelangen.

- Vision und strategische Ziele müssen in der zweiten Phase in die Verwaltung hineingetragen und dort weiter ausdifferenziert werden. Durch eine offene und breite Kommunikation, unter Berücksichtigung des Demokratie- und Öffentlichkeitsprinzips, aber auch von Verantwortungsteilung und mikropolitischer Verflechtung, sind nach Möglichkeit alle Mitarbeiter, Bereiche und Ebenen der Organisation an der Systematisierung und Integration des Zielsystems zu beteiligen.

- In der dritten Phase bekommt der „Government-Kreislauf" durch den Aufbau der strategischen Steuerungsunterstützung sowie eines leistungsfähigen und benutzeradäquaten Berichtswesens seine Verbindlichkeit. Die Ziele der gesamten Verwaltung sind in einem effizienten Controlling zu verankern und in Form von Kennzahlen und Maßnahmen zu operationalisieren. Der Nachholbedarf der Öffentlichen Verwaltung beim Aufbau eines leistungsfähigen Controllings ist hier mit einzuberechnen.

- Schließlich bedarf es in der vierten Phase der Fähigkeit zu Lernen und Veränderung, um das System dynamisch und entwicklungsoffen zu gestalten. Dies kann in einer Dienstleistungsorganisation wie der Öffentlichen Verwaltung nur über die Mitarbeiter stattfinden. Auch und gerade in der Öffentlichen Verwaltung kommt diesem letzten, dynamischen Baustein die größte Bedeutung zu. Über Feedback und Lernen, aber auch Anreize zur Organisationsveränderung, wird der dynamische Kreislauf einer Neufassung und Weiterentwicklung der strategischen Ziele in der Gesamtverwaltung zugeführt.

Durch dieses Modell, dem die zuvor herausgearbeiteten Annahmen bzw. Thesen zugrunde zu legen sind, lässt sich die Balanced Scorecard nach Kaplan/Norton mit

---

[28] Vgl. Abschnitt 2.1.

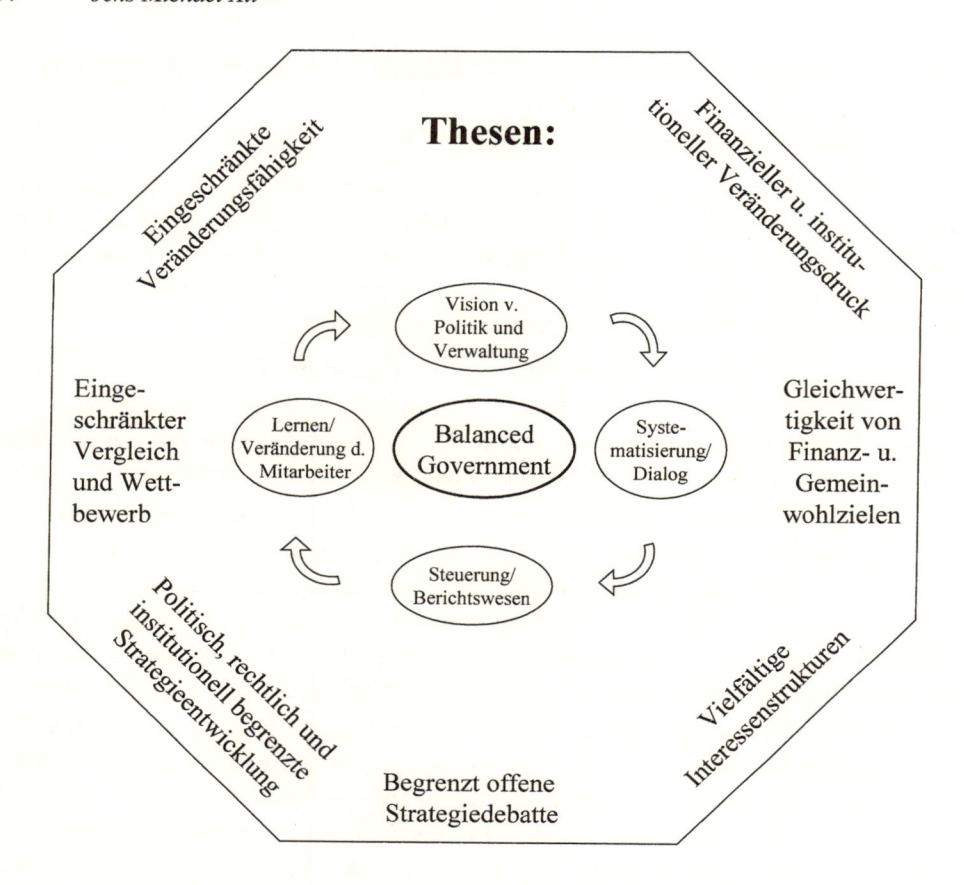

Abbildung 3: Das Modell „Balanced Government"

dem konkreten Steuerungsproblem der Öffentlichen Verwaltung in Verbindung setzen. Es besteht die begründete Hoffnung, dass hiermit ein wichtiger Schritt hin zu einer von Politik und Verwaltung gemeinsam getragenen, strategischen Verwaltungssteuerung geleistet werden kann. Das Modell „Balanced Government" soll im folgenden Abschnitt mit praktischen Handlungsempfehlungen weiter konkretisiert werden.

4.2 Handlungsempfehlungen

Aufgabe der Handlungsempfehlungen ist es, die Vielzahl an theoretischen Erwägungen und Beschreibungen sowie die Erfahrungen aus praktischen Umsetzungsfällen in einem konkreten Handlungskonzept zu bündeln. Die Handlungsempfehlungen sollen für das Modell „Balanced Government" auf der Grundlage der bisherigen Erkenntnisse knapp skizziert werden (vgl. Abbildung 4).

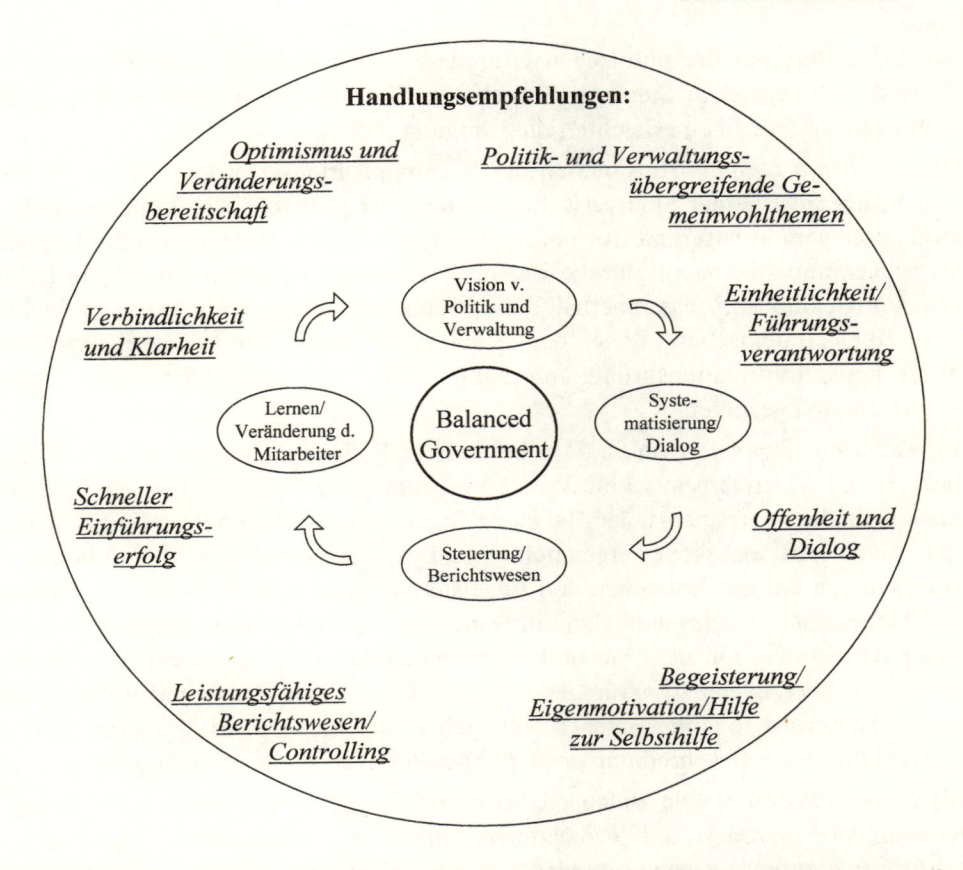

Abbildung 4: Handlungsempfehlungen zum Modell „Balanced Government"

- *Politik- und Verwaltungsübergreifende Gemeinwohlthemen:* Inhaltlich bedeutet die Begrenzung des komplexen Zielsystems auf 15 – 25 strategisch relevante Ziele eine besondere Herausforderung. Für eine lebendige Strategiedebatte scheint es durchaus sinnvoll, zunächst eine große Anzahl von Zielen zu sammeln und diese dann zu begrenzen. Dabei gilt es, die Strategiedebatte über gleichbleibende Formulierungen und systematisch begründetes Vorgehen jederzeit transparent und erkennbar zu halten. In der Begrenzung scheint ein Portfolio möglichst konkreter, übergreifender Gemeinwohl- und Zukunftsthemen (z.B. Bildung, Jugend, Innovation etc.) der Öffentlichen Verwaltung erfolgsversprechend.
- *Einheitlichkeit/Führungsverantwortung:* Der Umgang mit den politischen Interessen in einer Stadtverwaltung erfordert besondere Rücksichtnahme und Sensibilität. Er kann jedoch sehr fruchtbar sein, wenn er zu einem offenen und ehrlichen Dialog um gesamtstädtische Belange und um empirische Belege für Ziele und Ursache-Wirkungsketten genutzt wird. Hier gilt es ein Gremium zu formen, dem so-

wohl die Vertreter der politischen Gruppierung, als auch der Verwaltungsspitze bzw. der strategischen Steuerung angehören. Eine integrative und moderierende Führungspersönlichkeit erleichtert die Einigung.

- *Offenheit und Dialog:* Hinsichtlich der Kommunikationserfordernisse der Balanced Scorecard in einer Stadtverwaltung scheint es plausibel, die Kommunikation trotz oder gerade aufgrund des politischen Umfelds von Beginn an sehr intensiv zu suchen und zu steuern, um die Balanced Scorecard zu einem lebendigen Lern- und Entwicklungsprozess innerhalb einer Stadtverwaltung zu machen. Ein Dialog über die strategischen Ziele der Stadt lässt sich durch Einzelgespräche, Workshops, Informationsbriefe, Inforäume, BSC-Briefkasten oder Intranet sehr variantenreich gestalten.
- *Begeisterung/Eigenmotivation:* Von besonderer Bedeutung scheint es, den Mitarbeitern und Vertretern aus Politik und Verwaltung zu Projektbeginn die Zweckmäßigkeit des Instruments der Balanced Scorecard zu vermitteln. Hierbei sollte zum einen auf eine aktive, eigenmotivierte BSC-Erarbeitung der Beteiligten und zum anderen auf das Entfachen von Begeisterung und Motivation der Teilnehmer geachtet werden. Beides geht Hand in Hand und dient dazu, sich in durchaus kritischer Betrachtung mit dem Für und Wider einer Balanced Scorecard auseinander zu setzen, überzogene Erwartungen zu relativieren sowie die Arbeit mit der Balanced Scorecard zu einem eigenen Anliegen zu machen. Dieses Ziel kann u.a. im Vorfeld durch die Beschreibung erfolgreicher Praxisbeispiele erreicht werden.
- *Hilfe zur Selbsthilfe:* Die Balanced Scorecard bedarf einer gewissen Erfahrung, insbesondere bezogen auf Projektmanagement und Moderation. Diese kann schrittweise aufgebaut sowie durch Rückgriff auf interne oder externe Qualifikationen erschlossen werden. Gerade in einer „Management-fernen Welt" wie der Öffentlichen Verwaltung ist bei externen Beratungsprojekten darauf zu achten, das fachliche und personelle Spektrum der Verwaltung von Beginn an so weit wie möglich an der Projektorganisation zu beteiligen. Nur so kann das Theorie- und Handlungswissen des externen Beraters auf die Mitarbeiter der Öffentlichen Verwaltung übergehen. Es bedarf von Anfang an eines verwaltungsinternen Projektleiters, BSC-Architekten und Kommunikators, um den bzw. die – stetig wachsend – ein Projektteam aufgebaut wird. Dies ist auch unter dem Aspekt der Doppelmoderation und Reflexionsfähigkeit im Team nützlich. Ein externer Berater kann für eine Unterstützung der Moderations- und Konzeptionierungsaufgabe hilfreich sein, insbesondere wenn es darum geht, eine Kultur des Dialogs, Vertrauens und Selbstvertrauens aller Beteiligten hinsichtlich der Balanced Scorecard aufzubauen. Ein Berater sollte jedoch nur mit dem Ziel hinzugenommen werden, die Verwaltung zum eigenen Umgang mit der Balanced Scorecard bzw. mit strategischem

Denken, Lernen und Entwicklung zu befähigen. Hilfe zur Selbsthilfe muss hier das Leitmotiv sein.
- *Leistungsfähiges Berichtswesen/Controlling:* Für die Umsetzung des Instruments ist ein leistungsfähiges Controllingsystem aufzubauen, das Kennzahlen, Zielwerte und Vergleichsmaßstäbe zu einem Berichtswesen zusammenfügt. Der Nachholbedarf der Öffentlichen Verwaltung in diesem Bereich ist von Beginn an einzukalkulieren und entsprechend anzugehen.
- *Schneller Einführungserfolg:* Bezüglich des zeitlichen Rahmens ist zwischen einem straffen, mit verlässlichen „Meilensteinen" und Erfolgserlebnissen ausgestatteten Zeitplan und einer ausreichenden Zeit für Erarbeitung, Kommunikation sowie Rückkopplung der Strategiedebatte abzuwägen. Um die Motivation der Beteiligten hoch zu halten, ist im Zweifel auf einen kurzen Einführungszeitraum hinzuwirken. Veränderung braucht Dynamik – gerade auch in der Öff. Verwaltung.
- *Verbindlichkeit und Klarheit:* Im gesamten Prozess der Balanced Scorecard ist insbesondere auf verbindliche Absprachen inhaltlicher und formaler Art unter allen Beteiligten zu achten. Ein Konsens über Ziele, Kennzahlen und Maßnahmen lässt sich dauerhaft nur durch Offenheit und Klarheit in der Diskussion und Vorgehensweise erreichen. Die Verlässlichkeit der Ziele und Vorgaben muss sich in einem weiteren Schritt auch in der Anerkennung der geleisteten Arbeit bzw. in erfolgsabhängigen Beurteilungen und Anreizinstrumenten niederschlagen.
- *Optimismus und Veränderungsbereitschaft:* Schließlich kann die Balanced Scorecard nur in einem Umfeld von Optimismus und Vertrauen gedeihen (vgl. Friedag/Schmidt 2000, S. 83 ff.). Dieses Vertrauen und die Bereitschaft, sich auf Lernen und Veränderung einzulassen, kann durch den frühzeitigen Einbezug aller relevanten Interessensgruppen einer Öffentlichen Verwaltung sowie durch die aktive Teilnahme insbesondere der motivierten, lernfähigen Mitarbeiter erreicht werden.

4.3 Offene Fragen

Die hier mit Nachdruck vertretenen Handlungsempfehlungen stellen gleichzeitig auch die potenziellen Problemfelder der Balanced Scorecard in der Öffentlichen Verwaltung dar. Die Erfolgsaussichten der Balanced Scorecard für die Öffentliche Verwaltung insgesamt sind zum jetzigen Zeitpunkt mit folgenden Fragezeichen versehen:
- Unklar scheint, inwieweit der Veränderungsdruck in der Öffentlichen Verwaltung ausreicht, um die Balanced Scorecard über die kurzfristige Modewelle hinaus zu einer langfristigen Säule der Verwaltungsarbeit zu machen.
- Bisher nicht geklärt ist, inwieweit eine öffentlich-rechtliche Begründung für die BSC gefunden werden kann. Wer legitimiert die BSC? Wie ist ihr Verhältnis zur

Parteiendemokratie oder zu grundlegenden Verfassungs- und Demokratieprinzipien?
- Welches Gremium ist langfristig für die Pflege und Steuerung der Balanced Scorecard in einer Stadt zuständig bzw. hierzu verpflichtet?
- Ein weiterer Fragenkomplex richtet sich auf die bisher noch unterentwickelten Anreiz-, Wettbewerbs- und Vergleichsmöglichkeiten innerhalb und außerhalb der Öffentlichen Verwaltung.
- Fraglich ist schließlich auch, inwieweit Menschen und Manager zu finden sind, die sich für deren Umsetzung begeistern und das Managementsystem im politischen Umfeld der Öffentlichen Verwaltung steuern und moderieren können.

In einer Reihe von Anwendungsbeispielen in der Öffentlichen Verwaltung wurde die Einführung der Balanced Scorecard trotz all dieser Fragen und Unsicherheiten versucht. Ob das Instrument angesichts der angesprochenen Rahmenbedingungen in der Öffentlichen Verwaltung langfristig Erfolg hat, können nur diese bzw. weitere Umsetzungsbeispiele zeigen. Bei Fortsetzung und Ausweitung der BSC-Umsetzungsbeispiele besteht die begründete Hoffnung, dass die Öffentliche Verwaltung zu strategischer Planung, zu Offenheit und Transparenz sowie zu Lernen und Entwicklung gerade durch die Balanced Scorecard finden kann.

5 Fazit und Ausblick: Das Modell „Balanced Government" muss sich in der Praxis erweisen

Die Balanced Scorecard scheint, wenn ihre Einführung ernsthaft weiterbetrieben wird, als Steuerungsinstrument für die Öffentliche Verwaltung grundsätzlich geeignet. Mit ihr lassen sich die bisherigen, eher statischen, strukturorientierten Controllinginstrumente in der Öffentlichen Verwaltung um ein dynamisches Lern- und Entwicklungskonzept ergänzen. Verlässliche Aussagen über die Eignung der Balanced Scorecard und die hierfür notwendigen dynamischen Umsetzungsprozesse können jedoch nur auf Grundlage praktischer Umsetzungserfahrungen getroffen werden. Jede Entwicklung und Umsetzung der Balanced Scorecard muss sich dabei an den in Kapitel 2.3. genannten BSC-Funktionen messen lassen.

Die Konzeption eines strategischen Managements und Controllings in der Öffentlichen Verwaltung nach den Leitlinien des BSC-Konzeptes konnte in diesem Beitrag nur angedeutet werden. Eine weitergehende wissenschaftliche Beschäftigung insbesondere mit dem dynamischen Umsetzungsprozess einer wirkungsvollen Steuerung der Öffentlichen Verwaltung scheint lohnend, weil hierin eines der entscheidenden Kriterien für den Erfolg der „Neuen Steuerung" gesehen wird. Durch Reformbemühungen nach Art der Balanced Scorecard lässt sich die Steuerung der Öffentlichen Verwaltung insgesamt auf ein neues Paradigma ausrichten. Dieses ist dem Aufbau langfristiger Erfolgspotenziale im Sinne einer lern- und entwicklungsfähigen Organisation verpflichtet.

Mit dem Strategieinstrument Balanced Scorecard wird ein im Idealtyp *ausbalancierter* Zustand angestrebt, der sich realiter niemals gänzlich erreichen lässt, der jedoch umso mehr immer wieder neu versucht werden muss. Die Suche nach *Ausgleich und Balance* verbindet die *Balanced Scorecard* mit der *Verwaltungsreform*, mit *strategischem Management und Controlling* sowie mit all den *Umsetzungsbeispielen* des vorliegenden Buches. Durch einen spielerisch lebendigen, kreativen Lernprozess im Umgang mit den entscheidenden „Stellschrauben" einer öffentlichen Institution wird der dauerhafte, innere Ausgleich gesucht ... *und auf vielfältige Art und Weise gefunden.*

6 Literaturverzeichnis

Argyris, C./Schön, D. (1999): Die lernende Organisation. Grundlagen, Methoden, Praxis, Stuttgart.

Arnim, H. H. v. (1988): Wirtschaftlichkeit als Rechtsprinzip, Berlin.

Bea, X./Haas, J. (1995): Strategisches Management, Stuttgart.

Bennis, W.G. (1969): Organization development, Reading/Mass.

Berens, W./Karlowitsch, M./Mertes, M. (2000): Die Balanced Scorecard als Controllinginstrument in Non-Profit-Organisationen, in: Controlling, 12. Jahrgang, Heft 1, Januar, S. 23 – 28.

Berger, U./Bernhard-Mehlich, I. (1999): Die Verhaltenswissenschaftliche Entscheidungstheorie, in: Kieser, A. (Hrsg.): Organisationstheorien, 3. Auflage, Stuttgart, S. 133 – 198.

Beutel, R. C. (2000): Monopolisten und Marktgesetze: Das Bermudadreieck im Leistungsvergleich der Bertelsmann Stiftung, in: Töpfer, A. (Hrsg.): Die erfolgreiche Steuerung öffentlicher Verwaltungen. Von der Reform zur kontinuierlichen Verbesserung, Wiesbaden, S. 187 – 196.

Bodmer, C./Völker, R. (2000): Erfolgsfaktoren bei der Implementierung einer Balanced Scorecard. Ergebnisse einer internationalen Studie, in: Controlling, 12. Jahrgang, Heft 10, Oktober, S. 477 – 484.

Brümmerhoff, D. (1992): Finanzwissenschaft, 6. Auflage, München.

Budäus, D./Buchholtz, K. (1997): Konzeptionelle Grundlagen des Controlling in öffentlichen Verwaltungen, in: Die Betriebswirtschaft 57, S. 322 – 337.

Budäus, D./Conrad, P./Schreyögg, G. (1998) (Hrsg.): New Public Management. Managementforschung 8, Berlin, New York.

Dieckmann, J. (2000): Sinn und Zweck der Verwaltungsreform: Anforderungen und Chancen für die Kommunen, in: Töpfer, A (Hrsg.): Die erfolgreiche Steuerung öffentlicher Verwaltungen. Von der Reform zur kontinuierlichen Verbesserung, Wiesbaden, S. 29 – 39.

Eichhorn, P. (1984): Betriebswirtschaftslehre und Gemeinwohl, in: Zeitschrift für Betriebswirtschaft 54, S. 238 – 251.

Eschenbach, R. (1996) (Hrsg): Controlling, 2. Auflage, Stuttgart.

Eschenbach, R./Niedermayr, R. (1996): Controlling in der Literatur, in: Eschenbach, R. (Hrsg): Controlling, 2. Auflage, Stuttgart, S. 49 – 64.

Frey, B. S. (1997): Markt und Motivation. Wie ökonomische Anreize die (Arbeits-)Moral verdrängen, München.

Frey, B. S./Osterloh, M. (2000) (Hrsg.): Managing Motivation. Wie Sie die neue Motivationsforschung für Ihr Unternehmen nutzen können, Wiesbaden.

Friedag, H. R./Schmidt, W. (2000): Balanced Scorecard – mehr als ein Kennzahlensystem, 2. Auflage, Freiburg i.Br., Berlin, München.

Giemulla, E./Jaworsky, N./Müller-Uri, R. (1994): Verwaltungsrecht, 5. Auflage, Köln.

Gmür, M./Brandl, J. (2000): Die Balanced Scorecard als Instrument zur aktivierenden Steuerung mitgliedschaftlicher Organisationen. Diskussionsbeitrag Nr. 31, LfM von Prof. R. Klimecki, Universität Konstanz, Konstanz.

Guldin, A. (1997): Kundenorientierte Unternehmenssteuerung durch die Balanced Scorecard, in: Horváth, P. (Hrsg.): Das neue Steuerungssystem des Controllers. Von Balanced Scorecard bis US-Gap, Stuttgart, S. 289 – 302.

Horak, C. (1996): Besonderheiten des Controlling in Nonprofit-Organisationen, in: Eschenbach, R. (Hrsg): Controlling, 2. Auflage, Stuttgart, S. 649 – 656.

Horváth & Partner (1998): Neues Verwaltungsmanagement, Stuttgart.

Horváth & Partner (2001) (Hrsg.): Balanced Scorecard umsetzen, Stuttgart.

Jarren, O. (1999): Lokale Medien und kommunale Politik, in: Wollmann, H./Roth, R. (Hrsg.): Kommunalpolitik. Politisches Handeln in den Gemeinden, 2. Auflage, Opladen, S. 274 – 289.

Karrenberg, H./Münstermann, E. (1999): Kommunale Finanzen, in: Wollmann H./Roth, R. (Hrsg.): Kommunalpolitik. Politisches Handeln in den Gemeinden, 2. Auflage, Opladen, S. 437 – 460.

Kaplan, R. S/Norton, D. P. (1992): The Balanced Scorecard: Measures That Drive Performance, in: Harvard Business Review, January – February, S. 71 – 79.

Kaplan, R. S./Norton, D. P. (1992a): In Search of Excellence – der Maßstab muß neu definiert werden, in: HARVARDmanager 4, S. 37 – 46.

Kaplan, R. S./Norton, D. P. (1994): Wie drei Großunternehmen methodisch ihre Leistung stimulieren, in: HARVARD BUSINESSmanager 2, S. 96 – 104.

Kaplan, R. S./Norton, D. P. (1996): Using the Balanced Scorecard as a Strategic Management System, in: Harvard Business Review, January – February, S. 75 – 85.

Kaplan, R. S./Norton, D. P. (1997) (Hrsg.): Balanced Scorecard. Strategien erfolgreich umsetzen, Stuttgart.

Kaplan, R. S./Norton, D. P. (2001): Die strategiefokussierte Organisation. Führen mit der Balanced Scorecard, Stuttgart.

Kieser, A. (1996): Moden und Mythen des Organisierens, in: Die Betriebswirtschaft, 56. Jahrgang, S. 21 – 40.

Kieser, A. (1999) (Hrsg.): Organisationstheorien, 3. Auflage, Stuttgart.

Klimecki, R./Probst, G./Eberl, P. (1994): Entwicklungsorientiertes Management, Stuttgart.

Lewin, K (1947): Frontiers in group dynamics, in Human Relations 1, S. 5 – 41.

Levy, A./Merry, U. (1986): Organizational Transformation. Approaches, Strategies, Theories, New York.

Lombriser, R./Abplanalp, P. A. (1997): Strategisches Management. Visionen entwickeln. Strategien umsetzen. Erfolgspotentiale aufbauen, Zürich.

Lorenz, S. /Wollmann, H. (1999): Kommunales Dienstrecht und Personal, in: Wollmann, H./Roth, R. (Hrsg.): Kommunalpolitik. Politisches Handeln in den Gemeinden, 2. Auflage, Opladen. S. 490 – 511.

Maschmeyer, V. (1998): Management by Balanced Scorecard – alter Wein in neuen Schläuchen? in: Personalführung 5, S. 74 – 80.

Michel, U. (1997): Strategien zur Wertsteigerung erfolgreich umsetzen – Wie die Balanced Scorecard ein wirkungsvolles Shareholder Value Management unterstützt, in: Horváth, P. (Hrsg.): Das neue Steuerungssystem des Controllers. Von Balanced Scorecard bis US-Gap, Stuttgart, S. 273 – 287.

Müller, A. (2000): Strategisches Management mit der Balanced Scorecard, Stuttgart, Berlin, Köln.

Noll, W. (1979): Finanzwissenschaft, München.

Osner, A. (1999): Organisations-, Haushalts- und Politikreform in der Kommunalverwaltung. Institutionenökonomische Analyse des Fallbeispiels einer mittelgroßen deutschen Stadt, Dissertation, Würzburg.

Püttner, G. (1999): Kommunale Betriebe und Mixed Economy, in: Wollmann, H./Roth, R. (Hrsg.): Kommunalpolitik. Politisches Handeln in den Gemeinden, 2. Auflage, Opladen, S. 541 – 551.

Scharpf, F. W. (2000): Interaktionsformen. Akteurszentrierter Institutionalismus in der Politikforschung, Opladen.

Schedler, K./Proeller, I. (2000): New Public Management, Bern.

Schmidt-Bleibtreu, B./ Klein, F. (1995): Kommentar zum Grundgesetz, 8. Auflage, Neuwied.

Schmithals-Ferrari, E. (2000): Balanced Scorecard: Ganzheitliches Ziel- und Berichtssystem. Aufsatz vor dem Hintergrund der Entwicklung eines Berichtswesens für Kommunen durch das IKO-Netz der KGSt, Internetadresse: http://www.iko-netz.de/, eingesehen am 18.02.2000.

Schmithals-Ferrari, E. (2000a): Unterstützung der Kennzahlensteuerung durch ein ganzheitliches Ziel- und Berichtssystem (Strategisches Controlling), Internetadresse: http://www.iko-netz.de/, eingesehen am 18.02.2000.

Steinmann, H./Scherer, A. G. (1996): Controlling, strategisches und operatives, in: Schulte, Christoph (Hrsg.): Lexikon des Controlling, München Wien Oldenburg, S. 135 – 139.

Steinmann, H./Schreyögg, G. (2000): Management. Grundlagen der Unternehmensführung. Konzepte, Funktionen, Fallstudien, 5. Auflage, Wiesbaden.

Töpfer, A. (2000) (Hrsg.): Die erfolgreiche Steuerung öffentlicher Verwaltungen. Von der Reform zur kontinuierlichen Verbesserung, Wiesbaden.

Weber, J. (1998): Einführung in das Controlling, 7. Auflage, Stuttgart.

Weber, J. (2000): Balanced Scorecard – Management – Innovation oder alter Wein in neuen Schläuchen? in: krp-Sonderheft 2, S. 5 – 15.

Werner, H (2000): Die Balanced Scorecard: Hintergründe, Ziele und kritische Würdigung, in: Wirtschaftswissenschaftliches Studium, 29. Jahrgang, Heft 8, S. 455 – 457.

Rainer Beyer[*]

Ist die Balanced Scorecard ein innovativer Ansatz oder ein herkömmliches Kennzahlensystem?

1   Einführung

2   Drei konstituierende Merkmale einer „echten" Balanced Scorecard

        2.1   Ausgewogenes Ziel- und Kennzahlensystem monetärer und nicht- monetärer Kategorien

        2.2   Ausgewogenes Ziel- und Kennzahlensystem erwünschter Ergebnisse und notwendiger Leistungstreiber

        2.3   Logische Ursache-Wirkungsketten zur Verknüpfung von Ergebnissen

3   „Unechte" Balanced Scorecards in der Praxis

        3.1   Ergänztes Finanz-Controlling

        3.2   TQM-Scorecards

        3.3   Gefahr „unechter" Einstiege in die Balanced Scorecard im NPO-Sektor

4   Fazit

5   Literaturverzeichnis

---

[*]   Dr. Rainer Beyer, Berater bei Rödl & Partner, Nürnberg.

1 Einführung

Die Balanced Scorecard ist neben Themen wie Customer-Relationship-Management, E-Business und Wissensmanagement einer der Management Modetrends (vgl. Kieser 1996) des beginnenden Jahrtausends, die mit Zeitverzögerung auch in Not-For-Profit Organisationen (NPO) Eingang finden. Modetrends stehen in der Regel unter kritischem Beschuss. Vor allem die Aussage vom „alten Wein in neuen Schläuchen" ist wohlbekannt. Dieser Kritik ist auch die Balanced Scorecard ausgesetzt.

Der folgende Beitrag geht von der These aus, dass diese Kritik aufgrund der Schwierigkeit einer Darstellung der Grundprinzipien des Ansatzes in zwei kurzen Sätzen aufkommt. Daraus resultierend wird die Balanced Scorecard in der Unternehmenspraxis vielfach als ein herkömmliches Kennzahlensystem missverstanden, das monetäre und nicht-monetäre Ziele und Kennzahlen nebeneinander abbildet.[1] Diese Erscheinung soll hier als „unechte" Balanced Scorecard bezeichnet werden.[2] Die Kritik des Althergebrachten ist insofern erklärbar. Gestützt wird meine These durch eine empirische Untersuchung bei DAX-100-Unternehmen über den Einsatz der Balanced Scorecard von Speckbacher und Bischof. Sie kommen zu dem Schluss, „dass viele der befragten Unternehmen die Balanced Scorecard als ein um nicht-finanzielle Größen ergänztes Kennzahlen- und Steuerungssystem [...] verstehen. Nur in wenigen Fällen ist [...] die Intention zu erkennen, die BSC so zu nutzen, wie in den entsprechenden Veröffentlichungen propagiert - nämlich als Instrument für das strategischen Management [...], zur internen und externen Strategiekommunikation sowie zur strategiekonformen Zielausrichtung der Handlungsträger im Unternehmen - obwohl gerade darin die Hauptstärken und der innovative Gehalt des Konzeptes gesehen werden können." (Speckbacher/Bischof 2000, S. 808) „Vor diesem Hintergrund ist es nicht weiter verwunderlich, dass manche Unternehmen eine weitere Beschäftigung mit dem BSC-Konzept ablehnen, weil sie sich von einem Einsatz keinen zusätzlichen Nutzen gegenüber dem vorhandenen Instrumentarium versprechen." (ebda., S. 807)

Die Zielsetzung dieses Beitrags besteht darin, die Unterschiede zwischen „unechten" und „echten" Balanced Scorecards zu verdeutlichen und damit Entscheidungsträgern

---

[1] Nicht ganz unschuldig dürften IT-Beratungsfirmen sein, die eine Balanced Scorecard-Software auf den Markt bringen. Die Software hängt meist sehr stark an der Messbarkeit von Kennzahlen. Grundlage hierfür sind vorhandene Datenpools. Nicht abzubilden sind in solchen geschlossenen Systemen Zusammenhänge, die keinem messbaren Algorithmus folgen.

[2] Wenn hier von „unecht" die Rede ist, so ist dies nicht als negative Abklassifikation zu verstehen, da die Instrumente im Einsatz alle in der Lage sind, bestimmte Probleme des Managements zu lösen. Im Folgenden wird lediglich in Frage gestellt, ob sie in der Lage sind, die Unternehmensstrategie zu steuern.

klar vor Augen zu führen, welche Formen des strategischen Controllings mit einer Balanced Scorecard („echt" und „unecht") denkbar sind. Die vermeintliche Kritik am Balanced Scorecard-Ansatz ist durch diese Diskussion zu entschärfen und die Fehleinschätzungen über das Konzept werden erklärbar.

Insbesondere die Relevanz der Nutzung einer „echten" Balanced Scorecard in NPOs wird herausgestellt, da sich die Entscheidungsträger mehr denn je um ihre Zukunftsfähigkeit kümmern und deshalb mit ihrer Unternehmensstrategie und deren Umsetzung beschäftigen müssen.

Im Folgenden werden zunächst drei konstituierende Merkmale einer „echten" Balanced Scorecard erläutert. Es wird deutlich gemacht, dass das Instrumentarium nur im Falle einer vollständigen Umsetzung die Funktion der Strategiekommunikation und der Fokussierung der Organisation auf die Strategie entfalten kann. Das anschließende Kapitel verdeutlicht die Entstehung „unechter" Balanced Scorecards in der Unternehmenspraxis. Hierbei wird auch auf erste Beobachtungen zur Einführung der Balanced Scorecard in NPOs zurückgegriffen. Es stellt sich heraus, dass die „echte" Balanced Scorecard sehr viel voraussetzungsreicher ist. Die explizite Formulierung einer Strategie und ein hohes Maß an Verständnis hinsichtlich der Zusammenhänge zwischen Strategie, Kennzahlensystem und Strategieumsetzung erfordern einen Einführungsprozess, der vom Top-Management nicht nur mitgetragen, sondern entscheidend gestaltet wird.

2 Drei konstituierende Merkmale einer „echten" Balanced Scorecard

Anlass für die Entwicklung der Balanced Scorecard durch Kaplan und Norton war die Überzeugung, dass das traditionelle Rechnungswesen zu einer erfolgreichen Unternehmenssteuerung nicht ausreiche. Der strategische Erfolg eines Unternehmens hänge stark an den zukünftigen wertschöpfenden Tätigkeiten, die durch den Aufbau und die Pflege immaterieller Vermögensgegenstände gesichert werden könnten (Kaplan/Norton 1997, S. VII und S. 7, dies. 2001a, dies. 2001b). Genau diese würden aber in der Bilanz oder im Controlling gar nicht erst auftauchen.

Sieht man von den besonderen Merkmalen der organisatorischen Einführung einer Balanced Scorecard einmal ab und konzentriert sich auf die von der Balanced Scorecard zu steuernden Inhalte, so lassen sich mindestens drei notwendige Merkmale für die Konstituierung einer „echten" Balanced Scorecard ableiten:

I. Die ausgewogene Abbildung monetärer und nicht-monetärer Ziele und Kennzahlen,

II. die ausgewogene Abbildung von Zielen und Kennzahlen, die einerseits erwünschte Ergebnisse („Unternehmenserfolg") und andererseits die Entwicklung notwendiger erfolgskritischer Faktoren („Leistungstreiber") gleichermaßen anzeigen und

III. die logische Verknüpfung von erwünschten Ergebnissen und notwendigen Leistungstreibern („Ursache-Wirkungsketten"), so wie sie das Management vermutet und einzusetzen beabsichtigt.

Während Merkmal I. eine notwendige Bedingung darstellt, sind die Merkmale II. und III. notwendig *und* hinreichend. Dies wird im Folgenden näher erläutert.

2.1 Ausgewogenes Ziel- und Kennzahlensystem monetärer und nicht-monetärer Kategorien

Die Balanced Scorecard kann grundsätzlich als Instrument des strategischen Controllings begriffen werden, das auf Ausgewogenheit der Informationen abzielt. Sie soll das traditionelle an Vergangenheitswerten orientierte Rechnungswesen ergänzen. Die Steuerung soll neben finanzieller Zielsetzungen (Gewinn, Shareholder Value) zusätzlich Ziele berücksichtigen, die in Hinblick auf Kunden, interne Prozesse und Lern- und Entwicklungsaktivitäten von strategischer Bedeutung sind. „Die Balanced Scorecard betont zwar die finanzielle Perspektive, beinhaltet jedoch auch die Leistungstreiber dieser finanziellen Ziele." (Kaplan/Norton 1997, S. 2) Die Unterscheidung in vier Perspektiven hat sich zur Abbildung von Unternehmensstrategien bewährt, wird jedoch von den Autoren keinesfalls als fixer Rahmen angesehen.[3]

Im Ergebnis kommt es zur „Entwicklung eines ausbalancierten Berichtsbogens" (Speckbacher/Bischof 2000, S. 796). Dieser Berichtsbogen ist so aufgebaut, dass eine Balance zwischen finanziellen und nicht-finanziellen Zielsetzungen, zwischen vergangenheitsorientierten und zukunftsorientierten Kennzahlen, zwischen Ergebnis- und Treiberkennzahlen sowie intern und extern orientierten Kennzahlen geschaffen wird.

Dieses hier skizzierte Grundverständnis ist noch immer missverständlich und kann herkömmliche Kennzahlensysteme von der Balanced Scorecard nicht abgrenzen. Entscheidend für eine „echte" Balanced Scorecard sind darüber hinaus die bereits genannten Merkmale II. und III., die nun näher erläutert werden.

---

[3] Insbesondere für NPOs schlagen Kaplan und Norton eine modifizierte Balanced Scorecard-Struktur vor (vgl. Kaplan/Norton 2001, S. 134 ff.).

2.2 Ausgewogenes Ziel- und Kennzahlensystem erwünschter Ergebnisse und notwendiger Leistungstreiber

Die Balanced Scorecard basiert auf der Entwicklung eines Zielsystems. Die Zielsetzungen sollen hierbei nicht im operativen Geschäft liegen, sondern strategischen Charakter aufweisen (vgl. Abbildung 1). Das entscheidende Kriterium für eine „echte" Balanced Scorecard besteht darin, dass mit einem strategischen Zielsystem auf Basis aller vier vorgesehenen Perspektiven die Unternehmensstrategie des Managements vollständig beschrieben wird.

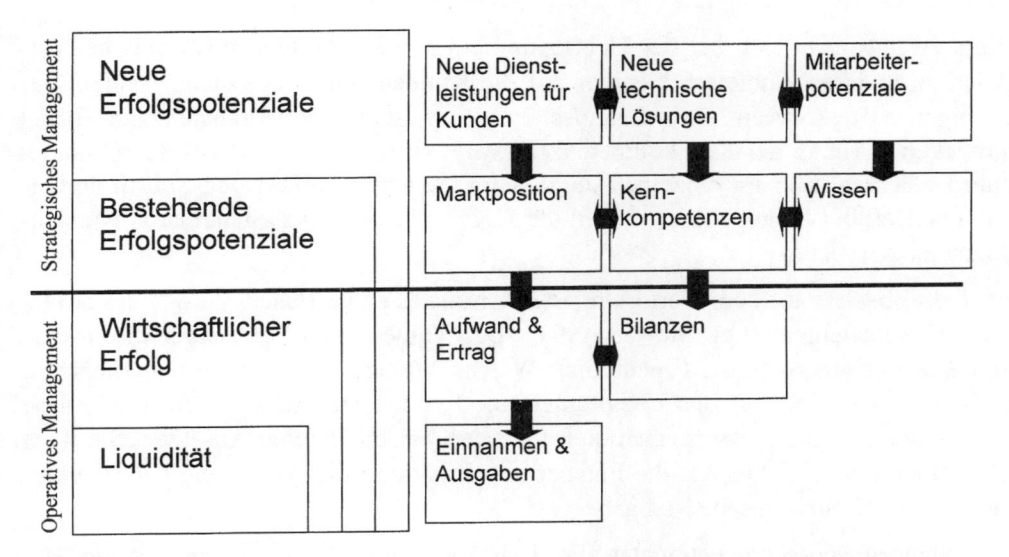

Abbildung 1: Fragen des strategischen und operativen Managements

Im Kern jeder Überlegung zur Strategie eines Unternehmens steht die Sicherung des langfristigen Überlebens. Das Management trifft hier eine gezielte Auswahl. Kaplan und Norton bemerken an dieser Stelle selbst „strategy is about choice" (Kaplan/Norton 2001, S. 89). In vereinfachter Darstellung wird eine Unternehmensstrategie von drei Kernfragen des Managements aufgespannt:

1. Wie verschafft sich ein Unternehmen ein Alleinstellungsmerkmal, das als Grund dafür angenommen werden kann, dass die Kunden die Leistungen bei diesem Unternehmen in Anspruch nehmen?

2. Welches sind diejenigen immateriellen Vermögensgegenstände, die aktiv genutzt werden müssen (Kernprozesse, Kernkompetenzen), um ein wertsteigerndes Alleinstellungsmerkmal aufzubauen und zu sichern?

3. Wie kann im Unternehmen für die Kapitalgeber langfristig Wert geschaffen und erhalten werden?

Frage eins beschäftigt sich mit der Schaffung eines langfristigen Wettbewerbsvorteils durch die profilierte Ausrichtung von Produkten und Dienstleistungen am Markt wie sie von Porter beschrieben wird (vgl. Porter 1980, ders. 1986). Porter geht davon aus, dass ein Unternehmen nur dann in der Lage ist, langfristig am Markt zu bestehen, wenn es sich eine Zielgruppe vor anderen Anbietern durch einen Zusatznutzen sichert. Hieraus entwickelt er die Normstrategien des Kostenführers, des Differenzierers und des Nischenanbieters (vgl. Porter 1980, ders. 1986).

Frage zwei bezieht sich bei der Überlegung eines Alleinstellungsmerkmals im Vergleich zu anderen Anbietern weniger auf die Kunden- und Marktsicht, sondern auf die eigenen Ressourcen. Das strategische Prinzip ist das von Prahalad und Hamel entwickelte Prinzip der Kernkompetenzen (vgl. Prahalad/Hamel 1990). Kernkompetenzen zeichnen sich im einzelnen durch schwere Imitierbarkeit und Substituierbarkeit aus. Darüber hinaus müssen sie in der Lage sein, einen wahrnehmbaren Kundennutzen zu generieren.

Frage drei basiert auf dem wertorientierten Ansatz („Value-Based-View") des strategischen Management (vgl. Stewart 1991). Der Value-Based-View stellt im Grunde die Kernfrage aus Sicht der Eigentümer: Welche Treiber existieren im Unternehmen, die in der Lage sind, für den Eigentümer eine Rendite langfristig zu sichern? Diese Fragestellung liegt gewissermaßen quer über den beiden ersteren Ansätzen. Sie wirft dabei einen klaren Fokus auf die Finanzperspektive und die Bedeutung der Gewinnorientierung als strategische Maßgabe.

Die Balanced Scorecard betrachtet alle drei Fragen der Unternehmensstrategie. Bei der Erarbeitung der Zielsetzungen durch das Management geht es um die strategischen Erfolgsfaktoren, die man verbessern möchte, und um die Positionierung im Wettbewerb. Produkt-Markt-Strategien, Eigentümer- sowie Kernkompetenzüberlegungen finden gleichermaßen Berücksichtigung. Die Frage nach der richtigen strategischen Marktpositionierung beantworten Ziele der Kundenperspektive, die Frage nach der Erfüllung von Eigentümerinteressen findet sich in der Finanzperspektive und die Frage, welche Kernprozesse und -kompetenzen das Unternehmen aufbauen oder pflegen sollte, wird in der Prozess- und der Lernen & Entwicklungsperspektive beantwortet.[4]

---

[4] Kaplan und Norton berücksichtigen bei der Begründung des Ansatzes allerdings ausschließlich die Überlegungen von Porter. In Anlehnung an dessen drei generische Wettbewerbsstrategien Kostenführerschaft, Differenzierung und Nischenanbieter formulieren sie drei strategische Themenfelder („strategic themes"), die in der Balanced Scorecard zu beantworten sind: „Build the

2.3 Logische Ursache-Wirkungsketten zur Verknüpfung von Ergebnissen

2.3.1 Die Handhabung von Ursache-Wirkungsketten

Aus der betriebswirtschaftlichen Forschung ist bekannt, dass in unternehmerischen Zielsystemen die Wirkungen der Ziele aufeinander in Hinblick auf den Unternehmenserfolg zu berücksichtigen sind (vgl. Wöhe 2000, S. 118 ff.).[5]

Im theoretischen Idealfall würde dies bedeuten, dass alle strategischen Zielsetzungen einer Balanced Scorecard vollständig in ihren Wirkungsbeziehungen zueinander erfasst und in Hinblick auf eine zu erzielende Gesamtwirkung hin ausgerichtet werden müssen. Unter der Annahme, dass bei der Erarbeitung der Ziele bereits die externen Einflussfaktoren berücksichtigt wurden, entstünde ein geschlossenes „Totalmodell" der Unternehmenssteuerung. Die Unmöglichkeit eines solchen Steuerungsansatzes stellen Steinmann und Schreyögg dar. „Die Planung muss ja nach dieser Konzeption alle wesentlichen Probleme der betrieblichen Steuerung antizipieren und im Sinne einer stimmigen Gesamtordnung lösen können; sie muss ferner davon ausgehen, dass alle Handlungen in einem System auf einen Plan hin ausgerichtet werden können. [...] Beide Annahmen sind offenkundig reine Idealisierungen, im praktischen Vollzug völlig unrealistisch, im Widerspruch zu jeder Lebenserfahrung." (Steinmann/ Schreyögg 1993, S. 122)

Der mit dem Balanced Scorecard-Ansatz verfochtene Weg der Berücksichtigung von Ursache-Wirkungs-Beziehungen geht dagegen von der Perspektive des Managers aus. Ursache-Wirkungsbeziehungen sind seine begründeten Vermutungen von Zusammenhängen zwischen einzelnen Zielen. Die Aufgabe lautet nicht: „Nenne alle strategischen Ziele, dann prüfen wir, was wie zusammenhängt." Sie lautet vielmehr: „Nenne mir die strategischen Ziele, die für Dich einen Unternehmenserfolg darstellen und die Du erreichen willst; nenne mir anschließend, welche erfolgskritischen Voraussetzungen („Leistungstreiber") hierfür zu schaffen sind, und gebe dabei an, welche Voraussetzungen für welche Ergebnisse gut sind." Die Verknüpfung basiert auf der

---

franchise", „Increase customer value" und „Achieve operational excellence". „Build the franchise" bezieht sich auf die Erschließung neuer Märkte und Produkte, wo kaum Wettbewerb herrscht („Vorreiter" oder „Nischenanbieter"). „Increase customer value" meint den dauerhaften Zusatznutzen („Dif-ferenzierer"), den man im Vergleich zum Wettbewerb anbieten kann, und „Operational excellence" entspricht der Kostenführerschaftsstrategie Porters (vgl. Kaplan/Norton 2001, S. 78 ff.).

[5] Zu unterscheiden sind zunächst vier Wirkungsrichtungen von Zielen: komplementäre Ziele ergänzen sich, neutrale Ziele sind unabhängig voneinander, konträre Ziele behindern sich gegenseitig und antinome Ziele schließen sich gegenseitig aus.

grundsätzlichen Logik: Transformiere immaterielle Vermögensgegenstände („intangible assets") in materielle Kunden- und Finanzergebnisse. Die *vermuteten und beabsichtigten* Wirkungen stehen im Vordergrund, nicht jedoch die *Beschreibung aller möglichen* Wirkungen.

2.3.2 Die Bedeutung der Ursache-Wirkungsketten

Die Ursache-Wirkungsketten in einer Balanced Scoercard haben in mehrerlei Hinsicht Bedeutung. Während der Phase *der Entwicklung* sind sie eine wichtige Entscheidungsgrundlage für oder gegen das Aufnehmen einer Zielsetzung. Direkt oder indirekt muss ein kausaler Zusammenhang zwischen der Erreichung der Vision und jedes einzelnen Ziels der Balanced Scorecard hergestellt werden. Das strategische Finanzziel der Erreichung einer Rendite für Aktionäre von mindestens 12% ist unmittelbar mit einer Vision zu verknüpfen. Die Zielsetzung der signifikanten Erhöhung der Qualität im Bereich der Entwicklung muss einen kausalen Zusammenhang zu einem Kundenziel aufweisen, etc. Negative Wirkungen sind ein Ausschlussgrund für ein strategisches Ziel genauso wie eine Zielsetzung, die keinen erkennbaren Beitrag zur Gesamtzielerreichung oder zur Erreichung anderer Ziele leistet. Das Hinterfragen dieser Zusammenhänge in einem Balanced Scorecard Zielsystem führt vielfach dazu, dass es völlig überarbeitet wird.[6]

Während der Abstimmungsphase der Strategie zwischen den Mitgliedern des Managements verdeutlicht eine transparente Beschreibung der Zielsetzungen mit den vom Management bezweckten und vermuteten Zusammenhängen die Unternehmensstrategie selbst und schafft ein gemeinsames Verständnis. Die Gesamtheit der formulierten Zielsetzungen innerhalb einer Balanced Scorecard markiert die Stellhebel im Unternehmen, die zur erfolgreichen Weiterentwicklung des Unternehmens und zur Erreichung einer Vision beitragen sollen. Kaplan und Norton sprechen auch von der „Strategy Map" (vgl. Kaplan/Norton 2001, S. 69 ff.).

Bei der Strategieumsetzung dient die „Strategy Map" zunächst als kommunizierbare Information. Darüber hinaus wird deutlich, dass die Erreichung von Finanzzielen nicht alleinige Sache der Finanzabteilung sein kann, die Fähigkeit zur Entwicklung neuer Produkte nicht nur an einer technischen Entwicklungsabteilung, sondern auch

---

[6] Betrachtet man die vier Perspektiven der Balanced Scorecard, so stellt sich heraus, dass Ziele der Finanz- und Kundenperspektive von vornherein meist das höchste Gewicht erhalten. Bei der Formulierung strategischer Ziele im Bereich Lernen & Entwicklung oder interner Prozesse sind meist weniger Rückmeldungen zu verzeichnen. Dies verdeutlicht das Bild, dass man sich viel Gedanken um den Absatz und die Zahlen macht, aber viel zu wenig die Frage nach den Voraussetzungen oder den Kernkompetenzen stellt, die im Unternehmen langfristig geschaffen werden müssen.

an der Personalentwicklung oder der Marketingabteilung hängt. Die Entwicklung von Zusatznutzen für den Kunden ist nicht nur die Angelegenheit des Vertriebs, der den Kundenkontakt aufzuweisen hat, sondern dieser hängt auch von den organisatorischen Rahmenbedingungen, den finanziellen Ressourcen oder von den Entwicklungskapazitäten (Know-How, Zeit, Technologie) ab. Die Betrachtung der Ursache-Wirkungsketten schafft letztlich die Möglichkeit, im Rahmen der Strategieumsetzung konkrete Aufträge für einzelne Organisationseinheiten zu definieren.

Nur wenn alle drei beschrieben Grundprinzipien der Balanced Scorecard erfüllt sind, ist von einer „echten" Balanced Scorecard auszugehen. Andernfalls wird die eigentliche Zwecksetzung der Fokussierung einer Organisation auf die Strategie und der strategischen Steuerung verfehlt. Im nächsten Abschnitt soll anhand beobachtbarer Scorecard-Entwicklungen aus der Praxis deutlich gemacht werden, welche Formen von Kennzahlensystemen diese Prinzipien nicht oder nur unvollständig beachten.

3 „Unechte" Balanced Scorecards in der Praxis

In der Regel existieren in einem Unternehmen, das dieses Instrument einsetzen will, Balanced Scorecards mit 15 – 20 strategischen Zielsetzungen und Kennzahlen. Innerhalb der jeweiligen Perspektiven werden Zielsetzungen formuliert, Kennzahlen abgeleitet und Maßnahmen zur Umsetzung der Ziele angestoßen. Allerdings sind in der Praxis unterschiedliche Ausprägungen von Balanced Scorecards beobachtbar, je nachdem wie umfassend die von Kaplan und Norton entwickelten Prinzipien tatsächlich umgesetzt wurden. Im Folgenden werden einige dieser Scorecard-Typen beschrieben und deren Defizite herausgearbeitet.

3.1 Ergänztes Finanz-Controlling

Sieht man sich zunächst einmal die Entwicklung des strategischen Controllings in der Privatwirtschaft an, so trifft man vor allem in Großunternehmen auf das Instrument des sogenannten Economic-Value-Added (EVA) (vgl. Stewart 1991, überblicksweise vgl. Hungenberg 2001, S. 223 ff., 346 ff.). Der EVA entspricht dabei dem Residualgewinn, der sich aus der Differenz zwischen operativem Ergebnis nach Steuern (Cash Flow) und den Kapitalkosten ergibt (vgl. Abbildung 2).

Hat diese Spitzenkennzahl einen positiven Wert, so wird Wert geschaffen, hat sie einen negativen Wert, so wird Wert vernichtet. Mit Hilfe des EVAs kann die nachhaltige Wertsteigerung und damit der langfristige finanzielle Erfolg eines Unternehmens gemessen werden. Aufgrund der Einsicht, dass die Werttreiber eines Unternehmens nicht allein in der Bereitstellung finanzieller Ressourcen sondern ebenso in der Pflege und Sicherung von Kundenbeziehungen und Mitarbeiterpotenzialen begründet liegen, wird das ökonomische EVA-Konzept vielfach um die beiden Perspektiven „Kunden" und „Mitarbeiter" ergänzt (vgl. etwa Kaplan/Norton 2001, S. 102, Atkinson et al. 1997).

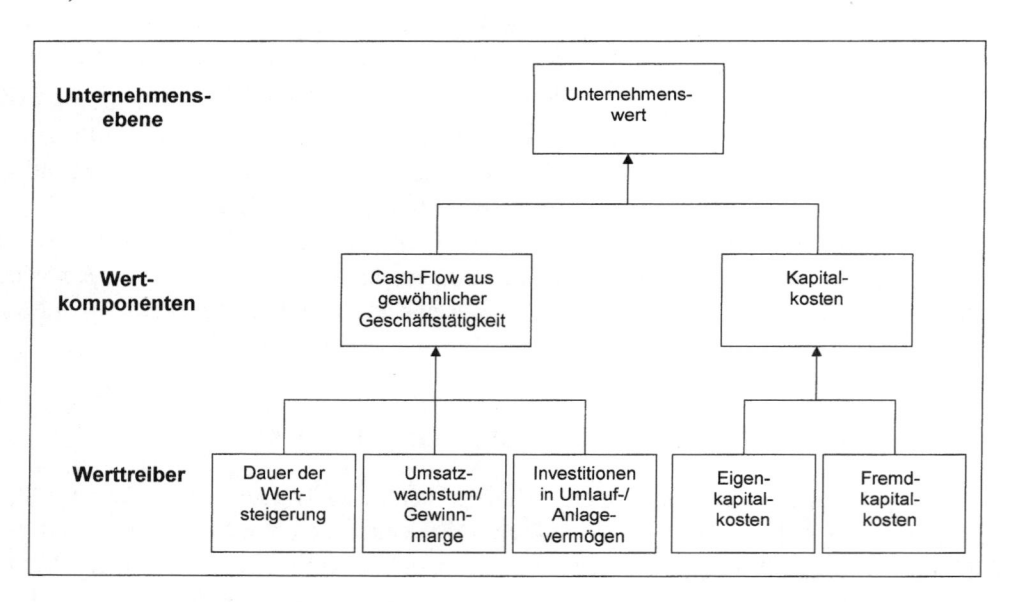

Abbildung 2: Beispiel eines Werttreiberbaumes (vgl. Hungenberg 2001, S. 349)

Haniel beispielsweise entwickelte das bereits existierende EVA-Berichtswesen weiter, indem neben dem „Investment Capital" zusätzlich das „Customer Capital" und das „Human Capital" mit in das Kennzahlensystem eingebaut wurden (vgl. Schmalenbach-Gesellschaft für Betriebswirtschaft e.V. 2001, S. 41 f.). „Die über das „customer-capital" dargestellte wertorientierte Marketing- und Vertriebssteuerung ist insofern eine wertorientierte Steuerung zum Anfassen." (ebda., S. 41) Ergebnisgrößen bzw. Kennzahlen dieses Berichtssystems basieren auf rein finanziellem Datenmaterial, die im Bereich „Kunden" und „Mitarbeiter" als indirekte Indikatoren für die Güte der Kundenzufriedenheit und der Mitarbeitermotivation oder -qualifikation herangezogen werden. Eine Weiterentwicklung dieses Systems kann darin bestehen, die rein finanzielle Betrachtung durch Zufriedenheitsmasse zu ergänzen.

Auch im NPO-Sektor sind Entwicklungen zu ausgewogenen Kennzahlensystemen beobachtbar. Beyer, Pech und Wambach stellen beispielsweise ein Konzept des strategischen Beteiligungsmanagements für Kommunen vor, bei der neben den rein finanziellen Perspektiven der „Vermögenssicherung", der „Haushaltsstabilität" und der „Werthaltigkeit" die „Kundenzufriedenheit" als weiteres nicht monetär zu messendes

Kriterium eines strategischen Beteiligungsmanagements hinzutritt (Beyer et al. 2001, S. 97 ff.). Die drei finanziellen Zielsetzungen stellen hierbei drei Seiten einer Medaille dar, bei der es um den wirtschaftlichen Erfolg des Beteiligungsunternehmens geht. Das Ziel der „Vermögenssicherung" leitet sich daraus ab, dass in die Produkte und die Serviceleistungen von kommunalen Beteiligungen häufig erhebliche Vermögenswerte investiert werden. Die „Haushaltsstabilität" als Maßgabe für eine Beteiligungssteuerung betrifft den Einfluss des wirtschaftlichen Erfolgs einer Beteiligung auf die Kommune und die „Werthaltigkeit" richtet das Augenmaß auf die Renditeträchtigkeit einer Beteiligung im Sinne einer Kapitalanlage. Diese Zielperspektiven werden letztlich durch die Kenngröße „Kundenzufriedenheit" ergänzt. Sie soll anzeigen, inwieweit die Beteiligung in der Lage ist, die an die Beteiligung gesteckten Leistungsziele hinsichtlich Qualität und Quantität der Leistungen zu erfüllen.

Ob im privatwirtschaftlichen oder im NPO-Sektor, im Vordergrund der betrachteten Kennzahlensysteme steht die Messung des Unternehmenserfolgs in Bezug auf die erfolgskritischen „Stakeholder" (Kapitalgeber, Kunden, Mitarbeiter, Lieferanten). Gleichzeitig wollen diese Systeme mit der Festlegung von geeignet erscheinenden Erfolgsmaßen aber nicht die strategisch entscheidende Frage beantworten, „wie diese Größe durch unternehmerische Entscheidungen langfristig in der gewünschten Weise gesteuert werden kann." (Speckbacher/Bischof 2000, S. 795) Unter dem Deckmantel der Balanced Scorecard bleibt dessen Kernidee der Steuerung der Strategieumsetzung auf der Strecke.

3.2 TQM-Scorecards

Eine weitere Form der „unechten" Balanced Scorecard entsteht in Unternehmen, die Total-Quality-Managament-Ansätze bereits eingeführt haben. Diese „[...] scorecards are found in [...] organizations, [...] that have been implementing total quality management. The TQM approach [...] generate[s] many measures to monitor their processes and progress. When migrating to a *Balanced Scorecard*, they build on the base already established by classifying the many existing measurements into the four Balanced Scorecard categories." (Kaplan/Norton 2001, S. 103 f.)

Im Ergebnis besteht die Gefahr von Zahlenfriedhöfen oder EDV-basierten Managementinformationssystemen, die keiner nutzt. Vielfach treten auch IT-Beratungsunternehmen an, groß angelegte Management-Informationssysteme zu implementieren. In der Praxis scheitern diese Systeme häufig an der Komplexität möglicher abzufragender Informationen aus dem System. Es fehlt eine begründete Vorauswahl der Informationen, die für strategische Entscheidungen relevant wären. Solches vermag erst eine „echte" Balanced Scorecard zu leisten.

TQM-Datenmaterial kann jedoch auf Abteilungs- oder Bereichsebene zum Aufbau einer sinnvollen Balanced Scorecard genutzt werden, wenn strategische Zielsetzungen und Maßnahmen auf Unternehmensebene bereits existieren. Qualitätskennzahlen für dokumentierte Prozesse sind in der Regel ja im Einflussbereich von einzelnen Abteilungen oder Personen. Mit Hilfe dieser TQM-Indikatoren kann an diesen Stellen festgelegt werden, welcher Beitrag auf unterer Ebene zu den strategischen Zielen des Gesamtunternehmens geleistet werden kann (vgl. Kaplan/Norton 2001, S.103 f.). Beispielsweise hat das Unternehmen OBI in seiner Vision verankert, dass es seinen Kunden „mehr als nur vier Wände" bieten möchte. Für den einzelnen OBI-Baumarkt bzw. den einzelnen Filialmitarbeiter, der keinen Einfluss auf die Sortimentsgestaltung hat, wurden daraus die Ziele „Marktattraktivität erhöhen" und „Kundenzufriedenheit bezüglich der Produktauffindung steigern" entwickelt, an denen sich jeder Filialleiter und -mitarbeiter orientieren kann.

Für NPOs stellt sich die Frage der TQM-Scorecards vor allem im Krankenhausbereich, in dem vielfach Qualitätsmanagementsysteme mit entsprechenden Datenerhebungen im Bereich der medizinischen und organisatorischen Qualität existieren. Grundsätzlich ergibt sich für NPOs aber eine ähnliche Problematik weniger hinsichtlich der Nutzung von vorhandenem Datenmaterial (hier gibt es in der Regel recht wenig), sondern mit Blick auf fehlende strategische Vorgaben bei der Entwicklung einer Balanced Scorecard. Dies wird im folgenden Kapitel nochmals näher betrachtet.

3.3 Gefahr „unechter" Einstiege in die Balanced Scorecard im NPO-Sektor

Im NPO-Sektor wird die Balanced Scorecard als Hoffnungsträger für eine verbesserte strategische Steuerung angesehen, da sie gleich drei Veränderungsthemen anspricht, die im NPO-Sektor brandaktuell sind (vgl. etwa Eichhorn/Wiechers 2001):

1. Zukunftsorientierung sichern durch die Entwicklung langfristiger Ziele und Strategien,
2. Messbarkeit herstellen,
3. Führen mit Zielen als Ergänzung zur dezentralen Ressourcenorientierung und Ergebnisverantwortung.

Die Notwendigkeit der Auseinandersetzung mit strategischen Zielsetzungen und Programmen leitet sich im frei-gemeinnützigen und im öffentlichen Bereich aus unterschiedlichen Entwicklungen ab. Der frei-gemeinnützige Bereich ist durch eine zunehmende Wettbewerbsintensität gekennzeichnet bei gleichzeitigem Schwund an ehrenamtlichen Mitarbeitern. Darüber hinaus ist ein Trend zu höherer Fremdfinanzierung erkennbar. Umfeldveränderungen durch gesetzliche Rahmenbedingungen (z.B.

Qualitätssicherungsgesetz, Pflegeleistungsergänzungsgesetz oder Einführung der Fallgruppen im Krankenhausbereich (DRGs) und die fortschreitende Europäisierung (evtl. fällt der ermäßigte Steuersatz von 7% für Behindertenwerkstätten, das Vereinsstatut ist Gegenstand potenzieller europäischer Anpassungen) machen die unternehmerische Führung von Organisationen in diesem Bereich nicht einfacher. Antworten hierauf sind bereits erkennbar. Die Schaffung von Systemangeboten und Kooperationen zwischen Trägern im In- und Ausland sind Beispiele für strategische Neuausrichtungen in diesem Bereich. In öffentlichen Organisationen dagegen wird nach Jahren der Binnenmodernisierung deutlich, dass in Ergänzung eine externe Orientierung an Bürgern und Unternehmen bei Fragen eines attraktiven Lebensraumes bzw. Standortes immer wichtiger wird. Mehr Wettbewerb und Liberalisierung im öffentlichen Sektor führen überdies zu Fragen der strategischen Steuerung von Beteiligungen und des richtigen Aufgabenportfolios.[7] Neue Technologien bieten zudem neue Chancen (z.B. E-government).[8]

Die Forderung nach Messbarkeit ergibt sich aus der Situation, in der sich viele Entscheidungsträger befinden. Sie wissen nicht mehr genau, was an der Basis eigentlich passiert. Sie entscheiden über Maßnahmen und Projekte, über die sie keine nachvollziehbaren Erfolgsinformationen erhalten außer die Meinungen von Befürwortern und Gegnern. Zur Schließung dieser Informationslücke ist sowohl die ex ante konkrete Beschreibung des erwünschten Ergebnisses erforderlich als auch die Erhebung von relevanten Informationen. Beides kommt vielfach zu kurz. Selbst, wenn konkrete Ergebnisse formuliert werden, fehlt es an der Einforderbarkeit, da die Messbarkeit nicht gegeben ist. So wurde zu Beginn eines Projektes zur Modernisierung der Bundes-Verwaltung in Österreich 1989 unter anderem das sehr konkrete Ziel gesetzt, innerhalb von 4 Jahren 20% Arbeitsproduktivitätssteigerung zu erreichen. Aufgrund der fehlenden Kosten- und Leistungsdaten war eine Überprüfung der Ergebnisse aber nicht möglich (vgl. Bundeskanzleramt 1994).

Das Instrument „Führen mit Zielvereinbarungen" wird in Ergänzung zur Herstellung der Messbarkeit als weiteres erfolgsversprechendes Steuerungsinstrument angesehen, da es in NPOs vorrangig um Sachziele geht und nicht um die finanzielle Steuerung.

---

[7] Hier stellt sich die Frage der kommunalen Kernaufgaben, die sich an der Legitimität durch die Öffentlichkeit, den spezifischen Kompetenzen der Verwaltung und der langfristigen Finanzierbarkeit festmachen lassen (vgl. Beyer 2000, S. 33 ff.). Zum Portfoliomanagement in Kommunen vgl. etwa Ruter/Eltrop 2001, S. 174 ff.

[8] In der Stadt Erlangen wurde beispielsweise eine Vision 2030 mit vier strategischen Stossrichtungen E-City, Wissensstadt, Medicine Valley und Bildung formuliert. Die Einführung der Balanced Scorecard in der Stadt Essen war begleitet von der Entwicklung einer Strategie zur Förderung der Kinder- und Familienfreundlichkeit („Essen – Großstadt für Kinder").

Erste Wirkungen der Einführung dezentraler Ressourcenverantwortung zeigen, dass die dezentral angesiedelten Manager mit der Verantwortung aus Mangel an verlässlichen Zielen nicht viel anfangen können.[9]

Während im privatwirtschaftlichen Sektor diese drei Instrumente für sich betrachtet schon lange mehr oder minder erfolgreich zum Einsatz kommen, sind sie für viele NPO-Organisationen neu und haben in der gelebten Organisation vorerst keine Rolle gespielt. Bei der Einführung messbarer Ziele und entsprechender Steuerungsinstrumente wurde vor allem im öffentlichen Bereich bislang wenig erreicht. Leitbilder sind zu vage. Konzepte zum Kontraktmanagement zwischen Politik und Verwaltung lassen sich häufig nur schwer durchsetzen. Die Balanced Scorecard könnte hier insofern eine moderierende Rolle einnehmen. Der Startzeitpunkt und die richtige „Schrittweite" in einem Balanced Scorecard-Projekt werden allerdings zu kritischen Erfolgsfaktoren insbesondere wegen der besonderen Rahmenbedingungen an der Schnittstelle zwischen politischer und Verwaltungs-Ebene.

Für NPOs, deren politische Ebene sich im ersten Schritt schwer integrieren lassen, ergibt sich eine Bottom-up-Einstiegsstrategie, die die Balanced Scorecard ebenfalls in abgewandelter Form entstehen lässt. Die Festlegung strategischer Zielsetzungen über die Zukunftsausrichtung in NPOs verläuft bekanntlich sehr schleppend aufgrund vieler einzubeziehender Meinungen oder sie findet überhaupt nicht statt.[10] Der Start in ein Balanced Scorecard-Projekt findet deshalb häufig pilotartig in einzelnen Fachbereichen ohne Berücksichtigung gesamtorganisatorischer Zielvorgaben statt.[11]

Solch eine Vorgehensweise kann zu dreierlei Problemen führen:

1. Da strategische Vorgaben fehlen, entwickeln nachgelagerte Einheiten ihre eigene Vision und Strategie. In der Folge bewegen sich die organisatorischen Teilbereiche immer weiter auseinander und konkurrieren um das zu verteilende Budget.

2. Zu einer Betrachtung der Zusammenhänge von Zielen oder/und Perspektiven kommt es nur bei offensichtlichen Konflikten. Der Zusammenhang zwischen ei-

---

[9] Dies ist keine empirisch überprüfte Aussage. Sie resultiert aber aus vielen Gesprächen vor allem mit Vertretern von Kommunen.

[10] In einem Gespräch mit dem Vertreter eine großen kirchlichen Einrichtung kam beispielsweise die Aussage, dass ein strategischer Zielsetzungsprozess in Gang gebracht worden sei, den man in den nächsten 2 Jahren zum Abschluss bringen möchte. Im Gespräch mit Stadtvertretern einer mittelgroßen deutschen Stadt über deren Steuerungssysteme wurde einvernehmlich das Bild vom führungslosen und ziellosen Schiff skizziert, dessen Mannschaft lediglich versucht den Untergang zu vermeiden.

[11] Leitbilder helfen hier auch nur bedingt weiter, da sie eher Werthaltungen als Zielsetzungen beschreiben.

nem Lern- & Entwicklungsziel (z.B. „Steigerung der Qualifikation im Rechnungswesen") und der internen Prozessperspektive (z.B. „Optimierung des Steuerungsprozesses") wird unter Umständen gar nicht gesehen. In der Folge wird das eine oder andere Ziel gar nicht mit aufgenommen. Die eigentliche Funktion der Ursache-Wirkungsbeziehungen bleibt außen vor.

3. Es kann darüber hinaus passieren, dass wegen der mangelnden Vorgaben an nachgeordnete Leitungsebenen alle als wichtig erachteten Zielsetzungen in eine Balanced Scorecard aufgenommen werden, unabhängig davon, ob die Ziele operativen oder strategischen Charakter aufweisen. In dem innovativen Umsetzungsprozess der Stadt Passau stehen beispielsweise auf einer Bereichs-Scorecard die Ziele „Sicherung und Förderung des persönlichen und fachlichen Qualifikation der Mitarbeiterinnen und Mitarbeiter" und „Wir sorgen für eine angemessenen Personalstand" (vgl. Tausch 2001). Hier erscheint fraglich, ob dies überhaupt strategische Zielsetzungen sein können. Im Bereich der Qualifikation wäre eine strategische Zielsetzung spezifischer auf einen bestimmten Bereich eingegrenzt, der unbedingt verbessert werden muss, um bestimmte Bürgerziele, die man sich gesetzt hat, zu erreichen. Im Bereich des Personalstandes wäre eine strategische Zielsetzung denkbar, die mit dem Ausbau von Personal in bestimmten Bereichen (z.B. Ausbau der „Kontaktbeamten"), die zur Erhöhung der Bürgerzufriedenheit und der Wahrnehmung der Bürger, dass Sicherheit herrscht, beitragen. Die Sorge um einen angemessenen Personalstand für sich gesehen ist jedoch eine Aufgabe, die zur Aufrechterhaltung des Betriebs notwendig ist.

In Passau geht man den Weg, dass man nachträglich die Politik in den Balanced Scorecard-Prozess einbinden möchte, indem die Balanced Scorecard-Ziele mit den dazugehörigen Maßnahmen den politischen Gremien zur Entscheidung vorgelegt werden (vgl. Tausch 2001). Im Falle einer positiven Entscheidung gewinnt die Verwaltung im Sinne eines Kontraktmanagement an Handlungsfähigkeit. Offen bleibt, ob auf dieser Basis eine Diskussion in den politischen Gremien in Gang gebracht wird, die zu einer Gesamtstrategie führt.

4 Fazit

Die Diskussion um „unechte" Balanced Scorecards hat gezeigt, dass das Konzept, so wie es von Kaplan und Norton entwickelt wurde, in der Praxis auch in abgewandelter, zum Teil jedoch missverstandener, Form Anwendung findet. Ausgewogene Kennzahlensysteme ergänzen die Finanzperspektive um weitere wichtige Steuerungsperspektiven. Gegenstand des Controllings sind in diesem Fall Ergebnisse, aber nicht die treibenden Kräfte. TQM-Scorecards nutzen die Balanced Scorecard-Perspektiven zur Strukturierung der erfassten Daten. Fehlt jedoch die strategische Ausrichtung, so gibt es kein Regulativ, welche Kennzahl von Bedeutung für das langfristige Überleben des Unternehmens ist und welche für die operative Aufrechterhaltung des Betrieb notwendig sind. Es besteht die Gefahr des Informationoverflows. Das Ziel der Umsetzung und Steuerung der Strategie wird dann nicht erreicht. Die Gefahr bei Balanced Scorecard-Einführungen in NPO-Organisationen besteht darin, dass mangels strategischer Vorgaben das eigentliche Ziel der Umsetzung der Strategie nicht erreicht wird. Es muss dem Einzelfall überlassen bleiben, ob eine Strategieentwicklung *im Nachhinein,* falls sie überhaupt stattfindet, das Instrument insofern heilt, als es dann eine wirksame Strategieumsetzung unterstützt.

Alle betrachteten Typen „unechter" Balanced Scorecards weichen vom ursprünglichen Konzept insoweit ab, als keine oder nur eine partielle Betrachtung der Strategie erfolgt, weil die Ursache-Wirkungsketten zwischen einem ausgewogenen System an Ergebnissen und Voraussetzungen nicht gegeben sind. Dies ist der entscheidende Unterschied zwischen der Balanced Scorecard und herkömmlichen Kennzahlensystemen. Die Balanced Scorecard ermöglicht es, eine Strategie zu kommunizieren und in allen Teile einer Organisation umzusetzen. Als Voraussetzung hierfür muss es aber gelingen, das Top-Management dazu zu bringen, sich über die Strategie klar zu werden und das Instrument entsprechend mit ihren Vorgaben und Überlegungen zu füllen. Die Erarbeitung und Implementierung von Kennzahlensystemen und „unechten" Balanced Scorecards sind dagegen auf die Ebene des fachlich versierten Controllings delegiert. Sie können dabei durchaus einen Beitrag als diagnostische Kennzahlensysteme leisten. Strategische Steuerung ist, wenn überhaupt, aber nur in eingeschränktem Maße möglich.

5 Literaturverzeichnis

Atkinson, A. A./Waterhouse, J. H./Wells, R. B. (1997): A Stakeholder Approach to Strategic Performance Measurement, in: Sloan Management Review, 38. Jahrgang, Heft 3, S. 25 – 37.

Beyer, R. (2000): Organisatorische Veränderungstypen in der öffentlichen Verwaltung, München und Mering.

Beyer, R./Pech H./Wambach M. (2001): Strategisches Management von Beteiligungen, in: Eichhorn P./Wiechers M. (Hrsg.): Strategisches Management von Kommunalverwaltungen, Baden-Baden, S. 92 – 105.

Bundeskanzleramt (Hrsg.) (1994): Verwaltungsmanagement, Projektbericht, Wien.

Hungenberg, H. (2001): Strategisches Management in Unternehmen, 2. Auflage, Wiesbaden.

Kaplan, R. S./Norton, D. P. (1997): Balanced Scorecard: Strategien erfolgreich umsetzen, Stuttgart.

Kaplan, R. S./Norton D. P. (2001a): The Strategy Focused Organization, Boston, Massachusetts.

Kaplan, R. S./Norton, D. P. (2001b): Wie Sie die Geschäftsstrategie den Mitarbeitern verständlich machen, in: HARVARD BUSINESS manager, Heft 2, S. 60 – 70.

Kieser, A. (1996): Moden & Mythen des Organisierens, in: DBW, 56. Jahrgang, Heft 1, S. 21 – 39.

Porter, M. E. (1980): Competitive Strategy, New York, London.

Porter, M. E. (1986): Wettbewerbsvorteile (Übers. aus dem Englischen), Frankfurt a.M.

Prahalad, C. K./Hamel, G. (1990): The Core Competence of the Corporation, in: Harvard Business Review, Vol. 68, S. 79 – 91.

Ruter, R. X./Eltrop, S. (2001): Portfoliomanagement für den Konzern Stadt, in: Eichhorn, P./Wiechers, M. (Hrsg.): Strategisches Management von Kommunalverwaltungen, Baden-Baden, S. 174 – 185.

Schmalenbach-Gesellschaft für Betriebswirtschaft e.V. (2001): Wertorientierte Unternehmensführung, Programm zum 55. deutschen Betriebswirtschaftertag am 26.-27. September 2001, Berlin.

Speckbacher, G./Bischof, J. (2000): Die Balanced Scorecard als innovatives Managementsystem, in: DBW, 60. Jahrgang, Heft 6, S. 795 – 810.

Steinmann, H./Schreyögg, G. (1993): Management, Grundlagen der Unternehmensführung, 3. Auflage, Wiesbaden.

Stewart, G. (1991): The Quest for Value, New York.

Tausch, C. (2001): Strategische Steuerung – Einführung der Balanced Scorecard am Beispiel der Stadt Passau, Vortrag im Rahmen der Euroforum Veranstaltung „Balanced Scorecard und Kennzahlen" am 6. und 7. November 2001 in Erkrath.

Wöhe, G. (2000): Einführung in die Allgemeine Betriebswirtschaftslehre, 20. Auflage, München.

B Praktische Anwendungsfälle:
Die BSC in Verwaltung und Non-Profit-Organisationen

Cornelia Gottbehüt[*]
Balanced Scorecard als Steuerungsinstrument für Kommunalverwaltungen

1 Einleitung und Ausgangssituation:
  Balanced Scorecard – Die Lösung aller Probleme?

2 Vorgehensweise bei der Entwicklung einer Balanced Scorecard
    2.1 Vorstellung des Instruments „Balanced Scorecard"
    2.2 Information der Beteiligten
    2.3 Projektteam
    2.4 Zeitplanung
    2.5 Perspektiven der Balanced Scorecard
    2.6 Entwicklung einer gemeinsamen Vision
    2.7 Strategische Themen und strategische Ziele
    2.8 Ursache-Wirkungs-Beziehungen
    2.9 Kennzahlen, Zielwerte und Maßnahmen
    2.10 Herunterbrechen auf nachgelagerte Ebenen

3 Erfolgsfaktoren der Balanced Scorecard in Kommunalverwaltungen
    3.1 Kommunikation
    3.2 Top-Down-Ansatz
    3.3 Rolle der Politik
    3.4 Fehlerkultur

4 Fazit: Welchen Nutzen bringt eine Balanced Scorecard?

5 Literaturverzeichnis

---

[*] Dipl.-Verw. (FH) Cornelia Gottbehüt, Prokuristin bei der Arthur Andersen Wirtschaftsprüfungsgesellschaft und Steuerberatungsgesellschaft mbH, Kommunales Kompetenz Center, München.

1 Einleitung und Ausgangssituation: Balanced Scorecard – Die Lösung aller Probleme?

Die Balanced Scorecard gilt in vielen öffentlichen wie auch in privaten Organisationen seit einigen Jahren als großer Hoffnungsträger. Sie wird verstanden als ein integratives Managementsystem, das Organisationen dabei unterstützen kann, die Schwierigkeiten der strategischen Planung, der Kommunikation und der Implementierung von Strategien sowie einer möglichst ganzheitlichen Erfolgskontrolle, aus der heraus gelernt, verbessert und verändert werden kann, zu überwinden.

Ist die Balanced Scorecard also die Lösung aller Probleme? Was kann eine Balanced Scorecard leisten und wo sind ihre Grenzen? Diesen Fragen wird im Folgenden anhand des Entwicklungsprozesses einer Balanced Scorecard in einer Stadtverwaltung nachgegangen. Dabei sind es – wie in allen anderen Bereichen auch – die beteiligten Personen, die über Erfolg oder Misserfolg der Verwaltungsmodernisierung entscheiden. Ziel dieses Beitrags ist es,

- Begeisterte frühzeitig mit möglichen Schwierigkeiten und Gegenargumenten vertraut zu machen,
- Zögerer zu motivieren, sich an diesem Instrument zu versuchen,
- Entmutigte zu ermutigen. Denn auch andere sind auf Schwierigkeiten gestoßen und haben das Ziel dennoch erreicht.

Vor welchem Hintergrund entschließt sich eine Kommunalverwaltung, eine Balanced Scorecard einzuführen? Nach unseren Erfahrungen ist die Bereitschaft für die Entwicklung und Einführung dieses Instruments bei jenen Kommunalverwaltungen vorhanden, die bereits einige Schritte in der Verwaltungsreform gegangen sind. Unter dem Oberbegriff „Neues Steuerungsmodell" wurden in Kommunalverwaltungen in den letzten Jahren zahlreiche Reformprozesse begonnen. Das Abbilden der Verwaltungsleistungen in Produkten und die Einführung der Kosten- und Leistungsrechnung hat dazu beigetragen, die Entwicklung über Aufwand und Ertrag in der öffentlichen Verwaltung transparenter zu machen. Weiterhin wurde die Verantwortung für Finanzen und Personal an die Fachbereiche, Abteilungen und Referate übertragen (dezentrale Ressourcenverantwortung), um die fachliche Verantwortung mit der personellen und finanziellen Verantwortung zusammenzuführen.

Diese Maßnahmen sollen dazu führen, eine Verwaltung nicht input- sondern outputorientiert zu steuern. Im Zuge der Verwaltungsreform verändern sich somit auch die Anforderungen an Bürgermeister, Stadträte und Führungspersonal. Es stellt sich immer deutlicher und dringlicher die Frage nach einer zukunftsweisenden Steuerung.

Wenngleich bereits im Titel „Neues Steuerungsmodell" dem Erfordernis der Steuerung Rechnung getragen wurde, zeigen die Erfahrungen in der Kommunalberatung, dass die geschaffene Transparenz häufig nicht dazu genutzt wird, bestehende Steuerungsdefizite abzubauen, sondern dass die verschiedenen Bereiche einer Verwaltung immer eigenständiger werden und sich immer weiter voneinander wegbewegen. Eine ganzheitliche strategische Steuerung durch das „Top-Management" erfolgt in der Regel nicht oder nicht ausreichend. Hinzu kommt, dass bei der Einführung der Reformelemente regelmäßig die Belange der Mitarbeiterinnen und Mitarbeiter zu wenig Beachtung finden. Nur durch Qualifizierung und Personalentwicklung, Hauptbausteine jedes Modernisierungsprozesses, kann dauerhaft eine Verhaltensveränderungen bewirkt werden.

Ausgangspunkt der nun folgenden Ausführungen ist ein Beratungsprojekt aus dem Jahr 2000/2001, in dem das „Kommunale Kompetenz Center" von Andersen den Auftrag erhielt, für die Stadtverwaltung einer mittelgroßen Stadt eine Balanced Scorecard zu entwickeln. Diese Stadtverwaltung war bereits große Schritte in der Verwaltungsmodernisierung gegangen und befand sich in folgender Ausgangssituation:

Alle Leistungen der Verwaltung waren in Produkten abgebildet, Budgetierung und Kosten- und Leistungsrechung waren flächendeckend eingeführt. Die im Rahmen der Verwaltungsreform in dieser Stadtverwaltung vollzogenen Veränderungen hatten bereits zu einer Reihe bedeutender Verbesserungen geführt, auch wenn nach wie vor einige Probleme bestanden. Die einzelnen Fachbereiche waren mit dezentraler Ressourcenverantwortung sowohl hinsichtlich des Personals als auch der Finanzen ausgestattet. Spiegelbildlich zu den Referaten waren Ausschüsse des Stadtrats gebildet worden, deren Vorsitz nicht durchgängig der Bürgermeister sondern teilweise auch Mitglieder des Stadtrates innehatten. Zwischen den einzelnen Fachbereichen, den Ausschussvorsitzenden und Ausschussmitgliedern bestand in der Regel eine gute informelle Kommunikation. Entscheidungen wurden im Vorfeld diskutiert und abgewogen. Dieses grundsätzlich als positiv zu bewertende Vorgehen führte aber auch dazu, dass sich die Stadträte in den Ausschüssen oft mehr als Vertreter oder Lobbyisten des Fachbereichs sahen und meist im Sinne des Fachbereichs entschieden, wodurch die gesamtstädtischen Belange zu wenig Beachtung fanden. Diese Entwicklung führte dazu, dass in den Fraktionen eine immer stärkere Spezialisierung eintrat, gleichzeitig aber die Auswirkungen der verschiedenen Entscheidungen auf andere Bereiche nicht transparent waren und die gesamtstädtische Ausrichtung fehlte.

Durch die Verlagerung der fachlichen, personellen und finanziellen Verantwortung auf die Fachbereiche entstanden autonome Einheiten, die mehr oder weniger einen „eigenen" Weg gingen. Die eigenen Interessen der Fachbereiche wurden von den jeweiligen Leiterinnen und Leitern mit großem Erfolg verfolgt. Zwar konnten so für den Haushalt der Stadt erhebliche Einsparungen erzielt werden, gleichzeitig führte aber die konsequente Verrechnung aller Leistungen innerhalb der Verwaltung dazu, dass der „Einkauf" von Fachwissen aus anderen Fachbereichen so wenig wie möglich in Anspruch genommen wurde. Dies lag zum einen daran, dass diese Leistungen am Markt kostengünstiger eingekauft werden konnten, zum anderen daran, dass die Fachbereiche die Leistungen mit eigenem (weniger qualifizierten) Personal selbst ausführten. Die Folge war, dass zum einen das in der Stadtverwaltung vorhandene Potenzial an Fachwissen nicht ausreichend genutzt wurde, zum anderen die Fachbereiche teilweise sogar zusätzliches eigenes Personal aufbauten, um nicht an den „Nachbarfachbereich" bezahlen zu müssen.

In dieser Ausgangssituation beschloss der Stadtrat im Sommer 2000 im Rahmen einer Organisationsuntersuchung der Stadtverwaltung eine Balanced Scorecard zu entwickeln, um die städtischen Belange mit ganzheitlichem Blick steuern zu können. Im Folgenden werden nun anhand dieses Praxis-Beispieles sowie weiteren praktischen Erfahrungen im Umgang mit der Balanced Scorecard der Entwicklungsprozess sowie die gewonnenen Erfahrungen komprimiert dargestellt und einer kritischen Betrachtung unterzogen.

2 Vorgehensweise bei der Entwicklung einer Balanced Scorecard

2.1 Vorstellung des Instruments „Balanced Scorecard"

In modernen Kommunalverwaltungen ist der Begriff der „Balanced Scorecard" durchaus bekannt, wenngleich immer wieder festzustellen ist, dass lediglich das Wort, meist aber nicht das dahinterstehende Konzept der Balanced Scorecard geläufig ist. Darum ist es besonders wichtig, zu Beginn des Entwicklungsprozesses einer Balanced Scorecard ein einheitliches Grundverständnis bei allen Beteiligten zu schaffen. Erfahrungsgemäß ist dabei der Kenntnisstand der Beteiligten innerhalb einer Verwaltung sehr unterschiedlich. Während die einen im Umgang mit Begriffen wie „Ziele", „Messgrößen" etc. geübt sind, so sind diese für andere eher fremd und müssen unbedingt erläutert werden, um ein gemeinsames Verständnis zu erreichen.

2.2 Information der Beteiligten

Transparenz ist einer der zentralen Erfolgsfaktoren für die Entwicklung und Etablierung neuer Methoden, darum müssen frühzeitig alle Beteiligten einbezogen werden. Die anzusprechende Personengruppe definiert sich nach dem Bereich, für den eine Balanced Scorecard entwickelt werden soll. Wird die Balanced Scorecard nur für einen Teilbereich einer Verwaltung entwickelt, z.B. ein Referat, einen Fachbereich oder Eigenbetrieb, so wird hauptsächlich dieser Personenkreis angesprochen. Geht es hingegen um die Entwicklung einer Balanced Scorecard für eine Gesamtverwaltung, so muss die gesamte Verwaltung in die Information einbezogen werden. Folglich sind bei der Entwicklung einer Balanced Scorecard für eine gesamte Stadtverwaltung sowohl die politischen Vertreter im Stadtrat, der Bürgermeister, die Beigeordneten als auch die gesamte Mitarbeiterschaft über das Instrument Balanced Scorecard zu informieren und zu sensibilisieren. Um allen Beteiligten gegenüber deutlich zu machen, dass der Entwicklungsprozess „von oben" gewollt ist, ist es besonders wichtig, die Führung einer Verwaltung in die Informationsveranstaltung einzubinden.

Die Balanced Scorecard wirkt auf die Beteiligten, die sich in einer Kommunalverwaltung aus den unterschiedlichsten Bereichen zusammensetzen (z.B. Bauhofarbeiter, Sozialpädagogen, Verwaltungsfachleute etc.) aufgrund der Komplexität der Wirkungsweise im Vorfeld oftmals irritierend. Um diesem Effekt frühzeitig vorzubeugen, empfiehlt es sich, die Balanced Scorecard anhand möglichst einfacher Beispiele zu erläutern.

Zur Information der Gesamtverwaltung wurde im praktischen Fall zu Beginn des Entwicklungsprozesses eine Informationsveranstaltung durchgeführt, zu der alle Mitarbeiterinnen und Mitarbeiter eingeladen waren. Die Wirkungsweise einer Balanced Scorecard wurde am Beispiel „Fortbildung" erklärt: Aus Sicht der Mitarbeiterinnen und Mitarbeiter besteht in der Regel ein großes Interesse an einer möglichst häufigen Teilnahme an Fortbildungsveranstaltungen. Aus Sicht der Bürgerinnen und Bürger und der Stadtverwaltung sollten die Beschäftigten zwar optimal qualifiziert sein, jedoch erfordert ein reibungsloser Ablauf der internen Prozesse, dass die Beschäftigten in der Verwaltung, insbesondere zu den Öffnungszeiten, präsent sind. Darüber hinaus sind aus finanzieller Sicht die Ausgaben für die Fortbildung möglichst gering zu halten. Zwischen diesen verschiedenen Interessenslagen muss eine Balance geschaffen werden, da eine ungleiche Gewichtung zur „Schieflage" führen und somit den Erfolg insgesamt gefährden würde (vgl. Abbildung 1).

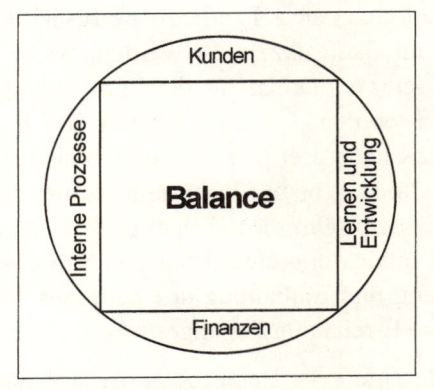

Abbildung 1: Balance zwischen den verschiedenen Perspektiven

Extrem-Positionen sind in diesem Beispiel die Motivation der Mitarbeiterinnen und Mitarbeiter, die sich beispielsweise 20 Fortbildungstage im Jahr wünschen, während aus finanzieller Sicht möglicherweise nur zwei Fortbildungstage angemessen wären. Hier gilt es nun, die Interessen abzuwägen, und durch diese Abwägung zu einer für die Stadtverwaltung insgesamt sinnvollen und tragbaren Lösung zu kommen (z.B. sieben Fortbildungstage pro Jahr). Im Abwägungsprozess, der zwischen den Vertretern der jeweiligen Positionen stattfinden wird, sollten alle Beteiligten die Möglichkeit haben, ihre Standpunkte darzulegen, um ein für alle tragbares Ergebnis zu erzielen.

2.3 Projektteam

Wie bereits erwähnt, kann die Erarbeitung einer Balanced Scorecard nur die Aufgabe einer Gruppe, nicht aber einer einzelnen Person sein. Aus diesem Grund sollte für die erste Phase der Entwicklung einer Balanced Scorecard ein Projektteam gebildet werden. Dabei muss Wert darauf gelegt werden, dass insbesondere die Entscheider an der Entwicklung beteiligt werden, um die Unterstützung der Führung im Entwicklungsprozess und für die spätere Umsetzung sicherzustellen.

So wurde im praktischen Fall der Entwicklung einer Balanced Scorecard für eine Gesamtverwaltung das Projektteam aus den Fraktionsvorsitzenden des Stadtrates, dem Bürgermeister, den Beigeordneten, dem Kämmerer sowie ausgewählten Vertretern aus dem Controlling und den Fachbereichen zusammengestellt.

2.4 Zeitplanung

Der Entwicklungsprozess einer Balanced Scorecard ist als längerfristiges Projekt zu verstehen. Insofern ist in der ersten Sitzung des Projektteams stets ein verbindlicher Zeitplan zu verabschieden. Die Mitarbeit bei der Entwicklung einer Balanced Scorecard bedeutet für die Beteiligten eine z.T. erhebliche zusätzliche Arbeitsbelastung. Da Zusatzbelastungen aber nur dann akzeptiert werden, wenn sie absehbar sind, darf auch aus diesem Grund der Zeitrahmen für die Entwicklung einer Balanced Scorecard nicht zu lang gefasst werden. Um die Dynamik des Entwicklungsprozesses zu erhalten, müssen spätestens nach drei Monaten erste konkrete und kommunizierbare Ergebnisse vorliegen („Quick-Wins"). Insgesamt sollte der Entwicklungsprozess nicht länger als ein Jahr dauern. Um dies sicherzustellen, ist ein professionelles Projektmanagement bei der Entwicklung einer Balanced Scorecard unumgänglich. Denn nur dann ist die Aufstellung und Einhaltung des Zeitplans, das frühzeitige Erkennen von Abweichungen und die Erreichung der angestrebten Ziele gewährleistet.

Im praktischen Fall wurde eine erste Balanced Scorecard für die Gesamtverwaltung auf Ebene der Stadtspitze innerhalb eines Zeitraumes von vier Monaten entwickelt.

Im Rahmen der Planung wurden Meilensteine definiert, die bereits zu Beginn festlegten, was zu welchem Zeitpunkt erreicht werden soll. Zusammen mit der Zeitplanung wurde ein Kommunikationsplan erstellt, in dem konkret festgelegt wurde, wann beispielsweise die Fraktionen und die weiteren Fachbereiche in den Kommunikationskreislauf einbezogen werden sollten. Diese Planung wurde in einem frühen Stadium in einem Rundbrief an alle Beteiligten kommuniziert, damit auch die nicht im Projektteam vertretenen Personen darüber informiert waren, wann sie in den Prozess eingebunden werden.

2.5 Perspektiven der Balanced Scorecard

2.5.1 Die klassischen Perspektiven der Balanced Scorecard

Die von Kaplan und Norton (vgl. Kaplan/Norton 1997, S. 9) entwickelte klassische Balanced Scorecard hat vier Perspektiven: Finanzen, Kunden, interne Prozesse sowie Lernen und Entwicklung (vgl. Abbildung 2). Kaplan und Norton gingen davon aus, dass in diesen vier Perspektiven alle für das Unternehmen maßgeblichen Ziele abgebildet werden können. Die Berücksichtigung dieser vier Perspektiven soll ermöglichen, ein Unternehmen mit ganzheitlichem Blick zu steuern und über die Erfolge in den einzelnen Perspektiven den Gesamterfolg des Unternehmens zu sichern und zu erhöhen. Das Grundverständnis „If you can measure it, you can manage it" verdeutlicht die Herausforderung, in den vier Perspektiven die „richtigen" Ziele und Kennzahlen zu finden.

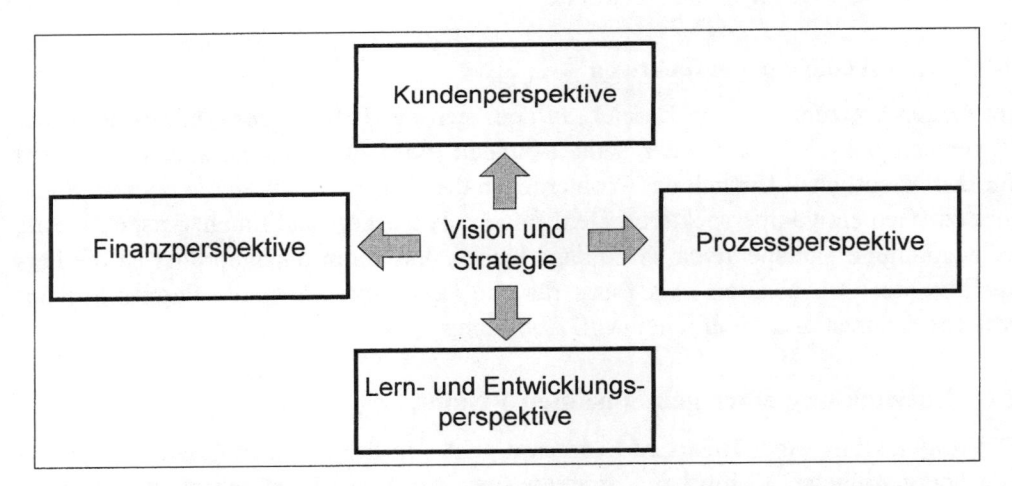

Abbildung 2: Perspektiven der Balanced Scorecard (vgl. Kaplan/Norton 1997, S. 9)

2.5.2 Perspektiven der Balanced Scorecard in Kommunalverwaltungen

Im konkreten Fall wurde auf der Basis dieser „klassischen" Balanced Scorecard, die ursprünglich für die Privatwirtschaft konzipiert war, eine spezifische Balanced Scorecard entwickelt, die an die Anforderungen der öffentlichen Verwaltung angepasst wurde und für die untersuchte Stadtverwaltung fünf Perspektiven umfasste:

- Gemeinwohl,
- Bürgerinnen und Bürger,
- Finanzen,
- Organisation,
- Mitarbeiterinnen und Mitarbeiter.

Die Perspektiven wurden bewusst „einfach" benannt, um für alle Beteiligten eine möglichst eindeutige Interpretation der Perspektiven zu gewährleisten. Die Gemeinwohlperspektive wurde zusätzlich aufgenommen, um damit die klassischen übergeordneten Ziele, die ein Verwaltungshandeln bestimmen, wie z.B. Wirtschaftsförderung, abzubilden (vgl. hierzu auch Kaplan/Norton 2001, S. 138 ff.). Zudem wurde die Kundenperspektive in eine Bürgerperspektive umgewandelt, um hiermit alle individuellen Ziele der Bürgerinnen und Bürger abzubilden. Die Finanzperspektive wurde unverändert übernommen. Die Belange der internen Prozesse finden sich in der Organisationsperspektive wieder, die Lern- und Veränderungsaspekte in der Perspektive der Mitarbeiterinnen und Mitarbeiter.

2.5.3 Hierarchie der Perspektiven

Im Gegensatz zum privaten Bereich, in dem sich der Erfolg aller Aktivitäten in der Finanzperspektive (Shareholder Value) bündelt, wird bei einer Balanced Scorecard für den öffentlichen Bereich das Wohlergehen der Gemeinschaft an die höchste Stelle gesetzt (Gemeinwohlperspektive). Dem folgen die Bürger- und Finanzperspektive als „gleichrangige" Perspektiven. Grundlage hierfür und damit nachgeordnet ist die Perspektive der Organisation. Als Basis für alle Leistungen dient die Perspektive der Mitarbeiterinnen und Mitarbeiter (vgl. Abbildung 3).

2.6 Entwicklung einer gemeinsamen Vision

Die Entwicklung einer Balanced Scorecard geht von der Festlegung einer allgemeinen übergeordneten Vision bzw. Strategie über die Ausdifferenzierung strategischer Ziele hin zur Definition konkreter Einzelmaßnahmen. Ausgerichtet an der übergreifenden Vision bzw. Strategie der gesamten Organisation werden für jede Perspektive der Balanced Scorecard untergeordnete Ziele festgelegt und ihre kausalen Verknüpfungen mit- und untereinander überprüft und dargestellt.

Gemeinwohl	
Bürgerinnen und Bürger	Finanzen
Organisation	
Mitarbeiterinnen und Mitarbeiter	

Abbildung 3: Aufbau einer Balanced Scorecard in der Kommunalverwaltung

Unter der „Vision" einer Organisation versteht man dabei ein in knappen Worten formuliertes Zukunftsbild, das eine bestimmte Richtung vorgibt, der die Verwaltung folgen soll. Nach außen hin erfüllt sie eine Legitimations- und Transparenzfunktion, nach innen eine Orientierungs- und Identifikationsfunktion.

Die Formulierung einer übergreifenden Vision gibt die grundsätzliche Ausrichtung der Balanced Scorecard an. Daraus kann die Motivation, die zum Einsatz dieses Managementinstruments führt, abgelesen werden. Dies kann die Optimierung der bestehenden Verhältnisse sein oder eine grundlegende Veränderung. Die folgenden Beispiele orientieren sich zum einen an einer ständigen Verbesserung, zum anderen an einem konkreten Veränderungswunsch (vgl. Abbildung 4):

> Wir wollen eine Stadt sein mit besonders hoher Lebensqualität
> *(Beispiel für Optimierung)*

> Wir wollen bis 2005 alle Dienstleistungen für die Bürger online anbieten
> *(Beispiel für Veränderung)*

Abbildung 4: mögliche Visionen

Auch wenn die Vision noch relativ abstrakt ist, so ist die Wirkung der Formulierungen dieser Vision auf die Beteiligten nicht zu unterschätzen. Wie oft wurden in der Vergangenheit Veränderungsprozesse angestoßen, ohne dass festgehalten wurde, welche Richtung damit verfolgt werden sollte. Bürgermeister und Stadtrat gehen in der Regel davon aus, dass ihre Vision den weiteren Beteiligten bekannt ist, was aber erfahrungsgemäß nur unzureichend der Fall ist und sich in unbefriedigenden Ergebnissen widerspiegelt. Die klare Formulierung und Kommunikation einer Vision sorgt somit bereits zu Beginn des Prozesses für ein einheitliches Verständnis und hat eine wichtige richtungsweisende Wirkung.

In der praktischen Umsetzung stellt sich natürlich die Frage: Wie wird eine Vision entwickelt? Bei Veränderungsprozessen ist die Vision in der Regel klar und einfach zu formulieren. Schwieriger wird es bei Optimierungsprozessen. Im vorliegenden Fall wurden daher zur Vorbereitung der Diskussion bereits vorhandene strategisch relevante Dokumente gesichtet und ausgewertet (z.B. vorhandene Zielsysteme, Leitbilder, Image-Analysen, historische Entwicklungen). Darüber hinaus sind oftmals auch die Ergebnisse einer Stärken-Schwächen-Analyse oder SWOT-Analyse (strength – Stärken, weaknesses – Schwächen, opportunities – Chancen, threats – Risiken) hilfreich.

Im praktischen Fall war das Ergebnis dieses Prozesses, dass es für die Stadt insgesamt am wichtigsten ist, eine besonders hohe Lebensqualität für die Bürgerinnen und Bürger zu bieten.

2.7 Strategische Themen und strategische Ziele

Von der Vision ausgehend wurden im vorliegenden Fall für jede Perspektive (Gemeinwohl, Bürgerinnen und Bürger, Finanzen, Organisation, Mitarbeiterinnen und Mitarbeiter) klare Ziele vereinbart. Alle Verwaltungstätigkeiten müssen der Erreichung dieser Ziele dienen, die wiederum eine Konkretisierung der übergreifenden Vision darstellen.

2.7.1 Strategische Themen

Da es sich im praktischen Fall bei der Entwicklung einer Balanced Scorecard für eine Stadtverwaltung um eine besonders komplexe Aufgabenstellung handelte, wurden gleich zu Beginn strategische Themenfelder definiert. Diese strategischen Themen konkretisierten die Vision, gaben strategische Handlungsfelder vor und erleichterten die Systematik bei der Ableitung der strategischen Ziele. Aufbauend auf den Erkenntnissen, die zur Entwicklung der Vision erforderlich waren (z.B. Ergebnisse der Stärken-Schwächen-Analyse), konnten so die strategisch relevanten Handlungsfelder identifiziert werden. Dies waren im praktischen Fall beispielsweise die besondere

Berücksichtigung der Belange der Jugendlichen und die besondere Bedeutung einer nachhaltigen Stadtentwicklung. Die strategischen Themen wurden in der Gemeinwohl-Perspektive abgebildet.

2.7.2 Strategische Ziele

Im praktischen Fall wurden aus den strategischen Themen im Anschluss konkrete Ziele für die einzelnen Perspektiven abgeleitet. Für das strategische Thema „Nachhaltige Stadtentwicklung" hat sich in der Bürgerperspektive beispielsweise das Ziel: „Nutzung brachliegender Flächen innerhalb des bebauten Stadtbereichs" niedergeschlagen. Für die interne Organisation bedeutet dies, dass sich der Bereich Wirtschaftsförderung nun aktiv mit der Erfassung, dem Erwerb und der Vermarktung solcher Gewerbeflächen befasst.

Eine erste „Sammlung" möglicher strategischer Ziele erfolgte im Projektteam. Die Ziele wurden systematisch zu jedem strategischen Thema gesammelt. Für die Ableitung der Ziele aus den strategischen Themen und die Konkretisierung der Ziele wurde die in Horváth (vgl. Horváth & Partner 2000, S. 150) beschriebene Vorgehensweise auf die Belange einer Kommunalverwaltung übertragen und folgende Fragen gestellt:

- *Perspektive Bürgerinnen und Bürger:* Welche Ziele müssen wir für unsere Bürgerinnen und Bürger erfüllen, um unser strategisches Thema zu bearbeiten?
- *Perspektive Finanzen:* Welche finanziellen Ziele müssen wir erfüllen, um unser strategisches Thema zu bearbeiten?
- *Perspektive Organisation:* Welche Ziele müssen wir für unsere internen Prozesse erreichen, um unsere Ziele aus Sicht der Bürgerinnen und Bürger sowie der Finanzen zu bearbeiten?
- *Perspektive Mitarbeiterinnen und Mitarbeiter:* Welche Ziele müssen wir hinsichtlich Lernen, Motivation und Entwicklung unserer Mitarbeiterinnen und Mitarbeiter haben, um internen Prozesszielen gerecht zu werden?

Nach längerer Diskussion wurden im vorliegenden Fall eine Vielzahl an möglichen strategischen Zielen gesammelt. Die Schwierigkeit bestand nun darin, die strategisch relevanten Ziele zu identifizieren. Es musste eine Entscheidung darüber getroffen werden, welche Ziele in die Balanced Scorecard aufgenommen werden und welche nicht. Als Filter und um die Diskussion möglichst objektiv zu halten, wurde jedes Ziel kritisch hinterfragt. Konnten eine oder mehrere der folgenden Fragen bejaht werden, so sprach dies für eine strategische Relevanz eines Zieles:

a) Besteht bezüglich dieses Themas eine *Handlungsnotwendigkeit*,
- weil Basisziele nicht erfüllt sind?

- weil in diesem Bereich überdurchschnittliche Anstrengungen notwendig sind, um die Vision zu erreichen?
- um den Status quo zu halten?

b) Würde die Umsetzung des strategischen Ziels einen *wettbewerbsentscheidenden Unterschied* gegenüber anderen Stadtverwaltungen bedeuten? (vgl. Horváth & Partner 2000, S. 138 ff.)

Insgesamt sollten in jeder der Perspektiven der Balanced Scorecard nicht mehr als fünf Ziele definiert werden. Dies ergibt eine Gesamt-Balanced-Scorecard mit 20 – 25 Zielen. Nach der Identifizierung der strategisch relevanten Ziele wurden diese hinsichtlich des Konkretisierungsgrades angepasst. Einige Ziele waren bereits als Maßnahmen formuliert, z.B. „Nutzungsänderung der Brachfläche xy", und erforderten daher eine Abstraktion, z.B. „Nutzung von Brachflächen innerhalb des bebauten Stadtgebiets". Diese Angleichung bedeutete für einige Ziele eine Aggregation auf einer höheren Ebene, für andere wiederum eine Konkretisierung.

Die Begründung, warum die Ziele in die Balanced Scorecard aufgenommen wurden, wurde zur späteren Nachvollziehbarkeit und Transparenz für die nicht am Entwicklungsprozess Beteiligten dokumentiert. Wie die Begründung eines Ziels zur Aufnahme in die Balanced Scorecard nachvollziehbar und eindeutig zugeordnet erfolgen kann, zeigt Abbildung 5:

Perspektive	**Nr.**	**Strategische Ziele**	**Begründung**
Gemeinwohl	3	Nachhaltige Stadtentwicklung	„Nachhaltige Stadtentwicklung" bezieht sich primär auf die Umgebung und das Umfeld der Menschen in unserer Stadt. Wohnen, Sauberkeit, Gesundheit, Erreichbarkeit und Umweltstandards sind für uns von besonderer Bedeutung. Die Wettbewerbsrelevanz ist gegeben. Die Basisziele sind in unserer Stadt bis auf wenige Ausnahmen erreicht. Das Thema ist deswegen strategisch relevant, weil es unserer Vision einer „Stadt mit besonders hoher Lebensqualität" unmittelbar zuarbeitet.

Abbildung 5: Begründung der Ziele

2.8 Ursache-Wirkungs-Beziehungen

Im praktischen Fall wurde die Abhängigkeit der Ziele untereinander bereits durch die Ableitung der Ziele der einzelnen Perspektiven voneinander dargestellt. Bei jedem der Unterziele wurde die Frage gestellt, inwieweit dieses als Mittel zur Erreichung eines übergeordneten Ziels zweckmäßig sei. Nach der Auswahl der strategisch relevanten Ziele musste nochmals die Abhängigkeit der Ziele untereinander überprüft werden.

Die Begründung dieser wechselseitigen Ursache-Wirkungs-Beziehungen der Ziele wurde ebenso wie die Begründung der Aufnahme der Ziele in die Balanced Scorecard für den weiteren Prozess dokumentiert, denn die Ursache-Wirkungsbeziehungen stellen das „Erfolgsrezept" und somit den Kern der strategischen Überlegungen dar (vgl. Kaplan/Norton 1997, S. 28). Ein Großteil dieser ersten Annahmen beruhte freilich auf Arbeitshypothesen und musste folglich in der Weiterentwicklung der Balanced Scorecard entweder gefestigt oder korrigiert werden.

Im praktischen Fall wurde beispielweise davon ausgegangen, dass das Ziel, den „wirtschaftlichen Schwerpunkt in Dienstleistung und Handel" auszubauen, vor allem durch eine aktive Kommunikation zwischen der Stadtverwaltung und den Unternehmen erreicht werden kann. Es ist jedoch möglich, dass trotz einer verstärkten Kommunikation zwischen Verwaltung und Unternehmen keine neuen Ansiedlungen des gewünschten Gewerbes festgestellt werden können. Dann wäre nach den Ursachen für dieses Ergebnis zu forschen und ggf. diese Ursache-Wirkungsannahme zu korrigieren.

2.9 Kennzahlen, Zielwerte und Maßnahmen

Nur wenn das Ausmaß der Zielerreichung gemessen werden kann, kann auch zielgerichtet gesteuert werden. *Kennzahlen* sind Messgrößen, die Sachverhalte und Zusammenhänge in quantifizierter und verdichteter Form darstellen. Nachvollziehbare und transparente Kennzahlen dienen zur Überprüfung, ob und in welchem Umfang die einzelnen Ziele erreicht wurden. Dabei können verschiedene Arten von Kennzahlen verwendet werden (vgl. Hopp/Göbel 1999, S. 67 ff.):

- Absolute Kennzahlen (Summen, Differenzen, Mittelwerte), z.B. Anzahl der bearbeiteten Anträge.
- Relative Kennzahlen (Gliederungszahlen, Beziehungszahlen, Indexzahlen), z.B. Verhältnis der Kindergartenplätze zu den Einwohnern.

Kennzahlen bekommen in öffentlichen Verwaltungen eine immer größere Bedeutung. Insbesondere bei Stadträten ist der Wunsch nach aussagekräftigen Kennzahlen vorhanden, da die Hoffnung besteht, über diese Kennzahlen einen Überblick über die Leistungsfähigkeit der Verwaltung in ihren komplexen Aufgabenbereichen zu bekommen. Dieser Erwartung werden die heute in den Kommunalverwaltungen im Umlauf befindlichen Kennzahlen nicht in allen Fällen gerecht. Bei der Definition von Produkten wird zwar in der Regel darauf geachtet, auch Kennzahlen für das jeweilige Produkt festzulegen, dennoch bleibt die Aussagekraft so mancher Kennzahl eher gering. Dies gilt insbesondere dann, wenn sie nicht im Verhältnis zu anderen Kennzahlen z.B. der Nachbarkommune dargestellt wird. Die Aussagekraft der Kennzahl „Verhältnis der Zahl der Sozialhilfeempfänger zur Einwohnerzahl" ist für sich betrachtet beispielsweise wenig aussagekräftig. Im Vergleich mit den Kennzahlen von benachbarten Kommunen oder dem Landesdurchschnitt kann diese Kennzahl aber durchaus aussagekräftig sein.

Da im öffentlichen Bereich nicht in dem Maße nach Kennzahlen gesteuert wird (z.B. durch erfolgsabhängige Vergütung), wie in privaten Unternehmen, hat die Auswahl der „richtigen" oder „falschen" Kennzahl noch nicht die Konsequenzen wie in der Privatwirtschaft. Im praktischen Fall hat jedoch allein die Kennzahl „Einhaltung des Budgets" und die damit verbundene Belohnung des Fachbereichs über den anteiligen Rückfluss von nichtausgeschöpften Mitteln in die „Fachbereichskasse" dazu geführt, das Fachwissen der Kollegen im Nachbarfachbereich nicht abzufragen. Denn dadurch wären Kosten entstanden, die das Gesamtergebnis des eigenen Fachbereichs zumindest kurzfristig verschlechtert hätten.

Für die Ermittlung von Kennzahlen wurde im praktischen Fall die in Horváth (vgl. Horváth & Partner 2000, S. 181 ff.) beschriebene Vorgehensweise an die Belange einer Kommunalverwaltung angepasst. Bei der Suche nach einer Kennzahl waren dabei im praktischen Prozess vor allem folgende Frage hilfreich: Woran würden wir erkennen, dass wir das Ziel erreicht haben?

Sobald die Kennzahlen feststehen, können in einem weiteren Schritt die *Zielwerte* bestimmt werden. Für diesen Schritt ist Folgendes zu beachten:

- Vergleichswerte schaffen (Vergleich mit aktuellen Werten und Vergangenheitswerten, Vergleiche im Rahmen von Benchmarks bzw. interkommunalen Vergleichen, Ergebnisse aus Bürger- und Mitarbeiterbefragungen),
- Unterschiedliche Zielwertverläufe festlegen (ein, drei oder fünf Jahre),
- Schwellenwert definieren (z.B. durchschnittlicher Sachbearbeiter bearbeitet 80 Anträge pro Jahr),
- Zielwerte dokumentieren (Zustimmung erreichen, Kommunikation herstellen, Übernahme in Zielvereinbarungssysteme) (vgl. Horváth & Partner 2000, S. 196 ff.)

Im praktischen Fall wurde festgestellt, dass in der Verwaltung nicht bekannt war, welche Informationen bereits vorliegen bzw. ohne großen Aufwand abgefragt werden können und welche unter hohen Kosten erst erhoben werden müssen. Daher war es in dieser Phase unabdingbar, auf die Kenntnisse der einzelnen Controlling-Verantwortlichen zurückzugreifen. Als letzter Schritt für die Erstellung einer ersten Balanced Scorecard sind die *Maßnahmen* festzulegen, von denen erwartet wird, dass sie zum Erreichen des Ziels führen. Zur Transparenz und späteren Nachvollziehbarkeit sind die Ergebnisse dieses Schrittes umfassend zu dokumentieren. Abbildung 6 zeigt einen Ausschnitt aus einer Balanced Scorecard in der Perspektive der Mitarbeiterinnen und Mitarbeiter (vgl. Abbildung 6):

Strategische Ziele	Kennzahlen	Zielwert	Maßnahme
Qualifizierte Mitarbeiterinnen und Mitarbeiter	• Anzahl Fortbildungstage/Jahr • Anzahl der internen Arbeitsplatzwechsel	• 7 • 5	• Fortbildungskonzept • Rotation • Konzept für Personalentwicklung
Service/Dienstleistungsorientierung	• Anzahl Beschwerden • Öffnungszeiten pro Woche	• 5% weniger als Vorjahr • 30 h	• Öffnungszeiten in den Abendstunden verlängern • Ausbau eines Ideenmanagements
Zufriedenheit durch Ziele/Zielerreichung	• Mitarbeiterzufriedenheitsindex • Fehlzeitquoten	• 2 • 5% weniger als Vorjahr	• Führung über Kontrakte • Regelmäßige Mitarbeitergespräche • Balanced Scorecard auf Mitarbeiterebene

Abbildung 6: Auszug aus einer Balanced Scorecard

Grundsätzlich gilt, dass die finale Entscheidung über die Elemente und Dimensionen der Balanced Scorecard von Bürgermeister und Stadtrat getroffen wird. Denn sie haben letztlich die Verantwortung für Ziele, Kennzahlen, Zielwerte und Maßnahmen der Gesamt-Balanced-Scorecard zu tragen (vgl. Abbildung 7).

2.10 Herunterbrechen auf nachgelagerte Ebenen

Die erste Balanced Scorecard der Gesamtverwaltung stellt die Rahmenbedingungen für die weiteren Balanced Scorecards der nachgelagerten Bereiche dar. Aus den übergeordneten Zielen können die nachgelagerten Ebenen ihre „eigene" Balanced Scorecard ableiten (vgl. Abbildung 8). So wird sichergestellt, dass sich die Ziele der nachgeordneten Ebenen aus den übergeordneten Zielen ableiten, diesen also zuarbeiten bzw. nicht widersprechen. Darüber hinaus können sich alle nachgeordneten Stellen durch die Ableitung ihrer eigenen Ziele mit den Inhalten und der Vorgehensweise der Balanced Scorecard identifizieren. Die Ergebnisse sind mit der Verwaltungsspitze abzustimmen und dienen als Grundlage für ein Kontraktmanagement.

Nach der Entwicklung jeder Balanced Scorecard sind nach einem fest definierten Zeitraum Rückmeldungen über die Zielerreichung einzuholen. Umgekehrt zur Ableitung der Ziele von oben nach unten, werden die gewonnen Informationen nun von unten nach oben kommuniziert. Aus den Zielerreichungsgraden können dann Rückschlüsse gezogen werden.

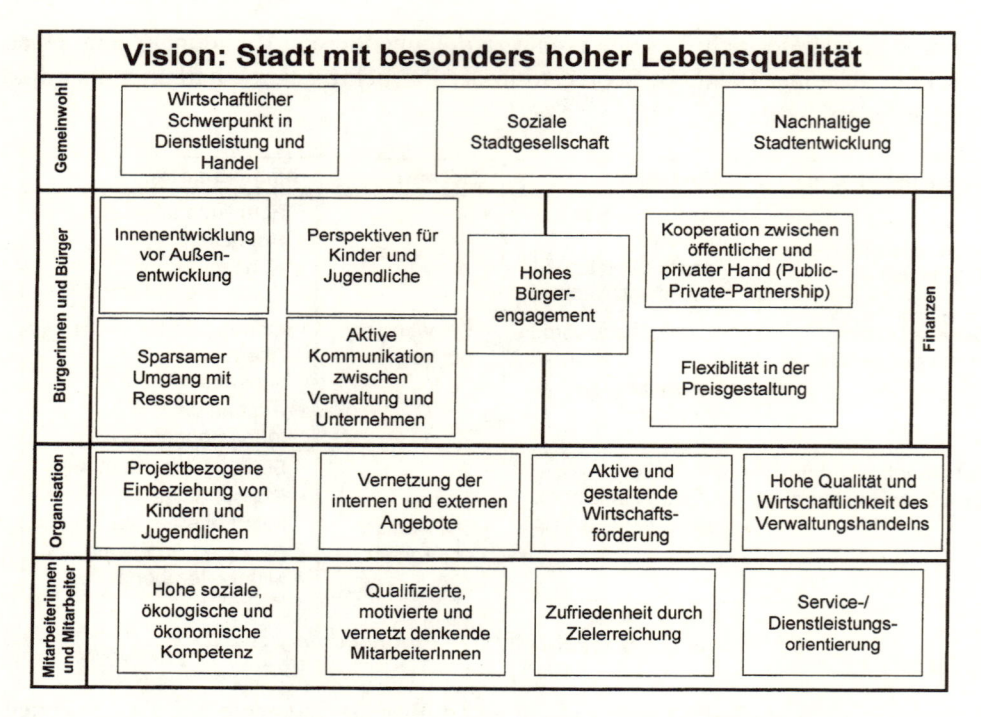

	Vision: Stadt mit besonders hoher Lebensqualität			
Gemeinwohl	Wirtschaftlicher Schwerpunkt in Dienstleistung und Handel	Soziale Stadtgesellschaft		Nachhaltige Stadtentwicklung
Bürgerinnen und Bürger	Innenentwicklung vor Außenentwicklung	Perspektiven für Kinder und Jugendliche	Hohes Bürgerengagement	Kooperation zwischen öffentlicher und privater Hand (Public-Private-Partnership)
	Sparsamer Umgang mit Ressourcen	Aktive Kommunikation zwischen Verwaltung und Unternehmen		Flexiblität in der Preisgestaltung
Organisation	Projektbezogene Einbeziehung von Kindern und Jugendlichen	Vernetzung der internen und externen Angebote	Aktive und gestaltende Wirtschaftsförderung	Hohe Qualität und Wirtschaftlichkeit des Verwaltungshandelns
Mitarbeiterinnen und Mitarbeiter	Hohe soziale, ökologische und ökonomische Kompetenz	Qualifizierte, motivierte und vernetzt denkende MitarbeiterInnen	Zufriedenheit durch Zielerreichung	Service-/ Dienstleistungsorientierung

(rechte Randspalte: **Finanzen**)

Abbildung 7: Auszug aus einer Gesamt-Balanced-Scorecard

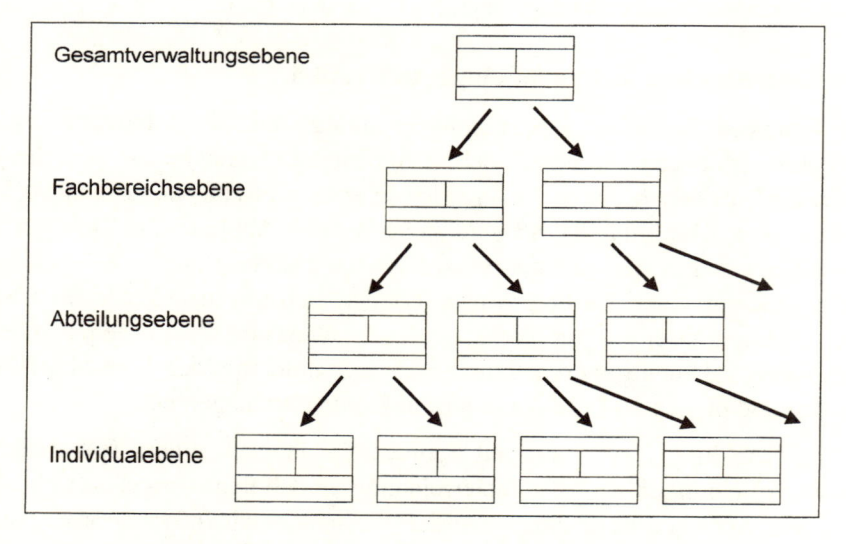

Abbildung 8: Herunterbrechen der Balanced Scorecard

Ebenen: Gesamtverwaltungsebene, Fachbereichsebene, Abteilungsebene, Individualebene

Dies ist vor allem dann der Fall, wenn die Ziele (noch) nicht erreicht wurden. Ursache hierfür kann sein, dass die Annahme über eine Ursache-Wirkungs-Beziehung nicht zutreffend war, dass der Zielwert nicht realistisch gesetzt war oder die Maßnahmen nicht richtig gewählt wurden. Durch die beständige Rückmeldung besteht künftig die Chance zum Lernen und zur ständigen Verbesserung.

3 Erfolgsfaktoren der Balanced Scorecard in Kommunalverwaltungen

Nach dieser komprimierten Falldarstellung der Vorgehensweise bei der Entwicklung einer Balanced Scorecard in einer Stadtverwaltung soll im Folgenden auf wesentliche Faktoren eingegangen werden, die sich als besonders zentral für die gelungene Entwicklung bzw. Implementierung einer Balanced Scorecard erwiesen haben. Es handelt sich dabei um Aspekte, auf die bei jeder Form der Verwaltungsmodernisierung besonderen Wert gelegt werden sollte – nicht „nur" bei der Einführung einer Balanced Scorecard.

3.1 Kommunikation

Eine möglichst breite Kommunikation und Transparenz ist ein wichtiger Erfolgsfaktor der Balanced Scorecard. Daher muss bereits zu Beginn mit der Erstellung des Zeitplans auch die Kommunikation geplant und festgelegt werden. Da aus Gründen der Arbeitsfähigkeit im ersten Entwicklungsstadium für eine Balanced Scorecard nicht die gesamte Verwaltung aktiv beteiligt werden kann, ist es sinnvoll, ein Projektteam mit der Entwicklung zu beauftragen.

Die Kommunikation erfolgt zuerst in und über das Projektteam. Die Gesamtverwaltung wird zwar zu Beginn des Entwicklungsprozesses allgemein über das Instrument Balanced Scorecard sowie die geplante Vorgehensweise informiert, eine aktive Einbindung der gesamten Mitarbeiterschaft erfolgt aber erst zu einem Zeitpunkt, an dem eine erste Balanced Scorecard in den Grundzügen steht. Dabei beruht die erste Balanced Scorecard auf einer Vielzahl von Annahmen. Sie stellt somit zunächst eine (Arbeits-) Hypothese dar. Die Qualität der Inhalte einer Balanced Scorecard nimmt jedoch deutlich zu, wenn sich die Erfahrungen möglichst vieler politischer Mandatsträger und Verwaltungsmitarbeiterinnen und -mitarbeiter frühzeitig in der Balanced Scorecard widerspiegeln.

Durch den Kommunikationsprozess und vor allem durch das „Herunterbrechen" der Balanced Scorecard auf tiefere Ebenen setzen sich alle Beteiligten aktiv mit den (neuen) Zielen auseinander. Erst in diesem Prozess wird deutlich, welche Auswirkungen die übergeordneten Ziele konkret auf die einzelnen Bereiche (z.B. Referate, Fachbereiche) haben. Denn an dieser Stelle fließt die Erfahrung der sachbearbeitenden Mitarbeiterinnen und Mitarbeiter in den Entwicklungsprozess ein (vgl. Abbildung 9), was u.a. auch Anlass zu Revisionen geben kann, z.B. wenn Maßnahmen bereits in der Vergangenheit durchgeführt wurden, aber nicht zum gewünschten Erfolg geführt haben. Oder es werden neue Abhängigkeiten von Zielen (Ursache-Wirkungs-Beziehungen) aufgedeckt bzw. bestehende Maßnahmen hinterfragt und neu zugeordnet.

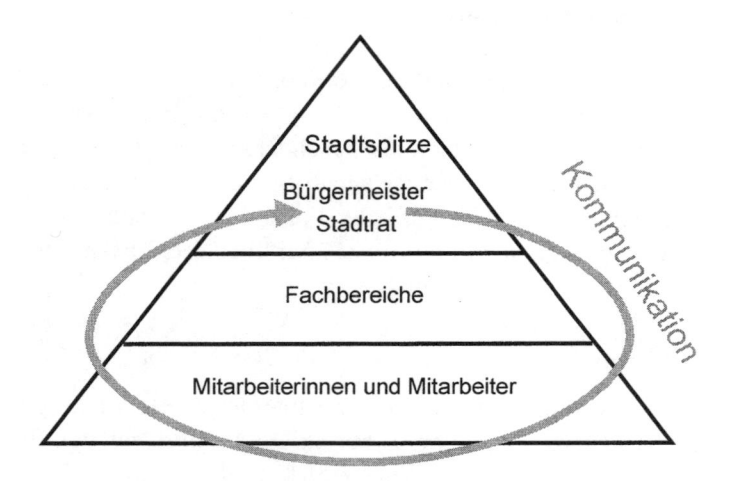

Abbildung 9: Kommunikationsprozess

Je nach Umfang der Balanced Scorecard gibt es eine unterschiedliche Anzahl von beteiligten Stellen und dementsprechend unterschiedlich ist auch der Kreis derer, die in die Kommunikation einbezogen werden sollten. Für eine Gesamtverwaltung sind aber besonders die politischen Mandatsträger in den Kommunikationsprozess einzubinden.

Eine breite Kommunikation der Inhalte der Balanced Scorecard darf aber auch nicht zu früh stattfinden, da eine Vielzahl an Zwischenergebnissen die Beteiligten verunsichern kann und für die mit diesem Instrument nicht vertrauten Mitarbeiterinnen und Mitarbeiter wenig konkret und greifbar erscheint.

Mit einer Hypothese an die „Öffentlichkeit" zu treten, erfordert deshalb auf der einen Seite viel Standfestigkeit und Überzeugungskraft, auf der anderen Seite ein großes Maß an Flexibilität, um von den ersten, möglicherweise falschen Hypothesen gegebenenfalls auch wieder abzuweichen, ohne die Befürchtung zu haben, gegenüber der Öffentlichkeit das Gesicht zu verlieren. Dies ist insbesondere bei der Einbindung der politischen Mandatsträger ein nicht zu unterschätzendes Hemmnis.

3.2 Top-Down-Ansatz

Mögliche Entwicklungsrichtungen sind zum einen der sogenannte Bottom-Up-Ansatz, bei dem von der Basis „nach oben" gearbeitet wird, zum anderen der Top-Down-Ansatz, also von der Spitze nach unten. Die Balanced Scorecard versteht sich aber nicht als Einbahnstraße, sondern soll beide Wege im Sinne eines immer währenden Kreislaufs fördern.

Grundsätzlich sollte bei der Entwicklung einer Balanced Scorecard mit einem Top-Down-Ansatz begonnen werden. Die Formulierung und Vorgabe von strategischen Zielen ist originäre Aufgabe des Managements, also der politisch-administrativen Spitze (Bürgermeister und Stadtrat). Auch wenn das Modell der KGSt (Kommunale Gemeinschaftsstelle für Verwaltungsvereinfachung) – der Rat bestimmt das „Was", die Verwaltung das „Wie" – in der Praxis nicht immer gelebt wird, so muss doch darauf geachtet werden, dass die Stadtspitze ihrer Verpflichtung zur Steuerung auch nachkommt.

In der Regel haben die bisherigen Modernisierungsprozesse der Verwaltung eher an der Basis stattgefunden. Der Entwicklungsprozess der Balanced Scorecard erfordert aber nicht nur eine große Unterstützung der Führung, sondern ihre aktive Mitarbeit. Dies gibt ein deutliches Signal an die gesamte Verwaltung, den Prozess voranzutreiben und daran mitzuarbeiten.

Für den Top-Down-Ansatz spricht ebenso, dass die Aggregation von „heruntergebrochenen" Zielen deutlich einfacher ist als die Aggregation einer Vielzahl an der Basis entwickelten Ziele, bei der zwangsläufig eine Reihe von Zielen „unter den Tisch fallen". Zudem sind diese an der Basis entwickelten Ziele oftmals von unterschiedlichen Vorstellungen und persönlichen Motivationen bestimmt, ohne jedoch die grundsätzliche Ausrichtung zu kennen. Die spätere Nichtaufnahme von Zielen in die Balanced Scorecard wirkt gegenüber den Beteiligten wie eine Ablehnung ihres Beitrags und führt tendenziell zum Rückzug und zur Demotivation der Betroffenen.

Beim Prozess des „Herunterbrechens" der Ziele sind von oben klare Rahmenbedingungen und Prioritäten gesetzt, die es zu verfeinern und weiterzuentwickeln gilt. Somit werden alle Aktivitäten vom ersten Moment an kanalisiert, was insbesondere die Qualität der Zielformulierungen deutlich fördert.

3.3 Rolle der Politik

Wie bereits unter Abschnitt 3.1 erwähnt, ist die gelungene Einbindung der politischen Mandatsträger in den Prozess der Entwicklung einer Balanced Scorecard von entscheidender Bedeutung. Denn grundlegende Entscheidungen sind in der Regel beim Bürgermeister und Stadtrat angesiedelt, so dass diese bei strategischen Ausrichtungen und Veränderungsprozessen immer zu beteiligen sind.

Die Modernisierung der öffentlichen Verwaltungen erfordert dabei von den gewählten politischen Vertretern eine Umstellung ihres Entscheidungsverhaltens. Zusammen mit dem Bürgermeister oder Landrat müssen sie die Rolle des Managements eines sehr diffizilen und vielschichtigen „Konzerns" übernehmen, der eine Vielzahl an unterschiedlichen Aufgaben hat und im Gegensatz zur Privatwirtschaft nicht primär nach finanziellen Erwägungen gesteuert werden kann.

Vor allem die Formulierung von strategischen Zielen auf der Ebene der Führung stellt daher bei der Komplexität der Aufgaben des öffentlichen Bereichs eine große Herausforderung für die Beteiligten dar. Dazu kommen weitere Faktoren, die aber durch das Instrument „Balanced Scorecard" positiv beeinflusst werden können:

- *Zeitliche Ressourcen:* Stadträte üben ihre Tätigkeit in der Regel nicht hauptberuflich aus. Zielformulierungen, Zieldiskussionen und Abstimmungen sind aber interfraktionell und überfraktionell höchst zeitaufwändig. Mit der Systematik der Balanced Scorecard werden in relativ kurzer Zeit gute Ergebnisse erzielt. So wurde eine erste Balanced Scorecard für den unter Abschnitt 2 besprochenen Fall einer mittelgroßen Stadt unter Einbeziehung der Fraktionsvorsitzenden innerhalb von vier teilweise ganztägigen Workshops entwickelt. Dazu kommt der Zeitaufwand zur Abstimmung innerhalb der Fraktion, möglicherweise im Ortsverband und die Abstimmung mit den anderen Fraktionen – soweit dies nicht schon im Workshop geschehen ist.
- *Vorbildung, Qualifizierung:* Erfahrungsgemäß ist das Verständnis von Management-Instrumenten und den hierbei verwendeten Begriffen wie Ziele, Messgrößen oder Zielwerte sehr unterschiedlich. Während in der Privatwirtschaft Managementaufgaben von Vollzeitpersonal wahrgenommen wird, wird eine mindestens vergleichbar komplexe Aufgabe von den politischen Mandatsträgern im Nebenberuf ausgefüllt. Dennoch wird von diesem Personenkreis erwartet, dass er sich mühelos und u.U. als Fachfremder in die Aufgaben eines Spitzenmanagers einarbeitet und als Beispiel vorangeht. Für das Instrument Balanced Scorecard ist daher eine ausführliche Einführung unerlässlich. Hierzu muss das je nach Vorbildung und Hauptberuf unterschiedliche Verständnis für dieses Thema ermittelt und ein einheitlicher Wissensstand hergestellt werden. Erfahrungsgemäß ist das „learning by doing" nach einer Grundeinführung das geeignete Instrument, das Verständnis für die Wirkungsweise einer Balanced Scorecard zu wecken. Nichtsdestotrotz muss auch während des Entwicklungsprozesses und in der tatsächlichen Anwendung ständig auf ein gleiches Verständnis geachtet werden. Dies gilt insbesondere beim Beginn einer neuen Legislaturperiode und einer damit naturgemäß verbundenen Fluktuation der Akteure.
- *Begleitung, Unterstützung:* Die Themen, über die der Stadtrat regelmäßig abstimmt, werden von Personen aus der Verwaltung auf- und vorbereitet, die sich

damit hauptberuflich befassen und eine entsprechende Ausbildung durchlaufen haben. In der Regel sind diese Personen den politischen Mandatsträgern somit fachlich überlegen, woraus sich ein gewisses „natürliches" Misstrauen gegenüber der Verwaltung ergibt. Mit dem Entwicklungsprozess einer Balanced Scorecard begibt sich fast jede Stadtverwaltung auf eher unbekanntes Terrain. Daher ist der Einsatz externer Berater sehr empfehlenswert. Damit kann gewährleistet werden, dass ein objektiver Partner für Fragen zur Verfügung steht, Fachwissen vorhanden ist, das große Ziel nicht aus den Augen verloren und der Zeitplan eingehalten wird. Denn nichts ist so vernichtend für eine gute Idee wie eine schleppende oder unvollständige Umsetzung.

- *Aufgabenabgrenzung:* Die „reine Lehre" erwartet von den politischen Mandatsträgern, dass sie strategische Rahmenvorgaben formulieren und die Verwaltung sich darum kümmert, wie die Vorgaben am besten umgesetzt werden können. Wenngleich immer mehr Stadträte erkennen, dass eine strategische Steuerung notwendig ist, so werden sie in ihrer Eigenschaft als Stadträte oft nicht in die Lage versetzt und entsprechend qualifiziert, Zielvorgaben zu formulieren. Dazu kommt, dass die Wähler von ihren Vertretern erwarten, dass sie sich auch um Dinge des operativen Geschäfts kümmern (z.b. klappernde Kanaldeckel, Reinigung von Buswartehäuschen etc.). Eine Verhaltensänderung der Politiker dahingehend, dass lediglich auf der strategischen Ebene agiert wird, erfordert Qualifizierung und Disziplin und wird nicht von heute auf morgen stattfinden. Doch auch hinsichtlich der politischen Vertreter ist es Zeit, sich auf den Weg zu begeben, denn alle Modernisierungsbemühungen und betriebswirtschaftlichen Instrumente werden nur dann zum gewünschten Erfolg führen, wenn sie an klaren strategischen Zielvorgaben ausgerichtet sind. Die Systematik bei der Entwicklung einer Balanced Scorecard erleichtert die Formulierung von strategischen Zielen und verdeutlicht die Aufgabenteilung zwischen Verwaltung und Politik.

Eine Balanced Scorecard basiert auf einem Konsens über Vision, strategische Themen und Ziele. Vor diesem Verständnis ist es Politikern, die verschiedenen Parteien angehören (zur regierenden Fraktion oder zur Opposition), häufig schwer zu vermitteln, dass sich ihre (unterschiedlichen) Vorstellungen in einer Balanced Scorecard für eine Stadtverwaltung wiederfinden. Wenn sich aber die Beteiligten trotz dieser Vorbehalte auf den Prozess zur Entwicklung einer Balanced Scorecard einlassen, wird meist mit großer Überraschung festgestellt, dass die grundsätzlichen Ziele der verschiedenen Parteien gar nicht so widersprüchlich sind und es meist einfacher als erwartet möglich ist, sich auf die strategisch relevanten Ziele zu einigen. Dabei soll nicht verschwiegen werden, dass bei den verschiedenen Beteiligten oftmals unterschiedliche Gewichtungen für die Ziele bestehen. Wenn jedoch insgesamt der Wille besteht, eine Balanced Scorecard miteinander zu entwickeln, so kann auch immer ein Weg gefunden werden, die unterschiedlichen Ansichten in der Balanced Scorecard mit unterschiedlicher Gewichtung entsprechend der Sitzverteilung abzubilden. Insofern gewinnt das „balanced" der Scorecard im öffentlichen Bereich eine zusätzliche Bedeutung.

3.4 Fehlerkultur

Eines der Hauptmerkmale der Balanced Scorecard ist, dass damit ein ständiger Lernprozess in der Organisation verankert werden soll (lernende Organisation). Um lernen zu können, ist es aber unerlässlich, Dinge auszuprobieren, und aufgrund der daraus gewonnen Erfahrungswerte für die Zukunft bessere Entscheidungen treffen zu können. Ausprobieren heißt in diesem Zusammenhang, neue Wege zu gehen und andere dafür zu begeistern, ohne dass im Vorfeld gewährleistet werden kann, dass der gewünschte Erfolg eintritt. Dabei muss es erlaub sein, Standpunkte auch nach kurzer Zeit wieder zu ändern, wenn sich zeigt, dass sie nicht zum gewünschten Ziel führen. Dies ist im öffentlichen Bereich jedoch schwer zu realisieren. Im Gegensatz zu privaten Unternehmen steht die öffentliche Verwaltung unter starker öffentlicher Beobachtung. Fehler werden kaum akzeptiert und in der Regel politisch „verwertet". Eine wichtige Rolle in diesem Prozess spielen dabei auch die Medien (Presse, Rundfunk etc.).

Für die Entwicklung und Einführung einer Balanced Scorecard in der öffentlichen Verwaltung ist es daher unbedingt geboten, auch die Vertreter der Medien über dieses Instrument zu informieren, um eine möglichst objektive Berichterstattung sicherzustellen. Dies kann auch durch regelmäßige Presseinformationen über den Stand der Entwicklung geschehen. Damit kann vermieden werden, dass zukunftsträchtige Entwicklungen in der Verwaltung von der Presse abwertend beurteilt werden; z.B.: „Da hätten Sie sich lieber um einen neuen Fußballplatz/Kindergarten etc. gekümmert." Ausgehend von der Annahme, dass solche und ähnliche Kommentare lediglich aus einem fehlenden Verständnis für die Reformprozesse der Verwaltung resultieren, wird die Bedeutung der Information und Qualifizierung dieser kommunalen Akteure deutlich.

Dasselbe gilt in besonderem Maße für alle Führungskräfte innerhalb der Verwaltung. Hier wird oftmals die Grundhaltung praktiziert, „lieber auf dem Status Quo weiterzuarbeiten, als sich durch moderne Ideen und den damit verbundenen Risiken aufs Glatteis zu begeben". Hier müssen vor allem vom Bürgermeister und Stadtrat der Organisation deutliche Zeichen kommen, dass neue und innovative Gedanken ausdrücklich erwünscht sind und positiv bewertet werden. Andernfalls besteht die Gefahr, dass die Skeptiker bzw. „Bremser", die es in jedem Veränderungsprozess gibt und die sich naturgemäß nicht gerne mit Neuerungen befassen, die Gewinner werden, da in ihrem Bereich keine Unregelmäßigkeiten (auch nicht positiv) auftreten.

4 Fazit: Welchen Nutzen bringt eine Balanced Scorecard?

Was kann eine Kommunalverwaltung von der Entwicklung und Einführung einer Balanced Scorecard erwarten? Der Prozess stellt alle Beteiligten vor ständig neue Herausforderungen. Daher ist es umso wichtiger, sich den Nutzen einer Balanced Scorecard für eine Kommunalverwaltung bewusst zu machen, um das große Ziel nicht aus den Augen zu verlieren. Wesentliche Vorteile einer Balanced Scorecard sind:

- optimierte Steuerungsmöglichkeiten durch die Politik,
- Konzentration auf das Wesentliche,
- verbesserte Kommunikation und Informationsaustausch zwischen Fachbereichen, Bürgermeister und Stadtrat,
- Klärung der Verantwortungsteilung zwischen Politik und Verwaltung,
- eindeutige Zuordnung und Systematik der Leitbilder, Strategien und Ziele,
- Ausrichtung des Haushalts und der Produkte über das operative Controlling hinaus auch an strategischen Überlegungen,
- klare Orientierung am Bürger- bzw. Kundennutzen,
- konsequente Einführung und Umsetzung moderner Managementinstrumente, z.B. Kontraktmanagement,
- Einbeziehung der Mitarbeiterinnen und Mitarbeiter,
- auf Entwicklung, Lernen und Veränderung ausgerichtete Verwaltungskultur.

Die Balanced Scorecard ist ein geeignetes Instrument, um der Komplexität der Aufgaben einer öffentlichen Verwaltung zu begegnen. Wie zuvor dargestellt, ist sie ein integratives Managementsystem, das in der Lage ist, die Schwierigkeiten der strategischen Planung, der Kommunikation und der Implementierung von Strategien sowie einer möglichst ganzheitlichen Erfolgskontrolle zu überwinden. Insbesondere bei der Erstellung eines Zielsystems als Grundlage für ein Controlling kann die Balanced Scorecard schnelle und gute Ergebnisse liefern.

Sie ist aber kein Selbstläufer. Eine Balanced Scorecard ist nur dann wirksam, wenn das Instrument von den beteiligten Personen „gelebt" wird. Dazu ist ein Umdenken aller Beteiligten und der Wille zur Veränderung erforderlich (Change-Management). Dieses Change-Management bezieht sich auf alle am Veränderungsprozess Beteiligten (Bürgermeister, Stadtrat, Mitarbeiterinnen und Mitarbeiter). Nur wenn von allen Beteiligten die Bereitschaft zur persönlichen Veränderung und zur Wahrnehmung der definierten Aufgaben und Rollen besteht, kann ein Veränderungsprozess erfolgreich sein. Die persönlichen Veränderungsprozesse können dabei unterstützt werden durch Fort- und Weiterbildung, mehr Transparenz und vor allem durch Vorbilder.

5 Literaturverzeichnis

Kaplan, R. S./Norton, D. P. (1997): Balanced Scorecard. Strategien erfolgreich umsetzen, Stuttgart.

Kaplan, R. S./Norton, D. P. (2001): The strategy-focused organization: How balanced scorecard companies thrive in the new business environment, Boston.

Hopp, H./Göbel, A. (1999): Management in der öffentlichen Verwaltung. Organisations- und Personalarbeit in modernen Kommunalverwaltungen, Stuttgart.

Horváth & Partner (Hrsg.) (2000): Balanced Scorecard umsetzen, Stuttgart.

John Lührs/Katrin Vernau/Ute Lysk[*]

Ergebnisorientierte Steuerung von Großstädten mit Hilfe von Balanced Scorecards

1 Problemstellung:
  Die bisherigen Reformen der kommunalen Steuerung greifen zu kurz

2 Die Balanced Scorecard ist für die Verbesserung
  des kommunalen Steuerungssystems besonders geeignet

    2.1 Charakteristika der kommunalen Steuerung

    2.2 Mehrdimensional steuern

    2.3 Stadtweit einheitlich steuern

    2.4 Auf ergebnisorientierte Zielgrößen konzentrieren

    2.5 Durchgängiges Zielvereinbarungssystem aufbauen

    2.6 Umsetzungsorientierung sicherstellen

3 Die großflächige Einführung von Balanced Scorecards
  in den Großstädten Frankfurt am Main und Stuttgart

    3.1 Einführung der BSC in den Ämtern und Eigenbetrieben der
       Stadtverwaltung Frankfurt am Main

    3.2 Einführung eines Gesamtsteuerungssystems auf Basis der
       BSC in der Landeshauptstadt Stuttgart

4 Kritische Erfolgsfaktoren der Implementierung

5 Kritische Würdigung der Projekterfahrungen

6 Resümee zur kommunalen Steuerung mit Hilfe der Balanced Scorecard

7 Literaturverzeichnis

---

[*] Dr. John Lührs, MBA, Lic. Oec. Katrin Vernau und Dipl.-Verw. (FH) Ute Lysk, alle drei Berater bei Roland Berger Strategy Consultants, Hamburg.

1 Problemstellung: Die bisherigen Reformen der kommunalen Steuerung greifen zu kurz

Die bisherigen Ansätze zum Neuen Steuerungsmodell (NSM)[1] haben sich als notwendige, aber nicht hinreichende Bedingung für eine Professionalisierung des kommunalen Managements erwiesen. Nur wer sie weiterentwickelt, kann ein ergebnisorientiertes und durchgängiges Führungssystem etablieren, das den Anforderungen von Großstädten sowohl aus politischer als auch aus Managementsicht gerecht werden kann. Um eine Orientierung für die Weiterentwicklung der kommunalen Steuerung zu bieten, wird in diesem Beitrag dargelegt, warum sich die Balanced Scorecard zur weiteren Professionalisierung der kommunalen Steuerung eignet. Am Beispiel der Städte Frankfurt am Main und Stuttgart wird gezeigt, wie ein solches Planungs- und Steuerungssystem basierend auf der Balanced Scorecard konzipiert und flächenweit eingeführt werden kann. Dabei werden die für die Implementierung kritischen Erfolgsfaktoren aufgeführt und erläutert. Abschließend wollen wir die Erfahrungen aus der praktischen Einführung der Balanced Scorecard in deutschen Großstädten kritisch würdigen und ein zusammenfassendes Resümee zur künftigen Entwicklung der kommunalen Steuerung mit Hilfe der Balanced Scorecards ziehen.

Die Anforderungen an die Leistungsqualität und Wirtschaftlichkeit der Kommunen sind über die Jahre kontinuierlich gestiegen. Die traditionelle Steuerung der kommunalen Leistungserbringung reicht nicht mehr aus, um diese Anforderungen zu unterstützen. Wesentliche Schwachpunkte in der kommunalen Steuerung sind zum einen eine zu starke Inputorientierung: Gesteuert wird indirekt über die Personal- und Finanzressourcen, die für die Aufgabenerfüllung benötigt werden. Eine direkte Planung und Steuerung der für Bürger und Unternehmen relevanten Ergebnisse (Output) erfolgt in der Regel nicht. Zum anderen erweist sich die meist unzureichende Verzahnung der Steuerungsaktivitäten von Politik und Verwaltung als weitere Schwäche der kommunalen Steuerung. Die daraus unvermeidbar resultierenden Reibungsverluste tragen dazu bei, dass das Leistungspotenzial der kommunalen Verwaltung nicht optimal genutzt wird.

Die Kommunen haben sich seit Anfang der neunziger Jahre bemüht, das erkannte Steuerungsdefizit abzubauen. Dazu wurden vielfältige Reformaktivitäten begonnen[2],

---

[1] Vgl. hierzu grundlegend KGSt 1991 bzw. erläuternd Reichard 1997.

[2] Umfragen des Deutschen Städtetages (DST) zufolge ist die überwältigende Mehrheit der Mitgliedsstädte (1995: 72%, 1996: 83% bzw. 1998: 89 %, 2000: 92%) mit Reformen im Sinne des Neuen Steuerungsmodells befasst. Vgl. Grömig/Thielen 1996, S. 596 ff., Grömig/Gruner 1998, Grömig 2001, S. 11. *Reichard* verweist allerdings auf eine deutliche Diskrepanz zwischen der

die unter dem Oberbegriff „Neue Steuerung" bekannt wurden. Die bisherigen Reformmaßnahmen zeichnen sich jedoch häufig durch eine zu starke Instrumentenorientierung aus. Die mindestens ebenso notwendigen Verhaltensänderungen sind noch nicht auf breiter Front erfolgt. Zudem ist der aktuelle Reformstand meist durch Insellösungen geprägt, die für systematische kommunenweite Veränderungen nicht ausreichen. Auch die Verzahnung von politischer und administrativer Steuerung ist bislang kaum gelungen. Die Politik ist bei der Verwaltungsreform abgesehen von Informationsveranstaltungen häufig außen vor geblieben. Dementsprechend erbringen die bisherigen Reformen kaum spürbare Ergebnisse für die Öffentlichkeit. Abstrakte Maßnahmen zur Haushalts-Struktursicherung oder der bloße Nachweis von Binnenveränderungen genügen keineswegs, um die bisherigen Aktivitäten als erfolgreich zu bezeichnen. Auch heute findet sich noch in vielen Kommunen die unbefriedigende Kombination aus unzureichenden Leistungen für die Bürger und strukturellen Haushaltsdefiziten. Um ein adäquates Preis-Leistungsverhältnis bieten zu können, ist daher eine weitere Professionalisierung des kommunalen Managements erforderlich. Dazu müssen die bisherigen Instrumente in ein durchgängiges Steuerungssystem integriert und die notwendigen Verhaltensänderungen auf breiter Front erreicht werden.

Um die Kommunen ergebnisorientiert steuern zu können, müssen die transparenzschaffenden Instrumente in ein übergeordnetes Planungs- und Steuerungssystem eingebunden und dieses in der gesamten Stadt großflächig zum Einsatz gebracht werden. Bei der Wahl des Managementsystems kommt es darauf an, die Besonderheiten des öffentlichen Sektors zu berücksichtigen und der Gefahr zu begegnen, leichtfertig betriebswirtschaftliche Instrumentarien aus der Privatwirtschaft auf die öffentliche Verwaltung zu übertragen.

2 Die Balanced Scorecard ist für die Verbesserung des kommunalen Steuerungssystems besonders geeignet

Das Konzept der Balanced Scorecard (BSC) geht zurück auf Kaplan/Norton (1992).[3] Es handelt sich um ein aus der Unternehmenspraxis heraus entwickeltes Management-System, das durch drei wesentliche Erkenntnisse geprägt ist (vgl. Kaplan/Norton 1996, S. 75 ff.):

„Ankündigungsrethorik" der Kommunen und der „tatsächlichen Umsetzung". Vgl. Reichard 1997, S. 54.

[3] Das Konzept der Scorecard resultiert aus einem Forschungsprojekt mit 12 Unternehmen (vgl. Kaplan/Norton 1992, S. 71 – 79).

- Ein Management-System sollte sich *nicht allein auf die Steuerung finanzieller Größen konzentrieren*. Zum einen beschreiben reine Finanzdaten die Situation, in der sich ein Unternehmen befindet, nur sehr unzureichend (beispielsweise geben Finanzdaten keinen Aufschluss über Kundenzufriedenheit oder Qualitätsmängel). Zum anderen verstreicht vom Zeitpunkt, zu dem Probleme entstehen (beispielsweise eine deutlich absinkende Kundenzufriedenheit), bis zum Zeitpunkt, zu dem sich diese Probleme in konkreten Finanzdaten niederschlagen, wertvolle Reaktionszeit für das Management.
- Das Design eines Management-Systems muss sich *auf das Wesentliche fokussieren*. Entscheidungsträger haben nur eine beschränkte Informationsverarbeitungskapazität. Aus diesem Grund muss darauf geachtet werden, dass keine Zahlenfriedhöfe produziert werden, sondern die Steuerung – ähnlich der Steuerung eines Flugzeugs – durch die „Anzeigen des Cockpits" erfolgen kann, die sich auf einige wenige relevante Informationen beschränken. So einsichtig dieser Aspekt zunächst klingen mag, so groß ist die Versuchung, angesichts der zunehmenden Entwicklung der Möglichkeiten der EDV „Masse statt Klasse" zu produzieren.
- Ein Management-System muss *Durchgängigkeit sicherstellen*, d.h. strategische und operative Steuerung müssen über die verschiedenen Managementebenen hinweg miteinander verknüpft werden.

Zur Umsetzung dieser zentralen Erkenntnisse schlagen Kaplan/Norton (vgl. 1992, 1996, 2001) die Steuerung eines Unternehmens anhand von vier Perspektiven bzw. Steuerungsdimensionen vor, die in ein ausgewogenes („balanced") Verhältnis zu bringen sind. Bei diesen vier Steuerungsdimensionen handelt es sich um die *finanzwirtschaftliche Perspektive, die Perspektive der internen Prozesse, die Kundenperspektive und die Entwicklungsperspektive*. Für jede sind Ziele, Messgrößen, Zielwerte und Maßnahmen zur Zielerreichung zu bestimmen, deren Umsetzung zu initiieren, deren Erreichung zu überwachen und unter dem Gesichtspunkt des Lernens zu evaluieren. Dies geschieht anhand eines standardisierten Berichtsbogens („scorecard").

In den letzten Jahren hat der praktische Einsatz der Balanced Scorecard in mehreren Kommunen gezeigt, dass das Konzept nicht nur zur Steuerung von Unternehmen der Privatwirtschaft erfolgreich einsetzbar ist, sondern dass es in ganz besonderem Maße auch für die Steuerung von Kommunalverwaltungen geeignet ist, obschon sich diese nach unserer Erfahrung durch bestimmte Charakteristika deutlich von der Unternehmenssteuerung unterscheidet.

2.1 Charakteristika der kommunalen Steuerung

Ein kommunales Steuerungssystem ist zunächst gekennzeichnet durch die zwei Teilbereiche der politischen und der administrativen Steuerung, welche beide nach grundverschiedenen Regeln bzw. Rationalitäten funktionieren und sich zudem auf der organisationalen Ebene nicht klar voneinander abgrenzen lassen. Der Rat einer Kommunalverwaltung ist zudem nicht mit einem Aufsichtsrat eines privatwirtschaftlichen Unternehmens vergleichbar – weder von der Größe, noch von der Funktion oder Arbeitsweise. Das traditionelle Steuerungssystem in der öffentlichen Verwaltung zeichnet sich durch eine Trennung von inhaltlich-fachlicher und finanzieller Steuerung, durch Neigung zur verfahrensorientierten Zentral- und Detailsteuerung[4], durch hohe Intransparenz bzw. unklare Verantwortlichkeitsstrukturen – Banner (vgl. 1991, S. 6 ff.) hat dieses System einmal als „organisierte Unverantwortlichkeit" bezeichnet – und mangelnde Strategieorientierung aus.

Die BSC setzt zum einen gezielt an den heute existierenden Schwachstellen des kommunalen Steuerungssystems an und entspricht zum anderen außerordentlich gut dem „Geschäftssystem" einer Kommunalverwaltung. Dies wird in den folgenden Absätzen ausführlich dargestellt.

2.2 Mehrdimensional steuern

Der nicht auf eine rein finanzielle Steuerung abhebende Ansatz der BSC trägt dem mehrdimensionalen kommunalen Zielsystem Rechnung. Gerade im öffentlichen Bereich stehen nicht finanzielle, sondern politische Ziele im Vordergrund. Finanzen stellen in vielen Bereichen eher eine Restriktion als ein Ziel an sich dar. Beispielsweise ist ein Produkt wie „Vollzeitpflege von Kindern und Jugendlichen" nicht in erster Linie unter finanziellen Gesichtspunkten, sondern eher aus der Perspektive der Kunden, d.h. der Bürger, zu steuern. Eine wirtschaftliche Produkterstellung darf aber dennoch nicht ausgeblendet werden. Die BSC stellt sicher, dass die verschiedenen Zieldimensionen bei der Leistungserbringung parallel berücksichtigt werden.

Bereits in der Planungsphase werden zudem mögliche Zielkonflikte transparent und können konkret bearbeitet werden. Tritt beispielsweise ein klassischer Konflikt wie die Verbesserung des Leistungsangebots bei gleichzeitigen Einsparungen auf, wird zuerst versucht, den Konflikt zu lösen. Dies kann z.B. möglich sein, indem in der Zieldimension „Interne Prozesse" die Arbeitsabläufe durch EDV-Einsatz so verbessert werden, dass der Bürger seine Leistung schneller erhält und gleichzeitig weniger Kosten anfallen. Ist eine Auflösung des Konflikts hingegen nicht möglich, so wird dies bei der Vereinbarung von Zielwerten berücksichtigt. Soll beispielsweise ein Museum experimentelle Kunst fördern, die beim breiten Publikum geringen Anklang

---

[4] Dieses wird etwa am Beispiel des herkömmlichen kammeralen Haushaltsplans augenscheinlich, der anstelle von Zielvorgaben, Steuerungsgrößen und zielorientierten Budgets eine Zuweisung von Mitteln auf einer Detailebene enthält, die den Blick für die wesentlichen Hebel der kommunalen Leistungserbringung verstellt.

findet, so ist ein Einnahmenrückgang wahrscheinlich. Eine gleichzeitige Steigerung der Einnahmen aus Eintrittsgeldern ist im allgemeinen nicht realisierbar. Dementsprechend muss bereits in der Zielvereinbarung eine Abwägung zwischen den konfliktären Zielen erfolgen. Darauf aufbauend müssen realisierbare Zielwerte vereinbart werden.

Dieses Vorgehen stellt einen wesentlichen Unterschied zur weitverbreiteten Praxis dar. Häufig werden heute nur Finanzziele nachhaltbar vereinbart. Leistungs-, Qualitäts- und fachpolitische Ziele hingegen werden nicht eindeutig definiert und ihre finanziellen Konsequenzen nicht explizit berücksichtigt. Zielkonflikte bleiben so offen und können am Jahresende zur Rechtfertigung von Zielabweichungen dienen.

2.3 Stadtweit einheitlich steuern

Bei einer mittleren oder großen Kommunalverwaltung handelt es sich sozusagen um einen „hochdiversifizierten Mischkonzern". Kennzeichen sind zum einen ein sehr breites Leistungsspektrum, das vom Denkmalschutz über die Theateraufführung bis zum Betrieb/Unterhalt von Friedhöfen reicht, sowie eine Vielzahl unterschiedlicher Organisationsformen, sei es ein Amt, ein Eigenbetrieb oder eine Eigengesellschaft. Um die Komplexität eines solchen Gebildes für die Steuerungsinstanz zu reduzieren, ist es sinnvoll, sich eines einheitlichen Steuerungssystems zu bedienen. Die BSC lässt sich ohne Probleme stadtweit einsetzen: Der Aufbau der Scorecards bietet zum einen ausreichend Flexibilität, um den Spezifika der vielfältigen Ämter und Beteiligungsunternehmen einer Großstadt gerecht zu werden. Zum anderen ermöglicht das System einen stadtweit einheitlichen und klar strukturierten Rahmen für die gesamtstädtische Planung und Steuerung.

2.4 Auf ergebnisorientierte Zielgrößen konzentrieren

Der BSC-Ansatz zwingt dazu, je Managementdimension einige wenige strategierelevante Steuerungsgrößen mit großem Hebeleffekt auszuwählen. Zugleich geht der Ansatz von den zu erreichenden Zielen bzw. Ergebnissen aus. Damit setzt die BSC an einem wesentlichen Schwachpunkt des traditionellen kommunalen Steuerungssystems, der input- und verfahrensorientierten Detailsteuerung, an.

2.5 Durchgängiges Zielvereinbarungssystem aufbauen

Eine zentrale Schwäche im traditionellen kommunalen Steuerungssystem ist die mangelnde Verknüpfung von politisch-strategischen Zielen und der in den operativen Einheiten erbrachten Leistungserstellung. Der Zusammenhang zwischen politischen Programmen und erstellten „Produkten" und „Projekten" lässt sich häufig erst ex-post und häufig nur punktuell herstellen. Damit ist eine konsequente Übersetzung des politischen Willens in Verwaltungshandeln nicht gewährleistet. Die BSC ermöglicht, zumindest für bestimmte politische Schwerpunktthemen, eine durchgängige Steuerung über alle Ebenen, also Rat – Verwaltungsspitze – Ämter/Eigenbetriebe – etc. bis hinunter zur Zielvereinbarung von Projektteams oder einzelnen Mitarbeitern, zu implementieren, d.h. die Ziele top-down herunterzubrechen und die Zielerreichung über die entsprechenden Messgrößen nachzuprüfen. Die vier Steuerungsdimensionen der Scorecard unterstützen einen effizienten und strukturierten Ablauf von Zielvereinbarungs- und Steuerungsgesprächen.

2.6 Umsetzungsorientierung sicherstellen

Schließlich ist die Balanced-Scorecard-Methodik leicht verständlich. Für ihren Einsatz sind spezifische betriebswirtschaftliche Kenntnisse nicht erforderlich. Das notwendige Wissen kann problemlos im Rahmen der Einführung „on the job" vermittelt werden. Die BSC ist Politikern wie Verwaltungsmanagern gleichermaßen zugänglich, d.h. sie ermöglicht einen strukturierten Dialog zwischen der politischen und der administrativen Welt. Die Methodik ist damit für den großflächigen Einsatz in Kommunen besonders prädestiniert.

Die Ausführungen zeigen, dass die Balanced Scorecard konzeptionell als kommunales Managementsystem besonders geeignet ist, da der Ansatz der Vielschichtigkeit kommunaler Aufgaben Rechnung trägt. Finanzielle und nicht-finanzielle Ziele können ganzheitlich und unter Berücksichtigung ihrer Interdependenzen geplant und gesteuert werden. Im folgenden soll nun die praktische Umsetzung des Konzepts näher betrachtet werden, um eine fundierte Aussage über den Einsatz der Balanced Scorecard treffen zu können.

3 Die großflächige Einführung von Balanced Scorecards in den Großstädten Frankfurt am Main und Stuttgart

Nachdem die grundsätzliche Eignung der Methodik dargestellt wurde, soll im Folgenden am Beispiel der Großstädte Frankfurt am Main und Stuttgart erläutert werden, wie sich die Balanced-Scorecard-Methodik zügig und flächendeckend einführen lässt. Dabei zeigt sich, dass das Instrument der Balanced Scorecard flexibel genug ist, individuellen Reformvorgeschichten und unterschiedlichen Steuerungserfordernissen Rechnung zu tragen. Während man in Frankfurt mit Hilfe der BSC eine Ämtersteuerung auf der Basis von Produkten einführte, wurde sie in Stuttgart genutzt, um an der Schnittstelle Politik-Verwaltung eine Gesamtsteuerung zu implementieren.

3.1 Einführung der BSC in den Ämtern und Eigenbetrieben der Stadtverwaltung Frankfurt am Main

3.1.1 Einleitung

Die Stadt Frankfurt am Main hat als einer der Vorreiter in der öffentlichen Verwaltung die Balanced Scorecard für alle Ämter und Einrichtungen der Stadt eingeführt. Dieses im Jahr 1999 begonnene Projekt stellte einen weiteren wichtigen Schritt auf dem Weg zur „Neuen Steuerung" der Verwaltung dar. Im Vorfeld waren bereits die Budgetierung, eine flächendeckende Kosten- und Leistungsrechnung (KLR) sowie ein gesamtstädtischer Produktkatalog eingeführt worden (vgl. Abbildung 1).

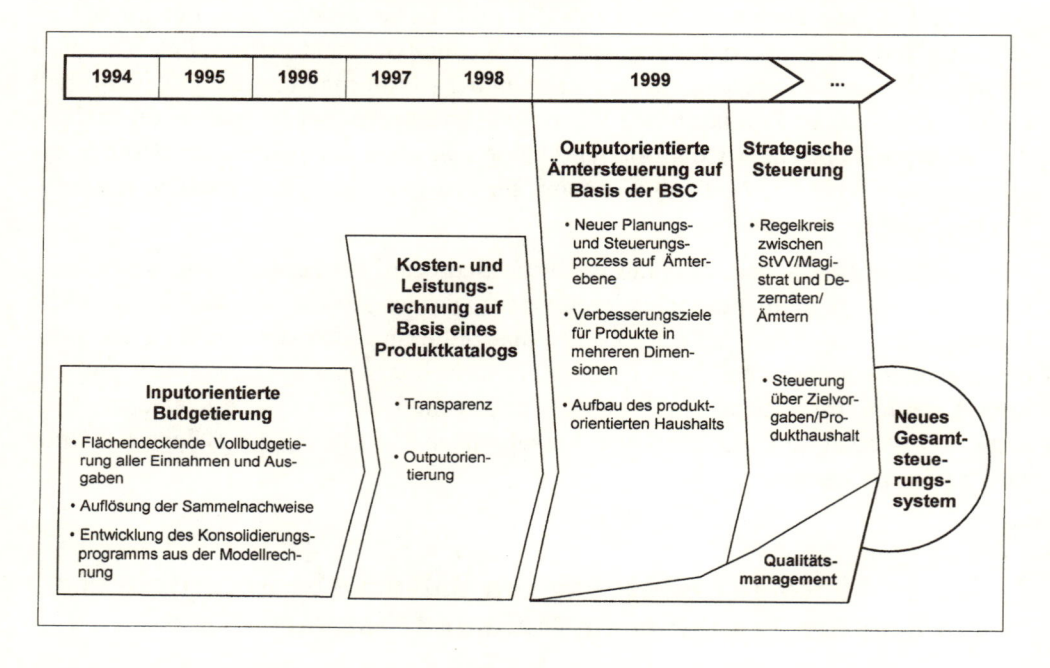

Abbildung 1: Einführung einer outputorientierten Ämtersteuerung auf Basis der BSC als logischer Schritt auf dem Weg zu einem neuen Gesamtsteuerungssystem (Der Magistrat, Stadtkämmerei Frankfurt am Main 2000)

Es stellte sich nun die Frage, wie auf Basis von Produkten und KLR die operative Leistungserbringung in den Ämtern und Einrichtungen effektiver gesteuert werden könne. Zu diesem Zweck wurde der Ansatz der BSC ausgewählt. Dabei wurde mit der Zieldefinition auf Ebene der definierten Produkte angesetzt.

Bei der Einführung der BSC in Frankfurt wurde auf einen flächendeckenden Ansatz Wert gelegt. Nur wenn alle Einheiten denselben Standard verwenden, ergibt sich die erwünschte Komplexitätsreduktion für die Steuerungsinstanzen. Zudem können nur so unverbunden nebeneinander stehende Reforminseln verhindert werden. Dieser Anspruch zwingt aber vor allem auch zu einem stringenten Einführungsmanagement, um in den Ämtern innerhalb eines Jahres den neuen Planungs- und Steuerungsprozess wirklich zu implementieren und nicht nur theoretisch vorzugeben. Um den neuen Planungsprozess einzuüben, wurden im ersten Schritt jedoch noch nicht alle Produkte eines Amtes/einer Einrichtung „beplant", sondern die jeweils zwei bis drei wichtigsten. Um die Anzahl der zu steuernden Ziele für die Amtsleitung überschaubar und „steuerungsrelevant" zu halten, konzentrierte man sich in Frankfurt auf die Formulierung konkreter Verbesserungsziele. Damit standen die im Vergleich zum Status quo geplanten Veränderungen und nicht das bereits gut laufende Routinegeschäft im Fokus der Betrachtung.[5] Um die Qualität in der Leistungserstellung sicherzustellen, hat Frankfurt sich zudem entschlossen, parallel zur Ausdehnung der BSC-basierten Produktplanung auf alle Produkte ein Qualitätsmanagement-System einzuführen. Für die konkreten Verbesserungen wurde auch der entsprechende Finanzmehr- bzw. -minderbedarf geplant, der sich zusätzlich zum regulären Produktbudget aus der Durchführung der Verbesserungsmaßnahmen ergeben würde.

Gemäß der Logik der Balanced Scorecard wurden für die geplanten Produkte Ziele für die vier Zieldimensionen definiert und mit konkreten Messgrößen hinterlegt. In der Praxis ist die Bestimmung der geeigneten Messgrößen dabei häufig schwieriger als die Festlegung der Ziele. Daher wird im folgenden Abschnitt ausführlich dargestellt, was es bei der Definition der Messgrößen zu beachten gilt.

3.1.2 Messgrößen festlegen

Jedes Ziel wurde mit entsprechenden Messgrößen hinterlegt. Diese Messgrößen ermöglichen die Überprüfung der Zielerreichung und bilden somit Schlüsselkennzahlen zur Steuerung der operativen Einheit. Nach unseren Erfahrungen sollten geeignete Messgrößen dabei folgende Qualitätskriterien erfüllen:

- *Aussagekraft:* Die Messgrößen geben klare Auskunft über die Zielerreichung.
- *Erhebbarkeit:* Die benötigten Daten existieren bereits oder sind pragmatisch erfassbar.
- *Eindeutigkeit:* Die Messgröße ist unmissverständlich definierbar und kommunizierbar.

---

[5] Zudem hat Frankfurt die Produkte wesentlich weniger kleinteilig definiert, als viele andere Kommunen dies getan haben, so dass die Anzahl der Produkte von vornherein begrenzt war.

- *Vergleichbarkeit:* Die Messgrößen sind, soweit möglich, verwaltungsübergreifend einheitlich definiert, um die Ergebnisse später vergleichen zu können.

Vor allem für nicht-finanzielle Ziele ist es nicht immer einfach, geeignete Messgrößen zu finden. Anstatt in diesen Fällen ganz auf eine Messung zu verzichten, empfiehlt es sich, pragmatische Lösungen zu suchen:

- Teilweise lässt sich ein Ziel nicht durch eine einzige Messgröße beschreiben. Dementsprechend sollten mehrere Messgrößen für ein Ziel festgelegt werden.[6] Bspw. wird durch die Besucherzahl die Attraktivität eines Museums nur teilweise erfasst. Die jährliche Zahl positiver Kritiken in namhaften Tageszeitungen zu den vom Museum organisierten Ausstellungen ist ein Beispiel dafür, wie eine weitere Kennzahl das Ziel ergänzt und konkretisiert.
- Teilweise kann die Erhebung der Messgröße mit einem hohen Aufwand verbunden sein. In diesem Fall kann der Zeitabstand für die Erhebung verlängert werden (z.B. Messung nur alle zwei Jahre anstatt jedes Jahr), was allerdings dazu führt, dass die Messgröße für eine unterjährige Steuerung nicht mehr geeignet ist. Die Erhebung der Bürgerzufriedenheit mit den von der Kommune erbrachten Leistungen fällt in diese Kategorie.
- Teilweise können keine sinnvollen quantitativen Messgrößen gefunden werden. Stattdessen kann dann das gewünschte Ergebnis (z.B. die Erarbeitung eines Konzepts) genauer spezifiziert und der Zeitpunkt der Fertigstellung festgesetzt werden (z.B. „Brandschutzkonzept für einen Verkehrstunnel soll bis 31.12.2001 vorliegen").[7]
- Teilweise sind Ziele erst langfristig vollständig zu erreichen. In diesem Fall sind Teilziele (sogenannte Meilensteine) und Zwischentermine für die Teilzielerreichung festzulegen.

Als hilfreich erwiesen sich gerade bei schwierig festzulegenden Messgrößen, z.B. „Wie soll ich die Qualität einer Beratung messen?", die umfangreichen Vordiskussionen, die in der Frankfurter Stadtverwaltung bereits zum Thema Produkte geführt worden waren. Für die Messgrößen wurden jeweils der Ist-Wert und ein angestrebter Zielwert angegeben, wodurch die geplante Entwicklungsrichtung zum Ausdruck gebracht wurde.

---

[6] Der Zielerreichungsgrad kann dann formal durch eine Gewichtung der einzelnen Messgrößen ermittelt werden. Vgl. für ein Beispiel Drucksache 14/4356 des Hessischen Landtags 1998, S. 8 f.

[7] Wird zwanghaft versucht, quantitative Messgrößen zu definieren, kann dies zu inhaltlichen Zielverschiebungen führen (vgl. KGSt 1998, S. 25). „What you measure is what you get." (vgl. Kaplan/Norton 1992. Dies bedeutet umgekehrt aber auch, „you don't get what you don't measure!". Wenn man also die falschen Messgrößen auswählt, nur weil diese sich besser messen lassen, so erreicht man auch nicht, was man erreichen will, sondern das, was man misst.

3.1.3 Beispiele: Ziele zur Servicesteigerung in der Bürgerdimension

Bereits in der Pilotierungsphase wurden dabei vielfältige, auch für den Bürger spürbare Verbesserungen in den vier Zieldimensionen formuliert. In Abbildung 2 werden exemplarisch einige Ziele aus der Dimension Kunden/Bürger dargestellt.

Ziele der Dimension I – Kunden/Bürger	Beispielhafte Messgrößen für die Ziele
A Erreichbarkeit verbessern	- Anzahl der Beschwerden zum Thema Erreichbarkeit pro Monat - Anzahl Meldungen auf der Sprachbox p.a.
B Wartezeiten verkürzen	- Wartezeit des Kunden von Ankunft im Wartebereich bis zum Eintritt ins Beratungszimmer - Zeit zwischen Bestellung u. Abholung v. Medien
C Fachkompetenz erhöhen	- Anzahl der Mitarbeiter mit Grundkenntnissen - Anzahl der Mitarbeiter mit Fachkenntnissen
D Bekanntheitsgrad steigern	- Anzahl Besucher p.a. - Anzahl informierter Multiplikatoren - Anzahl Medienkontakte (Massenmedien, Kulturszeneplakate, Programmhefte, Internet)
E Angebotspalette den Kundenbedürfnissen anpassen	- Bewertung der Dienstleistungspalette durch den Kunden auf einer Skala von 1-6
F Beschwerden reduzieren	- Zufriedenheit mit der Beratung auf einer Skala von 1-6 - Anzahl der Beschwerden pro Monat
G Informationen verbessern	- Zufriedenheitsgrad der Kunden auf einer Skala von 1-6 - Anzahl Projekte, Beratungen, etc. in der AIDS-Prävention p.a.

Abbildung 2: Repräsentative Ziele und beispielhafte Messgrößen der Ämter, Institute und Museen der Stadt Frankfurt am Main in der Dimension Kunden/Bürger

Die Reduzierung der Wartezeiten ist bspw. ein Ziel, dass von mehreren Ämtern geplant wurde und mit Maßnahmen zur Zielerreichung hinterlegt wurde. Dieses gilt u.a. auch für das Produkt „Meldeangelegenheiten". Dieses Produkt umfasst das Führen des Einwohnermelderegisters, das Ausstellen von Meldebescheinigungen sowie die Erteilung von Auskünften aus dem Melderegister. Um die Wartezeiten für die Bürger deutlich zu verkürzen, wurden vom Amt für Statistik und Wahlen umfangreiche Maßnahmen erarbeitet. Dazu gehört die Installation einer Aufrufanlage zur besseren Koordinierung des Publikums sowie eines qualifizierten Informationsservices, der die Bürger mit Vorabinformationen unterstützt. Die verbleibende Restwartezeit soll der Bürger in angenehmerer Atmosphäre verbringen können. Hierzu soll das äußere Erscheinungsbild des Wartebereichs verbessert werden. Für die Umsetzung der Maßnahmen wurden eindeutige Verantwortlichkeiten festgelegt und so das Programm fest im Amt verankert. Um sicherzustellen, dass die Ziele realisiert werden, werden Wartezeiten und Bürgerzufriedenheit künftig regelmäßig gemessen und die geplanten

Maßnahmen ggf. angepasst. Durch dieses Vorgehen werden die Zielerreichung nachprüfbar und die erbrachten Qualitäts-, Leistungs- und Finanzziele transparent. Zur Verdeutlichung sind in Abbildung 3 weitere Maßnahmenpakete zu ausgewählten Zielen der Dimension Kunden/Bürger dargestellt.

Ausgewählte Ziele	Wartezeiten verkürzen	Beschwerden reduzieren
Maßnahmenpakete zur Zielerreichung	• Interne Umstrukturierung • Kommunikation zwischen den beteiligten Ämtern und Firmen verbessern • Reduzierung der Wartezeiten • Informationsvernetzung durchführen / ausbauen • Aufbau eines Opacs • Aufrufanlage installieren	• Antwortfax / Anrufbeantworter für alle Arbeitsplätze einrichten • Mitarbeiterfortbildungskonzept entwickeln • Beschwerdemanagement aufbauen • Reinigungs- und Wartungsmangement für Kunstwerke und Brunnen optimieren

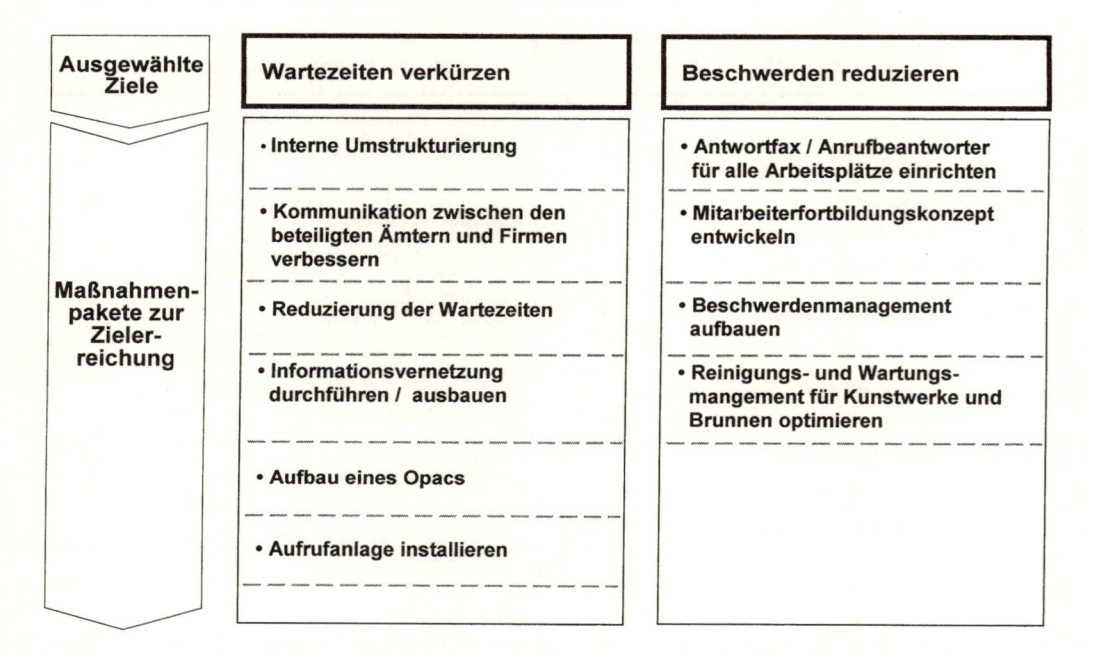

Abbildung 3: Maßnahmenpakete ausgewählter Ziele in der Dimension Kunden/Bürger

Mit der ergebnisorientierten Planung wurde ein erster Schritt hin zur outputorientierten Budgetierung und damit zum Produkthaushalt unternommen. Die „Vision" der neuen Gesamtsteuerung, d.h. die durchgängige, von der Politik bis zum einzelnen Mitarbeiter auf Zielen bzw. Outputs basierende Steuerung bereits in einem frühen Projektzeitpunkt zu vermitteln, stellte sich als ein wichtiger Motivationsfaktor für alle Beteiligten heraus. Eine klare Zielvorstellung hilft allen Reformbeteiligten die Sinnhaftigkeit einzusehen und mögliche Veränderungswiderstände auf dem langen Weg bis zur vollständigen Umsetzung zu überwinden.

3.2 Einführung eines Gesamtsteuerungssystems auf Basis der BSC in der Landeshauptstadt Stuttgart

3.2.1 Einleitung

Wie in vielen anderen Kommunen hatte man auch in Stuttgart mit der Einführung einzelner Elemente des Neuen Steuerungsmodells zur Reform der Verwaltung begonnen. So waren beispielsweise flächendeckend Produkte definiert und die Einführung einer KLR initiiert worden. In dieser Ausgangssituation sollte ein Gesamtsteuerungssystem eingeführt werden, das die existierenden Instrumente einbeziehen und eine durchgängige zielorientierte Steuerung aller Steuerungsobjekte (dies sind im kommunalen Bereich neben den laufenden Aufgaben/Produkten auch noch Projekte und sog. Ad-hoc-Aufträge, die sich aus gemeinderätlichen Anfragen und Aufträgen ergeben) durch die jeweiligen Steuerungsakteure (Rat, Oberbürgermeister, Verwaltungsspitze/Bürgermeister gegenüber den Leitern der Ämter) ermöglichen sollte. Als Ansatz wurde die BSC gewählt, wobei sich hier vor allem die Flexibilität des Instruments als Akzeptanz fördernd herausstellte. Da das Thema Personalmanagement/Personalentwicklung in Stuttgart eine besonders wichtige Rolle spielt – unter anderem auch im Zusammenhang mit der Teilnahme am EU-Projekt „Equality of work and life" – wurde vor allem auf Wunsch des in der Projektorganisation beteiligten Gesamtpersonalrats eine fünfte Zieldimensionen „Mitarbeiter/-innen" zum Grundkonzept der BSC hinzugefügt. Dadurch wurden expliziter als über die interne Organisationsbetrachtung (Dimension II) auch Mitarbeiterziele definiert. Diese fünfte Dimension hat sich im weiteren Prozess zwar als gut handhabbar erwiesen, ist aber auch gleichzeitig die (zahlenmäßige) Obergrenze, wenn man das Instrument nicht ad absurdum führen will (vgl. Abbildung 4, nächste Seite).

Beginnend auf der Ämter-/Eigenbetriebsebene wurden für die fünf Zieldimensionen Ziele mit den dazugehörigen Messgrößen und Zielwerten erarbeitet. Um dies von vornherein bei den Steuernden, d.h. den Amts- und Abteilungsleitungen, als nicht delegierbare Führungsaufgabe zu verankern, erfolgte die Einführung als flächendeckender Transformationsprozess „Learning by doing" mit intensivem Coaching durch ein Beraterteam vor Ort. Die Definition der Ziele erfolgte interaktiv mit den Führungskräften im Wechsel von moderierten Workshops und Eigenarbeit. Als schwierigste Hürde erwies sich dabei die Abkehr vom Denken in Aufgaben hin zum Hinterfragen, welches Ziel mit der Aufgabenerledigung verbunden ist. Die Ziele der operativen Einheiten wurden schließlich aus Aufgaben, Gemeinderatsbeschlüssen, Umfeldentwicklungen und den Vorarbeiten aus der Arbeitsgruppe Produktbörse Baden-Württemberg abgeleitet (vgl. Abbildung 5, nächste Seite).

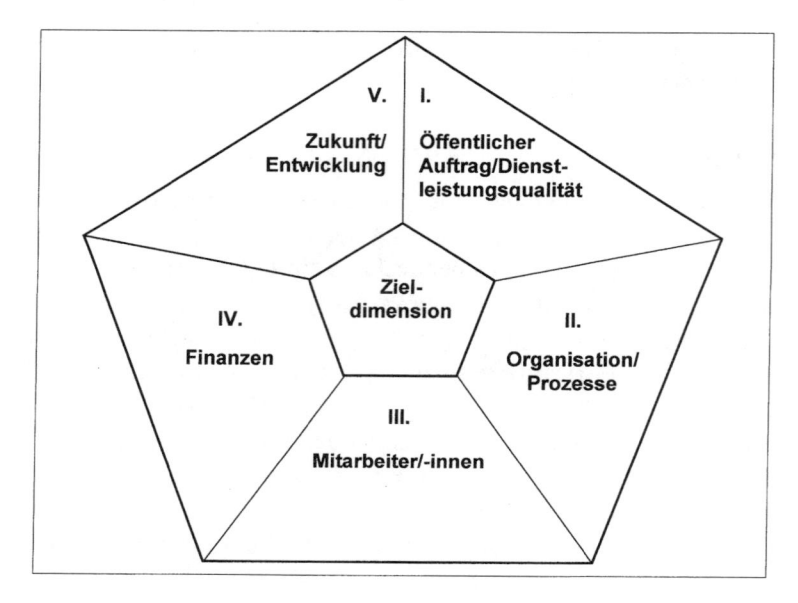

Abbildung 4: Zieldimensionen einer Balanced Scorecard in der Landeshauptstadt Stuttgart

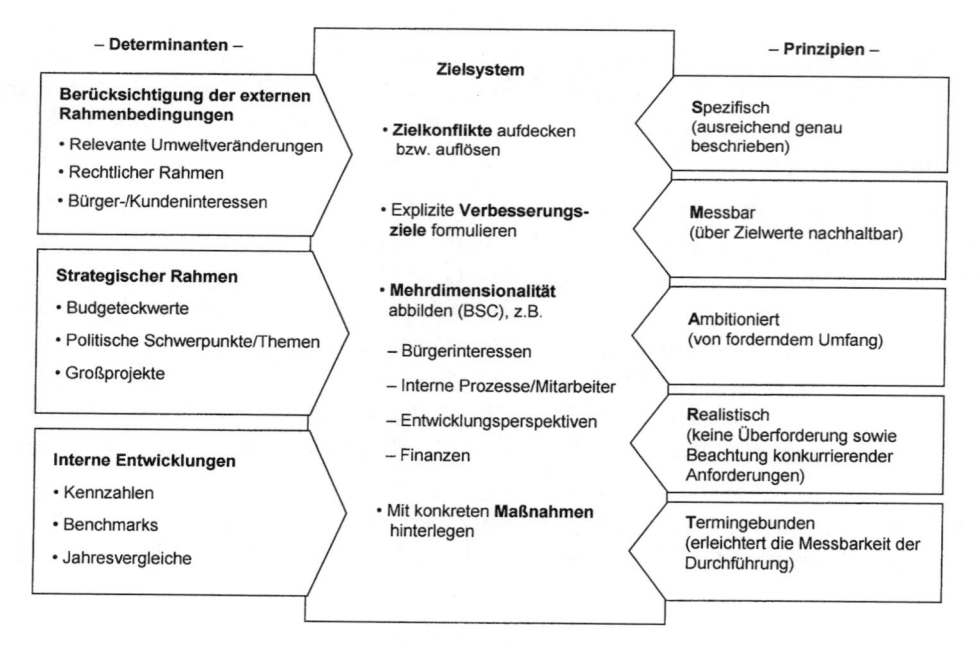

Abbildung 5: Zielfindung muss die Umfeldbedingungen einbeziehen

Um diesen Umdenkprozess zu erleichtern, wurden die einzelnen Zieldimensionen der BSC mit beschreibenden bzw. konkretisierenden Fragen hinterlegt, deren Beantwortung die Zielfindung für die beteiligten Führungskräfte nachvollziehbar machte (vgl. Abbildung 6).

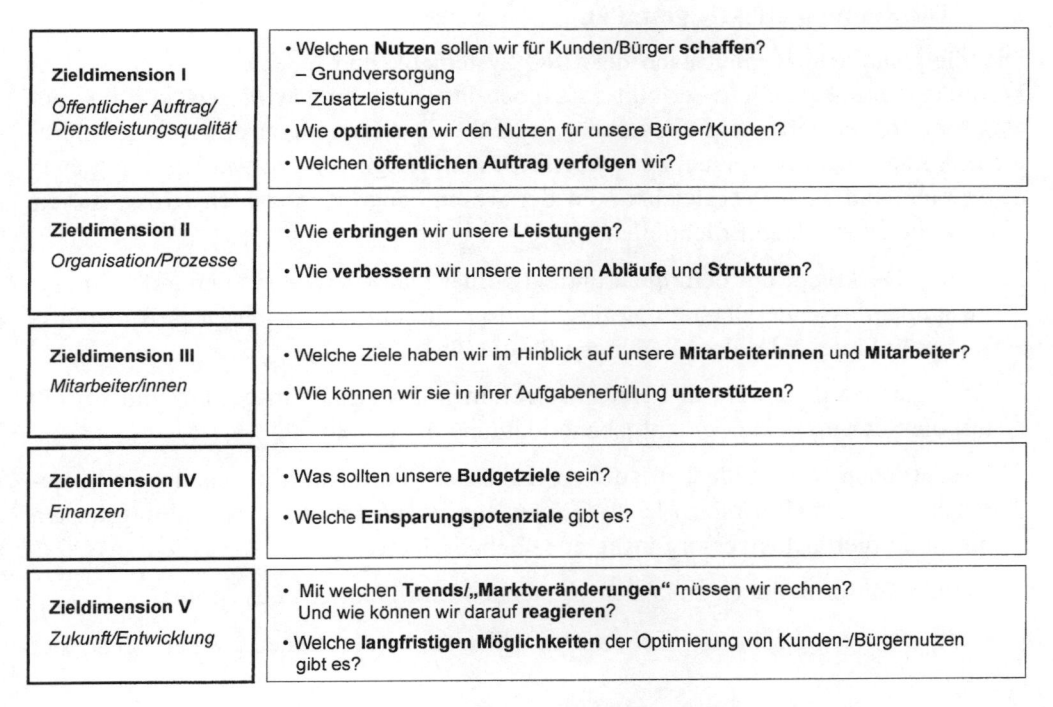

Zieldimension I Öffentlicher Auftrag/ Dienstleistungsqualität	• Welchen **Nutzen** sollen wir für Kunden/Bürger **schaffen**? – Grundversorgung – Zusatzleistungen • Wie **optimieren** wir den Nutzen für unsere Bürger/Kunden? • Welchen **öffentlichen Auftrag verfolgen** wir?
Zieldimension II Organisation/Prozesse	• Wie **erbringen** wir unsere **Leistungen**? • Wie **verbessern** wir unsere internen **Abläufe** und **Strukturen**?
Zieldimension III Mitarbeiter/innen	• Welche Ziele haben wir im Hinblick auf unsere **Mitarbeiterinnen** und **Mitarbeiter**? • Wie können wir sie in ihrer Aufgabenerfüllung **unterstützen**?
Zieldimension IV Finanzen	• Was sollten unsere **Budgetziele** sein? • Welche **Einsparungspotenziale** gibt es?
Zieldimension V Zukunft/Entwicklung	• Mit welchen **Trends/„Marktveränderungen"** müssen wir rechnen? Und wie können wir darauf **reagieren**? • Welche **langfristigen Möglichkeiten** der Optimierung von Kunden-/Bürgernutzen gibt es?

Abbildung 6: Fragen zu den Zieldimensionen der Balanced Scorecard

Da im ersten Schritt des Einübens noch keine leistungsbasierte Ressourcenplanung, d.h. eine Verknüpfung der Ziele und Maßnahmen mit der Planung der benötigten Finanzmittel, erreichbar war, galt die Vorgabe, dass die definierten Ziele und Maßnahmen ausschließlich im Rahmen des per Doppelhaushalt bereits feststehenden Budgetrahmens abwickelbar sein mussten.

3.2.2 Gesamtstädtische Ziele auf Ämterebene konkretisieren

Zusätzlich wurden einige stadtweit geltende strategische Ziele definiert, zu welcher die Ämter jeweils ihre Zielbeiträge definieren mussten. Diese recht abstrakten Ziele, wie z.B. „Verbesserung der Standortqualität", „Sichere und saubere Stadt", „Förderung des Bürgerschaftlichen Engagements", „Familienfreundliche Stadt", „Gender Mainstreaming" und „Gesundheitsförderung" bekommen so eine individuelle Verbindlichkeit im Sinne eines „Gemeinschaftsziels". Die stadtweite Zielerreichung lässt sich damit auch über die erreichten Ämterziele/Maßnahmen besser messen, als mit einer abstrakten und allgemeingültigen Kennzahl.

3.2.3 Die Planung effektiv gestalten

Die Zielplanungen werden nach der BSC-Systematik und in einem standardisierten Formular vorgelegt. Dieses erfolgt z.Zt. noch in Papierform, wird aber künftig auch elektronisch verfügbar und auswertbar gemacht. Die Planungen ermöglichen durch ihren Aufbau, dem individuellen Interesse des Amtes gerecht zu werden und gleichzeitig eine stadtweite Vergleichbarkeit der wesentlichen Kennzahlen zu realisieren. Sie bestehen aus sieben Pflichtteilen:

1. Einem Deckblatt, auf dem die Kontraktpartner „unterzeichnen" und auf dem eine zusammenfassende Darstellung des Jahresprogramms im Sinne eines Rückblicks und politikrelevanter Entwicklungen für die Planjahre folgt,
2. dem Finanzteil, in dem das Haushaltsvolumen des Amtes insgesamt und verteilt auf die Schwerpunkte der Aufgabenerledigung dargestellt ist,
3. wesentlichen Kennzahlen, die die Aufgabenschwerpunkte mit Leistungsindikatoren hinterlegen (Beispiel: Fläche Grünanlage je Einwohner, Unterhaltungskosten pro qm, Spielflächenversorgungsgrade, Gebühren etc.),
4. Gebühreninformationen zu kostenrechnenden Einrichtungen des Amtes,
5. stadtweit vergleichbaren Kennzahlen (Personalstrukturdaten, Krankheitsquote etc.),
6. den Ämterzielen in den fünf Dimensionen im Sinne einer Veränderungsbilanz (keine Dauerziele) und damit der BSC im engeren Sinne,
7. einer Projektübersicht.

3.2.4 Beispiel: Verbindliche Ämterziele des Garten- und Friedhofsamtes in Form der BSC

In Abbildung 7 soll für die *Bürgerperspektive* im Bereich des Oberziels *„Öffentlicher Auftrag/Dienstleistungsqualität"* beispielhaft die Ausdifferenzierung des strategischen Zieles *„Bereitstellung von Grünflächen für Freizeitaktivitäten, Naherholung und Orte der Besinnung"* dargestellt werden:

Schwerpunkt der Aufgaben- erledigung/Ziel	Beitrag zu gesamtstädtischen Zielen, Beschluss	Messgröße	Zielwerte (für beide Jahre des Doppelhaushalts)		Ist-Wert	Bemerkungen
Ziel lt. GR-Beschluss: Versorgungsgrad von 50 % in jedem Stadtbezirk. Ist-Stand lt. Spielflächenleitplan vom Dez. 2000: Durchschnitt von 67 % im gesamten Stadtgebiet. Zusätzliche Mittel werden aus der Stadtentwicklungspauschale bereitgestellt. Die Prioritätensetzung erfolgt durch Beschluss des UTA nach Vorberatung im AKS.	Kinder- und familienfreundliche Stadt; Beschluss UTA + JuHilfeA vom März 1997; Ergebnisse des Arbeitskreises Spielflächen (AKS)	Versorgungsgrad in den Stadtbezirken	West 18% Mitte 19% Nord 32% Ost 43% Süd 50% Botn 48% Feu 42% Mün 41%	West 18% Mitte 19% Nord 31% Ost 43% Süd 50% Botn 48% Feu 42% Mün 40%	West 18% Mitte 18% Nord 31% Ost 42% Süd 50% Botn 48% Feu 42% Mün 40%	Allein mit den im Budget bei 67 enthaltenen Mitteln ist eine entscheidende Verbesserung des Versorgungsgrades nicht möglich. Gemeinsames strategisches Vorgehen von 67, 61, 40, 51, 66, 68, 32 + 52 erforderlich. Es ist notwendig, die Verantwortlichkeit eindeutig festzulegen.
Spielräume für ältere Kinder und Jugendliche	Kinder- und familienfreundliche Stadt; Beschluss UTA + JuHilfeA zum Versorgungsgrad vom März 1997	Versorgungsgrad ältere Kinder und Jugendliche; Anteil der Projekte der Maßnahmenliste a) im Zeitplan b) im Kostenplan	Alle Projekte von x Projekten a) im Zeitplan b) im Kostenplan; die Festlegung der Projekte erfolgt bei den Haushaltsberatungen	Alle Projekte im Zeitplan; Siehe Maßnahmenliste	72 % der Projekte im Zeitplan	
Sanierung von Grünanlagen zur Verbesserung der Erholungsnutzung		Anteil der Projekte a) im Zeitplan b) und Kostenplan	Alle Projekte von x Projekten a) im Zeitplan b) im Kostenplan; die Festlegung der Projekte erfolgt bei den Haushaltsberatungen	Alle Projekte im Zeitplan a) im Zeitplan b) im Kostenplan	57 % der Projekte im Zeitplan	
Sicherstellung der Sauberkeit auf öffentlichen Grünanlagen, Wegen und Plätzen in Verwaltung 67	Sicheres und sauberes Stuttgart	Anzahl Reinigungsgänge an wichtigen Punkten pro Woche	206	206	57	

Abbildung 7: Ämterziele des Garten- und Friedhofsamtes in der Bürgerdimension

Das Garten- und Friedhofsamt der Stadt Stuttgart nutzt für die Planung seines Jahresprogramms die BSC-Systematik und die in Stuttgart verbindlichen Formulare. Kernelement ist, neben der finanziellen Planung und der Darstellung der wesentlichen Kennzahlen, die Planung der Ziele und ihrer Messgrößen in den oben beschriebenen fünf Zieldimensionen der BSC. Diese ämterbezogenen Ziele werden zunächst kurz beschrieben (siehe nachfolgende Darstellung, Spalte 1), hinsichtlich ihres Beitrags zu übergreifenden gesamtstädtischen Zielen gekennzeichnet (Spalte 2) und mit einer

Messgröße versehen, die den Grad der Zielerreichung abbildet (Spalte 3). Um den laufenden Soll-Ist-Abgleich im Berichtswesen (siehe Ziffer 3.2.5) vornehmen zu können, werden schließlich die Zielwerte für die Planungsperiode des jeweiligen Doppelhaushaltes (Spalte 4 a/b) und der Istwert des abgelaufenen Jahres (Spalte 5) angegeben. Schließlich besteht noch die Möglichkeit für erklärende Bemerkungen. In Abbildung 7 ist diese Art der Planung anhand der BSC-Dimension Öffentlicher Auftrag/Dienstleistungsqualität und dem Oberziel „Bereitstellung von Grünflächen für Freizeitaktivitäten, Naherholung und Orte der Besinnung" dargestellt.

Die so erarbeiten Zielplanungen der operativen Einheiten sind anschließend auf Geschäftsbereichsebene verifiziert und von der Verwaltungsspitze auf ihren strategischen Steuerungsgehalt für die politische Ebene, d.h. den Gemeinderat, hin überprüft und gemeinsam mit weiteren steuerungsrelevanten Informationen (Finanzstatus, wichtige Kennzahlen, Projektplanungen) als Jahresprogrammentwurf den politischen Gremien vorgelegt worden. Der Gemeinderat seinerseits hat dieses Kontraktangebot in den jeweilig zuständigen Ausschüssen diskutiert, priorisiert, ergänzt, verändert und gemeinsam mit der Verabschiedung des (im ersten Schritt noch getrennt von den Zielplanungen erstellten) Haushalts durch Beschluss „kontrahiert". Sich aus den Haushaltsberatungen ergebende Veränderungen in der Leistungserstellung der Ämter wurden in die Kontraktentwürfe eingearbeitet und somit als Jahresprogramme Grundlage der laufenden Steuerung.

3.2.5 Laufende Steuerung auf der Basis von Soll-Ist-Abgleichen

Die auf einen Soll-Ist-Abgleich der Zielerreichung basierenden Berichte sind ebenfalls nach dem BSC-Prinzip aufgebaut (vgl. Abbildung 8).
Sie informieren Verwaltungsspitze und Politik zunächst „auf einen Blick" über den Status des berichtenden Amtes (Seite 1), um dann eine Einordnung und Vergleichbarkeit der individuellen Entwicklung anhand von stadtweit erhobenen Kennzahlen zu ermöglichen (Seite 2). Dabei beziehen sich die Zielwerte auf die Daten aus der Planung (siehe Ziffer 3.2.3), die Istwerte werden zum Berichtszeitraum aktualisiert und mit dem Letztwert hinsichtlich der Entwicklung zum Jahresende prognostiziert. Der Status der in der BSC geplanten Ziele wird analog zur Planung anhand der dort vereinbarten Werte nachgehalten (Seite 3). Um das gesamte Spektrum der Aufgabenerledigung des Amtes abzubilden, werden schließlich noch der Bearbeitungsstand der wesentlichen Projekte (Seite 4), der Finanzstatus (Seite 5) aufgeführt und – wieder für den schnellen Leser – die wesentlichen Kennzahlen in grafischer Form aufgeführt. Neben der Möglichkeit, durch die unterjährigen Berichte Fehlentwicklungen schnell zu erkennen und frühzeitig Gegensteuerungsmaßnahmen entscheiden zu können, sind die Berichtsinformationen auch wieder wesentliche Grundlage für die Ämterplanungen des Folgejahres und schließen damit den Steuerungskreislauf.

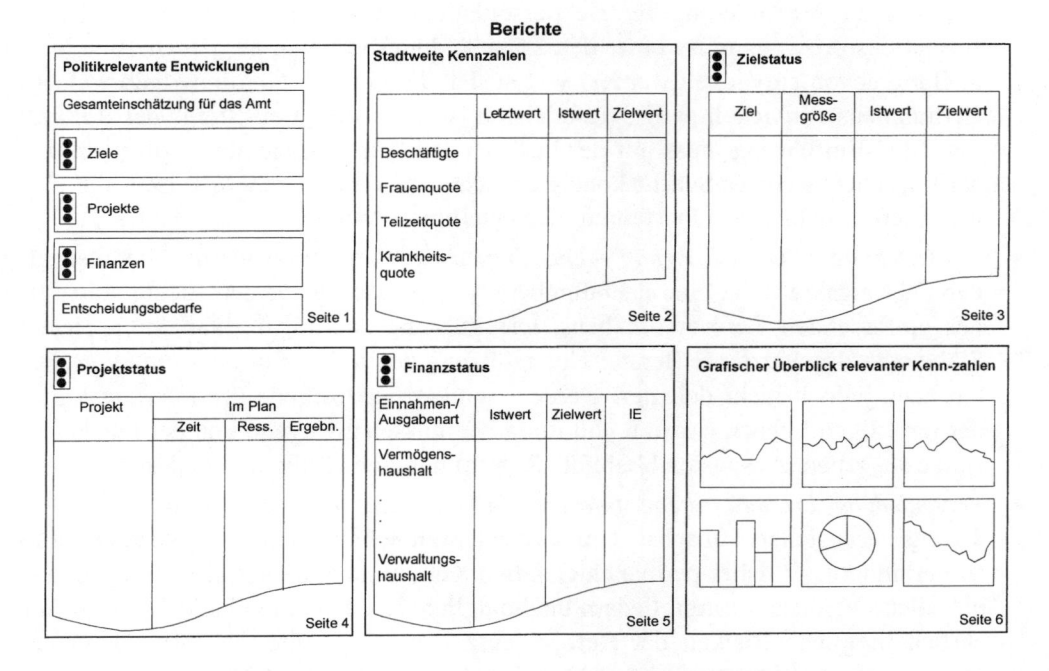

Abbildung 8: Informationen des zielorientierten Berichtswesens

Insgesamt wurde so in über 100 Workshops unter der Beteiligung aller Führungskräfte der Stadt Stuttgart das Ziel-/Leistungsspektrum von 28 Ämtern und vier Eigenbetrieben erfasst sowie einheitlich und transparent dargestellt. Dadurch ist vor allem dem Wunsch der Politik nach mehr Transparenz über die Verwaltung Rechnung getragen und eine einheitliche Diskussions- und damit Steuerungsbasis zwischen Politik und Verwaltung ermöglicht worden.

4 Kritische Erfolgsfaktoren der Implementierung

Wenn die BSC mehr sein soll, als die einfache Einführung eines weiteren neuen Verwaltungsreform-Instruments aus der Privatwirtschaft, so müssen sich mit ihrer Einführung die Kernprozesse der Planung und Steuerung in der Kommunalverwaltung ändern. Damit eine ganzheitliche Verwaltungsreform gelingen kann, sind einige Schlüsselerfolgsfaktoren zu beachten:

- *Veränderung braucht Vision* – Veränderung verlangt einen hohen Einsatz aller Teile der Organisation. Die Organisationsmitglieder werden diesen Weg nur mitzugehen bereit sein, wenn ihnen das Ziel attraktiv genug erscheint und ihnen klar ist, was die Veränderung für sie persönlich bedeutet. Am Anfang des Transformationsprozesses muss unter den Entscheidungsträgern eine gemeinsame Vorstellung davon entwickelt werden, wohin sich die Organisation innerhalb welches Zeitrahmens entwickeln will. Diese Vision ist quasi der „Leit-Stern" der Reform. Die BSC-Einführung muss auf der bestehenden Ausgangssituation aufsetzen und als logischer nächster Schritt konzipiert sein. Standardvorgehensweisen, die dies nicht berücksichtigen, „überfahren" die beteiligten Akteure.

- *Veränderung braucht Führung* – Das Engagement und die Änderungsbereitschaft der Führungskräfte ist eine unabdingbare Voraussetzung für den Erfolg solch eines umfassenden Reformvorhabens. Die Führung kann sich zwar durch eigene Stäbe oder durch externe Berater Unterstützung holen. Die Formulierung von Zielen kann jedoch nicht delegiert werden, sondern ist Aufgabe der Führungskräfte der jeweiligen Ebenen. Anstoß und Initiative müssen zwingend von der Führungsspitze ausgehen. Ansonsten bleibt die Reform unglaubwürdig und undurchsetzbar.

- *Veränderung braucht offene Information und „internes Marketing"* – Veränderung verunsichert zunächst. Um Vertrauen zu schaffen und Missverständnisse zu verhindern, ist daher permanente, aktive Kommunikation auf allen Ebenen und mit allen Organisationsmitgliedern unabdinglich. Die Kommunikation muss dabei ehrlich mögliche Risiken der Reform aufzeigen. Sie sollte sich aber durchaus nicht auf reine Faktenübermittlung beschränken, sondern auch für das Reformvorhaben werben. Kommunikation muss Sicherheit im Wandel vermitteln.

- *Veränderung braucht Qualifizierung* – weil Veränderung ein Lernprozess ist und Fähigkeiten nicht verordnet werden können. Qualifizierung soll es allen Mitgliedern der Organisation ermöglichen, den Veränderungsprozess mitzugehen. Dabei hat es sich bewährt, die Lerninhalte nicht über abstrakte Schulungen und Lehrveranstaltungen, sondern schwerpunktmäßig durch konkretes Einüben des Planungs- und Steuerungsprozesses zu vermitteln.

- *Veränderung braucht Geschwindigkeit und Ausdauer* – Sobald das Konzept zur Einführung des neuen Management-Systems steht, sollte kraftvoll mit der Umsetzung begonnen und diese zügig und mit pragmatischer Vorgehensweise vorangetrieben werden. Ein straffes Projektmanagement mit klarem Zeitplan sowie ein transparentes Nachprüfen der erreichten Ergebnisse sind wesentliche Erfolgsvoraussetzungen. Die größte Gefahr ist es, auf halber Strecke stehen zu bleiben bzw. ein „ewiges Leben auf der Baustelle" zu fristen. Greifbare Zwischenerfolge sind wichtige Motivatoren, um die „Mühen der Reformebene" durchzuhalten.

Eine Organisation gleicht einem Eisberg, bei dem nur die Spitze an die Oberfläche ragt. Durch die Reform von Organisationsprozessen und Strukturen, durch Qualifizierungs- und Kommunikationsmaßnahmen lässt sich die Oberfläche gezielt und in einem relativ kurzen Zeitrahmen (i.d.R. unter einem Jahr) beeinflussen. Damit ist die

Voraussetzung für eine sich anschließende und erst mittel- bis langfristig zu erreichende Veränderung der Tiefenstruktur, d.h. der Organisationskultur, geschaffen, der es aber zwingend bedarf, um ein neues Management-System wirklich „zum Leben zu erwecken".

5 Kritische Würdigung der Projekterfahrungen

Wie die Beispiele zeigen, ist die Balanced-Scorecard-Methodik besonders für den großflächigen Einsatz im kommunalen Bereich geeignet. Sie fungiert als einheitliches Management-System einer diversifizierten Großorganisation und lässt gleichzeitig den einzelnen Ämtern (und auch den Eigenbetrieben und Beteiligungsunternehmen der Stadt) den notwendigen Freiraum für die individuellen Steuerungsanforderungen. Die Methodik ist für Mitarbeiter und politische Entscheidungsträger ohne betriebswirtschaftliches Vorwissen verständlich und schafft eine einheitliche Sprache. Dadurch wird eine breite Mitwirkung bei der Planung und Steuerung möglich. Die Mitarbeitermotivation steigt und die geplanten Ziele werden dementsprechend besser umgesetzt. Insoweit sind die Ausgangsvoraussetzungen für eine wesentliche Verbesserung des Verwaltungsmanagements günstiger als im „Instrumentendschungel" anderer Steuerungsmodelle.

Ergebnis der BSC-Einführung in Stuttgart ist, dass zwischen Politik und Verwaltung eine „Win-Win-Situation" im Verwaltungsmanagement entstanden ist:

- Durch eine stärkere Ausrichtung des Gesamtsystems auf die Zielplanung statt auf Ad-hoc-Handeln werden Abstimmungen und Entscheidungen vorverlagert. Dadurch fällt ein geringerer Aufwand für die laufende Steuerung an.
- Die Verknüpfung von Finanz- bzw. Ressourcenplanung mit Zielen und Leistungen/Qualitäten ermöglicht gerade in Zeiten beschränkter finanzieller Mittel eine gezieltere Prioritätensetzung.
- Die bislang häufig vermisste Verbindlichkeit wird durch den Abschluss von Zielvereinbarungen auf BSC-Basis geschaffen.
- Klare Festlegung der Verfahrensregeln und einheitliche Standards schaffen Verlässlichkeit. Im Ergebnis werden die erbrachten Leistungen transparenter und damit verwaltungsintern und an die Öffentlichkeit kommunizierbar.

Ein weiteres Ergebnis einer BSC-Einführung des Projekts sind gemeinsame Planungen zwischen Politik und Verwaltung. Die BSC ermöglicht eine Veränderung des Verhältnisses von Rat und Verwaltung. Die Fraktionen erarbeiten mit den Ämtern und Eigenbetrieben zusammen in einem Workshop Ziele, Messgrößen und Zielwerte. Ohne die mit der Einführung der BSC einhergehende größere Transparenz des Verwaltungshandelns über die Jahresprogramme und Berichte wäre das jedoch nicht möglich gewesen. Damit wurden auch die theoretischen Diskussionen um strategische und operative Planung und Steuerung „entmystifiziert", weil diese Abgrenzung in der politischen Realität so trennscharf gar nicht vorgenommen werden kann.

Die Einführung des neuen Management-Systems stößt damit allerdings zum Kern der Verwaltungssteuerung vor und erfordert zur Entfaltung seiner Wirksamkeit neben der instrumentellen Umsetzung auch eine Veränderung im Denken. Dementsprechend zielt eine reine Instrumenteneinführung auch nicht auf die wirkliche Behebung der Defizite im Management einer Großstadt, die ganz wesentlich auch von traditionellen Verhaltensmustern und einer Misstrauenskultur zwischen Rat und Verwaltung geprägt sind. Entscheidend ist also, wie das neue System gelebt wird und wie der Übergangszeitraum vom alten zum neuen System gestaltet wird.

So führt die Einführung des Systems zu Beginn zu einem Mehraufwand für Planung und Steuerung. Erst wenn das neue System von allen Beteiligten verinnerlicht wird, werden die Entlastungen durch ein stadtweit einheitliches Verfahren und die Effizienzsteigerungen realisiert. Die Einführung eines neuen Management-Systems bewirkt bei den Nutzern Unsicherheit und bringt auch, bei auf den ersten Blick positiven Entwicklungen, bestimmte Kehrseiten mit sich, mit denen konstruktiv umgegangen werden muss. So wird beispielsweise in den Ämtern und Beteiligungen befürchtet, dass nachhaltbare Ziele und transparente Maßnahmenpakete dazu führen, dass Politik und Verwaltungsspitze künftig noch stärker in das operative Geschäft „hineinregieren". Gleichzeitig fürchten Politik und Verwaltungsspitze, dass ihr Einfluss schwinden könnte, da sie künftig über wenige, dafür aber strategische Ziele führen und damit den Ämtern und Beteiligungen größere Eigenständigkeit im operativen Bereich zugestehen sollen. Erst im täglichen Einsatz können beide Seiten realisieren, dass die Kombination von größerer Verbindlichkeit bei strategischen Zielen und größeren Handlungsfreiräumen bei operativen Zielen für alle Beteiligten eine Win-Win-Situation darstellt, die sich in der Privatwirtschaft schon seit längerem durchgesetzt hat.

Um dieses Ziel zu erreichen, muss im täglichen Umgang allmählich Vertrauen für das neue Instrumentarium aufgebaut und der Einhaltung der „Spielregeln" besondere Aufmerksamkeit geschenkt werden. Voraussetzung ist jedoch eine kompakte, schnelle und flächendeckende Einführung, um nicht die „Vorreiter" zu bestrafen, indem sie sich messbar machen. Gerade auch das Thema größerer Transparenz hat zu zwiespältigen Reaktionen geführt: Obwohl erklärtes Ziel aller Beteiligten, merken die „Könige der Intransparenz" als „Gewinnler" des bisherigen Systems, dass sie zu Verlierern werden können und versuchen, entsprechend gegenzusteuern. Sie kämpfen mit Macht gegen die Transparenz und gegen das System. Dabei gibt es teilweise aberwitzige Allianzen mit Personen, die aus ganz anderen Gründen gegen das System sind.

Dennoch ist die Einführung eines BSC-basierten, zielorientierten Steuerungssystems der Pfad, der zu einer nachhaltigen Verbesserung des Verwaltungsmanagements führt. Dabei muss berücksichtigt werden, dass mehrere Jahrzehnte „alte" Steuerung nicht in einem oder zwei Jahren durch eine neue zielorientierte Steuerung ersetzt werden kann. Aber der Anker ist geworfen und setzt sich langsam aber nachhaltig fest.

6 Resümee zur kommunalen Steuerung mit Hilfe der Balanced Scorecard

Die Erfahrungen lassen den Schluss zu, dass die Balanced Scorecards grundsätzlich ein geeigneter Ansatz sind, um die ergebnisorientierte Steuerung der Kommunen weiter voranzubringen. Dabei darf allerdings nicht der Fehler begangen werden, die kommunale Steuerung primär als eine instrumentelle Frage zu betrachten. Entscheidender noch als die Instrumente sind die erforderlichen Veränderungen in Verhaltens- und Denkstrukturen. In diesem Sinne stellen auch die Balanced Scorecards kein Allheilmittel dar. Damit sich die angestrebten Ergebnisse einstellen, muss das Instrumentarium mit Leben gefüllt und in Politik und Verwaltung stärker über Ziele gesteuert und argumentiert werden.

Darüber hinaus ist eine professionelle großflächige Einführung ebenso notwendig wie eine nachhaltige Veränderung der Verhaltensmuster. Selbst dann sind erhebliche Anstrengungen notwendig, damit das neue Steuerungssystem die seit Jahrzehnten vorherrschende alte Steuerungskultur nachhaltig ablösen und zu den erforderlichen Ergebniseffekten führen kann. Die Kommunen sollten sich der Herausforderung stellen, um die notwendigen und möglichen Resultate im Sinne ihrer Einwohner und Unternehmen zu erreichen.

7 Literaturverzeichnis

Banner, G. (1991): Von der Behörde zum Dienstleistungsunternehmen: Die Kommunen brauchen ein neues Steuerungsmodell, in: VOP, 13. Jahrgang, Nr.1, S. 6 – 11.

Der Magistrat, Stadtkämmerei (Hrsg.) (2000): „Output City. Frankfurt geht neue Wege in der Steuerung der kommunalen Dienstleistungen".

Drucksache 14/4356 des Hessischen Landtags (1998), S. 8 f. (für ein Beispiel der Gewichtung der einzelnen Messgrößen eines Zielerreichungsgrads).

Grömig, E. (2001): Reform der Verwaltungen vor allem wegen Finanzkrise und überholter Strukturen, in: Der Städtetag, Nr. 3, S. 11 – 18.

Grömig, E./Gruner, K. (1998): Reform in den Rathäusern – Neueste Umfrage des Deutschen Städtetages, in: Der Städtetag, Nr. 8, S. 581 – 587.

Grömig, E./Thielen, H. (1996): Städte auf dem Reformweg. Zum Stand der Verwaltungsmodernisierung, in: Der Städtetag, Nr. 9, S. 596 – 600.

Kaplan, R. S./Norton, D. P. (1992): The Balanced Scorecard – Measures that Drive Performance, in: Harvard Business Review, January – February, S. 71 – 79.

Kaplan, R. S./Norton, D. P. (1996): Using the Balanced Scorecard as a Strategic Management System, in: Harvard Business Review, January – February, S. 75 – 85.

Kaplan, R. S./Norton, D. P. (2001): The Strategy Focused Organization: How Balanced Scorecard Companies Thrive in the New Business Environment, Cambridge (Mass.).

KGST (1991): Dezentrale Ressourcenverantwortung: Überlegungen zu einem neuen Steuerungsmodell, KGSt-Bericht, Nr. 12, Köln.

KGSt (1998): Kontraktmanagement – Steuerung über Zielvereinbarungen, KGSt-Bericht, Nr. 4, Köln.

Reichard, C. (1997): Deutsche Trends der kommunalen Verwaltungsmodernisierung, in: Naschold, F./Oppen, M./Wegener, A. (Hrsg.): Innovative Kommunen, Stuttgart, Berlin etc., S. 49 – 74.

Frank Hippler/Guido Benzler[*]

Balanced Scorecard als Instrument des Controlling in der Bundeswehr am Beispiel des Heeres

1 Einleitung

2 Controlling und BSC im Heer
    2.1 Controlling-Grundverständnis des Heeres
    2.2 Ebenen, System und Instrumente des Controlling
    2.3 Zielsystem und dessen Operationalisierung im Heer
    2.4 Scorecards der vier Perspektiven
    2.5 Berichtswesen des Divisions-Balanced-Scorecard-Systems

3 Ausblick und weiterer Entwicklungspfad der BSC im Heer

4 Literaturverzeichnis

---

[*] Dr. Frank Hippler, Arthur Andersen Business Consulting, Frankfurt a.M./Eschborn, Dr. Guido Benzler, Arthur Andersen Business Consulting, Düsseldorf.

1 Einleitung

Aufgrund der strukturpolitischen Veränderungen und der bisher stetigen Verringerung des Verteidigungshaushalts gewinnt das betriebswirtschaftliche Denken in der Bundeswehr seit Beginn der 90er Jahre stetig an Bedeutung. Anlässlich einer Pressekonferenz im Jahre 1999 forderte beispielsweise Bundesminister Scharping, dass bis spätestens 2004 75% aller Dienststellen und 90% des Personalbestandes nach betriebswirtschaftlichen Grundsätzen zu führen sind. Im Bericht der Kommission „*Gemeinsame Sicherheit und Zukunft*" vom März 2000 wird die Einführung eines ganzheitlichen Controlling als Voraussetzung für das Gelingen der aktuellen Bundeswehrreform beschrieben (vgl. Weizsäcker 2000, S. 125 f.). Fragen nach Effektivität und Effizienz gewinnen somit auch im System Bundeswehr an Bedeutung.[1]

Das aktuelle organisatorische Umfeld im Rahmen der Entwicklung von Controllinginstrumenten im Heer stellt sich dabei aktuell wie folgt dar:

Ein Bundesminister sowie jeweils zwei parlamentarische und beamtete Staatssekretäre bilden die Leitung des Bundesverteidigungsministeriums (BMVg). Im Frieden ist der Bundesverteidigungsminister Inhaber der Befehls- und Kommandogewalt über die Streitkräfte. Unterhalb der Leitungsebene gliedert sich das BMVg in einen militärischen Bereich mit sechs Führungsstäben, die Hauptabteilung Rüstung sowie einen zentralen administrativen Bereich mit vier zivilen Abteilungen.[2]

Das BMVg wird aktuell im Rahmen der Reform der Bundeswehr neu ausgerichtet.[3] Seine künftige Organisationsstruktur orientiert sich dabei an den Leitgedanken übergreifender Aufgabenwahrnehmung sowie an Effizienz und Wirtschaftlichkeit. Diese soll durch die Zusammenfassung bislang zersplitterter Aufgaben und Zuständigkeiten erreicht werden. Unter anderem wurde ein neuer Stab Controlling zur Unterstützung der Leitung bei der zentralen Steuerung und der Umsetzung langfristiger Zielsetzungen installiert.

Da sich dieser Beitrag ausschließlich auf betriebswirtschaftliche Entwicklungen innerhalb des Heeres konzentriert, beziehen sich auch alle weiteren Ausführungen zur Organisation und Gliederung der Bundeswehr auf diese Teilstreitkraft. Den für die weiteren Ausführungen hinsichtlich der Entwicklung einer Balanced-Scorecard

---

[1] Für eine ausführliche Darstellung der Entwicklung von Controlling-Instrumenten ab Gründung der *Arbeitsgruppe Aufwandsbegrenzung im Betrieb (AGAB)* vgl. bspw. Hippler 2001, S. 55 ff.

[2] Vgl. http://www.bundeswehr.de/ministerium/organisation/index.html zu allen Fragen der Organisation und Aufgabenwahrnehmung auf ministerieller Ebene des BMVg.

[3] Vgl. http://www.bundeswehr.de/ministerium/organisation/neue_bmvg_struktur.html sowie BMVg 2000.

(BSC) auf Divisionsebene relevanten Teil der militärischen Aufbauorganisationen des Heeres verdeutlicht Abbildung 1 anhand der dicken Umrandung.

Im Frieden unterstehen dem Inspekteur des Heeres direkt das Heeresführungskommando (HFüKdo) sowie das Heeresamt (HA). Diese stellen die Hierarchieebene der höheren Kommandobehörden des Heeres dar. Der Inspekteur ist zugleich Abteilungsleiter im BMVg. Unterstützt in allen seinen Aufgaben wird er dabei vom Führungsstab des Heeres (FüH).[4]

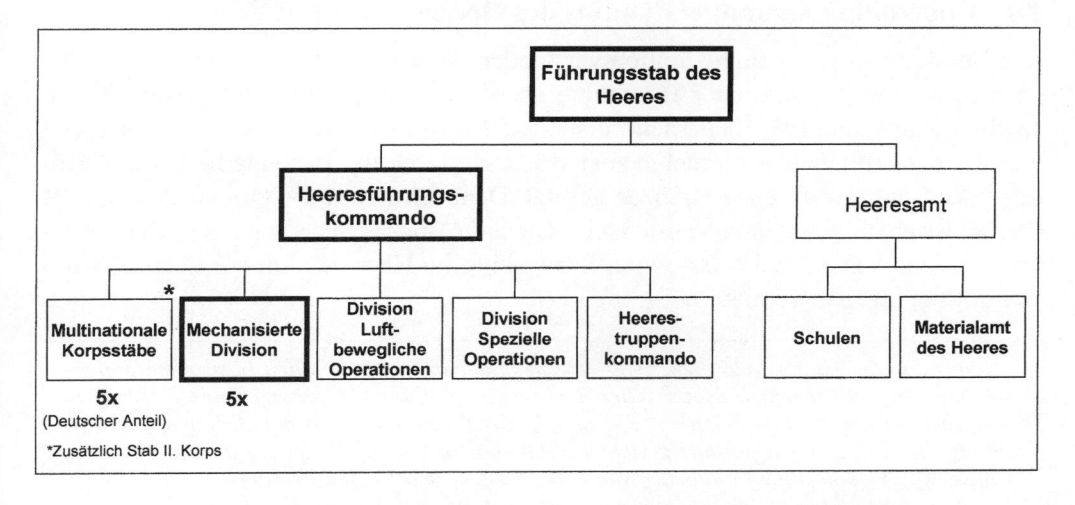

Abbildung 1: Auszug Aufbauorganisation des Heeres (Quelle: BMVg 2000, S. 14)

Die in diesem Beitrag dargestellte konzeptionelle Entwicklung einer Balanced-Scorecard setzt dabei auf der Ebene einer *Mechanisierten Division* (vgl. Abbildung 1) sowie deren nachgeordneten Bereich an.

Inzwischen ist die BSC als methodischer Kern für die Entwicklungen von Controlling-Instrumenten im Heer anerkannt. Aktuell existiert jedoch keine für die Divisionsebene konzipierte und implementierte BSC. Die Inhalte dieses Beitrags basieren daher auf konzeptionellen Überlegungen, die im Rahmen verschiedenster Controlling-Projekte zur *Einführung der Kosten- und Leistungsverantwortung im Heer* erarbeitet wurden und primär dazu dienten, die Sinnhaftigkeit des BSC-Ansatzes als zentrales Controlling-Instrument des Heeres am Beispiel einer Division zu verdeutlichen.

---

[4] Vgl. http://heer.bundeswehr.de/ für Detailinformationen aus dem Bereich des Heeres.

2 Controlling und BSC im Heer

> *„A business is not defined by its name, status or articles of incorporation. It is defined by the business mission. Only a clear definition of the mission and purpose of the organization makes possible clear and realistic business objectives."*
>
> Peter Drucker

2.1 Controlling-Grundverständnis des Heeres

Die Bundeswehr kann als Institution verstanden werden, die Produktionsfaktoren beschafft, kombiniert und unter Beachtung des Prinzips der Wirtschaftlichkeit das öffentliche Gut „(äußere) Sicherheit" erstellt. Dem direkten Vergleich mit einem (erwerbswirtschaftlichen) Unternehmen sind jedoch durch die Besonderheiten des Auftrags der Bundeswehr enge Grenzen gesetzt. Dennoch liefert die Orientierung an der Privatwirtschaft Ansatzpunkte für eine effiziente Bundeswehrsteuerung. Die daraus resultierende Vision und Mission des Controlling im Heer ist in der Weisung für das Controlling im Heer verankert:

> *„Controlling im Heer ist ein Steuerungsinstrument der Führung auf allen Ebenen zur Sicherstellung eines **effizienten Einsatzes aller Ressourcen [...], um ein vorgegebenes Ziel [...]** zu erreichen. Es umfasst grundsätzlich alle Bereiche der Führung und bündelt alle auf die Verbesserung des Zielerreichungsgrades gerichteten Aktivitäten. Controlling als ganzheitlicher Ansatz umfasst auch Controlling im Rahmen von KLV [Kosten- und Leistungsverantwortung; Anm. d. Verf.]; es erhält daraus wichtige Informationen zum wirtschaftlichen Ressourceneinsatz. In diesem Sinne präzisiert, konkretisiert und optimiert Controlling die Tätigkeiten im bewährten Führungsprozess [...] Controlling ergänzt somit auch die Dienstaufsicht und liefert Grundlagen für Führungsentscheidungen und Maßnahmen."*[5]

Controlling ist somit ein betriebswirtschaftliches Instrument, welches durch die Anwendung von entscheidungs- und verhaltensorientierten Informationen den Führungsprozess unterstützt. Es ermöglicht dem militärischen Führer somit eine bedarfs-, qualitäts- und zeitgerechte Auftrags- und Aufgabenwahrnehmung bei optimalem Einsatz von Ressourcen sowie effizienten Organisationsstrukturen und Arbeitsabläufen. Controlling unterstützt eine optimale Zielsetzung und eine maximale Zielerreichung durch Analysen, Bewertung, Beratung und Motivation der Soldaten. Darüber hinaus leistet das Controlling auch einen Beitrag im Rahmen der Organisationsentwicklung. Der wesentliche Beitrag eines Controlling ist somit eine breitgefächerte Unterstützung der militärischen Führung (vgl. Abbildung 2).[6]

---

[5] BMVg – InspH – FüH I 5 – Az 10-02-05 vom 22.04.99 (Weisung für das Controlling im Heer).
[6] Vgl. stellvertretend Theisen/von der Linden 2001.

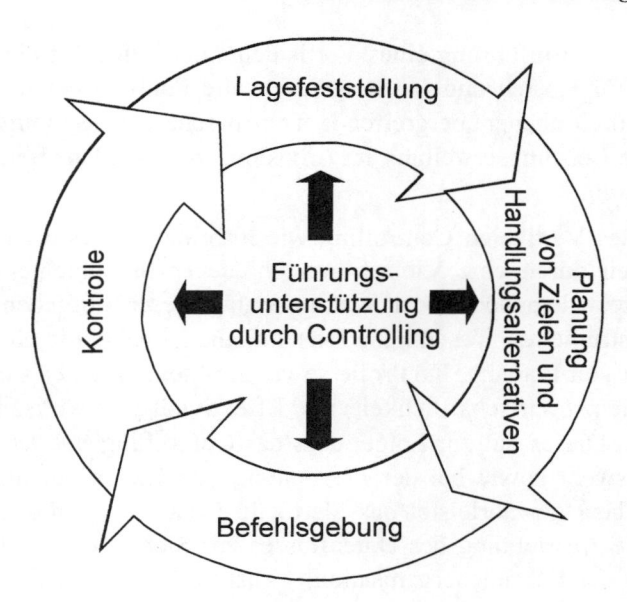

Abbildung 2: Controlling unterstützt alle Phasen des militärischen Führungsvorganges (Quelle: Arthur Andersen Business Consulting)

Die Zielorientierung militärischen Handelns und damit das Prinzip der Auftragstaktik ist zentrales inhaltliches Element des Controllingverständnisses. Eine ausschließliche Kostenorientierung der im Rahmen des Controlling-Systems zu generierenden Daten würde keinen ausreichenden Nutzen für Anwender und militärische Führer des Heeres aufweisen.

Der hier dargestellte Ansatz versteht Controlling als Handlungsanalyse und Handlungssteuerung in der Form einer Konkretisierung des Steuerungszusammenhangs zwischen operationalisierten Zielen und zielführenden Maßnahmen. Controlling wird damit ein integrativer Bestandteil des militärischen Führungsprozesses.

2.2 Ebenen, System und Instrumente des Controlling

2.2.1 Ebenen des Controlling

Gemäß dem o.a. Grundverständnis hat Controlling die Unterstützung der auf Wirksamkeit und Wirtschaftlichkeit ausgerichteten Führung zu gewährleisten. Führung vollzieht sich nicht nur ebenenübergreifend (vertikal), sondern auch fachübergreifend (horizontal).

Die Zielsetzung der Einführung eines Vertikalen Controlling[7] ist die Ausweitung der Verantwortung für Kosten und Leistungen auf alle Führungsebenen (vertikale Ausrichtung), um durch ebenenübergreifende Transparenz den Ressourcenverbrauch im Hinblick auf die Leistungserstellung im (divisionsumfassenden) Betrieb der Bundeswehr zu optimieren.

Die Aufgaben des Vertikalen Controlling wie Informationsversorgung, Planung und Kontrolle werden durch eine Vielzahl verschiedener Instrumente wahrgenommen. Controlling besteht demnach in der Wahrnehmung dieser Aufgaben und in der Anwendung der Instrumente. Wesentliche Kernaufgabe ist dabei die ebenenübergreifende Koordination von Planung, Kontrolle sowie der Steuerung der zur Erreichung betrieblicher Effizienz (Wirtschaftlichkeit) und Effektivität (Zielwirksamkeit) festgelegten Maßnahmen. Dieses hat zur Folge, dass das Controlling bei der Leistungserstellung der Bundeswehr sowie bei der Erarbeitung von Zielen auf allen Ebenen mitwirkt. Parallel dazu gewährleistet das Vertikale Controlling eine laufende, an den Zielen orientierte Ausrichtung des Datenflusses zur Sicherstellung der Planungsaufgaben innerhalb der Führungsorganisation. Es ist darüber hinaus verantwortlich für die entsprechenden Auswertungen des Datenmaterials, u.a. aus der Kosten- und Leistungsrechnung, zur Kontrolle und Steuerung des Betriebsgeschehens.

Im Rahmen dieser ebenenübergreifenden Koordinationsfunktion muss das Vertikale Controlling bewirken, dass die Ziele der verschiedenen Führungsebenen eindeutig formuliert und systematisch messbar sowie erreichbar sind und einem Verantwortlichen mit einer Zeitvorgabe zur Zielerreichung zugeordnet werden können. Darüber hinaus ist es erforderlich, dass in allen Bereichen der Organisation anhand der angestrebten Ziele Handlungsalternativen ausgewählt und entwickelt werden. Die prognostizierten Ergebnisse dieser Handlungsalternativen sind in den Planungsprozess einzubeziehen. Anhand einer so vorgegebenen Planung ist der Betrieb derart zu steuern, dass frühzeitig bei erkennbaren Abweichungen Maßnahmen zur Gegensteuerung ergriffen werden können, welche ggf. zu einem erneuten Planungsprozess führen. Im Gesamtkontext des Controlling im Heer kommt dem Vertikalen Controlling eine besondere Bedeutung zu. Das Controllingverständnis des Heeres beinhaltet nicht nur eine Effizienzbetrachtung militärischer Leistungserbringung, sondern fordert darüber hinaus eine Auseinandersetzung mit definierten Zielen. Es bedarf der konsequenten Herstellung und Konkretisierung eines Steuerungszusammenhangs zwischen Zielen und Maßnahmen.

---

[7] Der Begriff *Vertikales Controlling* wurde als Arbeitsbegriff im Rahmen der Erarbeitung eines ebenenübergreifenden Controllingansatzes im Bereich des Heeresführungskommandos verwendet; vgl. bspw. Theisen/von der Linden 2001.

2.2.2 System des Controlling

Die skizzierte Unterstützung des Führungsvorgangs (vgl. Abbildung 2) leistet das Controlling mit folgenden Beiträgen:

Das *Messsystem* des Controlling unterstützt die Lagefeststellung mit quantifizierten Daten, im Wesentlichen mit Basisdaten und verdichteten Daten der Bereiche Kosten (bewerteter Ressourcenverbrauch), Leistungen (Maßnahmenqualität und Zielerreichung) und Rahmenbedingungen.

Das *Analysesystem* des Controlling liefert Beiträge zur Planung von Zielen und Handlungsmöglichkeiten mittels Daten und Instrumenten zur Unterstützung der Lagebeurteilung und Entschlussfassung.

Das *Gestaltungssystem* des Controlling bietet Instrumente an, um mit aktiver Einflussnahme die eigenen Fähigkeiten zu verbessern, d.h. die Leistung des unterstellten Bereichs unter Beachtung der Wirtschaftlichkeit zu steigern.

Schließlich integriert das *Informationssystem* die Daten der Mess-, Analyse- und Gestaltungssysteme zu einer aufgaben-, lage- und zeitgerechten Informationsversorgung der Controller und der Führungskräfte aller Ebenen. Wesentliche Elemente des Informationssystems sind *Kennzahlen* und deren Bereitstellung im Rahmen des *Berichtswesens*. Abbildung 3 veranschaulicht diese Zusammenhänge.

2.2.3 Balanced-Scorecard als Instrument des Controlling

Die Balanced Scorecard (BSC) ist eine Methode zur Erarbeitung und Kommunikation einer Mission, einer Vision und daraus abgeleiteten Strategien. Die BSC soll allen Beteiligten mit Hilfe geeigneter Kennzahlen konkret vermitteln, wie die (strategischen) Ziele mit der Mission und Vision, dem Leitbild des Unternehmens „Bundeswehr" zusammenhängen und wie sie praktisch für das Heer auf Divisionsebene umzusetzen sind.

Das „Balanced" in der Scorecard auf Divisionsebene bedeutet dabei Ausgewogenheit in zweifacher Hinsicht:

- in der Darstellung sowohl strategischer Daten (bspw. Ziele) als auch deren operativer Realisierung (bspw. Maßnahmen und sonstige Kennzahlen),
- in der „balancierten" Analyse, welche stets Kennzahlen einer Perspektive mit Kennzahlen der anderen Perspektiven in Beziehung setzt.

Mit der Balanced Scorecard der Division werden im weiteren folgende Intentionen verfolgt:

- Komplexität des Betriebsgeschehens erfassen und auf für alle Mitarbeiter transparente Schwerpunkte reduzieren,

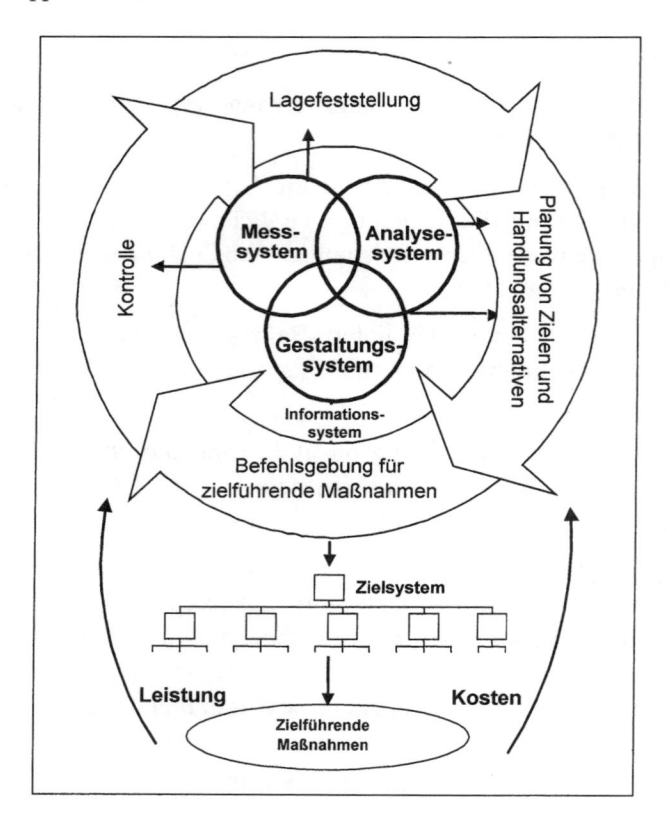

Abbildung 3: Mess-, Analyse , Gestaltung- und Informationssystem des Controlling (Quelle: Arthur Andersen Business Consulting)

- Visionen und daraus abgeleitete (strategische) Ziele messbar machen,
- jedem Mitarbeiter diese Ziele nahe bringen,
- Strategien im Truppenalltag verankern sowie Strategien den sich ändernden Rahmenbedingungen anpassen,
- Fähigkeiten der Organisationseinheiten ebenenübergreifend darzustellen und zu beurteilen,
- Steuerungszusammenhänge von Zielen und zielführenden Maßnahmen mit Leistungs- und Kostendaten darzustellen,
- Effektivität (Wirkung im Ziel; die richtigen Dinge tun) und Effizienz (Verhältnis von Zielerreichung und Aufwand/Kosten; die Dinge richtig tun) aufzeigen und beurteilen.

Der Kommandeur einer Division trifft eine Vielzahl von Führungsentscheidungen mit direkten und indirekten Auswirkungen auf seinen unterstellten Bereich. Beispiele hierfür sind:

- *Zielsetzung:* Erhöhung Ausbildungstand für internationale Einsätze,
- *Planung:* Divisionsübungen (Umfang, Ort, Zeit),
- *Entscheidung:* Umfang, Ort, Zeit und Ressourcen,
- *Steuerung:* Budgetverteilung bei festgelegtem Ausbildungsumfang,
- *Kontrolle:* Gezielte Dienstaufsicht sowie Fokussierung auf Schwachstellen.

Ziel von Führungsentscheidungen ist die Gestaltung der Einsatzbereitschaft der Division über die Zeit und beinhaltet eine Auswahl aus verschiedenen Handlungsalternativen. Um die Auswahl zwischen gegebenen Entscheidungsalternativen möglichst unter Kosten-Nutzen-Relationen treffen zu können, bedarf es einer qualitativen Unterstützung der Führung. Die führungsrelevanten Informationen werden im Balanced-Scorecard-Ansatz auf Divisionsebene differenziert in den Kategorien Leistungsbasis, Leistungserstellung, Leistungsergebnis und Kosten/Haushaltsmittel abgebildet.

Wie diese vier Kategorien inhaltlich die Perspektiven des BSC-Ansatzes abbilden, zeigt der nächste Abschnitt.

2.2.4 Aufbau der Balanced-Scorecard für einen militärischen Großverband

Im Rahmen der Entwicklung einer militärischen BSC und deren Perspektiven sind zunächst gewisse Unterschiede zu zivilen Unternehmen festzustellen. Die Organisationsziele der Bundeswehr sind nicht durch monetäre Größen, sondern durch die Erreichung von festgelegten Graden an Einsatzbereitschaft einzelner militärischer Organisationseinheiten bestimmt. Die Bundeswehr bietet ein „öffentliches Gut" an. Ein freier Markt, auf dem die Bundeswehr ihre Produkte positionieren und verkaufen muss, existiert nicht. Die klassische Produzent/Dienstleister-Kunden-Beziehung kann demnach den Betrachtungen nicht zugrunde gelegt werden. Nur interne Kundenbeziehungen zwischen militärischen Organisationseinheiten sind denkbar.[8]

Die Haushaltssystematik des Bundes ist auch für die Bundeswehr als verpflichtend anzusehen. Verfahren zur Ausgestaltung der Kosten- und Leistungsverantwortung können hingegen in den einzelnen Organisationsbereichen bestimmt werden.

Ein Teil der Bundeswehrangehörigen unterliegt der gesetzlichen Wehrpflicht. Die Anzahl an freiwillig längerdienenden Wehrpflichtigen, Zeit- und Berufssoldaten ist in Haushaltsplänen festgelegt und kurzfristig nicht beeinflussbar. Vision und Strategie

---

[8] In diesem Zusammenhang spielen nationalstaatliche Überlegungen keine Rolle. Eine ausländische Armee und deren Einheiten sind ebenso als interne Kunden anzusehen.

sind aufgrund des Primats der Politik anhand von Gesetzen und Weisungen geregelt. Diese Regelungen bilden die Grundlage für die Formulierung des Auftrages an die Bundeswehr. Deshalb muss der jeweilige Auftrag einer militärischen Organisationseinheit immer ihr Denken und Handeln bestimmen. Er ist das Kriterium, an dem sich alle Maßnahmen messen lassen müssen.[9]

Aufbauend auf diesen Grundüberlegungen entstanden vier Perspektiven[10] einer auf die spezifischen Belange militärischer Organisationseinheiten abgestimmten BSC:[11]

Perspektive *Leistungsergebnis:*	Bildet den auf die Einsatzbereitschaft bezogenen Leistungsstand der Truppe ab.
Perspektive *Leistungserstellung:*	Weist den personellen und materiellen Ressourceneinsatz (Input) für die erzielten Leistungsergebnisse nach.
Perspektive *Leistungsbasis:*	Beschreibt den personellen, materiellen und finanziellen Rahmen, der grundsätzlich in der Truppe für die Erreichung der Leistungsergebnisse zur Verfügung steht.
Perspektive *Kosten-/Haushaltsmittel:*	Zeigt den monetär bewerteten Ressourcenverbrauch für die Leistungsergebnisse auf.

Jede Perspektive des BSC-Ansatzes unterstützt dabei den Führungsprozess. Alle Perspektiven sind miteinander verflochten und müssen daher immer in Abhängigkeit voneinander dargestellt werden (vgl. Abbildung 4).

---

[9] Zur militärischen Definition von strategisch und operativ vgl. Millotat/Roth 1998. Militärstrategie an sich kann als Teil einer nationalen/multinationalen Strategie verstanden werden, die sich sowohl auf die Entwicklung militärischer Macht (Streitkräfteplanung) als auch auf ihre Anwendung zur Erreichung nationaler Ziele (operative Planung/Führungsentscheidungen) bzw. der Ziele einer Staatengruppe bezieht.

[10] Grundsätzlich besteht die Möglichkeit zur Anpassung der Balanced Scorecard und ihrer Perspektiven an die Besonderheiten von Non-Profit-Organisationen; vgl. Haddad et al. 1998, S. 58 ff. sowie Berens et al. 2000, S. 25 ff. Für die Beibehaltung der klassischen Perspektiven auch für Non-Profit-Organisationen vgl. stellvertretend Norton/Kappler 2000, S. 18 f.

[11] Die skizzierte Entwicklung der Perspektiven fand im Rahmen des Projektes „Managementunterstützung zur Entwicklung und Umsetzung eines Konzepts für ein ebenengerechtes Controlling im Bereich WBK/Div und Einführung der Kosten- und Leistungsverantwortung bei WBK V/10.PzDiv" 1998-1999 statt und wurde im Rahmen der Projekte „Fortführung ebenengerechtes Controlling bei WBK VI/1.GebDiv" und „Controlling II.Korps" konzeptionell weiterentwickelt.

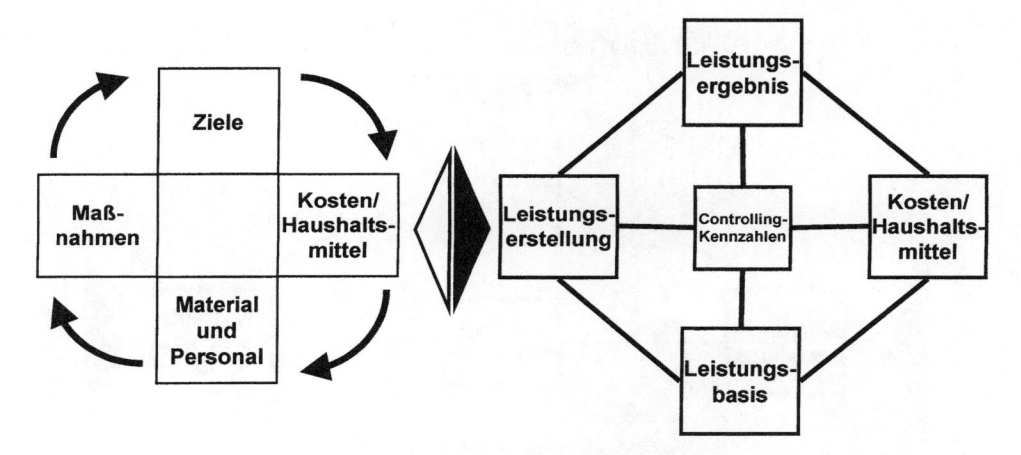

Abbildung 4: Entwicklungsschritte der BSC-Perspektiven (Quelle: in Anlehnung an Hippler 2001, S. 120)

So erhält die Führung einer militärischen Organisationseinheit Informationen über das zielbezogene Leistungsergebnis. Auf der Kosten-/Haushaltsmittel-Seite wird der ziel-/leistungsergebnisbezogene Ressourcenverbrauch monetär bewertet. Die Perspektive der Leistungsbasis gibt darüber hinaus Auskunft, in welchem Umfang Personal, Material und Haushaltsmittel grundsätzlich zur Verfügung standen. Zum jeweiligen Ziel/Leistungsergebnis wird der personelle Ressourceninput im Rahmen der Leistungserstellung nachgewiesen.

Analog zum originären BSC-Ansatz sind die Kennzahlen der Scorecards Kosten-/Haushaltsmittel, Leistungsbasis und Leistungserstellung immer mit einem oder mehreren Zielen der Perspektive Leistungsergebnis über Ursache-Wirkungsketten miteinander verbunden. Ausgangspunkt von Ursache-Wirkungsketten ist dabei immer der Auftrag einer militärischen Organisationseinheit.[12]

Durch die Verknüpfung der Perspektiven mit den dazu notwendigen Voraussetzungen zur weiteren inhaltlichen Erarbeitung ergeben sich allerdings auszugestaltende Rahmenbedingungen. Abbildung 5 fasst nochmals alle vier Perspektiven und die dazu auszugestaltenden Voraussetzungen (i.S.v. Rahmenbedingungen) zusammen.

---

[12] Auftrag steht hierbei im Kontext einer gewählten Unternehmensstrategie eines nicht-militärischen Bereiches.

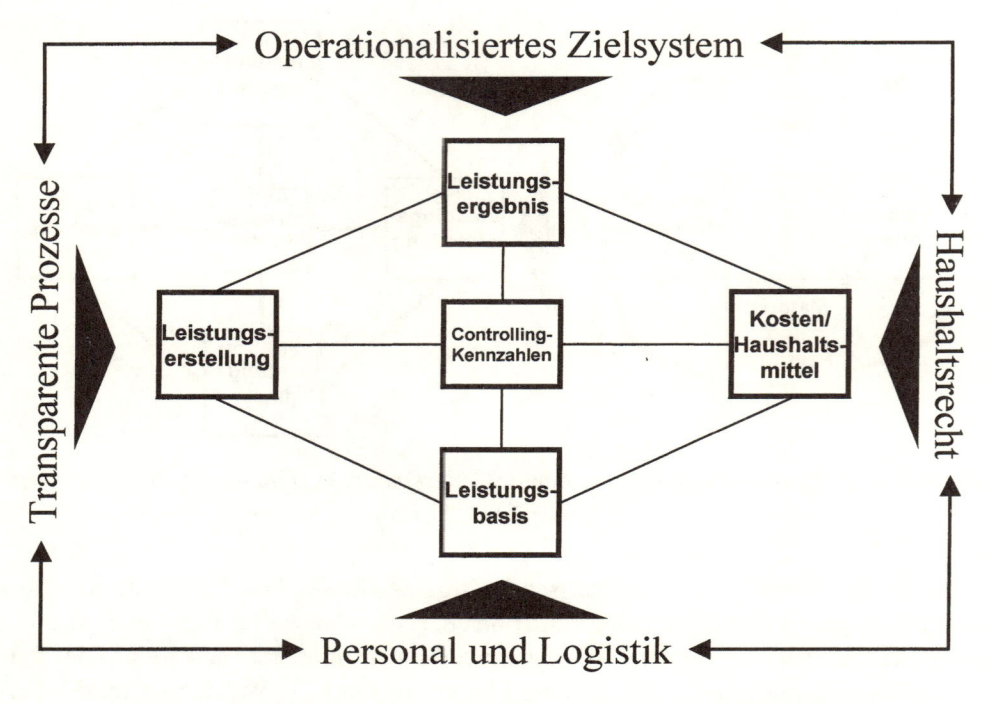

Abbildung 5: BSC-Bezugsrahmen (Quelle: vgl. Hippler 2001, S. 122)

Um zielbezogene Leistungsergebnisse militärischer Einheiten innerhalb der Perspektive *Leistungsergebnis* abbilden zu können, ist die Existenz eines durchgängigen Zielsystems von Divisionsebene an die militärischen Hierarchiestufen abwärts bis auf die Ebene der KLV-Dienststellen erforderlich. Die Perspektive *Kosten/Haushaltsmittel* ist per Definition eng mit dem gültigen Haushaltsrecht der öffentlichen Verwaltung verknüpft. Die für diese Perspektive funktionalen Voraussetzungen (Rahmenbedingungen) sind daher inhaltlich unter dem Begriff des Haushaltsrechts zu subsumieren. *Leistungsbasis* als dritte Perspektive der Balanced-Scorecard stützt sich im wesentlichen auf die Bereiche Personal und Logistik.

Im Rahmen der Realisierung sind daher Rahmenbedingungen zu formulieren, die beide Bereiche umfassen. Die Darstellung des im Prozess der zielbezogenen Leistungserstellung verwendeten Ressourceninputs ist Aufgabe der vierten Perspektive. Um den Ressourcenverbrauch auch verursachungsgerecht und zielbezogenen abbilden zu können, ist als erster Schritt Transparenz über alle Phasen des Prozesses zur militärischen *Leistungserstellung* zu schaffen. Die Rahmenbedingungen dieser Perspektive müssen dies sicherstellen.

Exemplarisch soll in diesem Beitrag die Perspektive *Leistungsergebnis* inklusive der zugehörigen Rahmenbedingung *Operationalisierung von Zielsystemen* für den Bereich einer Division des Heeres dargestellt werden.

2.3 Zielsystem und dessen Operationalisierung im Heer

Da die Kennzahlen aller Scorecards mit einem oder mehreren Zielen über Ursache-Wirkungsketten verbunden sein sollen, stellt das Operationalisieren von Zielen eine notwendige Bedingung und damit die wichtigste aller zu schaffenden Rahmenbedingungen dar. Für eine Anwendung des BSC-Ansatzes bedarf es daher im ersten Schritt der Operationalisierung von Zielen, die im Mittelpunkt des Divisionsführungsinteresses stehen und so die Endpunkte elementarer Ursache-Wirkungsketten darstellen. Konkret bedeutet dies die Entwicklung bzw. Überprüfung von Zielen, die militärische Führungsebenen aus den an sie gestellten Einsatzaufträgen ableiten. Sie dienen zur Orientierung bei Führungsentscheidungen und beschreiben Soll-Zustände, die durch zielgerichtetes Handeln in Form von bewusst gewählten Maßnahmen erreicht werden sollen.

Zielsysteme militärischer Organisationen weisen aufgrund ihrer generellen Ausrichtung an Einsatzbereitschaftsgraden einen hohen Anteil an subjektiv gestützten Werturteilen auf. Diese besondere Betonung subjektiver Kriterien muss in die Entwicklung eines militärischen Zielsystems einfließen.

2.3.1 Zielsystem einer Division

Ein Controlling-System im Heer soll als Steuerungselement der Führung insbesondere die Erreichung vorgegebener Ziele wie beispielsweise definierte Einsatzbereitschaftsgrade, Ausbildungshöhen und logistische Leistungen gewährleisten. Vor Evaluierung und näherer Bestimmung des Zielsystems ist zunächst der Begriff des „Ziels" zu klären. Unter Zielen werden im weiteren Verlauf der Arbeit angestrebte Soll-Zustände verstanden, die durch zielgerichtetes Handeln in Form von bewusst ausgewählten Maßnahmen erreicht werden sollen.[13]

Alle notwendigen Ziele zur Auftragserfüllung auf Divisionsebene haben ihren Ursprung innerhalb der Bundeswehr-Zielpyramide. Aus den Zielen der Bundeswehr leiten sich die Ziele des Heeres ab. Die Ziele des Heeres bestimmen wiederum das Kernziel der Divisionsebene. Nach der Bestimmung des Kernziels und der Oberziele der Division wurden Teilziele sowie die Bereichs- und Unterziele abgeleitet. Die fol-

---

[13] Zur Erfüllung von Zielen im Rahmen der militärischen Leistungserstellung, siehe auch Kirchhoff 1986, S. 838 f.

gende Abbildung 6 zeigt einen Ausschnitt des Divisions-Zielsystems als Beispiel für die Beschreibung und hierarchische Ordnung von Zielen:

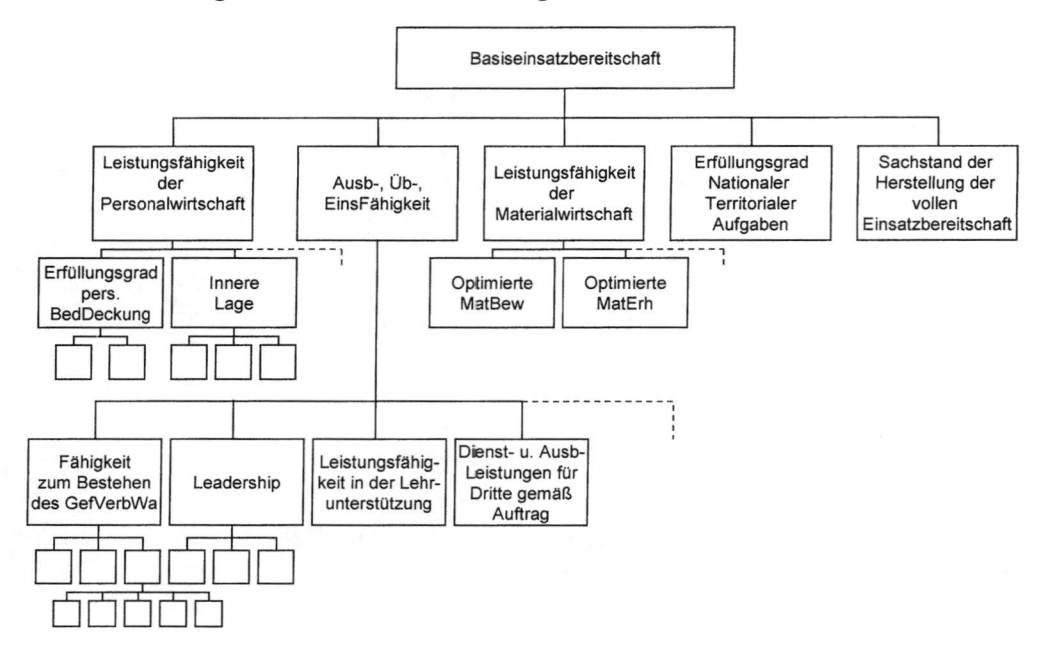

Abbildung 6: Auszug Zielsystem WBK/Div (Quelle: Arthur Andersen Business Consulting)

Als Maßstab der Leistungsbewertung dient dabei der Zielerrechnungsgrad jeder Zielebene. Abgeleitet davon werden Ausbildungs- und Übungsziele als Handlungsrichtschnur der jeweiligen Durchführungsebene vereinbart. Eine Zielerreichung wird so zum Erfolgsmaßstab für Führer und Truppe. Die genaue inhaltliche Definition von Zielerreichungsgraden wird unter dem Oberbegriff „Operationalisierung" subsumiert und ist Gegenstand des nächsten Abschnitts.

2.3.2 Operationalisierung von Zielen

Um ein Ziel bewerten zu können, müssen die untergeordneten Ziele *operationalisiert* werden.[14] Die Operationalisierung von Zielen bedeutet grundsätzlich, dass alle Ziele eines Zielsystems mittels bestimmter Merkmale konkretisiert werden. Diese Merkmale sind Zieladressat, -höhe, -inhalt, -maßnahme (inklusive Mess- und Beurteilungs-

---

[14] Unter „operationalisieren" ist dabei grundsätzlich die Herstellung von messbaren Ursache-Wirkungs-Zusammenhängen von Maßnahmen und Zielen zu verstehen.

vorschrift/-schema), -bezeichnung und -zeitpunkt. Für jedes Ziel der untersten Zielebene sind im Rahmen der Operationalisierung zunächst zielführende Maßnahmen zu bestimmen. Zielführende Maßnahmen sind auch wiederum mittels bestimmter Merkmale zu konkretisieren.

Um danach den Beitrag einer zielführenden Maßnahme zu einem Ziel zu bestimmen, sind zahlreiche Operationalisierungsschritte erforderlich. Die Operationalisierung von Zielen der untersten Zielebenen erfolgt durch ein definiertes Beurteilungsschema aller zielführenden Maßnahmen. Jedes Ziel der untersten Zielebene wird durch zielgerichtetes Handeln, d.h. konkrete Maßnahmen, erreicht. Um die Maßnahmen hinsichtlich ihres Ergebnisses und damit ihres Zielbeitrags beurteilen zu können, wird jede Maßnahme anhand von einem oder mehreren Erfolgskriterien definiert und gemessen, die ggf. zueinander gewichtet werden. Jedes Erfolgskriterium wird wiederum mittels einer Punkteskala mit max. 100 erreichbaren Punkten bewertet. Die Bewertung eines Bereichsziels setzt neben der Operationalisierung der untergeordneten Ziele auch deren Gewichtung voraus (vgl. Abbildung 7).

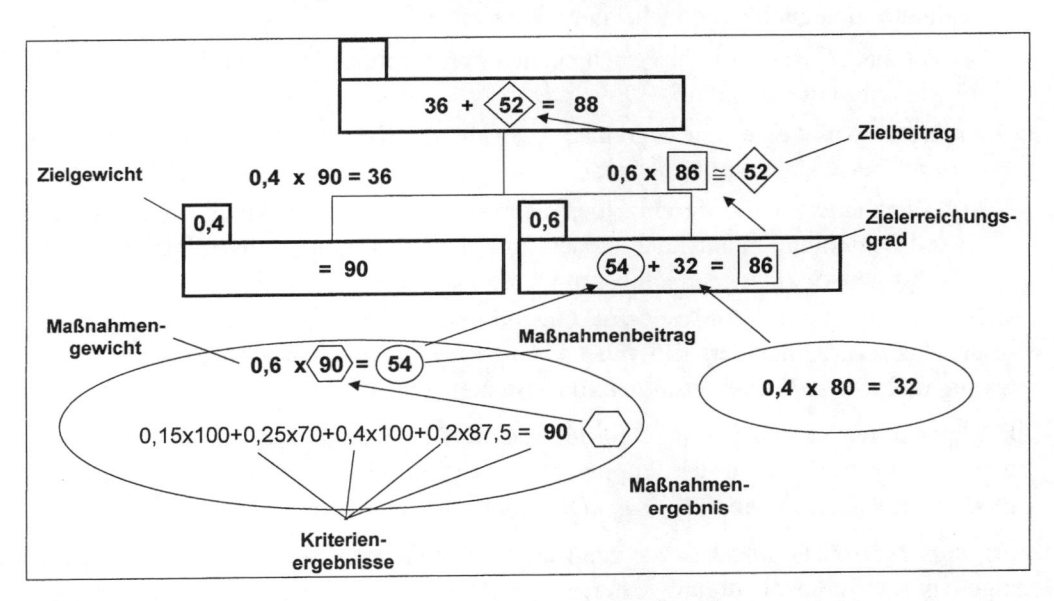

Abbildung 7: Prinzipskizze: Regelwerk und Begriffe der Operationalisierung (Quelle: Arthur Andersen Business Consulting)

Die Ermittlung des jeweiligen Zielbeitrags (Punktwert) erfolgt über die verschiedenen Zielebenen und beginnt mit dem Maßnahmenbeitrag. Die Nutzwertmethode erwies sich als geeignetes Verfahren, um Maßnahmen mit Unterzielen und nachgeordnete Ziele mit übergeordneten Zielen zu verbinden. Diese quantitative Verknüpfung im Rahmen der Operationalisierung ist nur in dafür vorher auf ihre Eignung hin untersuchten Zielbereichen (z.b. *Ausbildungs-, Übungs- und Einsatzfähigkeit*; vgl. Abbildung 6) anzuwenden. In anderen Bereichen kann eine rein qualitative Erarbeitung von Ursache-Wirkungszusammenhängen in Zuge der Operationalisierung von Zielen ausreichen.

Gegenstand des nächsten Abschnitts ist die auf den Erkenntnissen aus der Operationalisierung aufbauende beispielhafte tabellarische Darstellung von Scorecards der einzelnen Perspektiven einer BSC auf Divisionsebene.

2.4 Scorecards der vier Perspektiven

Führungsrelevante Informationen werden im Balanced-Scorecard-Ansatz differenziert abgebildet. Eine Balanced Scorecard:

- ist in ihrem Inhalt so definiert, dass sich in ihr die wesentlichen Zielsetzungen der jeweiligen Organisation ausgewogen widerspiegeln,
- beinhaltet finanzielle und nicht-monetäre Kennzahlen,
- besteht aus „Cards", die in verschiedenen Perspektiven über den Zustand von Erfolgsfaktoren informieren,
- umfasst bewusst eine sehr begrenzte Auswahl von Kennzahlen, um einen konzentrierten Überblick zu ermöglichen,
- ist so gegliedert, dass die einzelnen Scorecards in einer Wirkungs- bzw. Abhängigkeitsbeziehung zueinander stehen und so Begründungszusammenhänge für Leistungsentwicklungen erschlossen werden können.

Basierend auf den Ergebnissen zur Operationalisierung des Divisionszielsystems, wurden Scorecards der Perspektiven *Leistungsergebnis, Leistungsbasis, Leistungserstellung* und *Kosten/Haushaltsmittel* konzeptionell erarbeitet.

Die Perspektive *Leistungsergebnis* bildet den auf eine definierte Einsatzbereitschaft bezogenen Leistungsstand der Truppe anhand zweier Scorecards ab: (1) *Leistungsergebnis-Gesamtleistung* und (2) *-Eigenleistung* (vgl. Abbildungen 8 bis 12).

Leistungsergebnis-Gesamtleistung zeigt die Mengenkomponente der erbrachten Leistungen unter Berücksichtigung externer Einflüsse auf. Verbandsinternen Zielerreichungsgrade sind Betrachtungsgegenstand innerhalb der Scorecard *Leistungsergebnis-Eigenleistung*.

Der monetär bewertete Ressourcenverbrauch wird zielorientiert innerhalb der Scorecard *Kosten/Haushaltsmittel* aufgeschlüsselt.

Gesamtleistungen Personal	Anzahl an Ausbildung beteiligtes Personal	Veränderungsquote Vorperiode
Übungs- und Ausbildungsfähigkeit		
Grundfähigkeit zum Bestehen des Gefechts der verb. Waffen		
AusbStand Schießen		
AusbStand Gefechtsdienst		
AusbStand Fü-/ Versfähigkeit		
AusbStand Überleben Gef Feld		
Führer-Professionalität		
Führungskönnen		

Gesamtleistungen Logistik[1]	Veränderungsquote „Verfügbarkeit"	Verfügbarkeit absolut	Verfügbarkeits-quote
Kette			
Rad			
Pioniergerät			
Sonstiges			

[1] Periodenende

Abbildung 8: Tabellarische Darstellung der Scorecard Leistungsergebnis – Gesamtleistung (Quelle: Arthur Andersen Business Consulting)

Eigenleistungen	Zielerreichung-grad (ZEG) IST	Veränderungsquote ZEG-IST Vorperiode
Übungs - und Ausbildungsfähigkeit		
Grundfähigkeit zum Bestehen des Gefechts der verb. Waffen		
AusbStand Schießen		
AusbStand im Gefechtsdienst		
AusbStand Führungs -/ Versorgungsfähigkeit		
AusbStand Überleben auf dem GefFeld		
Führer-Professionalität		
Führungskönnen		
Materielle Einsatzbereitschaft		
Ausstattung nach STAN		
Minimale nutzerbedingte Verluste		
Minimale Dauer der Bearbeitung		
Materielle Einsatzfähigkeit (Ausfallzeit)		
Optimierte Instandhaltung		
Minimale Inst Auftragslaufzeit		
Minimale nutzerbedingte Ausfälle		
Personelle Bedarfsdeckung		
weitere Ziele		
weitere Ziele		

Abbildung 9: Tabellarische Darstellung der Scorecard Leistungsergebnis – Eigenleistung (Quelle: Arthur Andersen Business Consulting)

Kosten/ Haushaltsmittel	Kosten Periode	Kosten kumuliert absolut	Anteil an Gesamtko Jahr	Anteil an Gesamtko Periode	HHM[1]-Abfluss Periode	kum. HHM[1] Abfluss HHJ[2]
Übungs- und Ausbildungsfähigkeit						
Grundfähigkeit zum Bestehen des Gefechts der verb. Waffen						
AusbStand Schießen						
AusbStand im Gefechtsdienst						
AusbStand Fü -/ VersFähigkeit						
AusbStand Überleben GefFeld						
Führer -Professionalität						
Führungskönnen						
Materielle Einsatzbereitschaft						
Ausstattung nach STAN						
Minimale nutzerbedingte Verluste						
Minimale Dauer der Bearbeitung						
Materielle Einsatzfähigkeit (Ausfallzeit)						
Optimierte Instandhaltung						
Minimale Inst Auftragslaufzeit						
Minimale nutzerbedingte Ausfälle						
weitere Ziele						
Abwesenheiten						
Gesamt						

[1] Haushaltsmittel; [2] Haushaltsjahr

Abbildung 10: Tabellarische Darstellung der Scorecard Kosten/Haushaltsmittel
(Quelle: Arthur Andersen Business Consulting)

Personalausstattung[1]	Besetzungsquote	Tatsächliche Besetzung (Ist-Stärke)	∅ Abstellungsquote	∅ Abwesenheitsquote	Verfügbarkeitsquote
Offiziere					
Unteroffiziere					
Msch - SaZ/FWDL					
Msch - GWDL					
Kdr[2]					
AusbPers[2]					
LogPers[2]					
StabsPers[2]					

Materialausstattung[1,3]	Ausstattungsquote	LZL-Quote	Quote nicht voll einsatzfähig	Verfügbarkeitsquote	IST-Verfügbarkeit
Kette					
Rad					
Pioniergerät					
Sonstiges					

Haushaltsmittel	Zuweisung HHJ[4]	kumulierter Abfluss HHJ[4]	Festlegung HHJ[4]	disponible HHM[5]
Dezentral bewirtschaftete Titel				
Flexibel budgetierte Titel				

[1] Periodenanfang; [2] bereits in den übrigen Personalkategorien enthalten; [3] Einsatzwichtiges Großgerät; [4] Haushaltsjahr; [5] Haushaltsmittel

Abbildung 11: Tabellarische Darstellung der Scorecard Leistungsbasis
(Quelle: Arthur Andersen Business Consulting)

Zielführende Maßnahmen	Manntage Periode	Abw. zum Wert Vorperiode	Manntage kumuliert	Anteil an kum. Manntagen lfd. Jahr
Übungs -/Ausbildungsfähigkeit				
Grundfähigkeit zum Bestehen des Gefechts der verb. Waffen				
AusbStand Schießen				
AusbStand im Gefechtsdienst				
AusbStand Fü -/ VersFähigkeit				
AusbStand Überleben GefFeld				
Führer -Professionalität				
Führungskönnen				
Materielle Einsatzbereitschaft				
Ausstattung nach STAN				
Minimale nutzerbedingte Verluste				
Minimale Dauer der Bearbeitung				
Materielle Einsatzfähigkeit				
Optimierte Instandhaltung				
Minimale Inst Auftragslaufzeit				
Minimale nutzerbedingte Ausfälle				
weitere Ziele				

Abbildung 12: Tabellarische Darstellung der Scorecard Leistungserstellung (Quelle: Arthur Andersen Business Consulting)

Die Scorecard *Leistungsbasis* wurde neben den grundsätzlich in der Truppe für die Erreichung der Leistungsergebnisse zur Verfügung stehenden personellen und materiellen Ressourcen um den insgesamt bewilligten finanziellen Rahmen (dezentral und flexibel bewirtschaftete Haushaltstitel) erweitert.

Die Benennung der Perspektive *Leistungserstellung* als Scorecard *Zielführende Maßnahmen* beschreibt eindeutig deren neuen Charakter. Inputfaktoren für erzielte Leistungsergebnisse sind streng zielorientiert zu ermitteln und darzustellen.

In welcher Art und Weise die einzelnen Perspektiven ein ganzheitliches, an Zielen ausgerichtetes Bild für militärische Vorgesetzte entstehen lassen, ist Gegenstand des folgenden Abschnitts.

2.5 Berichtswesen des Divisions-Balanced-Scorecard-Systems

Auf Grundlage des bisher vorgestellten BSC-Ansatzes wurde im Vertikalen Controlling der Division ein Berichtswesen konzipiert, welches aus den einzelnen Perspektiven unterschiedliche Arten von Controlling-Berichten entwickelt. Insbesondere sollten der Divisionsführung sowohl divisionsübergreifende als auch ggf. verbandsspezifische Leistungs- und Kosteninformationen zur Verfügung stehen. Neben Kennzahlen aus einzelnen Scorecards mussten Daten und Kennzahlen aus weiteren Informationssubsystemen integriert werden. Innerhalb des Projekts Vertikales Controlling wurde ein dreistufiges Berichtswesen, bestehend aus Ziel-, Kennzahlen- und Fokusberichten entwickelt.

Auszugsweise soll am Beispiel des Ausbildungsstandes Schießleistung ein möglicher Analysepfad verdeutlicht werden.

Ausgehend von einem Divisionszielbericht über die Zielberichte unterstellter Brigaden bis zur Ursachenermittlung auf Ebene der zielführenden Maßnahmen im Bereich einzelner Bataillone, lässt sich der Weg Perspektive für Perspektive verfolgen (vgl. Abbildung 13).

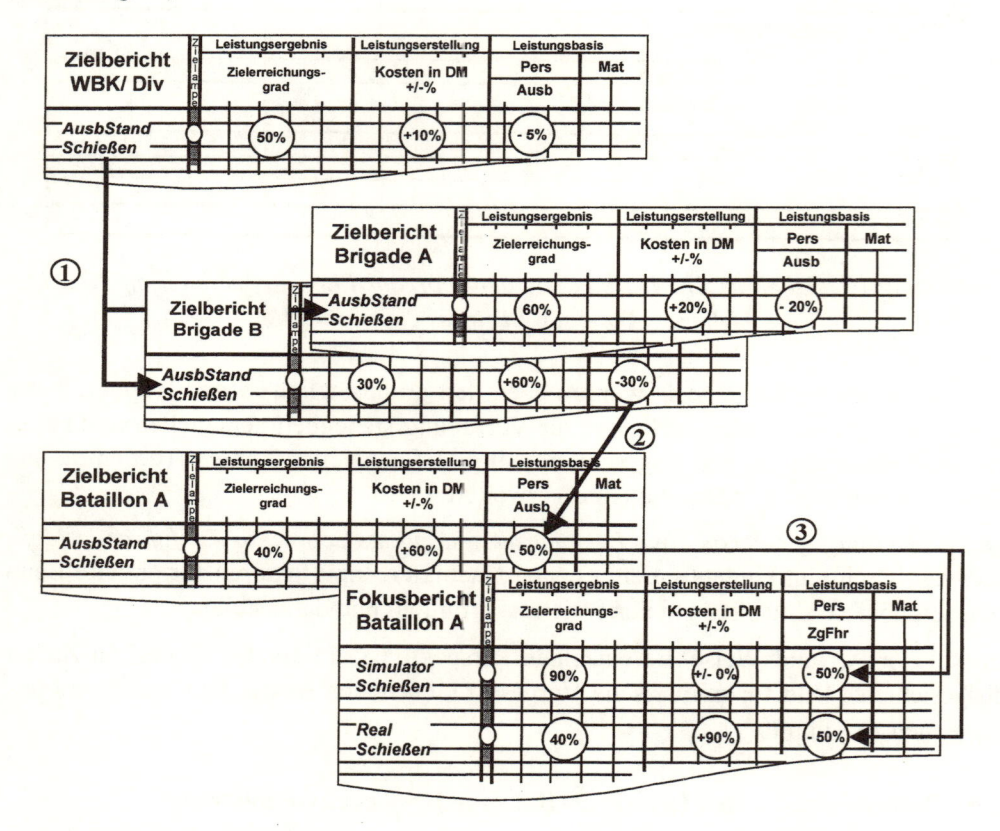

Abbildung 13: Prinzipskizze der Berichtssystematik (Quelle: Arthur Andersen Business Consulting)

Nachdem die Zielampel im Divisionszielbericht eine negative Ausprägung im Bereich Leistungsbasis unter Ausbildungspersonal anzeigt, wird der Beitrag von Brigade A und B zum Zielerreichungsgrad betrachtet (Schritt 1). Brigade B weist von beiden den höchsten negativen Beitrag aus. Nächster Schritt ist die Analyse aller unterstellten Bataillone der Brigade B. Mit –50% trägt Bataillon A den wesentlichen Anteil am Brigadeergebnis von –30% (Schritt 2). Erst der Fokusbericht des Bataillons A gibt Aufschluss über die wahre Ursache: Zugführer als Verantwortliche der Schießausbildung waren im Berichtszeitraum nur zu 50% im Bataillon verfügbar (Schritt 3). Im Sinn einer Ursache-Wirkungskette setzen weitere Maßnahmen nun innerhalb des Zielsektors Personal ein, um das angestrebte Ergebnis auf Divisionsebene erreichen zu können.

Da insbesondere entscheidungsorientierte Abfragen durch eine DV-technische Umsetzung realisiert werden mussten, wurde prototypenhaft eine Datawarehouse-Software auf OLAP-Basis für eine beispielhafte Umsetzung eingesetzt. Folgende Punkte hatte dabei das IT-System zur Umsetzung der BSC zu erfüllen:

- Datenübernahme aus verschiedensten Vorsystemen,
- In sich geschlossene Benutzeroberfläche, aus der heraus vorbereitete Auswertungen komfortabel durch dezentrale Controller abgerufen werden können,
- Bereitstellung der benötigten Datenbestände an die dezentralen Controller,
- Möglichkeiten zur Auswertung und Analyse der Daten sowie zur Berichtsgestaltung (u.a. Ampelfunktionalität),
- Erfassung, automatische Berechnung und Verdichtung von Kennzahlen; Analyse und Berichtsdarstellung von Kennzahlen,
- Möglichkeit zur Abbildung der Haushaltskontenbrücke und Unterstützung des Budgetierungsprozesses.

Beispielhaft wurde ein Prototyp auf Basis eines OLAP-Datawarehouse, welcher nach Auswahl der relevanten Parameter eine zielbezogene Auswertung in den Perspektiven der BSC ermöglicht, entwickelt (vgl. Abbildung 14).

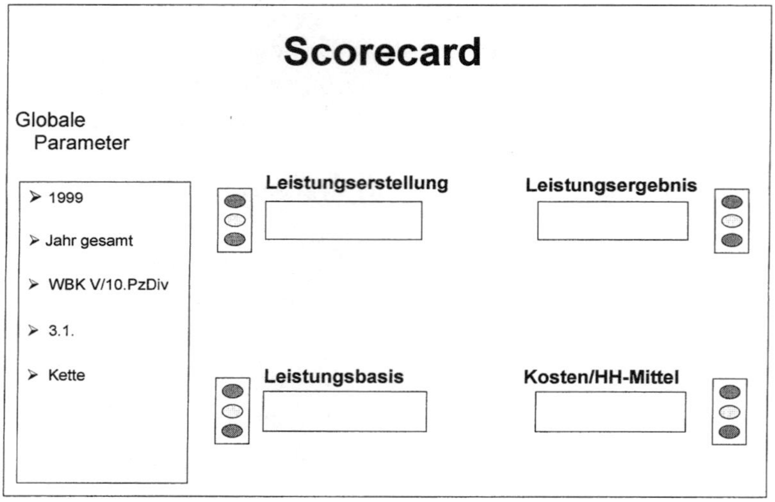

Abbildung 14: Beispielhafte Scorecard für das Ziel 3.1 gemäß Zielplanung Abb. 12
(Quelle: Arthur Andersen Business Consulting)

Zusätzlich sollte das System im Rahmen einer zielbezogenen Planung dem Controller weitere Analyse- und Auswertungsmöglichkeiten eröffnen. Abbildung 15 zeigt hierzu einen Auszug der im Prototyp umgesetzten Zielplanung.

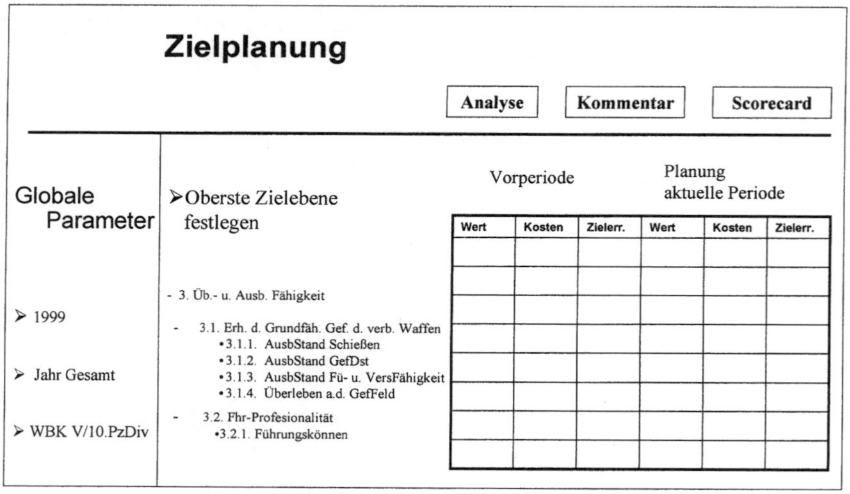

Abbildung 15: Schematische Darstellung der Scorecard-bezogenen Zielplanung
(Quelle: Arthur Andersen Business Consulting)

3 Ausblick und weiterer Entwicklungspfad der BSC im Heer

> *„The tough part is designing a new organisaztion while you operate the old one. You can't slamdunk the new way. You have to run the two systems in parallel."*
>
> *Noel Tichy*

Das Bekenntnis zum Managementsystem Balanced-Scorecard hatte Signalwirkung für den weiteren Weg zur Steigerung von Effektivität und Effizienz im Heer und damit auch der Bundeswehr an sich. Egal wie einzelne Controlling-Instrumente einzelne oder mehrere Steuerungsinteressen abbilden, die Balanced-Scorecard kann aufgrund ihres integrativen Ansatzes alle im Controllingprozess zur Verfügung stehenden Informationen inklusive ihrer Interdependenzen zielorientiert (im Sinne von strategieorientiert) darstellen. Die Divisionsführung wird dadurch bei ihrem Auftrag unterstützt, Qualität und Quantität der zu erbringenden Leistungen bei optimaler Nutzung aller vorhandenen Ressourcen zu gewährleisten. Eine einseitige Effizienzsteigerung zu Lasten der Effektivität einer Division ist somit ausgeschlossen.

Um diese Ergebnisorientierung zu festigen, müssen die Perspektiven dauerhaft mit den (strategischen) Zielsetzungen des militärischen Führungsprozesses verknüpft werden. Als Konsequenz werden vorgegebene Ziele auch einem ständigen Reviewprozess unterzogen. Militärische Organisationen können demzufolge die BSC insbesondere zur Planung und Konsensbildung, zur Kommunikation und zur Umsetzung strategischer Maßnahmen gemäß ihres operationalisierten Zielsystems einsetzen.

Aktuell ist die BSC als methodischer Kern für den Bereich des Heeres durch den Führungsstab des Heeres (vgl. Abbildung 1) als *Informations- und Steuerungsinstrument* zur ganzheitlichen Steuerung des „Systems Heer" anerkannt. Auch in anderen Bereichen der Bundeswehr wird sie als Controlling-Instrument eingesetzt.[15] Ob sie tatsächlich auch als neues *Managementsystem* nachhaltig militärische Führungsprozesse beeinflusst bzw. verändert, kann erst nach Abschluss und Diskussion der endgültigen Konzeption, Ausgestaltung und Implementierung abschließend beurteilt werden.

---

[15] Vgl. bspw. Kah/Lüssow/Müller 2000 für die Darstellung der BSC als Steuerungsinstrument der deutschen Marine.

4 Literaturverzeichnis

Berens, W./Karlowitsch, M./Mertes, M. (2000): Die Balanced-Scorecard als Controllinginstrument in Non-Profit-Organisationen, in: Controlling, Nr.1, S. 23 – 28.

BMVg (2000): Neuausrichtung der Bundeswehr – Grobausplanung: Ergebnisse und Entscheidungen, Bonn, September.

Haddad, T./Horak, C./Tweraser, S. (1998): Instrumente für das strategische Management in NPOs, in: Eschenbach, R. (Hrsg.): Führungsinstrumente für die Nonprofit Organisation, Stuttgart, S. 13 – 64.

Hippler, F. (2001): Bundeswehr und Controlling – Balanced-Scorecard als Ansatz zur ganzheitlichen Steuerung im Heer, Dissertation UniBw München, Wiesbaden.

Kah, A./Lüssow, H./Müller, M. (2000): Die Balanced-Scorecard als betriebswirtschaftliches Steuerungsinstrument der Deutschen Marine, in: Kostenrechnungspraxis, Sonderheft Nr. 2, S. 43 – 51.

Kirchhoff, G. (1986): Sicherheit – Produktion von Sicherheit, in: Kirchhoff, G. (Hrsg.): Handbuch zur Ökonomie der Verteidigungspolitik, Walhalla und Praetoria, Regensburg, S. 836 – 845.

Millotat, C./Roth, F. (1988): Die operative Ebene militärischer Führung, in: Soldat und Technik, Nr.8, S. 488 – 496.

Norton, D. P./Kappler, F. (2000): Balanced Scorecard Best Practices – Trends in research implications, in: Controlling, Nr. 1, S. 15 – 22.

Theisen, E./Linden, M.v.d. (2001): Controlling in der Bundeswehr, in: Soldat und Technik, Juli, S. 35 – 38.

Weizsäcker, R.v. (2000): Gemeinsame Sicherheit und Zukunft der Bundeswehr – Bericht der Kommission an die Bundesregierung, Berlin, 25.05.2000.

Michael Worschischek[*]

Die Balanced Scorecard als Grundlage für ein integratives kennzahlengestütztes Controlling in der Jugendhilfe

1 Zielsetzung

2 Rahmenbedingungen für das Management freier Träger
    2.1 Management in NPO als Management sozialer Dienstleistungen
    2.2 Der Stakeholder „Jugendamt" – Veränderte Anforderungen an das Management freier Träger im Zeichen der Verwaltungsreform

3 Entwicklung einer Balanced-Scorecard-orientierten Controlling-Konzeption für zwei Jugendhilfeeinrichtungen
    3.1 Ausgangslage
    3.2 Vorgehen und Basiskonzepte
    3.3 Strategische Klärung
    3.4 Die Balanced Scorecard
    3.5 Ergänzende Messgrößen
    3.6 Umsetzung des Konzeptes

4 Fazit

5 Literaturverzeichnis

---

[*] Dipl.-Verw.Wiss. Michael Worschischek, Berater bei der Simma & Partner Consulting, Dornbirn (Österreich).

1 Zielsetzung

Über die (Un-)Möglichkeit, betriebs- und managementwissenschaftliche Instrumente und Konzepte für die Führung und Steuerung von Non-Profit Organisationen (NPO) zu nutzen, wird bereits seit einiger Zeit eine intensive Diskussion geführt.

Das Zielsystem erwerbswirtschaftlicher Unternehmen wird durch quantitative Finanzziele dominiert. Im Gegensatz dazu wird das Zielsystem von NPO durch (qualitative) Wirkungsziele bestimmt, die für bestimmte Anspruchsgruppen erreicht werden sollen (vgl. Horak 1995, S. 164 ff.). Dies gilt es bei der Übertragung von Managementinstrumenten von erwerbswirtschaftlichen Unternehmen auf NPO zu berücksichtigen.

Dieser Beitrag setzt sich mit den Problemen zweier Jugendhilfeeinrichtungen in Schleswig-Holstein auseinander. Er soll zeigen, wie mit Hilfe der Balanced Scorecard (vgl. Kaplan/Norton 1997) das Steuerungsinstrumentarium für die Führungskräfte der Einrichtungen weiterentwickelt werden kann. Zum besseren Verständnis der Fallbeispiele sollen zunächst die allgemeinen Rahmenbedingungen, mit denen die freien Träger der Jugendhilfe konfrontiert sind, dargestellt werden.

2 Rahmenbedingungen für das Management freier Träger

2.1 Management in NPO als Management sozialer Dienstleistungen

Die freien Träger der Wohlfahrtspflege (hierzu zählt auch die Jugendhilfe) erbringen in der Regel (soziale) Dienstleistungen, die einige besondere Merkmale aufweisen.

Bei persönlichen Dienstleistungen (und hierzu zählen die sozialen Dienstleistungen) ist der Kunde aktiv am Erstellungsprozess beteiligt, d.h. er ist Koproduzent und hat somit entscheidenden Anteil am Leistungsergebnis (vgl. Reis/Schulze-Böing 1998, S. 15, Meinhold 1998, S. 24). Gleichzeitig ist die Qualität der Dienstleistung in hohem Maße von dem persönlichen Verhalten und der sozialen Kompetenz des Leistungserstellers abhängig (vgl. Lehmann 1995, S. 31).

Der gebräuchliche Kundenbegriff geht davon aus, dass der Abnehmer einer Leistung für diese selbst beim Verkäufer bezahlt. Bei sozialen Dienstleistungen fallen in der Regel Leistungsempfänger und Geldgeber auseinander; entsprechend können diese zwei Kundenkreise unterschieden werden (vgl. Heiner 1996, S. 211). Es ergibt sich somit ein Dreiecksverhältnis Leistungsempfänger – Leistungserbringer – Kostenträger. Müller (1998, S. 53) geht für den Bereich Erziehungshilfen sogar von einem Viereckverhältnis aus, er unterscheidet dabei:

- das Jugendamt als *leistungsgewährende* Instanz,
- die Personensorgeberechtigten als die *leistungsberechtigte* Instanz,
- den Maßnahmeträger als *leistungserbringende* Instanz und
- das Kind bzw. den Jugendlichen als *leistungsempfangende* Instanz.

Maßnahmen der Jugendhilfe (z.B. Erziehungshilfen) haben häufig Interventionscharakter, das heißt, dass der Handlungsauftrag nicht zwangsläufig vom Leistungsempfänger kommen muss. Vielmehr kann das Jugendamt von sich aus bestimmte Maßnahmen veranlassen, die vom Empfänger nicht unmittelbar gewünscht sein müssen (vgl. Merchel 1996, S. 149).

In einem weiteren Sinn kann auch die Gesamtgesellschaft als Kunde von Leistungen der Jugendhilfe angesehen werden (vgl. Meinhold 1998, S. 24), z.B. wenn durch entsprechende Maßnahmen ein „Abrutschen" Jugendlicher in die Kriminalität verhindert werden kann.

Für das Management des Leistungsanbieters bedeutet Kundenorientierung also weder eine einseitige Ausrichtung am Klienten noch eine ausschließliche Orientierung am Auftraggeber (Kostenträger). Vielmehr bedeutet Kundenorientierung hier die Ausrichtung am Gedanken des Stakeholdermanagements (vgl. Horak 1996), d.h. die Integration der Interessen von leistungsgewährender, leistungsberechtigter und leistungsempfangender Instanz. Im Rahmen einer einzelnen Maßnahme wird die Integration dieser Interessen im Übrigen ausdrücklich vom Gesetzgeber im § 36 KJHG (Kinder- und Jugendhilfegesetz) gefordert.

Die Immaterialität und Intangibilität von Dienstleistungen führen dazu, dass der Kunde sich die Leistung im Voraus zwar vorstellen kann, diese jedoch nicht genau kennt. Auch können Dienstleistungen eine erhebliche Wirkungsverzögerung aufweisen (z.B. Bildungsleistungen, die eine Investition in die Zukunft sind). Für den Anbieter bedeutet dies, dass er die Wirkung seiner Dienstleistung durch die Darstellung von zukünftigen Zuständen oder durch den Verweis auf Wirkungen bei anderen Kunden verdeutlichen muss.

Unteilbarkeit und mangelnde Speicherbarkeit von Dienstleistungen führen zwangsläufig zu Schwankungen der Kapazitätsauslastung und somit entweder zu Leerkapazitäten beim Anbieter oder zu Wartezeiten beim Kunden. Hier muss das Management mit Hilfe entsprechender Steuerungsinstrumente das eigene Angebot mit der Nachfrage möglichst zur Deckung bringen (vgl. Arnold 1998, S. 272 ff.).

2.2 Der Stakeholder „Jugendamt" – Veränderte Anforderungen an das Management freier Träger im Zeichen der Verwaltungsreform

Management soll hier als „Komplex von Steuerungsaufgaben" (Steinmann/Schreyögg 2000, S. 7) und Controlling als Führungsunterstützungssystem (vgl. Eschenbach/ Niedermayr 1996, S. 69) verstanden werden. Beide sind auf die Erreichung organisationaler Ziele ausgerichtet.

Das Management freier Träger sieht sich nun seit einigen Jahren aus zwei Richtungen mit einem erheblichen Veränderungsdruck konfrontiert. Mit der Neufassung des § 93 BSHG (Bundessozialhilfegesetzt) zum 1.7.1994 wurde ein Systemwechsel in der Finanzierung der Aufgabenwahrnehmung durch freie Träger eingeleitet (vgl. Grunwald 2001, S. 20 f.). Das bis dahin geltende Prinzip der Selbstkostendeckung wurde durch das Prinzip der prospektiven Pflegesätze ersetzt. D.h. statt einer nachträglichen Erstattung der angefallenen Kosten definieren Auftraggeber und Leistungserbringer nun im Vorfeld Art und Umfang der einzelnen Leistungen und legen hierfür einen Pflegesatz fest. Das Managements des freien Trägers ist dafür verantwortlich, so zu wirtschaften, dass die Pflegesätze zur Kostendeckung reichen oder sogar Überschüsse zur Finanzierung von Investitionen erwirtschaftet werden können (vgl. Halfar 1998, S. 422 ff.).

Die durch die Finanzkrise der Kommunen ausgelöste kommunale Verwaltungsreform soll zu einem Wechsel von der Input- zur Outputsteuerung führen. Dieser Systemwechsel innerhalb der Verwaltung beeinflusst auch die Beziehung zwischen Jugendamt und freien Trägern. Im Sinne eines Kontraktmanagements ist das Jugendamt nun Auftraggeber, der freie Träger Auftragnehmer. Unter dem Stichwort „Qualitätsmanagement" verlangen die Jugendämter von den freien Trägern der Jugendhilfe Transparenz über die zu erbringende und über die erbrachte Leistung (vgl. Merchel 1998)[1].

Aus den bisherigen Ausführungen wird deutlich, „daß ein qualitäts- und ergebnisbezogenes Steuerungsmodell im Bereich sozialer Dienstleistungen eine spezifische Konzeption für Leistungen und deren Messung erfordert" (Reis/Schulze-Böing 1998, S. 17). Im Folgenden sollen am Beispiel der Jugendhilfe die besonderen Merkmale einer solchen spezifischen Konzeption herausgearbeitet werden. Gleichzeitig wird damit der konzeptionelle Bezugsrahmen für die Bearbeitung der Fallbeispiele dargestellt.

Ziel der Jugendhilfe ist es, bei den Klienten und ihren Familien eine bestimmte Wirkung zu erzielen. Ein solches Ziel kann beispielsweise sein, durch Maßnahmen der

---

[1] Eine kritische Auseinandersetzung mit dem Thema Neue Steuerung und Qualitätsmanagement in der Jugendhilfe bzw. in der sozialen Arbeit findet sich z.B. bei Merchel/Schrapper 1996, Reis/ Schulze-Böing 1998, Grunwald 2001, S. 69 – 80.

Erziehungshilfe einen Verbleib des Kindes in der Familie zu sichern und somit eine dauerhafte außerfamiliäre Unterbringung (z.B. Heim) zu verhindern. Die Zielerreichung kann also nur über eine Beobachtung der Biographie des Kindes festgestellt werden. Eine solche Ergebnismessung wird allgemein dem Bereich der sozialwissenschaftlichen Evaluation zugeordnet (vgl. Brülle 1998, S. 94). Das Controlling muss, um seiner Aufgabe gerecht zu werden, also Evaluationsmethoden miteinbeziehen.

Die Orientierung des Controlling an dem Nutzen für die Anspruchsgruppen verbindet es mit dem Konzept des Qualitätsmanagements (QM): „Primäres Ziel von QM ist nun die Klienten-/Kunden- (und in NPO auch Mitglieder-)Zufriedenheit" (Schwarz/Purtschert/Giroud 1999, S. 107). „Eine NPO ist von hoher Qualität, wenn sie die priorisierten Bedürfnisse und Erwartungen der Mitglieder/Träger, Klienten und Mitarbeitenden zu deren Zufriedenheit effektiv (zielgerichtet) und effizient (wirtschaftlich) erfüllt sowie gleichzeitig Akzeptanz und Unterstützung bei den übrigen Austauschpartnern (Stakeholder) und der Öffentlichkeit findet" (ebd., S. 108).

Controlling in der Jugendhilfe umfasst somit sozialwissenschaftliche Evaluationsinstrumente, Elemente des Qualitätsmanagements, sowie klassische Controllinginstrumente. Dem strategischen Controlling kommt aufgrund der Komplexität, mit der die NPO konfrontiert sind, eine besondere Bedeutung zu (vgl. Horak 1995, S. 278). Wie eine solche Controlling-Konzeption pragmatisch gestaltet werden kann, sollen die nachfolgenden Fallbeispiele aufzeigen.

3 Entwicklung einer Balanced-Scorecard-orientierten Controlling-Konzeption für zwei Jugendhilfeeinrichtungen

Träger der an diesem Projekt beteiligten Einrichtungen ist das Christliche Jugenddorfwerk Deutschland e.V. (CJD). Das CJD Eutin und das CJD Kiel gehören verwaltungsorganisatorisch zum CJD Eckernförde (vgl. Abbildung 1).

3.1 Ausgangslage

3.1.1 CJD Eutin

Das CJD Eutin ist in drei Aufgabenfeldern tätig, die seit Herbst 2000 in drei eigene operative Bereiche aufgegliedert sind:

- Beschäftigung und Qualifizierung,
- Kinder- und Jugendhilfe,
- Migrationsfachdienst.

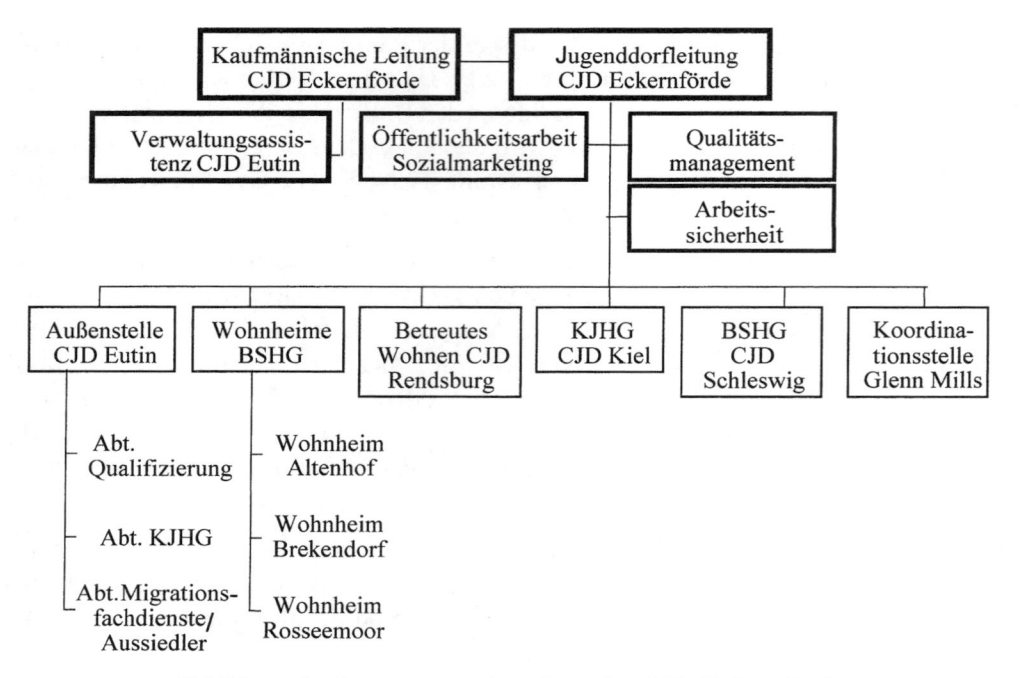

```
                    ┌─────────────────────┐   ┌─────────────────────┐
                    │ Kaufmännische Leitung├───┤  Jugenddorfleitung  │
                    │   CJD Eckernförde    │   │   CJD Eckernförde   │
                    └──────────┬──────────┘   └──────────┬──────────┘
           ┌──────────────────┐│┌─────────────────┐ ┌────┴────────────┐
           │ Verwaltungsassis-│├┤ Öffentlichkeitsarbeit│ │   Qualitäts-   │
           │  tenz CJD Eutin  │││ Sozialmarketing      │ │   management   │
           └──────────────────┘│└─────────────────┘ └─────────────────┘
                               │                    ┌─────────────────┐
                               │                    │   Arbeits-      │
                               │                    │   sicherheit    │
                               │                    └─────────────────┘
```

Abbildung 1: Organisationsstruktur des CJD Eckernförde

Untergeordnet:
- Außenstelle CJD Eutin
  - Abt. Qualifizierung
  - Abt. KJHG
  - Abt. Migrationsfachdienste/ Aussiedler
- Wohnheime BSHG
  - Wohnheim Altenhof
  - Wohnheim Brekendorf
  - Wohnheim Rosseemoor
- Betreutes Wohnen CJD Rendsburg
- KJHG CJD Kiel
- BSHG CJD Schleswig
- Koordinationsstelle Glenn Mills

Die Verantwortung für die operative Leitung dieser Bereiche wurde von der Gesamtleitung des CJD Eutin auf die (neu bestimmten) Bereichsleiter übertragen. Hiermit sollte der Gesamtleitung die Möglichkeit gegeben werden, sich auf die Weiterentwicklung (das strategische Management) des CJD Eutin und die Koordination der Teilbereiche zu konzentrieren.

Für die operative Steuerung aus Sicht der Gesamtleitung muss das Controlling Informationen darüber zur Verfügung stellen, ob die Teilbereiche sowohl fachlich (Qualitätscontrolling) als auch finanziell im Rahmen vereinbarter Ziele liegen. Das strategische Controlling muss insbesondere ein Instrumentarium zur Steuerung der Strategieumsetzung bereitstellen. Strategische Überwachung und Prämissenkontrolle (vgl. Bea/Haas 2001, S. 220 ff.) werden von der Gesamtleitung im Rahmen der fachpolitischen Arbeit wahrgenommen.

Aus Kapazitätsgründen erfolgte die Konzeptentwicklung nur für einen Pilotbereich; die Kinder- und Jugendhilfe. Folgende Gründe sprechen dabei für die Auswahl dieses Bereiches:

- der Bereich Kinder- und Jugendhilfe ist im Vergleich zu den anderen Bereichen klar und eindeutig strukturiert,

- der Bereich befindet sich mit dem Aufbau eines ambulanten Hilfsangebotes in einer Phase der Expansion und der strategischen Neuausrichtung.

3.1.2 CJD Kiel

Das CJD Kiel ist ausschließlich im Bereich der Kinder- und Jugendhilfe tätig. Hauptaufgabegebiet ist dabei die stationäre Unterbringung von Kindern und Jugendlichen. Die Leitung des CJD Kiel nannte drei Hauptgründe für ihren Bedarf, ein Controllingsystem einzuführen:

- mit Beginn des Jahres 2000 wurde die Budgetverantwortung vollständig auf die Leitung des CJD Kiel übertragen, bei noch nicht gegebener eigener Refinanzierung durch die erzielten Einnahmen aus den Pflegeentgelten,
- die Transparenz gegenüber dem Kostenträger wird als unzureichend empfunden,
- auch das CJD Kiel befindet sich in der Phase einer strategischen Neuausrichtung durch den Aufbau eines Angebots ambulanter Maßnahmen der Kinder- und Jugendhilfe zusätzlich zum bestehenden stationären Angebot.

Ein auf die Situation des CJD Kiel angepasstes Controllingsystem muss daher insbesondere folgende Funktionen beinhalten:

- Unterstützung bei der Steuerung der Strategieimplementation,
- Herstellung der Transparenz nach außen,
- Wahrnehmung einer Ampelfunktion im operativen Bereich sowohl für die finanziellen als auch die qualitativen (fachlichen) Ziele.

3.2 Vorgehen und Basiskonzepte

Die Controlling-Konzeptionen wurden in je drei ganztägigen Workshops mit den Leitungskräften und den Mitarbeiter-/innen der unmittelbar betroffenen Bereiche erarbeitet. Der gewählten Vorgehensweise bei der Konzeptgestaltung liegt die These zugrunde, dass die Einführung eines Controlling nur dann sinnvoll ist, wenn organisationale Ziele formuliert sind, auf deren Erreichung eine Organisation ausgerichtet werden soll. So wurde das Fehlen eines systematischen Controllingsystems als Chance aufgefasst, um ein integratives, strategisch orientiertes Konzept zu entwickeln.

Die Balanced Scorecard wird als ein Instrument angesehen, mit dessen Hilfe eine gewählte Strategie in operationale Zielgrößen umgesetzt und der Erfolg der Strategieimplementation ermittelt werden soll (vgl. Kaplan/Norton 2000, S. 2 ff., Horváth & Partner 2000, S. 5 f.). Die Kontrolle der Strategieimplementation war eine wesentliche Anforderung, die von den Beteiligten formuliert wurde. Der zweite Grund, warum sich die Balanced Scorecard als Referenzkonzept anbietet, liegt in der Verknüpfung mehrerer organisationaler Perspektiven über Ursache-Wirkungs-Ketten, die auf diese Weise das grundsätzliche Geschäftsmodell der Organisation zum Ausdruck bringen (vgl. Weber/Schäffer 2000, S. 34). Somit bietet die Balanced Scorecard die Möglichkeit, das Zielsystem von NPO (vgl. Abbildung 2) mit den Leistungswirkungszielen an der Spitze abzubilden.

Die Konzipierung von Instrumenten zur Steuerung des Tagesgeschäfts (operatives Controlling) stand nicht im Vordergrund. Hierfür gibt es zwei Gründe.

Für das operative Finanzcontrolling liegt der Grund in der Einnahmen- und Ausgabenstruktur der Einrichtungen. Bei den CJD Eutin und Kiel sind ca. 90% der anfallenden Kosten Personalkosten, die Einnahmen werden ausschließlich über Pflegesätze, die mit den Kostenträgern vereinbart sind, erzielt. Somit stehen die Einnahmen in einem 1:1-Verhältnis zu der Belegung (stationärer Bereich) bzw. zu den erbrachten Betreuungsstunden (ambulanter Bereich). Aufgrund dieses Zusammenhangs ist es sehr einfach möglich, eine kritische Belegungsgrenze bzw. einen Auslastungsgrad zu ermitteln, bei der/dem die Kostendeckung erreicht ist. Diese Kennziffer ist für die laufende Steuerung ausreichend und bietet die Chance für ein schlankes Steuerungssystem und wird bereits von der kaufmännischen Leitung des CJD Eckernförde ermittelt.

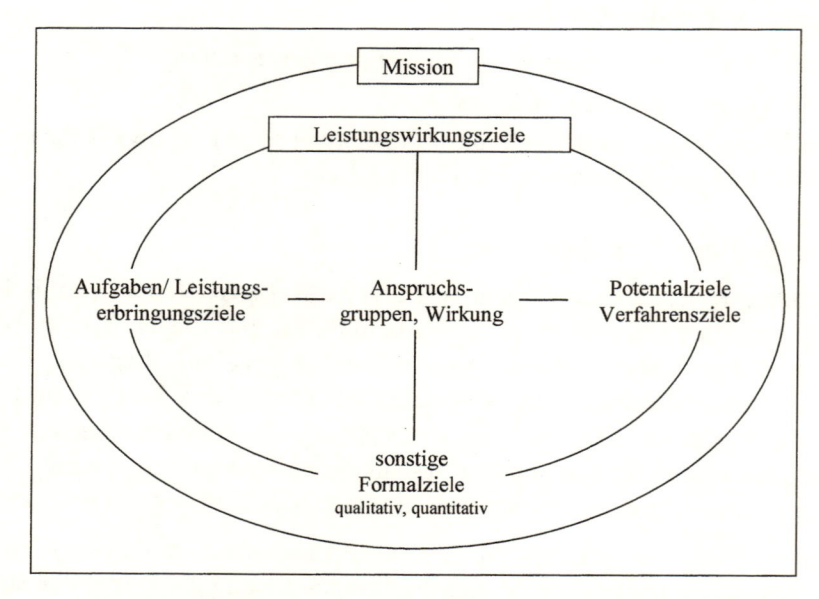

Abbildung 2: Zielsystem einer NPO (Horak 1995, S. 165)

Auf den Einzelfall bezogen erfolgt die Steuerung aus fachlicher und aus finanzieller Sicht über den mit dem Kostenträger vereinbarten Hilfeplan. In ihm werden die fachlichen Ziele definiert und der hierfür vorgesehene Betreuungsaufwand festgelegt.

Die Umsetzung des Hilfeplans wird kontinuierlich überwacht, ebenso wird er bei Bedarf angepasst.

3.3 Strategische Klärung

Vor der Entwicklung der eigentlichen Balanced Scorecard ist zu klären inwieweit die Strategie für die Organisation formuliert und kommuniziert ist (vgl. Horváth & Partner 2000, S. 68 ff.). Bei beiden Einrichtungen waren die grundsätzlichen strategischen Entscheidungen bereits getroffen, als solche aber noch nicht kommuniziert worden. Die Phase der strategischen Klärung wurde genutzt, um die Strategie und die ihr zugrunde liegenden Annahmen transparent zu machen. Dies bedeutet für Weber/Schäffer (vgl. 2000, S. 46 f.) eine wichtige Funktion des Entwicklungsprozesses einer Balanced Scorecard. Die strategische Klärung umfasste die

- Klärung der Mission,
- Bestimmung der Stakeholder und ihrer Erwartungen,
- strategische Analyse mit den Schritten
  - Umweltanalyse,
  - Branchenanalyse,
  - Konkurrentenanalyse,
  - Bestimmung der Branchenerfolgsfaktoren,
  - Stärken-/Schwächenanalyse,
  - Kernkompetenzbestimmung,
- Formulierung der strategischen Stoßrichtung.

Zur Veranschaulichung der einzelnen Schritte der strategischen Analyse dienten anhand einschlägiger Literatur (vgl. Lombriser/Abplanalp 1997) formulierte und auf den spezifischen Kontext der Kinder- und Jugendhilfe transferierte Leitfragen, die vor jedem Arbeitsschritt vorgestellt und an die Teilnehmer verteilt wurden. Diese Maßnahme hat sich im Nachhinein als sehr hilfreich erwiesen.

3.4 Die Balanced Scorecard

3.4.1 Bestimmung der strategischen Stoßrichtung

Die strategische Stoßrichtung gibt an, welche Entwicklung das Management für seine Einrichtung anstrebt. Ihre Bestimmung schließt die Phase der stragegischen Klärung ab und ist zugleich Basis für die Formulierung der strategischen Ziele der Balanced Scorecard.

Für das CJD Kiel wurden folgende Stoßrichtungen formuliert

- Ausweitung des stationären Bereichs,
- Aufbau eines Angebotes ambulanter Maßnahmen.

Ziel des Aufbaus eines Angebotes ambulanter Maßnahmen ist es, für das CJD Kiel ein zweites Standbein zu schaffen. Es wird damit dem allgemeinen Trend zu ambulanten Maßnahmen in der Jugendhilfe Rechnung getragen. Gleichzeitig wird durch eine Diversifikation des Angebotes die Finanzierung auf eine breitere Basis gestellt.

Das stationäre Angebot des CJD Kiel als spezielles „Nischenangebot" kann nicht bzw. nur in geringem Umfang durch ambulante Maßnahmen substituiert werden. Ferner gibt es nur wenige Einrichtungen mit einem vergleichbaren Angebot und das CJD Kiel erhält von den beauftragenden Jugendämtern überwiegend sehr positives Feedback. Aus diesen Gründen hält es die Leitung des CJD Kiel für sinnvoll den stationären Bereich quantitativ auszuweiten. Eine quantitative Ausweitung hat den positiven Effekt, dass auch das fachliche Angebot ausgeweitet werden kann (qualitative Ausweitung). Hiermit kann ein gegenseitiger Verstärkungseffekt ausgelöst werden.

Für das CJD Eutin wurden als strategische Stoßrichtungen formuliert:

- Ausbau der ambulanten Maßnahmen,
  - Sozialpädagogische Familienhilfe (§ 31 KJHG),
  - Intensive Einzelfallhilfe (§ 35 KJHG),
- Belegung der Mutter-Kind-Einrichtung stabilisieren,
- Verzahnung der Bereiche des CJD Eutin (Berufsbildungsmaßnahmen, Aussiedlerarbeit, KJHG-Bereich).

Das aufgrund entsprechender Nachfrage entwickelte ambulante Angebot soll weiter forciert werden, auch um dem allgemeinen Trend zu ambulanten Maßnahmen Rechnung zu tragen. Die relativ kleine Größe der Mutter-Kind-Einrichtung (acht plus acht Plätze) hat zur Folge, dass freie Kapazitäten und schwankende Auslastung schnell zu erheblichen finanziellen Belastungen führen und das Angebot als solches grundsätzlich gefährden können. Das Angebot der Mutter-Kind-Einrichtung ist hinsichtlich der Mission für die Leitung des CJD Eutin ein wichtiges Angebot, die Stabilisierung daher strategisch bedeutsam. Mit der Verzahnung der Bereiche des CJD Eutin soll dem bereits bemerkbaren Auseinanderdriften der Teilbereiche entgegengewirkt werden. Hierdurch sollen Synergieeffekte auf verschiedenen Ebenen ausgeschöpft werden. Dies dient zum einen der Überbrückung von Personalengpässen, zum anderen der Nutzung fachlich/inhaltlicher Synergien. Beispielsweise ist es denkbar, dass bei einem Teilnehmer an einem Sprachkurs für Aussiedler ebenfalls ein Bedarf im Bereich der Berufsbildung oder auch im Bereich der sozialpädagogischen Familienhilfe sichtbar wird.

3.4.2 Ableitung strategischer Ziele

Die Formulierung strategischer Ziele ist der erste Schritt bei der Erstellung einer Balanced Scorecard und dient der Operationalisierung (vgl. Horváth & Partner 2000, S. 133) der strategischen Stoßrichtung. Aufgrund der geringen Gruppengröße und des offenen Klimas unter den Beteiligten wurde nach Absprache mit den Workshopteilnehmern keine Kartenabfrage zur Ermittlung der strategischen Ziele durchgeführt, sondern diese direkt in der Gruppe erarbeitet.

Das Ergebnis der ersten Arbeitsrunde wurde anhand einer Reihe von Fragen kritisch überprüft und anschließend überarbeitet. Hierbei waren die folgenden Überlegungen leitend:

- Was soll mit den einzelnen Zielen bewirkt werden? Hierzu sollte jedes Ziel erläutert sowie begründet werden, warum dieses Ziel wichtig ist.
- Sind die Ziele vollständig? Insbesondere ist zu fragen, ob es Bereiche gibt, bei denen eine Verschlechterung unmittelbar zu einer Krise führt und die daher im strategischen Fokus berücksichtigt werden müssen.
- Was ist mit den Stakeholdererwartungen? Diese finden sich zur Zeit noch nicht in der Scorecard wieder. Sind einige als strategisches Ziel zu formulieren?
- Ist es sinnvoll, die Kundenperspektive in eine Klientenperspektive und eine Perspektive „Zuwendungsgeber" aufzuteilen? Bis jetzt sind noch keine strategischen Ziele im Hinblick auf die „Zuwendungsgeber" formuliert. Könnte eine Perspektive „Zuwendungsgeber" mit der Finanzperspektive zusammengelegt werden?
- Sind die Pflegestellen sinnvoller der Mitarbeiter- oder der Kundenperspektive zuzuordnen?

3.4.2.1 Die strategischen Ziele des CJD Kiel

Die Überprüfung des ersten Zwischenergebnisses führte zu einer Reihe von Änderungen, die an einigen Zielen beispielhaft erläutert werden sollen. Das Endergebnis ist in Abbildung 3 dargestellt.

Der erste Entwurf der strategischen Ziele enthielt keine Zielsetzung in der Finanzperspektive, obwohl das CJD Kiel nicht kostendeckend arbeitet und damit der Notwendigkeit, sich selbst zu refinanzieren, nicht entspricht. Daher wurde bei der Überarbeitung des ersten Entwurfs das Finanzziel „Kostendeckung erreichen" ergänzt.

Das ursprünglich formulierte Ziel „Familienakquise deutlich ausweiten"[2] wurde in das Ziel „Ausweitung des Angebotes an Pflegeplätzen" umformuliert. Erst in der

---

[2] Mit Familien sind hier Pflegefamilien gemeint.

neuen Formulierung kommt die Kundenperspektive deutlich zum Ausdruck. Ein Platz in einer Pflegefamilien ist das konkrete Angebot des CJD Kiel an die Jugendämter, das diese für unterstützungsbedürftige Jugendliche in Anspruch nehmen können.

Mission
Gesellschaftliche Integration von Kindern/Jugendlichen/jungen Heranwachsenden durch individuelle, flexible Jugendhilfemaßnahmen

Kunden/Leistungsziele
- Ausweitung des Angebots an Pflegeplätzen
- Anzahl der Anfragen erhöhen
- Ausweitung der Anfragen aus der Region
- 3-4 attraktive ambulante Bereiche aufbauen
- Projekt mit Schulen durchführen
- Leistungs- und Qualitätsdokumentation für Jugendamt einführen
- Kleingruppe für verhaltensauffällige Kinder anbieten

Finanzen
- Kostendeckung erreichen

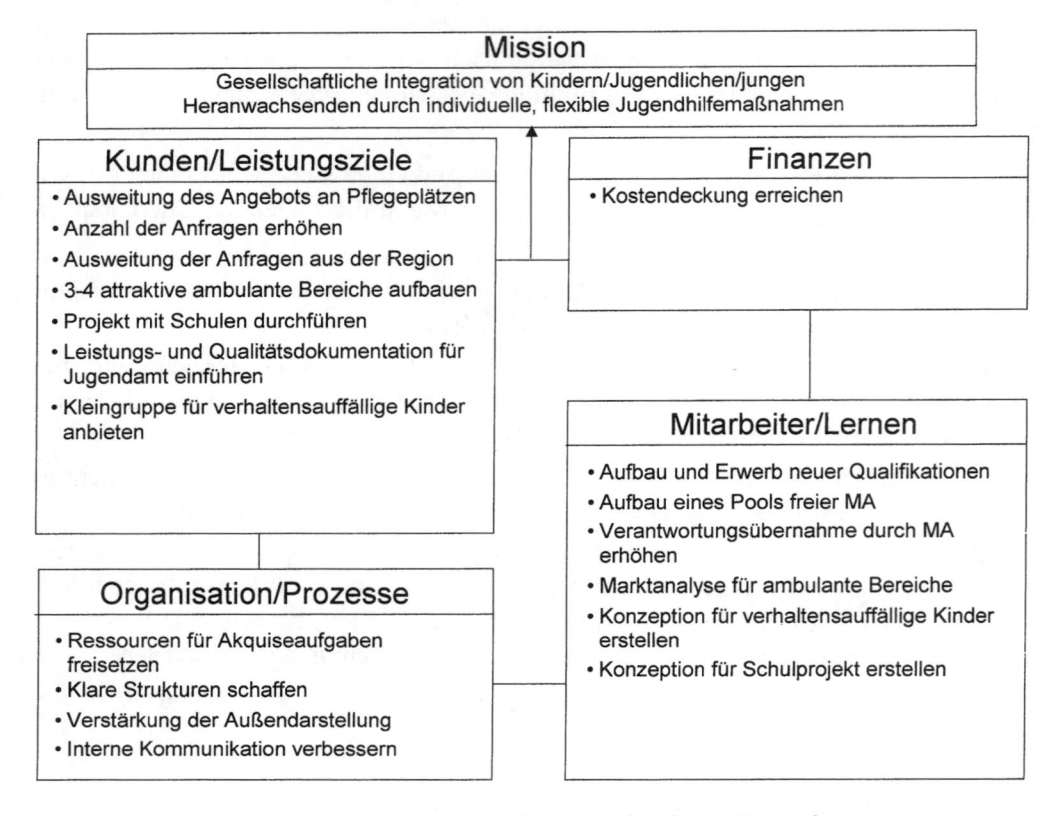

Mitarbeiter/Lernen
- Aufbau und Erwerb neuer Qualifikationen
- Aufbau eines Pools freier MA
- Verantwortungsübernahme durch MA erhöhen
- Marktanalyse für ambulante Bereiche
- Konzeption für verhaltensauffällige Kinder erstellen
- Konzeption für Schulprojekt erstellen

Organisation/Prozesse
- Ressourcen für Akquiseaufgaben freisetzen
- Klare Strukturen schaffen
- Verstärkung der Außendarstellung
- Interne Kommunikation verbessern

Abbildung 3: Strategische Ziele für das CJD Kiel

3.4.2.2 Strategische Ziele des CJD Eutin

Das Endergebnis für das CJD Eutin ist in Abbildung 4 dargestellt. Auch hier sollen die wesentlichen Änderungen zum Zwischenergebnis erläutert werden.

In der Kundenperspektive wurden die Ziele „Für Zuwendungsgeber und Klienten ein zuverlässiger, kontinuierlicher und professioneller Partner sein" und „Angebotstransparenz gegenüber Jugendamt erhöhen" ergänzt. In dem Ziel „professioneller Partner sein" soll ein allgemeines Qualitätsziel zum Ausdruck kommen. Dieses wird für so wichtig erachtet, dass es in die Balanced Scorecard aufgenommen wurde. Das Ziel „Qualifizierungsmöglichkeiten schaffen" wurde durch das Ziel „Gezielte MA-Qualifizierung durchführen" ersetzt. Die ursprüngliche Formulierung wurde als zu unpräzise und nicht zutreffend angesehen. Das Problem sind nicht mangelnde Qualifizierungsmöglichkeiten, sondern die mangelnde Abstimmung der von den Mitarbeitern wahrgenommen Qualifizierungsmaßnahmen mit der Weiterentwicklung des Angebotes des CJD Eutin und der hierfür notwendigen Qualifikation.

Mission
Menschen nach ihren individuellen Möglichkeiten im Hinblick auf gesellschaftliche Partizipation fördern

Kunden/Leistungsziele
- Bedarfsgerechtes Angebot vorhalten
- Für Zuwendungsgeber und Klienten zuverlässiger, kontinuierlicher und professioneller Partner sein
- Zugangsmöglichkeiten für Klienten verbessern
- Inanspruchnahme der Leistungen auf breiterer Ebene
- Angebotstransparenz gegenüber Jugendamt erhöhen

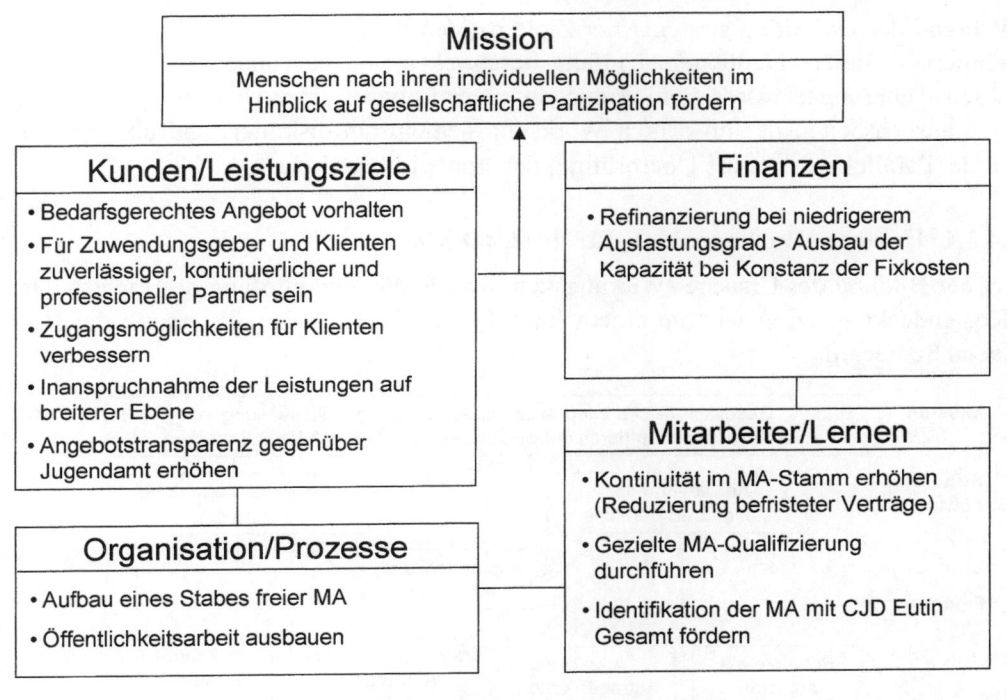

Finanzen
- Refinanzierung bei niedrigerem Auslastungsgrad > Ausbau der Kapazität bei Konstanz der Fixkosten

Organisation/Prozesse
- Aufbau eines Stabes freier MA
- Öffentlichkeitsarbeit ausbauen

Mitarbeiter/Lernen
- Kontinuität im MA-Stamm erhöhen (Reduzierung befristeter Verträge)
- Gezielte MA-Qualifizierung durchführen
- Identifikation der MA mit CJD Eutin Gesamt fördern

Abbildung 4: Strategische Ziele für das CJD Eutin

Der Grund für die differierende Zuordnung des Ziels „Aufbau eines Stabes freier MA" liegt in einer unterschiedlichen Ausgangssituation. Das CJD Eutin beschäftigt bereits eine Vielzahl freier Mitarbeiter. Das Problem liegt hier im (Personal-) Management dieser Beschäftigtengruppe und damit auf der Ebene der Prozessgestaltung.

Das CJD Kiel hingegen beschäftigt noch keine freien Mitarbeiter. Das Hauptaugenmerk liegt demnach auf der Akquirierung freier Mitarbeiter, was dem Erwerb zusätzlicher Qualifikationen entspricht und somit sinnvoll der Mitarbeiterperspektive zugeordnet werden kann.

3.4.3 Bildung der Ursache-Wirkungsketten

„Das Erarbeiten und Dokumentieren von Ursache-/Wirkungsbeziehungen zwischen den strategischen Zielen stellt eines der zentralen Elemente einer Balanced Scorecard dar. Die entstehenden Ursache-/Wirkungsketten spiegeln die Kausalität der strategischen Überlegungen wider" (Horváth & Partner, S. 163).

Die Erarbeitung der Ursache-/Wirkungsketten für das CJD Kiel (vgl. Abbildung 5) und das CJD Eutin (vgl. Abbildung 6) erfolgte in zwei Schritten.

Während der Definition strategischer Ziele wurden die einzelnen Ziele von den Teilnehmern in unterschiedlichem Umfang beschrieben und begründet. Aufbauend auf diesen Äußerungen wurde vom Autor ein erster Entwurf einer Ursache-/ Wirkungskette ausgearbeitet, der im dritten Workshop gemeinsam diskutiert und überarbeitet wurde. Parallel erfolgte die Überprüfung der strategischen Ziele.

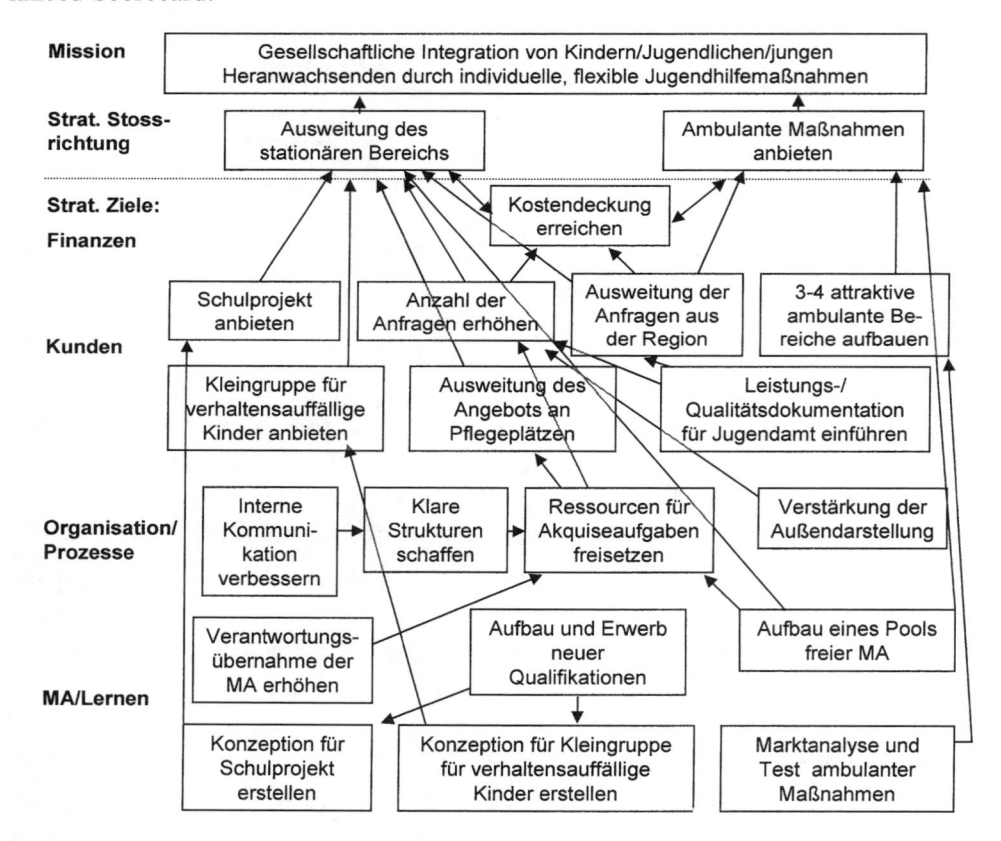

3.4.3.1 Ursache-/Wirkungskette für das CJD Kiel

Bei der Bildung der Ursache-/Wirkungskette wurde die Verknüpfung des Finanzziels „Kostendeckung erreichen" zu einem logischen Problem in der Systematik der Balanced Scorecard.

Abbildung 5: Ursache-/Wirkungskette für das CJD Kiel

Die formulierte strategische Stoßrichtung hat einerseits eine inhaltliche, missionsorientierte Dimension. Sie dient aber andererseits auch der Realisierung des strategischen Ziels „Kostendeckung erreichen". Damit ist an dieser Stelle die Unterscheidung der Ebenen „strategische Stoßrichtung" und „strategisches Ziel" nicht mehr trennscharf.

Aufgrund der besonderen Stellung des Ziels „Kostendeckung erreichen" wurde in der Darstellung für das CJD Kiel die Finanzperspektive optisch über der Kundenperspektive angeordnet.

Im Weiteren sollen nun ausgehend von den Zielen der Kundenperspektive die gebildeten Ursache-/Wirkungsketten („the story of the strategy") in den Grundzügen beschrieben werden.

Eine quantitative Ausweitung des stationären Bereichs erfordert, dass zusätzliche Plätze in Pflegefamilien zur Verfügung stehen und für diese entsprechende Anfragen vorliegen. Hierzu sind die Akquisetätigkeiten zu verstärken. Die hierfür notwendigen Personalressourcen sollen einerseits durch eine Entlastung der Mitarbeiter – und insbesondere der Leitung – aufgrund interner Optimierungen und andererseits durch den Aufbau eines Pools freier Mitarbeiter bereit gestellt werden. Zur internen Optimierung ist es notwendig, klare Strukturen zu schaffen, die interne Kommunikation zu verbessern und die Verantwortungsübernahme durch die einzelnen Mitarbeiter zu erhöhen. Die qualitative Ausweitung des stationären Bereichs soll durch spezielle Angebote für verhaltensauffällige Kinder und unterstützungsbedürftige Jugendliche mit „Schulproblemen" (bis hin zur Schulverweigerung) erfolgen. Hierfür ist der Aufbau neuer Qualifikationen bei den bereits beschäftigten Mitarbeitern bzw. die Einstellung neuer Mitarbeiter notwendig.

Die zweite strategische Stoßrichtung des CJD Kiel besteht in dem Wunsch, mit dem Angebot ambulanter Maßnahmen ein zweites Standbein aufzubauen.

Der Ausweitung der Anfragen aus der Region kommt dabei eine besondere Bedeutung zu, da der Markt für ambulante Maßnahmen ein regionaler Markt ist. Um die Anzahl der Anfragen zu erhöhen, ist neben der Freisetzung zusätzlicher Akquiseressourcen (s.o.) die Außendarstellung zu verstärken. Ein wichtiges Instrument ist die Einführung einer Qualitäts- und Leistungsdokumentation für das Jugendamt. Mit einer solchen Dokumentation soll dem Jugendamt der Gegenwert verdeutlich werden, den es vom CJD Kiel für die gezahlten Pflegesätze erhält. Der Aufbau eines Pools freier Mitarbeiter ist wichtig für die Erschließung des ambulanten Marktes, da nur durch flexibel einsetzbare Personalkapazitäten die Schwankungen in der Auslastung abgefangen werden können.

Zusammenfassend kann festgestellt werden, dass das CJD Kiel eine Expansionsstrategie verfolgt. Die Expansion ist sowohl durch fachliche als auch finanzielle Gesichtspunkte motiviert. Treiber der Expansion sollen interne Strukturverbesserungen und eine Ausweitung der „Marketingaktivitäten" sein.

3.4.3.2 Die Ursache-/Wirkungskette für das CJD Eutin

Bei der Formulierung der strategischen Stoßrichtung hat das CJD Eutin zwei nach außen und ein nach innen gerichtetes Ziel definiert. Der Ausbau der ambulanten Maßnahmen Sozialpädagogischer Familienhilfe (SPFH) und Intensiver Sozialpädagogische Einzelfallhilfe (ISPE) ist ein expansiv ausgerichtetes Ziel. Eher defensiv ausgerichtet ist das Ziel „Belegung des Mutter-Kind-Hauses stabilisieren". Ein internes Ziel wurde mit „Verzahnung der Bereiche des CJD Eutin" formuliert.

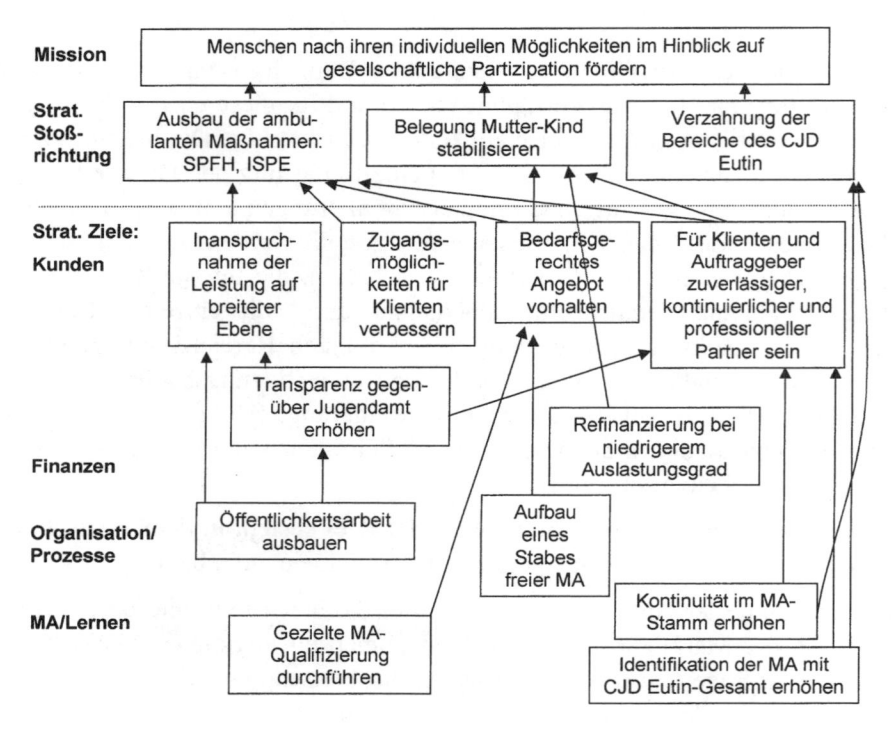

Abbildung 6: Ursache-/Wirkungskette für das CJD Eutin

Um den Ausbau der ambulanten Maßnahmen zu fördern, wurde das Ziel „Zugangsmöglichkeiten für Klienten verbessern" formuliert. Konkret ist hier in erster Linie an die Einrichtung eines Jugendhilfebüros gedacht. Das Büro soll als erste Anlaufstation für Hilfesuchende dienen, um den Hilfebedarf zu spezifizieren und Maßnahmen bei dem zuständigen Kostenträger zu beantragen. Durch den Aufbau einer persönlichen Beziehung zum Hilfesuchenden im Rahmen eines solchen Erstkontaktes steigt die

Wahrscheinlichkeit, dass dieser auch bei der eigentlichen Maßnahme vom CJD Eutin (sofern sie angeboten wird) betreut werden möchte.

Durch eine höhere Angebotstransparenz gegenüber dem Jugendamt und einem Ausbau der Öffentlichkeitsarbeit soll eine „Inanspruchnahme auf breiterer Ebene" (im Sinne unterschiedlich intensiver Hilfsangebote) gefördert werden, mit dem Ziel, den ambulanten Bereich zu stärken. Ein Ausbau der ambulanten Maßnahmen erfordert das Vorhalten eines quantitativ und qualitativ bedarfsgerechten Angebotes, gleiches gilt für die Stabilisierung der Mutter-Kind-Einrichtung. Hierzu sind entsprechende Personalressourcen bereitzustellen. Dies soll durch den Aufbau eines Stabes freier Mitarbeiter und eine gezielte Mitarbeiterqualifizierung sichergestellt werden.

Aus der finanziellen Perspektive ist es wichtig, den zur Finanzierung notwendigen Auslastungsgrad (kritische Belegungsgrenze) zu senken, um den finanziellen Spielraum zu erhöhen und die schwankende Kapazitätsauslastung besser verkraften zu können.

Zur Verzahnung der Bereiche des CJD Eutin soll die Kontinuität im Mitarbeiterstamm erhöht werden, vor allem durch eine Reduktion befristeter Arbeitsverhältnisse. Ferner ist es wichtig, die Identifikation der Mitarbeiter mit der Gesamtorganisation CJD Eutin zu fördern, denn bisher findet eine Identifikation vor allem innerhalb der einzelnen Arbeitsbereiche statt.

Im Vergleich zum CJD Kiel fällt auf, dass die Balanced Scorecard des CJD Eutin deutlich weniger Ziele enthält und die gebildeten Ursache-/Wirkungsketten weniger vielfältig sind. Ein Grund hierfür kann in den Unterschieden der Stärken-/Schwächenanalyse gesehen werden, bei der sich das CJD Eutin deutlich positiver einschätzte. Eine Bestärkung erfährt diese These durch die Tatsache, dass insbesondere die Zahl der Ziele auf den internen Perspektiven Organisation und Mitarbeiter geringer ist.

3.4.4 Bestimmung der Messgrößen

Um das Erreichen der strategischen Ziele überwachen zu können, ist die Bestimmung von Messgrößen erforderlich. Im Folgenden sollen die für das CJD Kiel (vgl. Abbildung 7) und das CJD Eutin (vgl. Abbildung 8) bestimmten Messgrößen vorgestellt und auf Schwierigkeiten bei ihrer Bestimmung eingegangen werden.

3.4.4.1 Messgrößen für das CJD Kiel

Strategisches Ziel	Messgröße
Ausweitung des Angebotes an Pflegeplätzen	• Anzahl der Pflegeplätze, • Anzahl abgewiesener Anfragen (aus Kapazitäts- oder fachlichen Gründen)
Anzahl der Anfragen erhöhen	• Anzahl der Anfragen
Ausweitung der Anfragen aus der Region	• Anzahl der Anfragen aus Kiel, den umliegenden Kreisen, Schleswig-Holstein
3-4 attraktive ambulante Bereiche aufbauen	• Angebot der ausgesuchten Maßnahmen
Leistungs- und Qualitätsdokumentation gegenüber dem Jugendamt	-
Projekt mit Schulen durchführen	-
Kleingruppe für verhaltensauffällige Kinder anbieten	-
Kostendeckung erreichen	• Kostendeckungsbeitrag
Ressourcen für Akquiseaufgaben freisetzen	• Arbeitszeitanteil der Leitung für Akquisetätigkeiten
Klare und schlanke Strukturen schaffen	• Anteil Fahrzeit an Arbeitszeit
Verstärkung der Außendarstellung	• Anzahl der Jugendämter, die durch die Maßnahmen neu gewonnen werden konnten • Welche der geplanten Maßnahmen wurden auch durchgeführt?
Interne Kommunikation verbessern	• Regelmäßige Teamsitzungen mit vollzähliger Teilnahme • Vollständige Dokumentationen
Aufbau und Erwerb neuer Qualifikationen	• Fortbildungstage je MA/Pflegefamilie
Aufbau eines Pools freier MA	• Anzahl der MA im Pool
Verantwortungsübernahme durch MA erhöhen	• Verhältnis umgesetzte zu nicht umgesetzten Maßnahmen • indirekt über Erfolg bei Jugendlichem • Einschaltung der Leitung in Fälle
Marktanalyse für ambulante Bereiche	-
Konzeption für Kleingruppe für verhaltensauffällige Kinder erstellen	-
Konzeption für Schulprojekt erstellen	-

Abbildung 7: Messgrößen für die strategischen Ziele des CJD Kiel

Bei einer Reihe von Zielen (Anzahl Anfragen erhöhen, Kostendeckung erreichen etc.) ergibt sich die Messgröße eindeutig aus der Zielformulierung und ist leicht festzustellen.

Andere Zielsetzungen sind eher tätigkeitsorientiert (Konzeption erstellen, Marktanalyse durchführen, Leistungsdokumentation einführen etc.). Das Erreichen dieser Ziele wird dadurch überprüft, ob sie im geplanten Zeitraum umgesetzt wurden. Eine quantitative Messgröße zu bestimmen, ist für solche Ziele nicht sinnvoll. Kritisch könnte zu diesen Zielen angemerkt werden, dass sie eher als strategische Aktionen[3] anzusehen sind und weniger als strategische Ziele (vgl. Horváth & Partner 2000, S. 145). Die Abgrenzung strategischer Aktionen von strategischen Zielen ist jedoch eine Frage der Betrachtungsperspektive (vgl. ebd.). Für die Workshopteilnehmer war es wichtig, diese tätigkeitsorientierten Ziele als strategische Ziele auf die Balanced Scorecard mit aufzunehmen. Zu erklären ist das mit der Tatsache, dass andernfalls strategisch wichtige Tätigkeiten durch aktuelle Probleme im Alltagsgeschäft verdrängt und nicht durchgeführt werden.

Für das Ziel „klare und schlanke Strukturen schaffen" bestanden ebenfalls Schwierigkeiten, geeignete Messgrößen zu finden. Sie sind darauf zurückzuführen, dass dieses Ziel relativ allgemein gehalten ist. In der Begründung wird deutlich, dass sich hinter dem allgemeinen Ziel konkrete organisatorische Probleme des CJD Kiel verbergen, z.B. der hohe Anteil von Fahrzeiten an der Arbeitszeit. Dieser lässt sich einfach messen und wurde daher als Kenngröße festgelegt. Andere Probleme liegen in der Verwaltungsstruktur des CJD. Hier konnten auf Anhieb keine allgemeinen Größen ermittelt werden. Die Zielerreichung wird vielmehr darüber festgestellt, ob bestimmte Probleme (z.B. im Bereich des Informationsflusses) nicht mehr auftreten.

Zusammenfassend kann festgestellt werden, dass für die Kunden- und Finanzperspektive leichter quantifizierbare Messgrößen gefunden werden konnten als für die Organisations- und Mitarbeiterperspektive.

3.4.4.2 Messgrößen für das CJD Eutin

Strategisches Ziel	Messgröße
Inanspruchnahme der Leistungen auf breiterer Ebene	• Anzahl der bereitgestellten Instrumente (Erhöhen um X) • Verteilung zwischen den einzelnen Maßnahmen („Produktmix"), nach Betreuungsstunden
Zugangsmöglichkeiten für Klienten verbessern	• Anzahl der Hilfesuchenden • Anzahl der Hilfesuchenden, die in eine vom CJD betreute Maßnahme übernommen wurden
Bedarfsgerechtes Angebot vorhalten	• Anzahl abgewiesener Anfragen (nach Ursache)
Für Klienten und Auftraggeber zuverlässiger, kontinuierlicher und professioneller Partner sein	• Anzahl des Betreuerwechsels in einer Maßnahme • Anteil der Jugendämter, die wieder beauftragen

---

[3] Mit strategischen Aktionen sind Maßnahmen zur Erreichung der strategischen Ziele gemeint.

Strategisches Ziel	Messgröße
dto.	• Anteil der Ämter, die auf Empfehlung beauftragen Eine Messung der Zufriedenheit über eine Befragung ist zur Zeit nicht geplant.
Angebotstransparenz gegenüber Jugendamt erhöhen	• Verteilung der Anfragen auf das Angebot (indirekt) • Befragung (nicht geplant)
Refinanzierung bei niedrigerem Auslastungsgrad	• Kritische Belegungsschwelle
Öffentlichkeitsarbeit ausbauen	• Anwesenheit im Jugendhilfeausschuss • Anzahl Presseveröffentlichungen • Anzahl Fachvorträge bzw. Teilnahme an Fachveranstaltungen
Aufbau eines Stabes freier MA	• Anzahl der MA im Pool
Gezielte MA-Qualifikation	• Anzahl MA, die im Jahr Qualifizierungsmaßnahme entsprechend „Entwicklungsplan" besucht haben
Kontinuität im MA-Stamm	• Fluktuationsrate aufgrund befristeter Verträge bzw. aufgrund von Unzufriedenheit
Identifikation der MA mit CJD-Eutin (gesamt) erhöhen	

Abbildung 8: Messgrößen für die strategischen Ziele des CJD Eutin

Insgesamt bestanden beim CJD Eutin weniger Probleme, für die einzelnen Ziele entsprechende Kenngrößen zu finden. Als ein möglicher Grund kommt die im Vergleich zum CJD Kiel präzisere Zielformulierung in Betracht.

3.5 Ergänzende Messgrößen

Um den unter 2.2 genannten Anforderungen an ein Controlling in Nonprofit Organisationen gerecht zu werden, wurden ergänzende Messgrößen bestimmt, die nicht unmittelbar das Erreichen einzelner Balanced-Scorecard-Ziele messen (vgl. Abb. 9).

Hierbei fällt auf, dass die Teilnehmer für das CJD Kiel eine Vielzahl von ergebnis- und prozessbezogenen Qualitätsgrößen benannten, während die Teilnehmer des CJD Eutin auf die einzelnen Hilfepläne und ihre systematische Auswertung verwiesen. Aufgrund einer solchen systematischen Auswertung sollen für die Zukunft Kenngrößen für ein Qualitätscontrolling entwickelt werden.

Die ergebnisbezogenen Kenngrößen des CJD Kiel spiegeln hauptsächlich Ziele wider, die sich so oder in ähnlicher Form in den Hilfeplänen wiederfinden. Ihre systematische Auswertung soll nicht nur zur laufenden fachlichen (und damit missionsbezogenen) Erfolgskontrolle verwendet werden, sondern auch zur Erstellung einer Leistungsbilanz gegenüber den Jugendämtern.

	CJD Kiel	CJD Eutin
Ergebnisbezogene Kenngrößen (Missionserfüllung)	• Erreichen der Ziele des Hilfeplans • Einzelerfolgsgrößen können sein: Abbrüche der Maßnahme, Dauer der Maßnahme, Rückführung in Herkunftsfamilie, Schulbesuch (und Abschluss), Ausbildung, Entlassung in Selbständigkeit, Kontakte zu Polizei/Justiz, Kontakt zu Herkunftsfamilie (Elternarbeit), Wechsel der Erziehungsstellen (Beziehungskontinuität), Wechsel der Fachberater, direktes Feedback von Jugendlichen/Familien/Jugendamt/Erziehungsstellen.	• erfolgreiche Umsetzung der im Hilfeplan definierten Ziele
Prozessbezogen (Qualitätsmerkmale)	• Halbjährliche Entwicklungsberichte • monatlicher Kontakt zum Jugendamt • regelmäßiger Kontakt zur Herkunftsfamilie (wenn möglich) • regelmäßiger Kontakt zum Jugendlichen • Dokumentation der Maßnahme • regelmäßiger Kontakt zur Schule etc. • Gesundheitsvorsorge (Durchführung der üblichen Arztbesuche)	• Öffnungszeiten • Anwesenheit eines Ansprechpartners für das Jugendhilfebüro
Finanzen	• kritische Belegungsgrenze als Ampelfunktion • darüber hinaus insbesondere Fahrt- und Kommunikationskosten	• kritische Belegungsschwelle • Mindestbetreuungstage
Weitere Größen		• Regelmäßigkeit der Dienstbesprechungen • Beteiligungsgrad an Dienstbesprechungen

Abbildung 9: Ergänzende Messgrößen

In den prozessbezogenen Größen kommen insbesondere die Erwartungshaltungen der Stakeholder im Hinblick auf die Art der Leistungserbringung (z.B. Transparenz, Kommunikation etc.) zum Ausdruck. Kommunikations- und Fahrtkosten sind die wesentlichen Sachkosten, hier geht es in erster Linie darum, die Einhaltung eines kalkulierten Budgets zu überwachen.

Beim CJD Eutin ist geplant, über eine systematische Auswertung der Hilfepläne in der Zukunft messbare Erfolgsgrößen zu ermitteln. Wichtiges Merkmal für die Qualität eines Hilfsangebotes ist es, dass es dann zur Verfügung steht, wenn es gebraucht wird. Über die Beobachtung der Größe „Öffnungszeit" soll sowohl die optimale

Dauer als auch die optimale Lage der Öffnungszeit ermittelt werden. Von regelmäßigen Dienstbesprechungen erhofft sich das CJD Eutin einen besseren (Informations-) Austausch zwischen den einzelnen Bereichen. Aus diesem Grund wurden die Regelmäßigkeit und der Beteiligungsgrad an den Besprechungen als wichtige interne Kennziffern definiert.

3.6 Umsetzung des Konzeptes

Da die Implementation der entwickelten Konzepte erst nach Abschluss der Begleitung erfolgen konnte, kann an dieser Stelle daher nur der Stand der Überlegungen zum damaligen Zeitpunkt wiedergegeben werden.

Grundsätzlich sollen alle detaillierten Finanzdaten den Bereichen entsprechend ihrer Bedürfnisse von der kaufmännischen Leitung des CJD Eckernförde zur Verfügung gestellt werden. Das CJD Kiel hat für den fachlichen und den finanziellen Bereich je einen Berichtsverantwortlichen bestimmt. Mit Hilfe einer systematischen Auswertung der für das Jugendamt ohnehin anzufertigenden Entwicklungsberichte soll das Erreichen der fachlichen Ziele überprüft werden. Der Auslastungsgrad wird aufgrund der in den Hilfeplänen vereinbarten Betreuungszeit ermittelt. Beim CJD Eutin liegt die Verantwortung für das Informationssystem bei der Verwaltungsleitung. Für die Bereitstellung der notwendigen Basisdaten aus den einzelnen Bereichen wird dort jeweils ein Verantwortlicher bestimmt. Die inhaltliche Ausgestaltung der Informationsaufarbeitung ist mit der des CJD Kiel vergleichbar.

4 Fazit

Welche Schlussfolgerungen können nun aus den Fallbeispielen gezogen werden? Hierbei stellen sich zwei Fragen:

- Welchen Nutzen bietet das Konzept der Balanced Scorecard für die Gestaltung eines NPO-spezifischen Controllings?
- Was kann für die Entwicklung und Einführung einer Balanced Scorecard in anderen NPO gelernt werden?

Für die Beantwortung der Fragen ist es hilfreich, sich nochmals die wesentlichen Gestaltungsanforderungen an ein Controlling in NPO vor Augen zu führen:

- Ausrichtung am Zielsystem der NPO,
- besondere Bedeutung des strategischen Controlling in NPO,
- Einbeziehung von Evaluationsinstrumenten und Elementen des Qualitätsmanagements.

Die Mehrdimensionalität der Balanced Scorecard hat, wie von Berens/Karlowitsch/ Mertens (2000, S. 25 f.) angenommen, die Abbildung des Zielsystems erleichtert. So können z.B. auch Ziele des Qualitätsmanagements, die den Einsatz von Evaluationsinstrumenten erfordern, aufgenommen werden. Die Funktion der Balanced Scorecard, die organisationale Strategie in operationale Ziele zu übersetzen, setzt an einem typischen Defizit von NPOs an, wie es auch in den Beispielen anzutreffen war: Dem Fehlen von strategischer Planung und der Formulierung operationaler Ziele (vgl. Horak/Matul/Scheuch 1999, S. 153). Die notwendige Kommunikation zwischen den Führungskräften bzw. zwischen Führungskräften und Mitarbeitern über die Frage, wie sich die Organisation in Zukunft entwickeln soll (strategische Ziele) und die hierfür erforderliche Klärung der Rahmenbedingungen für die Formulierung einer Balanced Scorecard hat sich auch in der Praxis als ein ganz wesentlicher Nutzen des Entwicklungsprozesses erwiesen. Im Alltagsgeschäft häufig vernachlässigte Fragen wie beispielsweise:

- Wofür stehen wir?
- Was wollen wir erreichen?
- Was müssen wir tun, um dies zu schaffen?
- Wie können wir feststellen, ob wir das, was wir erreichen wollten, auch erreicht haben?

können durch die Entwicklung einer Balanced Scorecard einer Klärung zugeführt werden. Somit wird die Basis für eine effektive Steuerung gelegt.

Das offene Klima und die hohe fachliche Kompetenz der beteiligten Führungskräfte und Mitarbeiter in den Einrichtungen haben die gewählte pragmatische Vorgehensweise unterstützt. Der Vorschlag von Tiebel (1998, S. 118), zur Umsetzung eines strategischen Stakeholdermanagements die Kundenperspektive zu einer Stakeholderperspektive umzuwidmen, kann aus den Fallbeispielen heraus in zweierlei Hinsicht unterstützt werden. Zum einen finden sich die Stakeholdererwartungen zumeist nur implizit in den Zielen wieder. Zum anderen umfasst die Kundenperspektive Zielsetzungen, die gleichzeitig an die Klienten und an die Jugendämter gerichtet sind (z.B. „Inanspruchnahme der Leistungen auf breiterer Ebene", CJD Eutin). Daher wurde von den Workshopteilnehmern auch entschieden, entgegen dem Vorschlag von Kaplan/Norton (2000, S. 135), die Geldgeber und Leistungsempfänger in der Kundenperspektive zusammengefasst zu lassen.

Als Resümee aus den Fallbeispielen kann festgehalten werden, dass die Idee, die hinter der Balanced Scorecard steht, eine hilfreiche Basis für den Aufbau eines umfassenden NPO-spezifischen Controlling ist. Die Herausforderung besteht darin, sie jeweils für die eigene Organisation nutzbar zu machen.

5 Literaturverzeichnis

Arnold, U. (1998): Besonderheiten der Dienstleistungsproduktion, in: ders./Maelicke, B. (Hrsg.): Lehrbuch der Sozialwirtschaft, 1. Auflage, Baden-Baden, S. 257 – 276.

Bea, F. X./Haas, J. (2001): Strategisches Management, 3. Auflage, Stuttgart.

Berens, W./Karlowitsch, M./Mertens, M. (2000): Die Balanced Scorecard als Controllinginstrument in Non-Profit-Organisationen, in: Controlling, Heft 1, S. 23 – 28.

Brülle, H. (1998): Sozialplanung und Verwaltungssteuerung – Dienstleistungsproduktion in der kommunalen Sozialverwaltung, in: Reis, C./Schulze-Böing, M. (Hrsg.): Planung und Produktion sozialer Dienstleistungen: die Herausforderung „neuer Steuerungsmodelle", Berlin, S. 83 – 104.

Eschenbach, R./Niedermayr, R. (1996): Die Konzeption des Controlling, in: Eschenbach, R. (Hrsg.): Controlling, 2. Auflage., Stuttgart, S. 65 – 93.

Grunwald, K. (2001): Neugestaltung der freien Wohlfahrtspflege. Management organisationalen Wandels und die Ziele der Sozialen Arbeit, Weinheim/München.

Halfar, B. (1998): Finanzierung sozialer Dienste, in: Arnold, U./Maelicke, B. (Hrsg.): Lehrbuch der Sozialwirtschaft, 1. Auflage, Baden-Baden, S. 402 – 442.

Heiner, M. (1996): Ziel- und kriterienbezogenes Qualitätsmanagement in der sozialen Arbeit. Vom Katalogisieren der Aktivitäten zur Reflexion von Qualitätskriterien, in: Merchel, J./ Schrappe, C. (Hrsg.): Neue Steuerung: Tendenzen der Organisationsentwicklung in der Sozialverwaltung, Münster, S. 210 – 230.

Horak, C. (1995): Controlling in Nonprofit-Organisationen: Erfolgsfaktoren und Instrumente, 2. Auflage, Wiesbaden.

Horak, C. (1996): Stakeholdermanagement für Nonprofit-Organisationen, in: Strunk, A. (Hrsg.): Dienstleistungscontrolling, Baden-Baden, S. 87 – 103.

Horak, C./Matul, C./Scheuch, F. (1999): Ziele und Strategien von NPOs in: Badelt, C. (Hrsg.): Handbuch der Nonprofit Organisation – Strukturen und Management, 2. Auflage, Stuttgart, S. 153 – 178.

Horváth & Partner (Hrsg.) (2000): Balanced Scorecard umsetzen, Stuttgart.

Kaplan, R. S./Norton, D. P. (1997): Balanced Scorecard. Strategien erfolgreich umsetzen, Stuttgart.

Kaplan, R. S./Norton, D. P. (2000): The Strategy-focused Organization: How Balanced Scorecard Companies thrive in the New Business Environment, Cambrigde, (Masss.).

Kinder- und Jugendhilfegesetz (KJHG) – Sozialgesetzbuch (SGB), 8. Buch, Stand 1.8.1996.

Lehmann, A. (1995): Dienstleistungsmanagement: Strategien und Ansatzpunkte zur Schaffung von Servicequalität, 2. Auflage, Stuttgart/Zürich.

Lombriser, R./Abplanalp, P. A. (1997): Strategisches Management: Visionen entwickeln, Strategien umsetzen, Erfolgspotentiale aufbauen, Zürich.

Meinhold, M. (1998): Qualitätssicherung und Qualitätsmanagement in der sozialen Arbeit: Einführung und Arbeitshilfen, 3. Auflage, Freiburg i. Br.

Merchel, J. (1996): Fachliche Anforderungen an die Jugendhilfe versus Ökonomisierung der Verwaltung? „Neue Steuerung" im Kontext des Kinder- und Jugendhilfegesetzes, in: ders./Schrapper, C. (Hrsg.): Neue Steuerung: Tendenzen der Organisationsentwicklung in der Sozialverwaltung, Münster, S. 145 – 169.

Merchel, J. (1998): Zwischen Effizienzsteigerung, fachlicher Weiterentwicklung und Technokratisierung: Zum sozialpolitischen und fachpolitischen Kontext der Qualitätsdebatte in der Jugendhilfe, in: ders. (Hrsg.): Qualität in der Jugendhilfe: Kriterien und Bewertungsmöglichkeiten, Münster, S. 20 – 42.

Merchel, J./Schrapper C. (1996) (Hrsg.): Neue Steuerung: Tendenzen der Organisationsentwicklung in der Sozialverwaltung, Münster.

Müller, B. K. (1998): Probleme der Qualitätsdiskussion in sozialpädagogischen Handlungsfeldern, in: Merchel, J. (Hrsg.): Qualität in der Jugendhilfe: Kriterien und Bewertungsmöglichkeiten, Münster, S. 43 – 60.

Reis, C./Schulze-Böing, M. (1998): Einleitung: Neue Steuerungsmodelle für die Produktion sozialer Dienstleistungen? Folgerungen aus einem produktiven Mißverständnis, in: ebd. (Hrsg.): Planung und Produktion sozialer Dienstleistungen: die Herausforderung "neuer Steuerungsmodelle", Berlin, S. 9 – 31.

Schwarz, P./Purtschert, R./Giroud, C. (1999): Das Freiburger Management-Modell für Nonprofit-Organisationen (NPO), 3. Auflage., Bern, Stuttgart, Wien.

Steinmann, H./Schreyögg, G. (2000): Management – Grundlagen der Unternehmensführung, 5. Auflage, Wiesbaden.

Tiebel, C. (1998): Strategisches Controlling in Nonprofit-Organisationen – theoretische Konzeption und praktische Umsetzung am Beispiel Deutsches Rotes Kreuz, München.

Weber, J./Schäffer, U. (2000): Balanced Scorecard & Controlling, Implementierung – Nutzen für Manager und Controller – Erfahrungen aus deutschen Unternehmen, 2. Auflage, Wiesbaden.

Rainer Beyer/Markus Horneber[*]

Einführung der Balanced Scorecard in einer großen diakonischen Wohlfahrtseinrichtung

1 Einführung

2 Ausgangssituation

3 Strategische Fokussierung

4 Umsetzung der Strategie mit der Balanced Scorecard

    4.1 Warum der Einsatz der Balanced Scorecard?

    4.2 Ausgestaltung der Balanced Scorecard: Operationalisierung der Vision

    4.3 „Führen mit Zielen": Weitere Umsetzung im Pilotbereich

    4.4 Strategisches Controlling: Kennzahlen und Berichtswesen

    4.5 Verankerung in der Organisation

5 Resümee

6 Literaturverzeichnis

---

[*] Dr. Rainer Beyer, Berater bei Rödl & Partner, Nürnberg,
Dr. Markus Horneber, Verwaltungsdirektor der Diakonie Neuendettelsau.

1 Einführung

Der folgende Beitrag beschreibt den Einführungsprozess der Balanced Scorecard und den Stand der Umsetzung bei der Diakonie Neuendettelsau. Den Ausgangspunkt des Projektes bildet die strategische Fokussierung (Kapitel 2), indem eine Vision mit den am wichtigsten erscheinenden strategischen Stoßrichtungen erarbeitet wurde. Erst im zweiten Schritt wurden konzeptionell strategische Ziele der Balanced Scorecard entwickelt (Kapitel 4.1 und 4.2). Der darauffolgende Prozess der Umsetzung ist noch nicht abgeschlossen, doch wurden bereits wichtige Weichenstellungen hinsichtlich der Umsetzung in nachgelagerten Ebenen, der Einführung eines strategischen Berichtswesens und der Verankerung in der Organisation gelegt. Letzteres betrifft die Festlegung von Aufgaben und Zuständigkeiten, die Verknüpfung mit dem vorhandenen Qualitäts- und Umweltmanagementsystem und die Anpassung des Planungsprozesses (Kapitel 4.3 bis 4.5). Im Ergebnis lässt das dargestellte Projekt generelle Rückschlüsse darüber zu, in welcher Form die Balanced Scorecard in NPOs erfolgreich zum Einsatz gebracht werden kann. Dies wird in Kapitel 5 zusammenfassend in drei Thesen näher erläutert.

2 Ausgangssituation

Die Diakonie Neuendettelsau mit ihrem Hauptsitz in Nordbayern gehört mit ca. 5500 Mitarbeiterinnen und Mitarbeitern und 120 Einrichtungen zu den größten diakonischen Unternehmen in Deutschland und zu den großen Anbietern auf dem Gesundheits- und Sozialmarkt. Das Leistungsspektrum gliedert sich im Wesentlichen in die Fachbereiche Altenhilfe, Behindertenhilfe, Krankenhauswesen und Schulen (vgl. Abbildung 1).

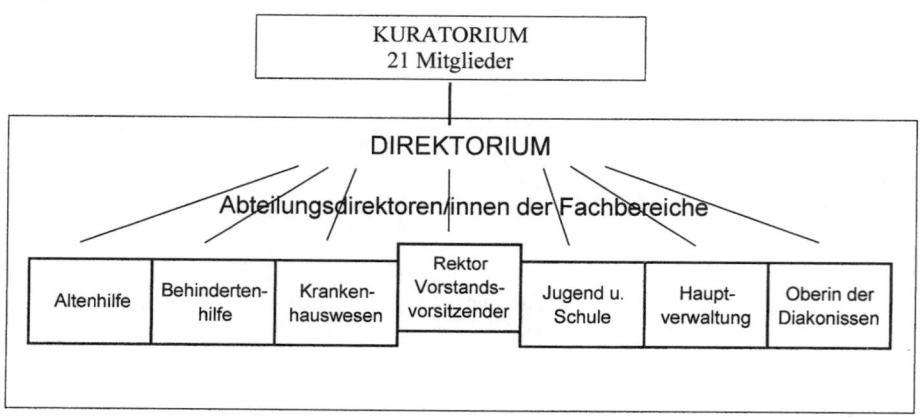

Abbildung 1: Organigramm

Seit einigen Jahren sieht sich das Unternehmen einer zunehmend dynamischen und komplexen Entwicklung in der System-Umwelt, z.B. auf den Absatz- und Arbeitsmärkten sowie im Bereich der Refinanzierung der Dienstleistungen gegenüber (vgl. Abbildung 2).

Weite Teile des Sozial- und Gesundheitsmarktes befinden sich in einer Umbruchsituation. Kostenträger deckeln die Budgets, die Sozialgesetzgebung wird im Rahmen des Umbaus des Sozialstaats reformiert und liberalisiert, private Unternehmen drängen vermehrt in die traditionell von Non-Profit-Organisationen (NPO) besetzten Märkte. Darüber hinaus sind Konzentrationstendenzen im Rahmen von Kooperationen und Netzwerken feststellbar. In den meisten Leistungsbereichen verändern sich die Anforderungen der Kunden. Generell ist der Trend zur stärkeren Inanspruchnahme ambulanter Dienste erkennbar.

Betrachtet man den Arbeitsmarkt qualifizierter sozialer Berufe, so ist festzustellen, dass es bereits heute vielerorts schwierig ist, qualifizierte Mitarbeitende zu gewinnen. Für die Zukunft erwarten Experten eine weitere Zunahme der Nachfrage nach Fachkräften bei gleichzeitig sinkendem Angebot auf dem Arbeitsmarkt. Ein Grund hierfür liegt in den vergleichsweise wenig attraktiven Gehalts- und Entwicklungsperspektiven.

Neben diesen Markttrends sind soziale Unternehmen einem immer stärkeren Finanzierungsdruck von Seiten der Kostenträger ausgesetzt. Öffentliche Mittel werden knapper. Sie sind darüber hinaus auch an erhöhte Anforderungen betreffend Wirtschaftlichkeit, Qualität und Nachweise gebunden.

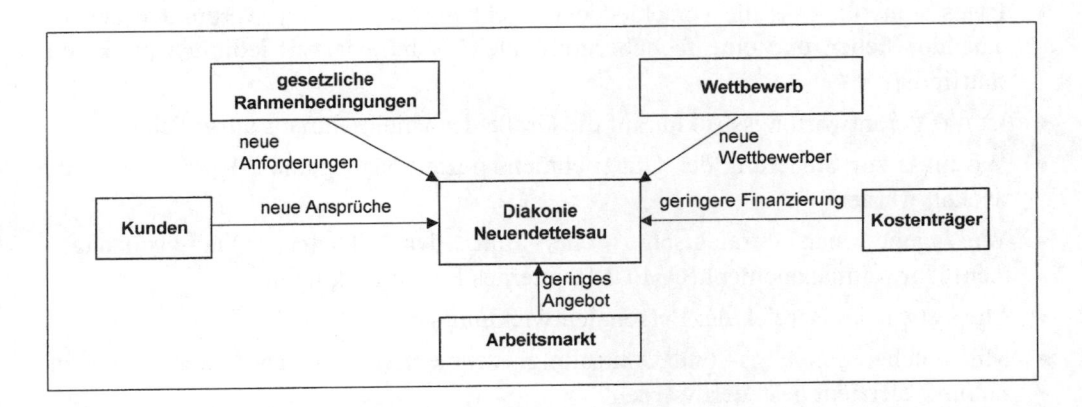

Abbildung 2: Umfeldanalyse

Das Direktorium der Diakonie Neuendettelsau sah sich hieraus immer stärker mit strategischen Fragen konfrontiert:

- Sind die Bereiche, die einem verstärkten Wettbewerb ausgesetzt sind, darauf entsprechend vorbereitet?
- Soll man Kooperationen eingehen?
- Wie kann man neue Finanzierungsformen (EU-Förderungen, Altenheime als Genossenschaften etc.) erschließen?
- Wie kann man strategische Systemangebote forcieren (z.B. Gesundheitszentrum Neuendettelsau)?
- Wo sind fachbereichsübergreifende Angebote notwendig?
- Soll man in Richtung Internationalisierung gehen, und wenn ja mit welchen Leistungen und in welche Länder?

Abgesehen von den sich verändernden Umfeldbedingungen hat sich auch die Organisation der Diakonie Neuendettelsau in den letzten Jahren weiterentwickelt. Vor allem war ein starkes Wachstum zu verzeichnen, wodurch gängige Steuerungsmechanismen generell hinterfragt werden mussten:

- Soll das Unternehmen den eingeschlagenen Wachstumspfad beibehalten oder soll man konsolidieren?
- Im Falle des Wachstums, in welche Richtung soll man wachsen?
- Gibt es Unternehmensbereiche, die evtl. nicht mehr in das Gesamtunternehmensspektrum passen?
- Ist es sinnvoll, dass die verschiedenen Fachbereiche relativ unverbunden nebeneinander stehen und eine fachübergreifende Zusammenarbeit lediglich punktuell stattfindet?
- Ist die Verantwortungsstruktur auf die Größe des Unternehmens ausgerichtet?
- Wo muss zur Steuerung des Unternehmens gezielt Management-Know-How entwickelt werden?
- Wie geht man strategisch weiter mit dem Thema Qualitätsmanagement/Umweltmanagement (QM/UM), internes Benchmarking um?
- Muss etwas im Bereich der Personalentwicklung getan werden?
- Mit welchen Planungs- und Controllinginstrumenten kann das Unternehmen in Zukunft effizient gesteuert werden?

Mit Blick auf die Umfeld- und Unternehmensentwicklung wurden im Unternehmen bereits in den 90er Jahren viele organisatorische Veränderungsmaßnahmen gestartet (vgl. Abbildung 3):

Jahr	Projekte/Maßnahmen
1995	Abschluss der Leitbildentwicklung
1996	Untersuchungen zur Zentralisierung/Dezentralisierung des Aufgabenspektrums
1996	Start zur Einführung eines integrierten Qualitäts- und Umweltmanagementsystems (QM/UM)
2000	Konzeption eines innovativen Entlohnungssystems
2001	Leitfaden für Mitarbeitergespräche im Gesamtunternehmen, Implementierung eines Leitfadens zum Projektmanagement

Abbildung 3: Ausgewählte Projekte

An unterschiedlichen Stellen wurden diese Projekte begonnen. Vielfach waren in die Maßnahmen lediglich Teilbereiche des Unternehmens einbezogen. Aus Direktoriumssicht gestaltete sich der Überblick zur Beurteilung der Wichtigkeit und des Erfolgs eines Projektes zunehmend schwierig.

Ähnlich ging es dem Direktorium auch mit Überlegungen zum weiteren Wachstum des Unternehmens. Von verschiedenen Seiten wurden vielfältige Verkaufs- und Kooperationsangebote für Einrichtungen an das Direktorium herangetragen. Die Entscheidung für oder gegen solche Investitionen basierten im wesentlichen auf Prüfungen des Einzelfalls, weniger auf expliziten strategischen Überlegungen hinsichtlich des Ausbaus einzelner Geschäftsfelder.

Die Gesamtentwicklung machte dem Direktorium deutlich, dass sich die Verantwortlichen stärker als in der Vergangenheit mit den Fragen zur Zukunft des Unternehmens beschäftigen müssen, um eine erfolgreiche Zukunftsentwicklung der Diakonie Neuendettelsau zu gewährleisten.

Dies war der Auslöser dafür, dass man im Jahr 2000 begann, sich mit dem Thema Balanced Scorecard auseinander zu setzen und im Dezember 2000 mit dem Projekt zur Einführung der Balanced Scorecard startete. Das Einführungsprojekt ist noch nicht abgeschlossen. Im Folgenden werden die bisherigen Ergebnisse näher erläutert.

3 Strategische Fokussierung

Die strategische Neu-Positionierung der Diakonie Neuendettelsau umfasste drei Schritte:

- Strategiecheck,
- Formulierung einer Vision,
- Ableitung strategischer Stoßrichtungen.

Der Strategiecheck umfasste zunächst die kritische Analyse gegenwärtiger Strategien und war Ausgangspunkt der Formulierung einer strategischen Gesamtausrichtung im Rahmen einer *Vision*:

„Die Diakonie Neuendettelsau will sich zu einem international tätigen Unternehmen weiterentwickeln, das seinen Kunden auf Basis seiner Leitlinien umfassende, moderne, sich ergänzende und lebensbegleitende Angebote aus einer Hand bieten kann."

Basierend auf der Vision wurden *vier strategische Stoßrichtungen* erarbeitet, welche die Vision konkretisieren, und die zugleich als die Haupthandlungsfelder der Zukunft angesehen werden:

Wachstum: Die Erreichung einer kritischen Größe wird in allen Fachbereichen der Diakonie Neuendettelsau zum Erfolgsfaktor, vor allem dort, wo die zukünftige Finanzierung durch die Kostenträger bröckelt.

Innovation: Sowohl im Behandlungs- und Betreuungsbereich als auch im Bereich der Arbeitsplätze werden verstärkt innovative Technologien und Verfahren entwickelt, getestet und eingesetzt.

One-Stop-Shop: Der strategische Vorteil der Diakonie Neuendettelsau liegt in ihrem vielfältigen Angebot. Es besteht im Gegensatz zu kleineren spezialisierten Wettbewerbern die Chance einer lebenslangen Kundenbindung. Strategischer Erfolgsfaktor zur Verzahnung der Dienstleistungsangebote („Systemangebote") ist vor allem die Schaffung einer durchlässigen Organisationsstruktur.

Markenidentität: Zeitgleich mit der organisatorischen Veränderung muss sich auch der Außenauftritt weg von einem komplexen, stark ausdifferenzierten Organisationsbündel hin zu einer fokussierten, problemlösungsorientierten Einheit weiterentwickeln.

Die strategischen Stoßrichtungen sind diejenigen Handlungsfelder, mit denen die Diakonie Neuendettelsau langfristig auf dem Gesundheits- und Sozialmarkt bestehen und ihre Vision erreichen will. Gleichzeitig stellen die Stoßrichtungen Handlungsfelder dar, für die im Rahmen der Balanced Scorecard Konzeption in der Folge konkrete Zielsetzungen und Maßnahmen zu entwickeln waren.

4 Umsetzung der Strategie mit der Balanced Scorecard

4.1 Warum der Einsatz der Balanced Scorecard?

Zur Umsetzung der strategischen Überlegungen galt es, eine Vorgehensweise zu finden, mit der sich das gesamte Unternehmen auf die gewählten strategischen Stoßrichtungen ausrichten lassen würde. Im Grunde soll jede Einrichtung einen Beitrag zu einer oder mehrerer der strategischen Stoßrichtungen leisten können. Die Balanced Scorecard stellte zur Unterstützung der weiteren Umsetzung den konzeptionellen Rahmen („Framework") und ein methodisches Vorgehen zur Verfügung.

Der wesentliche Beitrag als „Framework"[1] bestand darin, die Entscheidungsträger zu veranlassen, in gleicher Weise über strategische Finanz-, Kunden-, Prozess- und Lernziele nachzudenken und keine dieser strategisch relevanten Perspektiven zu vernachlässigen.

Als Methode hat die Balanced Scorecard mehrere Funktionen:

- Sie zeigt einen Weg zur Operationalisierung der Vision/Strategischen Ziele auf, was letztlich klassischerweise im strategischen Managementprozess (vgl. Steinmann/Schreyögg 1993, S. 151 ff.) bereits beschrieben ist (vgl. Abbildung 4).

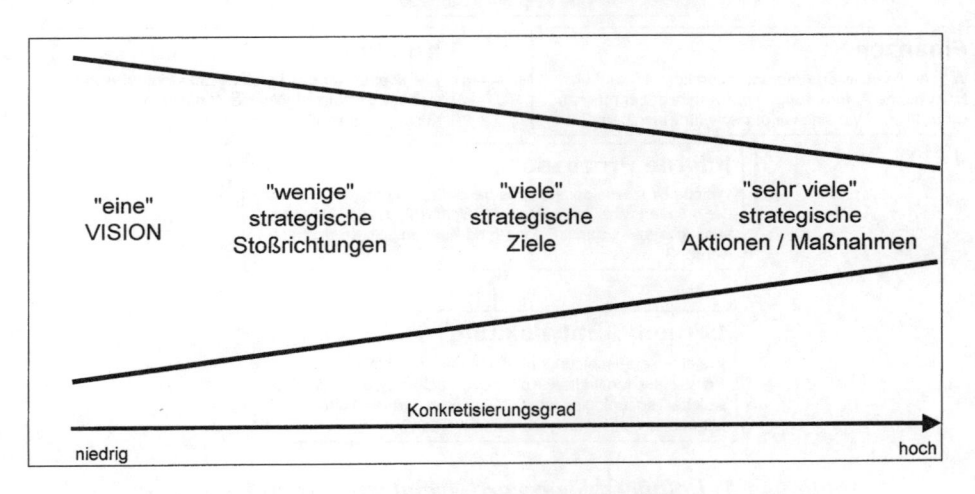

Abbildung 4: Operationalisierung der Vision

---

[1] Als „Framework" bildet die Balanced Scorecard alle notwendigen Fragen und Variablen ab, die das Management im Rahmen der Strategie berücksichtigen muss: „Frameworks identify the relevant variables and the questions which the user must answer in order to develop conclusions tailored to a particular industry and company" (Porter 1991, S. 98). Die Balanced Scorecard gibt aber keine strategischen Entscheidungen vor.

- Sie macht sich das Instrument „Führen mit Zielen" („Management by Objectives") zu eigen, um die Strategie nicht nur horizontal in Maßnahmen sondern auch über Hierarchieebenen hinweg in der Organisation umzusetzen.
- Sie ist ein klassisches strategisches Controllinginstrument.

Im Folgenden wird erläutert, welche Funktionen in der Diakonie Neuendettelsau die Balanced Scorecard als „Framework" und als Methode erfüllt hat.

4.2 Ausgestaltung der Balanced Scorecard: Operationalisierung der Vision

4.2.1 Balanced Scorecard Architektur

Die von privatwirtschaftlichen Unternehmen abweichenden Rahmenbedingungen einer Non-Profit-Organisation erforderten eine Anpassung der methodischen Balanced Scorecard Architektur (vgl. Abbildung 5).

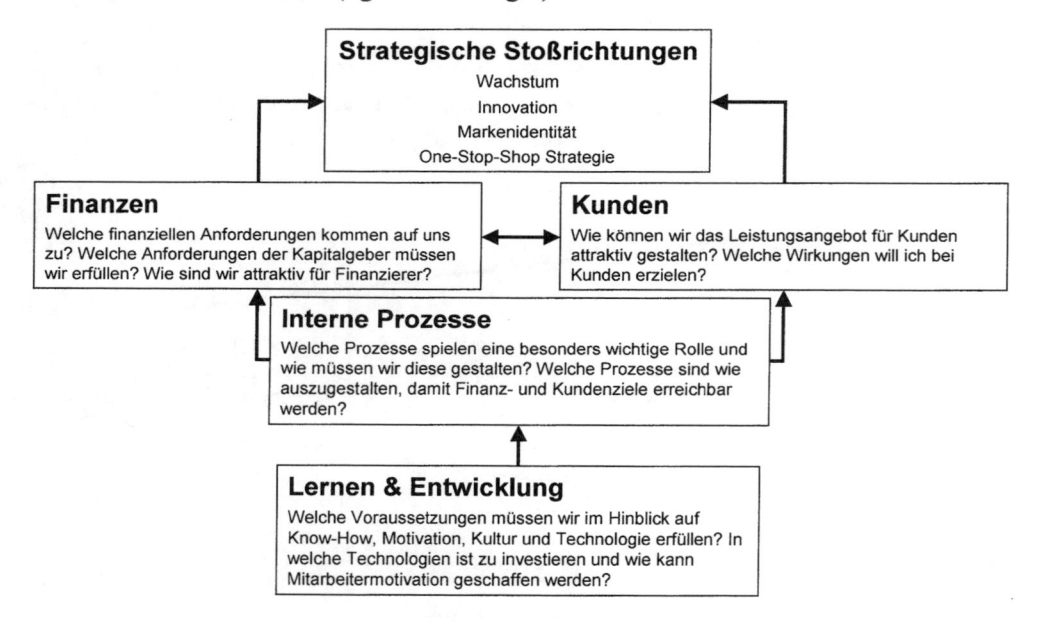

```
                    Strategische Stoßrichtungen
                           Wachstum
                           Innovation
                         Markenidentität
                      One-Stop-Shop Strategie

  Finanzen                                    Kunden
  Welche finanziellen Anforderungen           Wie können wir das Leistungsangebot für Kunden
  kommen auf uns zu? Welche Anforderungen     attraktiv gestalten? Welche Wirkungen will ich bei
  der Kapitalgeber müssen                     Kunden erzielen?
  wir erfüllen? Wie sind wir attraktiv für Finanzierer?

                    Interne Prozesse
                    Welche Prozesse spielen eine besonders wichtige Rolle und
                    wie müssen wir diese gestalten? Welche Prozesse sind wie
                    auszugestalten, damit Finanz- und Kundenziele erreichbar
                    werden?

                    Lernen & Entwicklung
                    Welche Voraussetzungen müssen wir im Hinblick auf
                    Know-How, Motivation, Kultur und Technologie erfüllen? In
                    welche Technologien ist zu investieren und wie kann
                    Mitarbeitermotivation geschaffen werden?
```

Abbildung 5: Balanced Scorecard Architektur (in Anlehnung an Kaplan/Norton 2001, S. 135)

Die Balanced Scorecard-Ziele werden an den *strategischen Stoßrichtungen* als oberste Maßgabe ausgerichtet. D. h. jedes in der Balanced Scorecard festgelegte Ziel muss einen direkten oder indirekten (über Verknüpfung mit anderen Zielen in der BSC) Bezug zu den strategischen Stoßrichtungen aufweisen.

Die Ziele der *Finanzperspektive* der Diakonie Neuendettelsau sind nicht auf ein Eigentümerinteresse gerichtet, sondern auf die Möglichkeit der langfristigen Sicherung des Leistungsangebotes, welches in den Zielen der Kundenperspektive zum Ausdruck kommt.

Die Ziele der *Kundenperspektive* berücksichtigen neben dem diakonischen Auftrag und der Entwicklungslinie zu einem Systemanbieter sozialer Dienstleistungen auch die Ertragsorientierung. Insofern stehen die beiden Perspektiven gleichgewichtig nebeneinander und stellen die erwünschten Ergebnisse dar.

Die Ziele der *Prozess- und der Lern-/Entwicklungsperspektive* sind auf die Erreichung dieser Ziele ausgerichtet. D.h. durch die Verbesserung bestimmter interner Prozesse sollen letztlich die Finanz- und Kundenziele erreicht werden können. Die Lern- und Entwicklungsperspektive zeigt an, welches Know-How und welche Fähigkeiten bei Mitarbeitern gefördert werden müssen, welche Technologien entwickelt werden sollen und wie man eine strategiekonforme Unternehmenskultur als Basis verankern kann.

Das aufzubauende Zielsystem hängt insofern horizontal wie vertikal über Ursache-Wirkungsketten zusammen. Die Beschreibung des Gesamtzusammenhangs des Zielsystems kommt einer Beschreibung der Strategie für das Unternehmen gleich (vgl. hierzu das Konzept der „Strategy Maps" bei Kaplan/Norton 2001, S. 69 ff.).

4.2.2 Zielsystem und „Strategy Map"

Das Zielsystem der Diakonie Neuendettelsau erarbeitete das Direktorium im Rahmen eines Workshops. Jede strategische Stoßrichtung wurde zunächst für sich betrachtet.

Anhand der Perspektiven der Balanced Scorecard wurden konkrete Ziele formuliert, die erreicht werden sollen, um in den strategischen Stoßrichtungen befriedigende Ergebnisse zu erzielen. Die Ziele wurden diskutiert und dokumentiert.

Wichtige Erfolgsfaktoren zu diesem Zeitpunkt waren, dass sich alle Workshopteilnehmer über die Zielsetzungen einigten, und dass die Ziele in Ursache-Wirkungsketten aufeinander bezogen wurden (vgl. Abbildung 6). Mit der strategischen Stoßrichtung „Innovation" beispielsweise möchte man vor allem zwei Dinge bewirken: Zum einen soll die Kundenbindung gestärkt werden, zum anderen möchte man als Organisation in der Öffentlichkeit mit innovativen Themen (z.B. Bioethik) als Meinungsbildner Präsenz zeigen (Kundenperspektive). Hierzu sind finanzielle Gestaltungsspielräume zu schaffen, und insbesondere zur Erzielung höherer Kundenbindung sind neue Dienstleistungen zu entwickeln. Es werden allerdings nicht nur finanzielle Spielräume benötigt, sondern zur Entwicklung neuer Ideen und Innovationen sind organisatorische Freiräume und Kapazitäten zu schaffen (Prozessperspektive). Als Basis für die Erreichung der Zielsetzungen ist die Wissensgenerierung über neue Technologien und Verfahren in den einzelnen Fachbereichen ständig zu pflegen.

```
Strategische Stoßrichtung: Innovation

        (Kunde)                        (Finanzen)
   Öffentliche Präsenz erhöhen    Gestaltungspotenziale
     (innovative Themen)       für Innovationen erhöhen     Kunde
                                                              &
   Kundenbindung stärken                                   Finanzen

   neue Dienstleistungen

                    Innovationsprozess
                        initiieren                         Prozesse

                    Technologie Know-How
                    in den Fachbereichen                   Lernen &
                         stärken                           Entwicklung
```

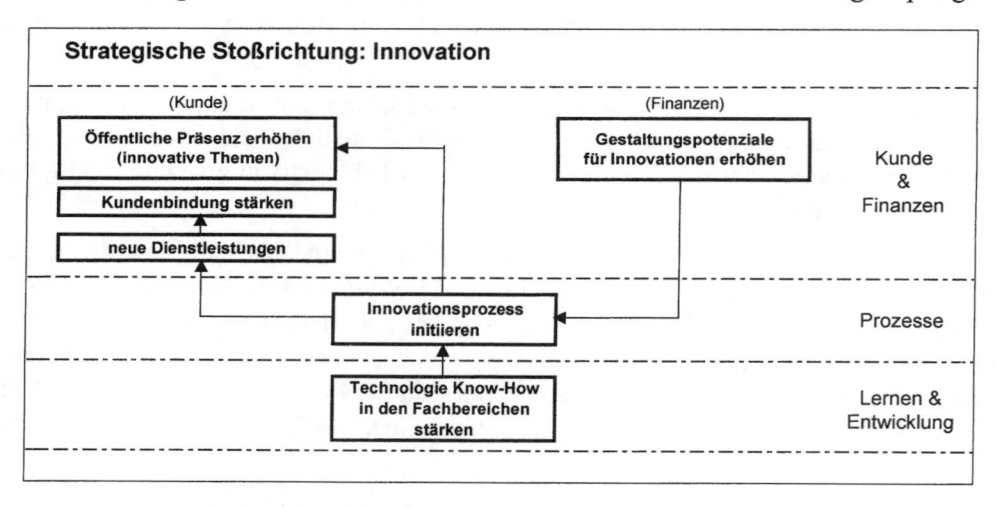

Abbildung 6: Ausschnitt aus dem strategischen Zielsystem

Den letzten konzeptionellen Schritt zur Operationalisierung der Vision bildete die Erarbeitung von strategischen Maßnahmen bzw. der Zuordnung von bereits gestarteten Maßnahmen zu den jeweiligen Zielen. Bereits vorhandene Maßnahmen wurden insbesondere hinsichtlich ihres Beitrags zur Strategieerreichung beurteilt. Eine Priorisierung der strategischen Aktionen erfolgte auf Basis der Einordnung in eine Matrix, in der der Ressourcenverbrauch und der Beitrag zur strategischen Zielerreichung einander gegenüber gestellt wurden (vgl. Abb. 7).

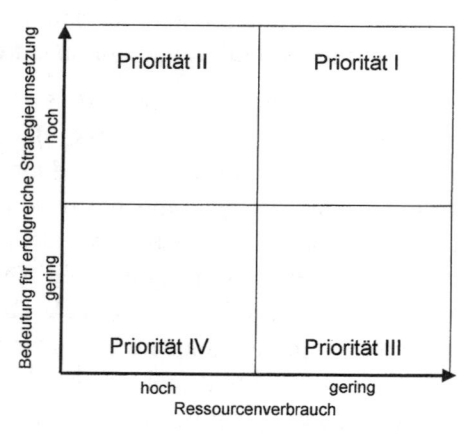

```
                          ↑
                          |  Priorität II  | Priorität I
Bedeutung für         hoch|                |
erfolgreiche              |----------------|------------
Strategieumsetzung   gering| Priorität IV  | Priorität III
                          |_____|_____→
                            hoch            gering
                              Ressourcenverbrauch
```

Abbildung 7: Priorisierung von strategischen Aktionen

4.3 „Führen mit Zielen": Weitere Umsetzung im Pilotbereich

Für die Umsetzung im Unternehmen wurde eine schrittweise Vorgehensweise gewählt. Im Anschluss an die Direktoriumsarbeit wurde der Fachbereich Krankenhauswesen als Pilotbereich ausgewählt. Die leitenden Mitarbeiter der Krankenhäuser sollten sich in einem gemeinsamen Workshop darüber verständigen, welchen Beitrag der Fachbereich hinsichtlich der strategischen Stoßrichtungen und der vom Direktorium daraus abgeleiteten Ziele leisten kann. Zunächst wurde eine Auswahl der Ziele vorgenommen, die für den Fachbereich als relevant und beeinflussbar erkannt wurden. Im Anschluss wurde ebenfalls ein Katalog an strategischen Aktionen verabschiedet (vgl. Abbildung 8).

Direktoriumsscorecard

Perspektiven	Ziele	Kenngrößen	Maßnahmen / Aktionen
			- fachbereichsübergreifend - -

selektive Übernahme von Zielen
ggf. Anpassen auf Fachbereichsspezifika

Fachbereichsscorecard

Perspektiven	Ziele	Kenngrößen	Maßnahmen / Aktionen
			- fachbereichsspezifisch - -

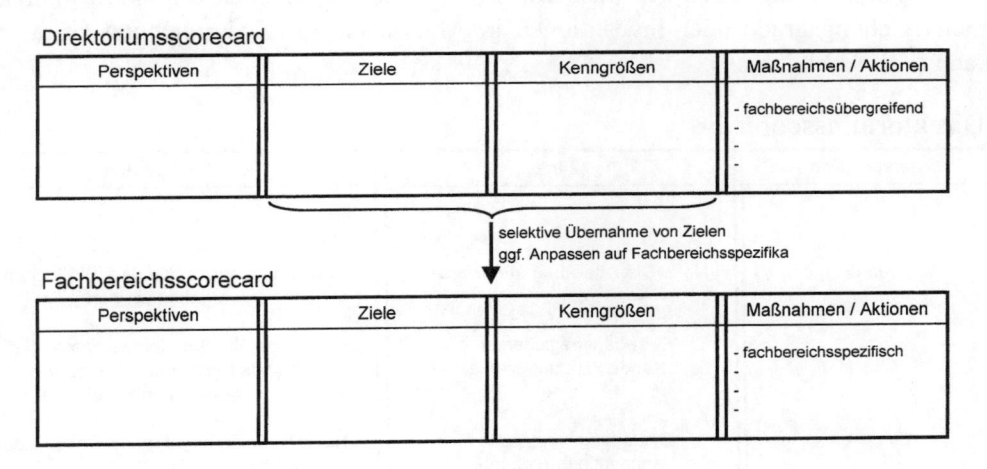

Abbildung 8: Umsetzungsschritt auf Fachabteilungsebene

Der Erfolg der weiteren Umsetzung hängt hier von den Verantwortlichen für die strategischen Aktionen ab, die ihre Maßnahmen zunächst projektorientiert planen und die Ergebnisse präsentieren. Der Roll-Out auf alle anderen Fachbereiche beginnt ab Januar 2002.

4.4 Strategisches Controlling: Kennzahlen und Berichtswesen

Neben der Ableitung von Balanced Scorecards im Rahmen von Zielvereinbarungsprozessen wurde als weiterer Schritt der Umsetzung damit begonnen, ein Berichtswesen zu erarbeiten. Hierfür waren bzw. sind folgende Aufgaben zu erfüllen:

- Etablierung eines umfassenden und systematischen Projektcontrollings,
- Erarbeitung von Kennzahlen durch das Direktorium,

- Aufbau einer Berichtsstruktur und Erarbeitung von Erfassungsblättern für die unterschiedlichen Datenlieferanten,
- Schulung der Datenlieferanten,
- Erhebung,
- Managementbericht verfassen.

Die Erarbeitung von Kennzahlen für die einzelnen Ziele gestaltete sich anspruchsvoll, da zu dem Zeitpunkt ein zentrales Informationssystem nur im Bereich des Finanz- und Rechnungswesens bestand. Qualitative Daten wurden zentral entweder nicht abgefragt oder noch gar nicht zentral gepflegt. Letztlich konnten aber für die meisten Zielsetzungen Indikatoren gefunden werden, mit Hilfe derer man zumindest indirekt Zielerreichungsgrade oder Investitionen in Aktivitäten zur Zielerreichung abfragen kann (vgl. Abbildung 9).

Direktoriumsscorecard

Perspektiven	Ziele	Kenngrößen
...		
Kunde	Neue Dienstleistungen entwickeln	Business-Pläne, die dem Direktorium vorgelegt werden
	Lebensbegleitende Kundenbindung stärken	Kunden im Aufnahmeprozess, die bereits Leistungen in Anspruch genommen haben
Finanzen	Gestaltungspotenziale für Innovationen erhöhen	Neue Finanzierungsformen/Gesamtkapital
Prozesse	Systemangebote schaffen	Fachbereichsübergreifende Projekte
Lernen & Entwicklung	Unternehmenskultur stärken	Grad der Identifikation der Mitarbeiter mit der Diakonie Neuendettelsau
...		

Abbildung 9: Kennzahlenbeispiele

Die Berichtsstruktur folgt der Logik der Balanced Scorecard der Diakonie Neuendettelsau. Für jede strategische Stoßrichtung werden die zuzuordnenden strategischen Zielsetzungen mit den Soll- und Istwerten ausgewiesen und eine Projektübersicht der dazugehörigen strategischen Aktionen geliefert. Hinsichtlich der Kennzahlenwerte werden sowohl ein aggregierter Gesamtwert als auch die jeweiligen Werte der Fachbereiche in einer vergleichenden Übersicht dargestellt (vgl. Abbildung 10).

Strategische Stoßrichtung:				Verantwortlicher:	
strategische Ziele	Kenn-größen	Soll	Ist	Trend	Aktionen (Nr.)
K-01					
F-01					
P-02					
LE-04					

Nr.	strate-gische Aktionen	Start	Meilen-steine	Stand	Verant-wortlicher

Gesamtbeurteilung:	Unterschrift

Abbildung 10: Berichtsstruktur „Managementbericht" (schematisch)

Im Zusammenhang mit der Einführung des Berichtswesens konnten insgesamt sieben Typen von Datenzulieferern identifiziert werden, mit denen jeweils die Kenngrößen durchgesprochen und das methodische Vorgehen der regelmäßigen Erfassung abgestimmt wurde (vgl. Abbildung 11).

An diesem Punkt stellte sich heraus, dass zunächst ein Zwischenschritt stattfinden musste, bei dem die Datenzulieferer die Erhebung bestimmter Informationen mit dem abgleichen, was sie in ihren Abteilungen bereits an Informationen vorliegen haben. Beispielsweise erhebt das Personalreferat regelmäßig die Krankenstände. Diese Kennzahl wurde im Nachhinein als indirekte Messgröße zur Beurteilung der Attraktivität des Unternehmens als Arbeitgeber herangezogen.

4.5 Verankerung in der Organisation

4.5.1 Informieren

Nach mehreren Abstimmungsrunden im Direktorium standen die Vision, das strategische Zielsystem und die strategischen Aktionen zur Umsetzung der Strategie fest. Im nächsten Schritt ging es darum, ein breites Verständnis für die strategischen Überlegungen des Direktoriums in der Mitarbeiterschaft zu erzeugen und damit die Umsetzung vorzubereiten.

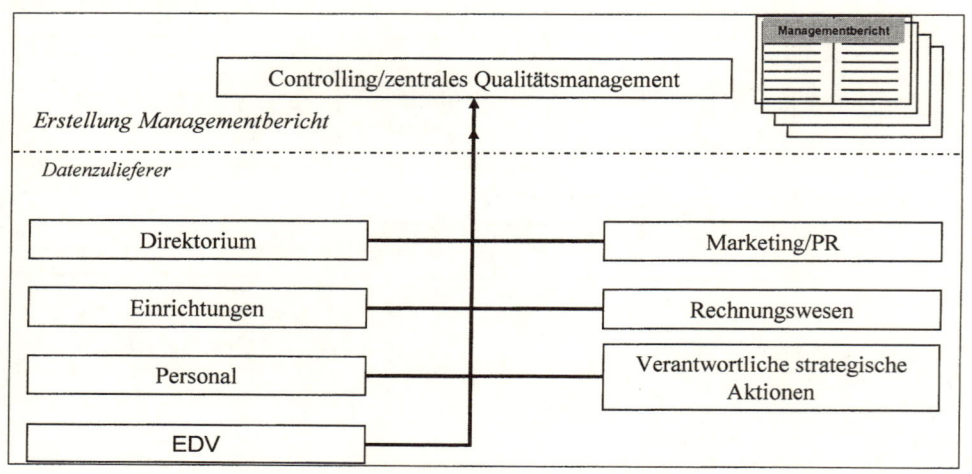

Abbildung 11: Struktur der Datenerhebung

Hierzu fanden mehrere Informationsveranstaltungen für unterschiedliche Zielgruppen statt:

- Kuratorium,
- Leitende Mitarbeiterinnen und Mitarbeiter,
- Mitarbeitervertretung,
- Information der Mitarbeiter aus dem Pilotbereich.

Bei den Informationsveranstaltungen für die leitenden Mitarbeiter war es vor allem wichtig zu verdeutlichen, wie die Balanced Scorecard die Leitenden bei ihren Führungsaufgaben unterstützen kann. Zum einen bietet sie die Chance, durch klare Zielsetzungen wichtige von unwichtigeren Tätigkeiten zu unterscheiden. Zum anderen unterstützt sie den Prozess der Formulierung von Jahreszielen für den jeweiligen Zuständigkeitsbereich.

4.5.2 Klare Verantwortlichkeiten schaffen

Ein zweiter Hebel zur Umsetzung der Konzeption der Balanced Scorecard besteht in der Zuteilung von Aufgaben und von Verantwortlichkeiten sowie der Schaffung von Verbindlichkeit bei den betroffenen Mitarbeitern.

Das Projekt hat gezeigt, dass hier verschiedene Aspekte zu beachten sind:

1. *Verantwortung des Direktoriums:* Das Direktorium als Top-Management hat die strategischen Ziele entwickelt. Hiermit wurde klar verankert, dass die strategische Verantwortung beim gesamten Direktorium liegt. Die anschließende Umsetzung hängt entscheidend von der Einigkeit über das Vorgehen und dem Grad der Selbstverpflichtung ab. Die Selbstverpflichtung gilt für das Direktorium in besonderem Maße, da die Direktoriumsmitglieder gleichzeitig für einen Fachbereich zuständig sind. Zur Selbstverpflichtung gehört das aktive Einfordern von Projektergebnissen, das Steuern über regelmäßige Balanced Scorecard Sitzungen und das Erarbeiten von persönlichen Zielvereinbarungen mit den leitenden Mitarbeitern. Das Direktorium der Diakonie Neuendettelsau hat sich die Verantwortung für die einzelnen strategischen Stoßrichtungen aufgeteilt. Ein/-e Verantwortliche (-r) Direktor/-in muss insoweit seine/ihre Kolleginnen und Kollegen in regelmäßigen Abständen über Zielerreichungsgrade und laufende Aktionen und Maßnahmen innerhalb der strategischen Stoßrichtung auf Basis des quartalsweise erstellten Managementberichts informieren. Er/Sie ist verantwortlich für die Umsetzung von Maßnahmen und die Einhaltung von Projektplanungen.

2. *Verantwortlichkeiten in den Fachbereichen:* Auf Basis einer Fachbereichsscorecard geht es vor allem um den Abschluß von Zielvereinbarungen des Fachbereichsdirektors mit den Einrichtungsleitern und die Umsetzung der selbst gesetzten Ziele durch strategische Maßnahmen. Im Fachbereich kann dies in einer Art Qualitätszirkelarbeit und in Einzelprojekten erfolgen. Projektorientiertes Arbeiten mit klaren Zielformulierungen, Meilensteinen und Ressourcenplanungen sind an dieser Stelle häufig erst einzuüben. Zukünftig ist darüber nachzudenken, ob die Leiter einer Pflegeeinrichtung jährlich ihre Planungen in einem Geschäfts- oder Business-Plan zusammenfassen. Als Controllinginstrument soll vor allem der von jedem Leiter zu verfassende Jahresbericht ausgebaut werden.

3. *Controlling:* Eine wichtige Fragestellung im Rahmen der Erstellung des Berichtswesens besteht auch darin, die Verantwortung für die quartalsweise Erstellung des Managementberichtes und die Datenzulieferung zu klären. Kandidaten zur Erstellung des Managementberichtes sind grundsätzlich das Controlling und das zentrale Qualitätsmanagement. Für den Bereich des Controllings spricht, dass hier bereits das Finanz- und Auslastungscontrolling stattfindet und das Berichtswesen an dieser Stelle adressatenorientiert abgestimmt werden sollte. Für das Qualitätsmana-

gement spricht die Dominanz der qualitativen Daten hinsichtlich des Projektfortschritts von Einzelmaßnahmen sowie der direkte Kontakt des zentralen Qualitätsmanagements zu den Projekt- und Qualitätszirkelverantwortlichen. Das Controlling und das Qualitätsmanagement müssen sich hier eng miteinander abstimmen.

4. *Qualitätsmanagement:* Neben den bereits angemerkten Schnittstellen zum Qualitätsmanagement im Bereich des Berichtswesens sind die Qualitätsbeauftragten einer Organisation wie der Diakonie Neuendettelsau notwendigerweise stark in die Balanced-Scorecard-Umsetzung einzubeziehen, da die Themenstellungen von Qualitätszirkelarbeit vielfach identisch sind, und die Steuerung von Qualitätsarbeit eng mit der strategischen Steuerung abzustimmen ist.

In der Diakonie Neuendettelsau konnte man hier auf allen drei hierarchischen Ebenen (Gesamtunternehmen, Fachbereich und Einrichtung) auf eine personalisierte Qualitätsorganisation zurückgreifen. Das zentrale Qualitätsmanagement wurde in die Projektleitung für die Balanced Scorecard-Umsetzung einbezogen. Die Qualitätsbeauftragten der nachgelagerten Ebenen unterstützen die Fachbereichsdirektoren bei der Projektsteuerung von strategischen Aktionen auf der Ebene der Fachabteilungen, sie unterstützen die Einrichtungsleiter bei der Erreichung der Zielvereinbarungen, sie übernehmen u.U. auch Projektverantwortung in Einzelfällen und stimmen sich mit dem zentralen Qualitätsmanagement und den Qualitätsbeauftragten der anderen Fachabteilungen ab.

Eine wichtige Festlegung für die Rolle der Qualitätsbeauftragten besteht darin, dass sie nicht als die Verantwortlichen für die Umsetzung von bestimmten Zielen gesehen werden. Diese Verantwortung tragen die Direktoren und leitenden Mitarbeiter. Die Qualitätsbeauftragten unterstützen hierbei durch Projektmanagement, regelmäßige Information und den direkten Kontakt zu allen Beteiligten. Sie sind aber nicht für die Umsetzung zuständig.

4.5.3 Einbindung in das bestehende Qualitäts- und Umweltmanagementsystem

Seit 1996 hat die Diakonie Neuendettelsau in einem mehrjährigen Prozess ein Qualitäts- und Umweltmanagementsystem aufgebaut und dokumentiert, welches die Anforderungen an Qualitäts- und Umweltnormen (DIN ISO 9000 ff. und 14001) erfüllt. In einigen Pilotbereichen ließ man sich im Anschluss zertifizieren. Die Normerfüllung dient als Mindestanforderung, die in dieser „Branche" vielfach gefordert wird. Die Ergebnisse bestanden vor allem in der Erarbeitung eines umfassenden Organisationshandbuches mit der Beschreibung der organisatorischen Abläufe und der Initiierung eines kontinuierlichen Verbesserungsprozesses. Das Managementsystem hat dazu beigetragen, Transparenz über bestehende Abläufe zu schaffen und so Zeit- und Kostenersparnisse zu realisieren.

Eine wichtige Prämisse für den Start in das Balanced Scorecard Projekt war die Einbindung der bestehenden Aktivitäten in das Qualitäts- und Umweltmanagement. Hierbei wurde die Balanced Scorecard nicht als weiteres Instrument neben dem Qualitäts- und Umweltmanagement etabliert, sondern als natürlicher Entwicklungsschritt betrachtet. Die Verzahnung mit dem Qualitäts- und Umweltmanagement basierte auf der Überlegung, dass die Prozesse im Unternehmen an den gesamtunternehmerischen Zielen und an der Mission der Organisation ausgerichtet werden müssen. Das Qualitäts- und Umweltmanagement muss sich zukünftig entsprechend ebenfalls an seinem Beitrag zur Erreichung strategischer Unternehmensziele messen lassen. Qualitätskenngrößen bekommen dadurch erst ihren Sinn, da sie definieren, was jeder einzelne Mitarbeitende *gut* tun muss, damit er einen Beitrag zu den übergeordneten Zielsetzungen leistet. Die Organisation mit ihren Ressourcen wird somit an den strategischen Zielen ausgerichtet. Dies hatte zur Folge, dass von Anfang an eine enge Verzahnung dadurch erfolgte, dass Aufgabenträger des Qualitäts- und Umweltmanagements in die Umsetzung der Balanced Scorecard eingeplant wurden und bereits eingeführte Qualitätsmanagementinstrumente wie Mitarbeitergespräche und Konzeptionsrunden für die Balanced Scorecard-Einführung genutzt wurden.

In der Folge soll die Balanced Scorecard die vom Qualitäts- und Umweltmanagement bislang nicht abgedeckten Steuerungsthemen, wie die Festlegung klarer Zielvorgaben und Qualitätsstandards, ermöglichen.

4.5.4 Schließung der klassischen Lücke zwischen strategischer Unternehmensplanung, Zielsystem und operativer Finanz- und Budgetplanung

Planung spielt sich bei der Diakonie Neuendettelsau traditionellerweise auf der Ebene der operativen Kosten- und Erlösplanung ab. Daneben werden Baumaßnahmen gesondert in einer langfristigen zentralen Investitionsplanung berücksichtigt. Beides mündet in den Jahres-Wirtschaftsplan, der die Grundlage für die Budgetierung der einzelnen Einrichtungen bildet.

Zur Integration des entwickelten Strategieumsetzungsprogramms bei der Diakonie Neuendettelsau in die Organisation ist es notwendig, die dazu entsprechenden Budgets, Kapazitäten, zeitlichen Ressourcen und Einzelaufgaben zu planen. Eine Integration findet letztlich aber nur dann statt, wenn die finanziellen Planungsgrößen in der operativen Planung entsprechend berücksichtigt werden.

Die Diakonie Neuendettelsau ergänzt entsprechend ihre Planungsaktivitäten: Der Jahresplanung vorgeschaltet ist der strategische Planungsprozess mit der Balanced Scorecard, bei dem die Jahresressourcen für strategische Aktivitäten festgelegt werden.

Der Investitionsplan als langfristige Planung verstanden wird ergänzt: Neben rein bauwirtschaftlichen Projekten werden hier auch übergreifende strategische Projekte geplant und im Anschluss budgetiert. Die traditionelle Kosten- und Erlösplanung wird deshalb nicht abgeschafft. Hier wird nach wie vor das Tagesgeschäft zur Aufrechterhaltung des Betriebs geplant.

Im Ergebnis wird mit Hilfe der Balanced Scorecard der Weg von einer vergangenheitsorientierten und kurzfristigen zu einer stärker zukunftsorientierten und langfristigen Planung eingeschlagen.

5 Resümee

Die Ergebnisse des bisherigen Einführungsprozesses führen zu drei generellen Thesen, die im Folgenden zusammengefasst sind.

These 1: Die wichtigste Aufgabe von NPOs im Rahmen einer Balanced Scorecard Einführung muss darin bestehen, sich mit Strategie auseinandersetzen.

Es hat sich auch in diesem Projekt bestätigt, dass das Thema Balanced Scorecard nicht als Erweiterung eines Kennzahlen- und Controllingsystems begriffen werden darf. Hier verstrickt man sich allzu schnell in Fragen über die Messbarkeit und den bürokratischen Aufwand. Das Instrument ist vielmehr dann erfolgversprechend, wenn es ein „Vehikel" für den Start in eine Strategiediskussion über die Zukunftsfähigkeit darstellt. Während Balanced Scorecards im privatwirtschaftlichen Sektor tatsächlich stärker als Controllinginstrumente verstanden werden, steht im gemeinnützigen Sektor die Strategiegenerierung im Fokus. Die Auseinandersetzung mit Strategie und Zukunftsfähigkeit mündet in NPOs heute mehr denn je in der Durchbrechung vorhandener Lösungsstrukturen. Damit ist jedoch eine weitere Vorentscheidung gefallen: Nicht der Controller oder die Organisationsentwicklungsabteilung, sondern die „Eigentümer" bzw. das Top-Management selbst müssen den Prozess an vorderster Front voranbringen.

These 2: Die klassische Strategieberatung greift im Falle von NPOs nicht. Die Balanced Scorecard kann einen erfolgversprechenden alternativen Strategieentwicklungsprozess weisen.

Die Balanced Scorecard als Strategieumsetzungsinstrument konzipiert, kann nur dann zu einem wirksamen Führungs- und Steuerungsinstrument werden, wenn eine klare Strategie vorliegt. Hierbei stellt sich aber heraus, dass gerade in diesem Sektor dem Management nicht mit allumfassenden Strategiekonzepten geholfen ist. Diese sind stark auf gewinnorientierte Unternehmen ausgerichtet und erfordern weitreichende

Voraussetzungen hinsichtlich der Verankerung von Managementkompetenz auf breiter Ebene. In NPOs besteht an diesen Stellen in der Regel ein Nachholbedarf.

Wie kann dann das strategische Management in NPOs erfolgversprechend vorangetrieben werden? Non-Profit-Organisationen benötigen Unterstützung beim Einstieg in strategische Fragestellungen, um sich in der Folge schrittweise mit notwendigen strategischen Entscheidungen befassen zu können. Dies erfordert eine fachliche Unterstützung über einen längeren Zeitraum hinweg, der den Wissenstransfer erlaubt und der sich der Komplexität des Themas schrittweise nähert. Die Balanced Scorecard kann hier einen Handlungsrahmen („Framework") bieten, der mögliche strategische Zielsetzungen aufzunehmen in der Lage ist, und innerhalb dessen sich Strategiekonzepte über mehrere Perioden entwickeln können.

These 3: Die Balanced Scorecard hat in NPOs eine andere Legitimationsgrundlage als in privatwirtschaftlichen Unternehmen und ist gerade deshalb so erfolgversprechend.

Die Konfrontation einer gemeinnützigen Organisation mit der Balanced Scorecard zeigt, dass für das Instrument eine völlig andere Legitimationsgrundlage besteht als in der Privatwirtschaft. Kaplan und Norton (1997, 2001) entwickelten die Balanced Scorecard für die Privatwirtschaft aus Überlegungen der strategischen Managementlehre: Langfristige Wettbewerbsvorteile lassen sich seit Porter (1980, 1986) und Prahalad und Hamel (1990) bekanntlich nur durch Investition in und Pflege der immateriellen Vermögensgegenstände sichern. Da das Finanzcontrolling mit seinem Informationsgehalt bezüglich dieser Erfolgsfaktoren zu kurz greift, haben sie die Balanced Scorecard entwickelt. Das Instrument versucht, die Entwicklung immaterieller Vermögensgegenstände im Unternehmen messbar zu machen. Für Geschäftsbereiche von NPOs, die verstärkt dem Wettbewerb ausgesetzt sind, gilt diese Argumentation natürlich gleichermaßen. Eine viel bedeutsamere Legitimationsgrundlage für den Einsatz der Balanced Scorecard in NPOs liefert aber deren ureigenster Auftrag: NPOs sind per definitionem nicht gewinn- sondern sachzielorientiert. Gleichwohl stehen sie unter zunehmendem Finanzierungs- und Kostendruck. Die Balanced Scorecard ist in der Lage, die Finanz- und die Sachzielebene (Kunden- und Mitarbeiterperspektive) gleichgewichtig abzubilden und damit das Spannungsfeld zwischen Wirtschaftlichkeit und Sachzielorientierung im Sinne eines „Sowohl-als-Auch-Ansatzes" ein Stück weit zu überwinden.

6 Literaturverzeichnis

Kaplan, R. S./Norton, D. P. (1997): Balanced Scorecard: Strategien erfolgreich umsetzen, Stuttgart.

Kaplan, R. S./Norton, D. P. (2001): The Strategy Focused Organization, Boston, Massachusetts.

Porter, M. E. (1980): Competitive Strategy, New York, London.

Porter, M. E. (1986): Wettbewerbsvorteile (Übers. aus dem Englischen), Frankfurt a.M.

Porter, M. E. (1991): Towards a Dynamic Theory of Strategy, in: Strategic Management Journal, Vol. 12 (special winter issue), S. 95 – 117.

Prahalad, C. K./Hamel, G. (1990): The Core Competence of the Corporation, in: Harvard Business Review, Heft 68, S. 79 – 91.

Steinmann, H., Schreyögg, G. (1993): Management, Grundlagen der Unternehmensführung, 3. Auflage, Wiesbaden.

Adelheid Susanne Esslinger[*]

Einsatz strategischer Steuerungssysteme für stationäre Pflegedienste

1 Ausgangslage

2 Anforderungen an Pflegeeinrichtungen
    2.1 Stakeholderinteressen
    2.2 Mitarbeiterorientierte Organisationsstruktur
    2.3 Qualitätsanforderungen
    2.4 Anforderungen an Wirtschaftlichkeit

3 Angemessenes Steuerungsinstrumentarium in Pflegeeinrichtungen
    3.1 Konzepte des Qualitätsmanagements in der Kritik
    3.2 Schwierigkeit der Qualitätsmessung

4 Balanced Scorecard als Steuerungsinstrument in Pflegeeinrichtungen
    4.1 Mission, Leitbild und Strategieentwicklung
    4.2 Sicherung der Qualität und Wirtschaftlichkeit durch die Balanced Scorecard
    4.3 Festlegen der relevanten Perspektiven mit ihren Ursache-Wirkungsbeziehungen
    4.4 Kennzahlen für die relevanten Perspektiven

5 Fazit und Handlungsempfehlungen

6 Literaturverzeichnis

---

[*] Dipl.-Kff., Dipl.-Psych. Ger. Adelheid Susanne Esslinger, Wiss. Mitarbeiterin an der Universität Erlangen-Nürnberg.

1 Ausgangslage

Aufgrund von Individualisierungstendenzen in der Gesellschaft (vgl. Wienken 1995, S. 59) und fehlender sozialer Netzwerke (vgl. Guggemos 1993, S. 40) benötigen viele Personen im Alter fremde Hilfe. Dies hat zur Folge, dass angesichts der demographischen Entwicklung die Pflegebedürftigkeit in der Gesellschaft steigt (vgl. Krankenhaus Umschau 2001, S. 252) und somit Pflegeeinrichtungen an Bedeutung gewinnen werden. Den älteren Menschen bleibt oftmals nur die Möglichkeit einer institutionalisierten Wohnform. Dabei steigen auch die Anforderungen an die Pflegeheime, die heute mit einem durchschnittlichen Heimeintrittsalter von deutlich über 80 Jahren rechnen müssen (vgl. Wahl/Reichert 1994, S. 18). Mit zunehmendem Alter nämlich erhöht sich die Schwerstpflegebedürftigkeit und Wahrscheinlichkeit einer eintretenden Demenz[1] (vgl. Oesterreich 1990, S. 10, Hank/Glinski-Krause 1996, S. 153). Letztere stellt beispielsweise insbesondere gerontopsychiatrische[2] Anforderungen an die Einrichtungen (vgl. Rosenmayr 1991, S. 13).

Um in der Branche der Pflegedienstleistungen langfristig bestehen zu können, müssen die Pflegeeinrichtungen nicht nur die erforderliche Grundversorgung bieten, sondern sich in Qualität und Kostengesichtspunkten neu positionieren. Dies erfordert einen Paradigmenwechsel in der Steuerung: Den Übergang vom traditionellen „Verwahren" im Sinne der Bereitstellung einer reinen Grundversorgung zum professionellen „Managen" – einem zielgerichteten und qualitätsorientierten Ressourceneinsatz. Mehr denn je besteht somit die Notwendigkeit eines strategischen Managementsystems in den Institutionen. Der Einsatz eines solchen Systems sorgt für eine strategische Profilbildung und sichert das Fortbestehen in einer durch zunehmenden Wettbewerbsdruck gekennzeichneten Branche. Im Folgenden soll erörtert werden, wie es den Pflegeheimen gelingen kann, ihr Überleben im Wettbewerb zu sichern und für ihre Kunden attraktiv zu sein. Zu diesem Zweck soll dargestellt werden, welche Kriterien ein strategisches Steuerungssystem erfüllen muss, um der besonderen Situation der Pflegeeinrichtungen gerecht zu werden.

Der Beitrag ist wie folgt aufgebaut: In Kapitel 2 wird dargelegt, welche Ansprüche an Institutionen der Pflege gerichtet werden. Abschnitt 2.1 geht auf die vielfältigen Sta-

---

[1] Demenz: in der Regel über Monate oder Jahre chronisch progrediente degenerative Veränderungen des Gehirns mit Verlust von früher erworbenen kognitiven Fähigkeiten (vgl. Pschyrembel 1998, S. 328).

[2] Gerontopsychiatrie: Wissenschaft von der Krankheitslehre, Diagnostik, Therapie und Prävention sämtlicher psychischer Erkrankungen alter Menschen (vgl. Hank/Glinski-Krause 1996, S. 146). Bei 25-30 % der Altenbevölkerung liegen psychische Störungen vor, hierbei handelt es sich in mehr als 30 % der Fälle um Demenz; Tendenz steigend (vgl. Gutzmann/Klein 2000, S. 275).

keholderansprüche ein, dann werden spezielle mitarbeiterorientierte strukturelle Anforderungen (2.2), die Anforderungen an Qualität, insbesondere Versorgungs- und Lebensqualität der Bewohner (2.3) und schließlich die Notwendigkeit kostenorientierter Leistungserbringung unter Sicherung ausreichender Qualität in der Einrichtung thematisiert (2.4). In Kapitel 3 werden bereits bestehende Instrumente eines Qualitätsmanagements diskutiert. Hierbei werden einige Konzepte kurz kritisch mit ihren Steuerungs- und Umsetzungslücken dargestellt (3.1) und Probleme bei der Qualitätsmessung aufgezeigt (3.2). In Kapitel 4 wird der Lösungsbeitrag der Balanced Scorecard erörtert und das Instrumentarium für ein Pflegeheim exemplarisch entwickelt. Nach der allgemeinen Beschreibung des Instruments wird in Abschnitt 4.1 ihr Beitrag zur Mission-, Leitbild- und Strategieentwicklung erörtert. Abschnitt 4.2 veranschaulicht die Möglichkeit der Sicherung von Qualität und Wirtschaftlichkeit durch die Balanced Scorecard. Abschnitt 4.3 zeigt die als relevant zu erachtenden Perspektiven der Balanced Scorecard in Pflegeeinrichtungen mit ihren Ursache-Wirkungsbeziehungen auf und leitet daraus Kennzahlen ab (4.4). Abschließend folgt in Kapitel 5 ein Resumée der vorangestellten Überlegungen mit entsprechenden Handlungsempfehlungen.

2 Anforderungen an Pflegeeinrichtungen

Eine Pflegeeinrichtung ist ein komplexes System mit vielen Einflussfaktoren (vgl. Abbildung 1). Im Mittelpunkt dieses Kapitels stehen vier Faktoren, die besonders erfolgsrelevant sind. Hierbei handelt es sich zunächst um die große Gruppe der Stakeholder, die teilweise beträchtlichen Einfluss auf die Einrichtung haben können (2.1). Dies wird insbesondere dann der Fall sein, wenn sie die finanzielle Ausstattung oder allgemeiner formuliert, den Handlungsspielraum der Einrichtung beeinflussen können. Als zweiter wichtiger Faktor soll die Rolle der Mitarbeiter in Abschnitt 2.2 näher betrachtet werden. Diese sind wesentlich an der Leistungserstellung beteiligt und treten unmittelbar mit den Bewohnern in Kontakt. Die Güte ihres Handelns kommt vor allem in der Höhe der Versorgungs- und Lebensqualität der Bewohner zum Ausdruck. Entsprechend wird der Qualitätsanforderung in Pflegeeinrichtungen im Abschnitt 2.3 besonders Rechnung getragen. Neben diesen Anforderungen müssen sich Einrichtungen im Wettbewerb aber auch wirtschaftlich rechnen. Da dies eine notwendige Voraussetzung für ihr Fortbestehen darstellt, wird in Abschnitt 2.4 kurz auf Anforderungen an Wirtschaftlichkeit eingegangen.

Allgemein kann festgestellt werden, dass die Strategie eines Pflegeheimes zunächst abhängig von den meist trägerspezifischen Unternehmenszielen ist, die aus dem jeweiligen Leitbild, der Vision und Mission des Heimes resultieren.

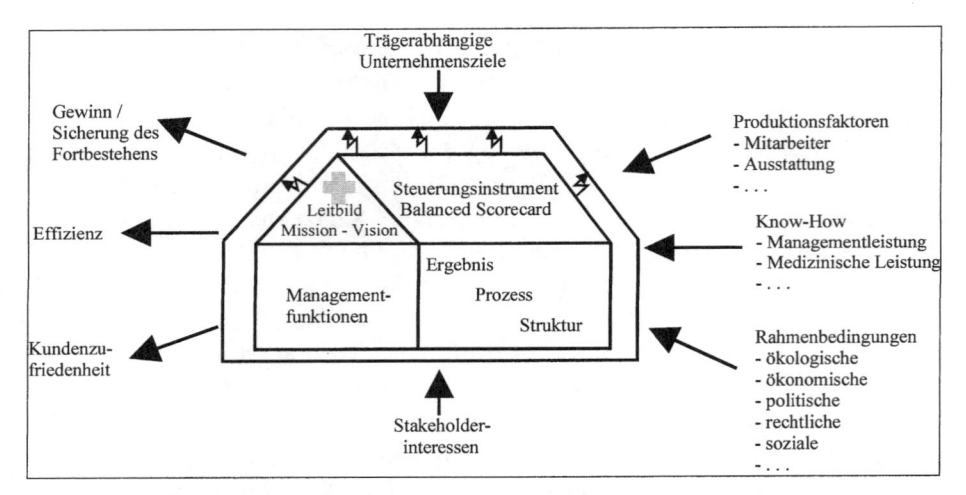

Abbildung 1: System Pflegeeinrichtung und sein Umfeld (Quelle: Eigene Darstellung)

Darüber hinaus muss die Institution oftmals vielfältige Interessen heterogener Anspruchsgruppen berücksichtigen und dennoch, wie jedes Unternehmen, mit limitierten „Produktionsfaktoren" effizient wirtschaften. Zu diesen limitierten Faktoren zählen in Pflegeeinrichtungen insbesondere die Organisationsmitglieder mit ihren berufsspezifischen Kompetenzen. Sie definieren die Personalsituation in der Einrichtung. Aber auch Ausstattungskomponenten wie technische Apparaturen oder moderne und funktionale Zimmereinrichtungen (Bettenfunktion etc.) können als knappe Ressourcen gewertet werden. Abhängig sind die strategischen Entscheidungen außerdem von ebenfalls strukturell vorgegebenen Rahmenbedingungen wie beispielsweise politischen (evtl. Subventionen), rechtlichen (Berufsrecht, Ausbildungsverordnungen, Vertragsrecht, Richtlinien, Heimgesetz, Pflegegesetz, Sozialgesetzbuch etc.) und sozialen (Mindeststandards, Einhalten ethischer Standards etc.) Vorgaben. Neben den genannten rechtlichen Anforderungen seien besonders „Qualitätssicherungsregelungen im Sozialgesetzbuch V sowie Richtlinien, Prüf- und Begutachtungsmöglichkeiten, die auch auf die Verbesserung der [...] Prozess- und Ergebnisqualität zielen" genannt (Sinha 1998, S. 5). In diesem Zusammenhang wird gerne von einer „Verrechtlichung" der Pflege gesprochen, die in der Praxis stark belastend auf die Pflegekräfte wirken kann. Neben den strukturellen Faktoren lassen sich in der Organisation alle Managementfunktionen im Prozess der Leistungserstellung wiederfinden. Diese Leistung setzt sich primär aus den Maßnahmen zusammen, die im Laufe der Bewohnerversorgung ergriffen werden, um eine optimale Versorgung zu erreichen. Orientierungspunkt der Pflege sind Art und Umfang der Interventionen, die durch ein pflegetheoretisches Modell geleitet sind (vgl. Schröder/Schulze 1999, S. 25). Elemente im Pflegeprozess können Assessment, Planung, Durchführung und Evaluation sein (vgl. Schaeffer/Ewers 1999, S. 77). Es gilt, diese Maßnahmen über einen angemessenen Steuerungsmechanismus zu optimieren. Ergebnisse können sich zum einen in entsprechenden finanziellen Kennzahlen oder Leistungsparametern widerspiegeln. Denkbar sind zum anderen auch medizinische Parameter wie Heilungserfolg, Heilungsdauer, Morbidität, Mortalität, Patientenzufriedenheit u. ä. Sie beziehen sich somit auf den erzielten Zustand oder den Erreichungsgrad eines gesetzten Pflegeziels.

Richtig eingesetzt ist das Controlling-Instrument der Balanced Scorecard in der Lage, die Komplexität der Pflegeeinrichtung zu erfassen und zu reduzieren. So kann erwartet werden, dass mit dem Einsatz des Instruments eine klare Strategieentwicklung vorab vollzogen und entsprechende Zielsetzungen definiert werden. Des Weiteren wird angenommen, dass die Balanced Scorecard durch ihre starke Umsetzungsorientierung jedem einzelnen Organisationsmitglied bei der individuellen vorgegebenen Zielerreichung dienlich ist und somit schließlich die Gesamtzielsetzung zu optimieren hilft (vgl. Abbildung 1).

2.1 Stakeholderinteressen

Neben den bereits genannten Bedingungen sieht sich das Heim im Zusammenhang mit dem Übergang vom „Verwahren zum professionellen Managen" heute insbesondere mit sehr *heterogenen Ansprüchen* sogenannter *Stakeholdergruppen* konfrontiert und gerät immer häufiger in einen nicht nur normativen Konflikt (vgl. Klie 1987, S. 49). So verlangen Kostenträger Sparsamkeit, Krankenhäuser wünschen stets freie Pflegeheimplätze, Aufsichtsbehörden und Justiz wollen Heimbewohnern die Freiheitsrechte nicht beschränken (vgl. Heimgesetz, SGB, Pflegeverordnungen), Fachkreise verlangen, gerontologische[3] und geriatrische[4] Kenntnisse zu berücksichtigen und fordern Aktivierung sowie Rehabilitation, Angehörige wünschen evtl. lediglich eine Grundpflege oder aber eine hervorragende Betreuung, Bürgermeister möchten Vorzeigeheime, der Träger wünscht die Beachtung eigener, z.B. diakonischer Vorstellungen, Berufsgenossenschaften warten mit Arbeitsschutzforderungen für die Bediensteten auf und der gesellschaftliche Wertewandel resultiert in politischen Realitäten (u.a. Versorgungsauftrag, Subventionsstreichungen etc.). Im Folgenden wird exemplarisch auf einige dieser Anspruchsgruppen näher eingegangen.

---

[3] Gerontologisch: Alternsforschung; Wissenschaft, die sich mit den biologischen, somatischen, psychischen und sozialen Grundlagen des Alterns beschäftigt (vgl. Pschyrembel 1998, S. 565).

[4] Geriatrisch: Altersheilkunde; Lehre von den Erkrankungen des alten Menschen (vgl. Pschyrembel 1998, S. 564).

Abhängig von der Art des *Trägers* verbindet dieser mit seinem Engagement im Pflegebereich unterschiedliche Zielsetzungen. Diese reichen von einer primär privatwirtschaftlich orientierten Gewinnmaximierung, einer Kostendeckung oder dem Entsprechen eines Versorgungsauftrags (Stadt, Land, Kreis) bis hin zu der ggf. auch defizitär wirtschaftenden, vorrangigen Bereitstellung von Diensten an Menschen (z.B. Kirchen, Wohlfahrtsverbände etc.). Teilweise dient das Engagement vor allem dem wohltätigen Imagegewinn und vielleicht sogar steuerlichen Vorteilen für einen Stifter. Für manche Träger sind die stationären Pflegeeinrichtungen unabdingbarer Bestandteil, um ihr Profil als Bereitsteller einer integrierten Versorgung abzurunden. Zudem hoffen sie, mit ihrer Aktivität einen entsprechenden Marketingeffekt in der Region zu erzielen. Auch *Geldgeber* (oftmals identisch mit den Trägern der Einrichtung) haben vielfältige Ansprüche an die Institutionen. Versicherungen (vorrangig Kranken-, Pflege- und Sozialversicherungen) erwarten einen effizienten Einsatz ihres Budgets, Spendengeber verbinden mit den Einrichtungen ganz individuelle Ziele.

Angehörige oder entsprechende *Betreuer* entscheiden oftmals über den Ein- und Auszug des Bewohners in einer Einrichtung und sind somit von hoher Relevanz für die Betreiber der Heime. Das Spektrum ihrer Anforderungen reicht von dem Bereitstellen eines möglichst kostengünstigen Versorgungsangebots (z.B. aus Erbmotiven, Ignoranz) bis hin zu dem Wunsch einer umfassenden und bestmöglichen Versorgung (in Respekt und Liebe gegenüber dem zu pflegenden Angehörigen).

Schließlich müssen vor allem auch die Ansprüche *externer Serviceanbieter* (z.B. fremdbetriebenes und im Heim integriertes Lebensmittelgeschäft, Friseursalon, komplementäre Leistungserbringer wie „Essen auf Rädern", Kulturangebote durch externe Vermittler etc.) berücksichtigt werden. Ihnen geht es insbesondere um einen reibungslosen Heimalltag und gleichbleibende Abläufe. Sie stellen sich auf ihr „Aktionsumfeld Heim" ein und fordern, Komplexitäten zu reduzieren. Zu externen Dienstleistern gehören eventuell auch Behandlungsteams, bestehend aus Ärzten, Logotherapeuten, Ergotherapeuten, Fachkräften für Krankengymnastik und weiteren Akteuren.

2.2 Mitarbeiterorientierte Organisationsstruktur

Stationäre Altenhilfeeinrichtungen sind zugleich Hotel, Krankenhaus, Freizeiteinrichtung, Restaurant und Familie. Dies erfordert eine *hohe Arbeitsteilung* (vgl. Offermann 1997, S. 147). Hierbei sind die einzelnen Führungsstile, die in Altenheimen wirken, wichtiger Aspekt der Organisationsentwicklung. Der Aufbau eines Versorgungs- und Verbundsystems mit dem *Netzwerkgedanken* wird zum Organisationsvorteil (vgl. Brandenburg 1994, S. 80). Das Heim muss eine überschaubare Gesamtgröße haben und durch integrative Konzeptionen Pflegestandards als Bestandteil einer Gesamtkonzeption verinnerlichen sowie durch klare Arbeitskonzeptionen ein fachgerechtes Arbeiten ermöglichen (vgl. Schmitz-Scherzer et al. 1994, S. 187 f.). Darüber hinaus sind eine *klare Kompetenzabgrenzung* zwischen den einzelnen Leistungsebenen, verstärkte Delegation, größere Fachkompetenz der Heimleiter und insgesamt eine bessere Qualifikation der Leitungskräfte besonders wichtig (vgl. Brandenburg 1994, S. 78 f.). Es kommt nicht selten vor, dass haupt- und ehrenamtliche oder wenig qualifizierte Pfleger (trotz hoher Motivation) überfordert sind (vgl. Unruh 1989). Deshalb müssen optimale Arbeitsbedingungen, wie flexible Arbeits- und Dienstzeiten, sowie die Einhaltung der Dienstpläne und Personalschlüssel geschaffen werden. Neben einer Teamorientierung muss Eigenverantwortlichkeit und Selbständigkeit gefördert werden. Ein angenehmes Arbeitsumfeld und gegenseitige Wertschätzung sind von großer Bedeutung. Da soziale Interaktionen ein hohes Maß an persönlichem Einsatz mit sich bringen, sind Forderungen nach entsprechenden Entspannungs- oder Ruhemöglichkeiten, professioneller Hilfe wie Supervision oder anderen Leistungen selbstverständlich. Auch muss dem Bedarf an ausreichenden Fortbildungsangeboten entsprochen werden (vgl. Saup 1990, S. 20 ff., Kruse/Wahl 1994, S. 238 ff.). Ebenso ist das Erlernen von Mechanismen zur Konfliktbewältigung wesentlich für die Mitarbeiterleistung und deren Zufriedenheit und sollte wichtiger Bestandteil des Arbeitsalltags sein (vgl. Brandenburg 1994, S. 76 f.). Mitarbeiterorientierung setzt voraus, dass die Mitarbeiter und ihre Motivationen ernst genommen und unterstützt werden und als Konsequenz für gute Leistung auch eine entsprechend angemessene Anerkennung und Vergütung erfolgen muss (vgl. Schmitz-Scherzer et al. 1994, S. 187 f.).

Neben dem Pflegepersonal gehören schließlich die Mitarbeiter unterschiedlichster Bereiche wie Küchen- und Reinigungspersonal oder Ärzte und Verwaltungsangestellte ebenfalls zu den Organisationsmitgliedern. Auch sie tragen in erheblichem Umfang zur Leistungserstellung bei.

2.3 Qualitätsanforderungen

Es werden unterschiedliche Anforderungen an die Versorgung von alten Menschen gestellt, dies insbesondere vor dem Hintergrund ansteigender Multimorbidität[5], Demenz und Chronifizierung[6] im Alter. Die Pflege soll die Selbständigkeit und Kontinuität bisheriger Lebensweisen unterstützen, Leistungsmöglichkeiten alter Menschen mobilisieren, soziale Netze mit einbeziehen sowie individuell, situativ angemessen und multidisziplinär organisiert sein. Ziel der kompletten Versorgungsleistungen ist letztlich, die *Lebensqualität* der Bewohner zu bewahren oder zu erhöhen. In diesem

---

[5] Multimorbidität: gleichzeitiges Bestehen von mehreren Krankheiten (vgl. Pschyrembel 1998, S. 1046).

[6] Chronifizierung: langsames Entwickeln und langsamer Verlauf einer Krankheit (vgl. Pschyrembel 1998, S. 283).

Sinne müssen noch vorhandene Fähigkeiten der Bewohner selektiert und aktiviert sowie ihre Schwächen durch geeignete Maßnahmen kompensiert werden. Hierbei ist erforderlich, interventionsgerontologische Erkenntnisse beim Erbringen von medizinischen Versorgungsleistungen zu beachten. Dies, da durch die zu umfangreiche Fremdversorgung ein Aktivitäts- und Funktionsverlust für Bewohner erfolgt. So müssen die Entwicklungsfähigkeit im Alter, die Plastizität von Verhaltensweisen und ihre Funktionen, die mehrfache Bedingtheit der Alternsprozesse und die Bedeutung der Umwelt für das Erleben und Verhalten sowie die Leistungsfähigkeit im Alter einbezogen werden (vgl. Schmitz-Scherzer 1994, S. 114, Kruse/Wahl 1994, S. 238 ff., Meier-Baumgartner 1990, S. 77).

Eine ausreichende Versorgung beinhaltet heute folgende Aspekte (vgl. Töpel 1990, S. 85, ähnlich Boekholdt 1990, S. 19): Grundpflege (Aktivitäten des täglichen Lebens, Selbständigkeitspflege, Prävention und Prophylaxe), Behandlungspflege (bei Krankheiten, Rehabilitation, Therapie), Seelenpflege (Kommunikation, psychologische Betreuung und Kontaktpflege), Aktivitätenpflege (Selbständigkeitspflege) und Informationspflege (Pflegeplanung, Austausch mit anderen Tätigen). Die geriatrische Einrichtung muss entsprechend präventive und rehabilitative Maßnahmen durchführen (vgl. Baumann 1993, S. 6). Insbesondere im Rahmen der Rehabilitation werden „multidimensionale Assessments" relevant. Denn „nur wenn alle beteiligten Professionen zusammenarbeiten, können sach- und fachgerechte Entscheidungen über den notwendigen Versorgungsbedarf alter Menschen getroffen werden." (Stahmer 1990, S. 6). Auch Wohnverhältnisse spielen eine Rolle, da sie z.B. Sicherheit, eine bessere räumliche Orientierungsmöglichkeit und somit größere Autonomie des einzelnen Bewohners gewähren (vgl. Saup 1994, S. 60 ff.). Ebenso wichtig ist, eine biographische Orientierung im Pflegekonzept zu berücksichtigen und an das Zusammenwirken physischer, geistiger und sozialer Aspekte bei alten Menschen zu denken (vgl. Boekholdt 1990, S. 19). Z.B. sollte der Dienstplan möglichst nach Tagesablaufstruktur der Bewohner gestaltet sein (vgl. Rückert 1987, S. 114). Da Pflegebedürftige oft bis zum Sterben in einem Heim in Abhängigkeit leben, wird der Beziehungsaspekt neben der medizinisch fachlichen Kompetenz zu einem sichtbaren Qualitätsmerkmal (vgl. Dühring 1993, S. 14). Hohe interaktive Kompetenz des Personals ist nötig und kommt zum Ausdruck in Eigenschaften wie Empathie, Frustrationstoleranz, Rollendistanz, moralischem Bewusstsein und Handlungsvermögen.

2.4 Anforderungen an Wirtschaftlichkeit

Wie bereits eingangs erwähnt, befinden sich stationäre Pflegeeinrichtungen heute in einem Wettbewerbsumfeld und müssen auf Kosten- und Nutzenrelationen achten bzw. wirtschaftlich handeln. Dies bedeutet, effektiv und effizient zu arbeiten. Effektives Handeln wird erreicht, wenn der Unternehmenszweck der Einrichtung im Sinne von „doing the right things" erfüllt ist. Hier geht es also um die Entscheidung, was künftig gemacht werden soll. Für effizientes Handeln gilt, dass individuelle Kooperationsmotive im Hinblick auf „doing the things right" erfüllt sein müssen (vgl. Steinmann/Schreyögg 1993, S. 52, Steinmann/Kustermann 1995, S. 4). Effizienz wird mit In- und Outputgrößen gemessen, wobei man neuerdings bestrebt ist, auch *qualitative Bewertungskriterien* zu betrachten (vgl. Mayer 1998). Ein bestmöglicher und bezahlbarer Ressourceneinsatz soll möglichst gute Ergebnisse (z.B. hohe Qualität) gewährleisten. Qualität steht hierbei ständig unter der Prämisse, auch bezahlbar zu sein. Sie wird zu einer notwendigen aber nicht hinreichenden Bedingung für ein wettbewerbsfähiges Pflegeunternehmen. Es darf aber dennoch keinesfalls eintreten, dass „extern geforderte Effizienznachweise dabei drohen, die professionell und disziplinär geführte Debatte um die Qualität sozialer Arbeit alleinig auf Aspekte der Kostenersparnis zu reduzieren" (Engel et al. 1996, S. 50). Oftmals treten Effizienz und Kostenaspekte vor eine vernachlässigte Qualität (vgl. Nüßle 1996, S. 48 f.). Umgekehrt gilt aber auch, dass intensive Qualitätsbemühungen alleine nicht zwingend zu einem ökonomischen Erfolg führen (vgl. Bruhn/Georgi 1999, S. 177).

3 Angemessenes Steuerungsinstrumentarium in Pflegeeinrichtungen

Vor dem Hintergrund der an eine Pflegeeinrichtung gestellten Anforderungen wird rasch deutlich, dass ein Spannungsfeld zwischen dem Anspruch an größtmögliche Qualität und der Notwendigkeit kostenorientierten Handelns zur Sicherung des Fortbestandes der Einrichtung existiert. Qualität im Dienstleistungsbereich ist hierbei besonders gekennzeichnet durch Immaterialität, Intangibilität, das „Uno-actu"-Prinzip (Produktion und Konsum fallen zusammen), Vergänglichkeit, Standortgebundenheit, Individualität bzw. Variabilität und Integration des externen Faktors (z.B. des Kunden) (vgl. Maier 1999, S. 17). Bruhn (vgl. 1997, S. 32) betont insbesondere die Annehmlichkeiten des tangiblen Umfelds, Zuverlässigkeit, Leistungskompetenz und Einfühlungsvermögen. Ein Commitment zur Qualität im Prozess des Unternehmens, respektive der Pflegeeinrichtung, ist wichtig für den Erfolg (vgl. Pall 1988, S. 196 ff.). Sie muss unternehmensweit, auch organisatorisch und kulturell eingeführt und verankert werden. Durch ihre ständige Verbesserung kann sie helfen, die Kosten zu senken. Qualität kann (strategisch) geplant, preislich beziffert und ihre Maßnahmen können schließlich kontrolliert werden. Es ist nicht verwunderlich, dass durch den Vorrang der Qualität in Einrichtungen des Gesundheitswesens verstärkt Instrumente des Qualitätsmanagement wie z.B. Zertifizierungsverfahren und Audits eingesetzt werden. Um die Vielfalt der Qualitätsdimensionen besser zu systematisieren, greift man im Gesundheitswesen und den damit einhergehenden Dienstleistungsangeboten generell auf die Qualitätskategorien Struktur-, Prozess- und Ergebnisqualität von Donnabedian (1966) zurück (vgl. Mayer 1998, S. 25, Wetzler 1996, S. 109). Sie finden beispielsweise in der Formulierung des § 80 SGB XI ihren Ausdruck. Die Operationalisierung der Teilqualitäten macht nur dann Sinn, wenn ein linearer Zusammenhang zwischen Struktur-, Prozess- und Ergebnismaßen besteht (vgl. Maier 1999, S. 21). „Eine hohe Strukturqualität ist eine Voraussetzung für hohe Prozessqualität und diese wiederum eine notwendige Voraussetzung für hohe Ergebnisqualität." (Badura 1999, S. 29)

In den letzten Jahren wurde bereits in vielen Pflegeeinrichtungen mit der Einführung von Qualitätsmaßnahmen begonnen. Es liegt deshalb nahe, zunächst kritisch zu betrachten, um welche bestehenden Konzepte des Qualitätsmanagements es sich vorrangig handelt (3.1). Im Anschluss daran wird in Abschnitt 3.2 die Schwierigkeit der bewohnerorientierten Qualitätsmessung näher beleuchtet.

3.1 Konzepte des Qualitätsmanagements in der Kritik

Unter Qualitätsmanagement sind alle Aktivitäten des Gesamtmanagements zu verstehen, welche die Qualitätspolitik mit deren Zielen und Verantwortlichkeiten festlegen und diese durch Mittel wie Qualitätsplanung, -kontrolle, -sicherung, -darlegung und -verbesserung verwirklichen (vgl. Perleth/Schwarz 1998). In diesem Sinne ist Qualitätsmanagement zugleich Qualitätsentwicklung und -sicherung (vgl. Heiner 1996a, S. 20, Tomys 1994, S. 17 f., siehe auch ISO 9004). Es findet eine Koexistenz von einer anbieter- und einer kundenorientierten Sichtweise statt. Dies bedeutet, dass in der Phase der Qualitätsanalyse der kundenorientierte Begriff zugrunde gelegt wird und in der Phase der Umsetzung der erfassten Qualitätserwartungen (Ziele und Maßnahmen) ein Wechsel auf eine anbieterbezogene Betrachtungsweise erfolgt (vgl. Birkelbach 1993, S. 15). Da die Qualität der sozialen Arbeit erheblich von der Qualifikation der Fachkraft abhängt, bedeutet Qualitätsmanagement gleichzeitig Qualifizierungsmanagement (vgl. Heiner 1996b, S. 227). Das Personal steht also im Mittelpunkt des Ansatzes der Qualitätsverbesserung und das Qualitätsverständnis wird zum prägenden Faktor in der Unternehmenskultur mit Stichworten wie lernende Organisation, Mitverantwortung, Mitbestimmung, Teamarbeit und Qualitätszirkel (vgl. Göschel 1993, S. 44). Die Umsetzung des Qualitätsmanagements kann auch an ein betriebliches Anreizsystem geknüpft sein (vgl. Ortlieb 1993, S. 54 ff.). Neben der Mitarbeiterorientierung muss das System des Qualitätsmanagement transparent sein. Dies geschieht durch entsprechende Berichterstattungen nach innen und außen (vgl. Scherrer 1996, S. 15). Bei all den Ausführungen bleibt zunächst die Frage unberücksichtigt, ob Qualität auch bezahlbar ist. Es werden in den gängigen Qualitätsmanagementsystemen häufig Kostenaspekte von den Autoren außer Acht gelassen.

Umgesetzt bzw. erweitert wird das Qualitätsmanagement beispielsweise durch das *Total Quality Management (TQM)*, welches mancherorts auch als Primus des Qualitätsmanagement verstanden wird (vgl. Tomys 1994, S. 18). Hier wird Qualität zur entscheidenden Steuerungsgröße in Organisationen (vgl. Maier 1999, S. 44). Angesetzt wird an der gesamten Wertkette und allen innerbetrieblichen und auch ausserbetrieblichen Prozessen, wie den Zulieferern, wobei keine konkrete Schwerpunktbildung erkennbar ist. Neben dem Kernelement der Kundenzufriedenheit folgen kontinuierliche Verbesserung, Prozessoptimierung und Mitarbeiterorientierung (vgl. Maier 1999, S. 59). Das kostenorientierte Qualitätsmanagement bildet einen Baustein des TQM und soll die Wirtschaftlichkeit der Wertschöpfungskette erhöhen. Zwar bietet das TQM eine stärkere Kundenorientierung als herkömmliche Controllingkonzeptionen, dennoch steht hier die Qualität im Mittelpunkt der Betrachtung. Angesichts der Forderung nach einer stärkeren Berücksichtigung beteiligungsorientierter Konzepte und Modelle in der sozialen Arbeit greift das TQM zu kurz (vgl. Wittig 1993). Es wird vorwiegend das Bestehende verbessert, d.h. Innovationen werden wenig vorangetrieben. Außerdem ist ein hoher Schulungsaufwand nötig (vgl. Etienne 2000, S. 109). Eine Strategieentwicklung für das Gesamtunternehmen steht im Rahmen des TQM nicht vorrangig zur Diskussion.

In Zusammenhang mit Qualitätsmanagement im Gesundheitswesen haben sich in den letzten Jahren einige Pflegeeinrichtungen dem Verfahren des *Benchmarkings* unterzogen. Durch die Publikation der Ergebnisse entsteht für den Leistungsabnehmer eine höhere Transparenz der Angebote, da unterschiedliche Institutionen verglichen werden. Leider wird aber beim Benchmark meist eine Schwerpunktsetzung vorgenommen und nicht das Gesamte abgebildet (vgl. Güntert 1999, S. 118). Außerdem können Benchmarks als Ex-post-Betrachtungen verstanden werden, sie haben keinen aktiven unmittelbaren Steuerungscharakter. Häufig stellen sich außerdem nur leistungsstarke Häuser einem Benchmarkprozess, sodass es sich bei den teilnehmenden Heimen um eine selektive Auswahl handeln muss. Es besteht sodann auch die Gefahr einer „Legendenbildung" (ebd., S. 118). Letztlich wirken diese Leistungsvergleiche meist nur in Abhängigkeit vom Wettbewerb qualitätsverbessernd.

Auch die Vergabe von *Awards* nimmt zu. Eine solche Vergabe wird eventuell das Qualitätsbewusstsein schärfen (vgl. Maier 1999, S. 56 ff.), beispielsweise durch die Verleihung des „Deming Prize" und des „European Quality Awards". Allerdings ist ihre theoretische Fundierung häufig umstritten (vgl. ebd., S. 60).

Die Einführung von *Standards* erleichtert ebenso die Sicherung und Dokumentation der Qualität, zumindest nach außen. Durch eine externe Aufsichtsbehörde wird die Institution regelmäßig überprüft. Dies ist beispielsweise in England der Fall, wo im Jahre 1989 ein Wertekatalog „Homes are for living" vom Gesundheitsministerium herausgegeben wurde (vgl. Wetzler 1996, S. 112 ff.). Die Heimaufsichtsbehörde überprüft zweimal im Jahr die Heime durch eine externe Inspektionen. Auch in den USA wurden unterschiedliche Bewertungsinstrumente etabliert. So z.B. das „Resident Assesment Instrument (RAI)", das „Minimum Data Set (MDS)", das „Trigger-System" und sogenannte „Resident Assessment Protocols (RAPs)". Standards haben den Vorteil eines eventuellen Imagegewinns sowie einer Werbewirksamkeit bei der Einhaltung des Anforderungskatalogs (vgl. Müller 2001, S. 141). Die Akkreditierung bietet für den Leistungsnehmer allerdings nur einen ersten und allgemeinen Anhaltspunkt über die Gesundheitseinrichtungen und stellt keinen „best-practices-Vergleich" dar. Auf individuelle Anforderungen der Einrichtungen kann eine Akkreditierung nicht eingehen. Die Einrichtungen versuchen häufig lediglich, die vorgegebenen Standards zu erfüllen. Bei *Zertifizierungen* handelt es sich um ex-post Beurteilungen, wobei Mängel transparent werden, aber Verbesserungsmaßnahmen nicht zwingend erfolgen müssen. Die ISO-Norm prüft in regelmäßigen Abständen die Qualitätssicherung und nicht die Qualität (vgl. Heiner 1996a, S. 26). Sie kann somit nur indirekt der Qualitätsentwicklung dienen (vgl. ebd., S. 24). Die Zertifizierung einer Einrichtung ist noch dazu immer individuell und abhängig von der jeweiligen Qualität der Zertifizierung (vgl. Müller 2001, S. 85). „Auch wenn Zertifizierungsverfahren nach DIN ISO 9000 ff. noch so beredt angeboten werden: Diese Verfahren sind verhältnismäßig teuer und machen erst dann Sinn, wenn durch herkömmliche Verfahren der Organisationsberatung Aufbau- und Ablauforganisation optimiert sind und eine verbindliche Beschreibung der Pflegekonzeption vorliegt." (Hesse-Schiller 1996, S. 96). Es besteht sonst die Gefahr einer Art „Feigenblattfunktion" (Müller 2001, S. 88) des Zertifikats. Ähnlich wie bei der Akkreditierung auch, sind Zertifizierungen zu wenig ergebnisorientiert und beantworten nur unzureichend die Frage der Weiterentwicklung und Verbesserung der Qualität (vgl. Etienne 2000, S. 61).

Eine Ergänzung bzw. Weiterentwicklung von Zertifizierungsverfahren ist das Modell der *European Foundation for Quality Management (EFQM)*. Das EFQM-Modell basiert sowohl auf einer internen Selbstbewertung als auch auf einer Fremdbewertung durch eine externe Prüfungskommission (vgl. Müller 2001, S. 90). Es werden je zur Hälfte Befähigungskriterien und Ergebniskriterien bewertet. Schließlich besteht die Möglichkeit zur Erlangung eines Awards. Das EFQM-Modell ist zwar besser als eine Zertifizierung geeignet, die Komplexität einer Organisation zu erfassen, scheitert aber häufig an dem organisatorischen und finanziellen Aufwand. Schließlich bestehen bei der Anwendung des Modells Systemgrenzen. Ein Rekurs auf eine zugrunde gelegte Strategie und die Hinterfragung der Zielerreichung existiert nicht in ausreichendem Umfang. Das Modell ist nicht darauf ausgerichtet, konkrete Handlungsanweisungen zu geben (vgl. Eberhardt 2001, S. 184).

Allgemein kann festgestellt werden, dass die dargestellten Ansätze die Kundenperspektive (im Sinne einer subjektiven Betrachtung, z.B. Lebensqualität, sich Wohlfühlen), respektive Bewohnerbedürfnisse, nur unzureichend berücksichtigen (vgl. Engel et al. 1996, S. 57) und ihr Hauptaugenmerk primär auf strukturelle Merkmale legen. Ein Indikator für die fehlende Kundenorientierung im deutschen Gesundheitswesen allgemein ist, dass es anders als beispielsweise in den USA noch immer wenige Befragungen zu dem Themenkomplex der Patientenzufriedenheit gibt. In den Vereinigten Staaten wurden solche Untersuchungen bereits in den 60er Jahren durchgeführt (vgl. Aust 1994, S. 2). In den letzten Jahren wird auf die gesundheitsbezogene Lebensqualität mehr Augenmerk gerichtet. Sie verlangt die Berücksichtigung aller direkt oder indirekt, objektiv oder subjektiv, aus individueller oder kollektiver Sicht patientenrelevanten Aspekte, die zur Auswahl, Begründung und Bestätigung von Interventionsmaßnahmen zur Verbesserung des „Befindens einzelner Patienten oder Patientenkollektive erforderlich sind." (Mayer 1998, S. 3). Neben der Berücksichtigung konkreter Patienteninteressen, verstanden als Ergebnisqualität, fehlt in manchen der vorangegangenen Ansätze auch eine ausreichende Mitarbeiterorientierung als Schlüssel im Prozess. Methoden zur Förderung vorhandener Potenziale im Sinne einer lernenden Organisation werden nicht explizit genannt. Diese Innovationsleistung ist aber im zunehmenden Wettbewerb Voraussetzung für andauernde Verbesserungen. Der steigenden Dynamik und Komplexität im Wettbewerb wird mit den Konzepten nicht optimal entgegengewirkt.

3.2 Schwierigkeit der Qualitätsmessung

Soll Qualität in den Fokus eines Unternehmens gelangen, so muss diese auch messbar sein. Die *Qualitätsmessung* sozialer Dienstleistungen ist aber schwierig, da ein Dreieck zwischen Konsument, Produzent und Financier besteht (vgl. Badelt 1996, S. 12). Der Produzent kennt die Qualität seiner Dienstleistung, der Geldgeber bekommt nur schwer Einblick in die interne Situation der Einrichtung und der Betroffene hat zwar die beste Information über die Leistungsqualität, da er sie am eigenen Leib erfährt, kann aber häufig wenig gegen unzureichende Leistung unternehmen. Er hat vielleicht weder eine wirtschaftliche, politische noch mediale Macht. Dieses Phänomen wird zusätzlich erschwert, wenn der Konsument die Leistung unentgeltlich erhält, oder aber der Wettbewerb gering ist (vgl. ebd., S. 15 f.). Qualität kann, wenn für den Betroffenen keine Vergleichsmöglichkeiten bestehen, nur schwer beurteilt und geprüft werden (vgl. Nüßle 1996, S. 48). Es müssen also geeignete Möglichkeiten gefunden werden, Grundlagen fachlicher Arbeit, deren Umsetzung und Wirkung sowie Akzeptanz zu beurteilen. Hierzu eignen sich beispielsweise aufwendige Methoden aus der qualitativen Sozialforschung zur qualitativen Beurteilung sozialer Dienste (vgl. Nüßle 1996, S. 50 f.). Schwierig ist auch die Intersubjektivität der Angaben, die Selbst- und Fremdeinschätzung.

4 Balanced Scorecard als Steuerungsinstrument in Pflegeeinrichtungen

Der Einsatz der Balanced Scorecard kann helfen, Klarheit, Einfachheit und Operationalisierbarkeit der Vision der Unternehmensleitung zu erreichen. D.h. sie basiert auf dem Abwägen der Stärken und Schwächen der Organisation unter der Berücksichtigung der Anforderungen aus dem Wettbewerbsumfeld und hilft, alle Aktivitäten auf die relevanten strategischen Ziele zu fokussieren. Diese werden durch Kennzahlen in allen notwendigen Perspektiven (i.d.R. Mitarbeiter: Lernen und Entwicklung, Prozesse, Kunden, Finanzen) messbar gemacht. Durch ein geeignetes Vorgehen im Rahmen der Steuerung und durch entsprechende Umsetzungsmaßnahmen auf allen Unternehmensebenen (im täglichen Handeln der einzelnen Organisationsmitglieder) kann der Grad der strategischen Zielerreichung optimiert werden (vgl. Kaplan/Norton 1997, S. 9). Die Balance Scorecard wird jeweils organisationsspezifisch erarbeitet und sollte somit alle relevanten Besonderheiten und Anforderungen der Organisation abbilden. Sie kann sodann als integratives Managementkonzept begriffen werden (vgl. Türk 2001, S. 121). Im folgenden Abschnitt wird zunächst auf die Notwendigkeit der Mission, des Leitbildes und der Strategieentwicklung eingegangen (4.1). Sodann wird dem Anspruch der Sicherung von Qualität und Wirtschaftlichkeit in der Einrichtung mit Hilfe des Instruments der Balanced Scorecard Rechnung getragen (4.2). Nachfolgend werden relevante Perspektiven mit ihren Ursache-Wirkungsbeziehungen dargestellt (4.3) und im Anschluss daran mögliche Kennzahlen für die Perspektiven aufgezeigt (4.4).

4.1 Mission, Leitbild und Strategieentwicklung

Voraussetzung für die Arbeit mit der Balanced Scorecard ist die Entwicklung einer Strategie, denn erst die Generierung von Vision und Strategie schafft eine Handlungsorientierung für das Management und kann darüber hinaus sogar ggf. einen Veränderungsprozess in Gang setzen: „the balanced scorecard is most successful when it is used to drive the process of change." (Kaplan/Norton 1993, S. 142). Durch das Umsetzen der Strategie in konkrete operative Maßnahmen, kann dieses Managementsystem die Lücke zwischen Strategiefindung und Strategieimplementierung schließen. Es kommt zu Veränderungen, die mit Hilfe des Managementsystems gesteuert werden müssen (vgl. Kaplan/Norton 2001, S. 16). Hierbei kann durch die Balanced Scorecard bei den Organisationsteilnehmer Verständnis und Vertrauen für den strategischen Pfad der Organisation geschaffen werden, was eine bessere Leistungserstellung zur Folge hat (vgl. Löffelholz 2001, S. 55). Die Leistung der erstmaligen Strategieentwicklung kann als additiver, notwendiger und vorgelagerter Bestandteil der Balanced Scorecard verstanden werden. Pflegeheime verfolgen vor dem Hintergrund unterschiedlicher Leitbilder, wie beispielsweise ein *karitatives Leitbild, rationales Leitbild oder ein ganzheitliches Leitbild* (vgl. Hummel 1988, S. 20 ff.) verschiedene Ziele. Diese sind Ausdruck der unterschiedlichen einflussnehmenden Anspruchsgruppen, insbesondere von Trägerinteressen (vgl. Abschnitt 2.1). In den letzten Jahren wurde insbesondere deutlich, dass nicht selten in den Einrichtungen eine klare Vision und eine damit einhergehende Strategie nicht vorhanden war. Oftmals existieren zwar Leitbilder, diese stehen aber „für sich" und entfalten keine integrative Wirkung für die Steuerung des Heims. So fehlt häufig das Bewusstsein, dass auf der Basis eines Leitbildes ein organisatorisches Handeln erfolgen, welches zielgerichtet und in Einklang mit der Strategie der Institution stehen muss (vgl. Horváth & Partner 2001, S. 381). Entsprechend muss zunächst die Übereinstimmung einer festgelegten Strategie und Vision mit der zukünftigen Mission und dem Leitbild entwickelt und in der Organisation transportiert werden. Erst nachdem eine Strategieentwicklung abgeschlossen ist, kann die eigentliche Aufgabe, nämlich eine optimale Managementsteuerung mit Hilfe der Balanced Scorecard, einsetzen.

Im Rahmen der Strategieentwicklung erfolgt *eine Bestandsaufnahme der Organisation*. Hierzu werden organisatorische Eckdaten (z.B. Anzahl der Pflegefachkräfte, Bettenanzahl, Auslastung etc.) gesammelt und ausgewertet. Insbesondere werden die Aufbaustruktur (mit bestehenden Hierarchien und Weisungsbefugnissen) und der Ablauforganisation (z.B. Beteiligte im Pflegeprozess) erfasst und ggf. existierende Systeme (evtl. multidisziplinäre Assessments) betrachtet. Zusätzlich werden eventuell bestehende Strukturen eines Qualitätsmanagement, wie existierende Qualitätszirkel, entsprechende Kommunikationsstrukturen, Qualitätsdokumentationen und -kontrollen analysiert und später in das Gesamtkonzept integriert. Im nächsten Schritt wird durch eine Stärken- und Schwächen-Analyse die Einrichtung betrachtet und das Wettbewerbsumfeld im Markt für Pflegedienstleistungen mit den sich bietenden Chancen und bestehenden Risiken erschlossen und die Einrichtung in diesem positioniert. Erst anschließend kann die Definition der strategischen Stoßrichtung für die Einrichtung erfolgen.

4.2 Sicherung der Qualität und Wirtschaftlichkeit durch die Balanced Scorecard

Den eingangs dargelegten Anforderungen an Pflegeeinrichtungen hinsichtlich der Sicherung hoher Qualität und gleichzeitiger Kostenorientierung (vgl. Abschnitte 2.3, 2.4) kann das Steuerungsinstrument der Balanced Scorecard Rechnung tragen. Dies geschieht zunächst durch die Sicherstellung hoher Versorgungsqualität, insbesondere durch Berücksichtigung der unterschiedlichen Qualitätsdimensionen nach Donnabedian (1966) (vgl. Abschnitt 3) einerseits sowie durch die Beachtung eines kostenorientierten Wirtschaftens andererseits. In puncto *Strukturqualität* bedeutet dies vor allem, eine sehr gute Ressourcenauswahl im Bereich der Mitarbeiter zu treffen, aber beispielsweise auch möglichst funktionale Ausstattungen bereitzustellen (z.B. bauliche Maßnahmen, Sanitäreinrichtungen, behindertengerechte Architektur). Beides unter Einhaltung des vorgeschriebenen Rechtsrahmens (z.B. Personalschlüssel, Arbeits- und Ruhezeiten, entsprechende Entlohnung, Zimmermindestgröße etc.). Ein hohes Maß an *Prozessqualität* basiert schließlich speziell im Pflegeprozess auf sehr qualifizierten Mitarbeitern. Um den Behandlungsprozess hervorragend zu gestalten, bedarf es in ausreichendem Umfang an Abstimmungen, beispielsweise bei der Medikation in der Pflege wegen möglicher Wechselwirkungen mit anderen Medikamenten. Solche Abstimmungsprozesse sind in notwendigen interdisziplinären Assessments (vgl. Abschnitt 2.3) durch häufig bestehende gegenseitige Vorbehalte der Individuen und einer mangelnden Bereitschaft für die Zusammenarbeit durchaus keine Selbstverständlichkeit, sondern stellen im Gegenteil oftmals ein hohes Konfliktpotenzial dar. Die anschließende *Ergebnisqualität* ist Ausdruck des Erreichungsgrades der Bewohner- und Stakeholderwünsche (z.B. Geldgeber, Entscheider über Auszug oder Verbleib des Bewohners in der Einrichtung) und der Erhaltung ausreichender finanzieller Mittel. Denn, was nützt eine hohe Nachfrage nach einer Leistung, die nicht bezahlbar ist. Dementsprechend ist die Finanzperspektive der Balanced Scorecard stark mitverantwortlich für die Sicherung einer langfristig hohen Ergebnisqualität. Die Qualitätsdimensionen (Struktur, Prozess, Ergebnis) nach Donnabedian (1966) sind vorrangig produktbezogen und kundenorientiert statt produktionsbezogen und mitarbeiterorientiert formuliert (vgl. Heiner 1996a, S. 30). Diesem Manko kann begegnet werden, wenn durch den Einsatz der Balanced Scorecard entsprechende Perspektiven gefunden werden, welche die komplette soziale Dienstleistung abbilden können. An dieser Stelle kann zusammenfassend festgestellt werden, dass die Balanced Scorecard mit ihrer individuellen Architektur gegenüber den in Kapitel 3.1 dargestellten Konzepten des Qualitätsmanagements Vorteile bietet. Denkbar ist sogar eine eventuelle Integration bereits bestehender Konzepte im Bereich des Qualitätsmanagement in den Einrichtungen durch ihren Einsatz (z.B. durch eine entsprechende TQM-Scorecard) (vgl. Wolter 2000) oder die Verknüpfung mit dem EFQM-Modell (vgl. Horváth & Partner 2001, S. 352 ff., Wahlich 2001, S. 114). Auch die Schwierigkeit der Qualitätsmessung (vgl. Abschnitt 3.2) scheint durch die Entwicklung geeigneter Kennzahlen (vgl. Abschnitt 4.4) besser handhabbar zu sein. Wie dies im Einzelnen möglich ist, wird im folgenden Abschnitt mit der Darstellung möglicher Perspektiven und ihren eventuellen Ursache-Wirkungsbeziehungen deutlich (vgl. Abbildung 2).

Steuerungssysteme für stationäre Pflegedienste 227

```
                            ┌─────────────────────────────────┐
                            │           Mission               │
                            │ Sicherstellen einer bestmöglichen Lebens- und Versorgungsqualität unter
                            │ der Prämisse, die Pflegeeinrichtung dauerhaft im Markt zu positionieren
                            └─────────────────────────────────┘
```

Bewohner- und Stakeholderinteressen

Bewohner
- Lebensqualität
- Versorgungsqualität
- ...

Stakeholder
- Geldgeber: entspr. Rendite
- Träger: entspr. Zielsetzung
- Zahler: Preis/Leistungsverh.
- Serviceanbieter: unproblem. Abläufe
- ...

Dauerhaftes Überleben der Einrichtung
- Gewinn erzielen
- Kostendeckung gewährleistet
- ...

Interne Prozesse
- Optimale Prozesse in der Versorgung
- Abstimmungen in interdisziplinären Assessments
- ...

Qualifizierung der Mitarbeiter und Schaffen eines angenehmen Arbeitsumfeldes
- Fortbildung   - psychische Belastbarkeit
- Vergütungssystem   - Arbeitsmotivation
- Reduzierte Fluktuation - ...

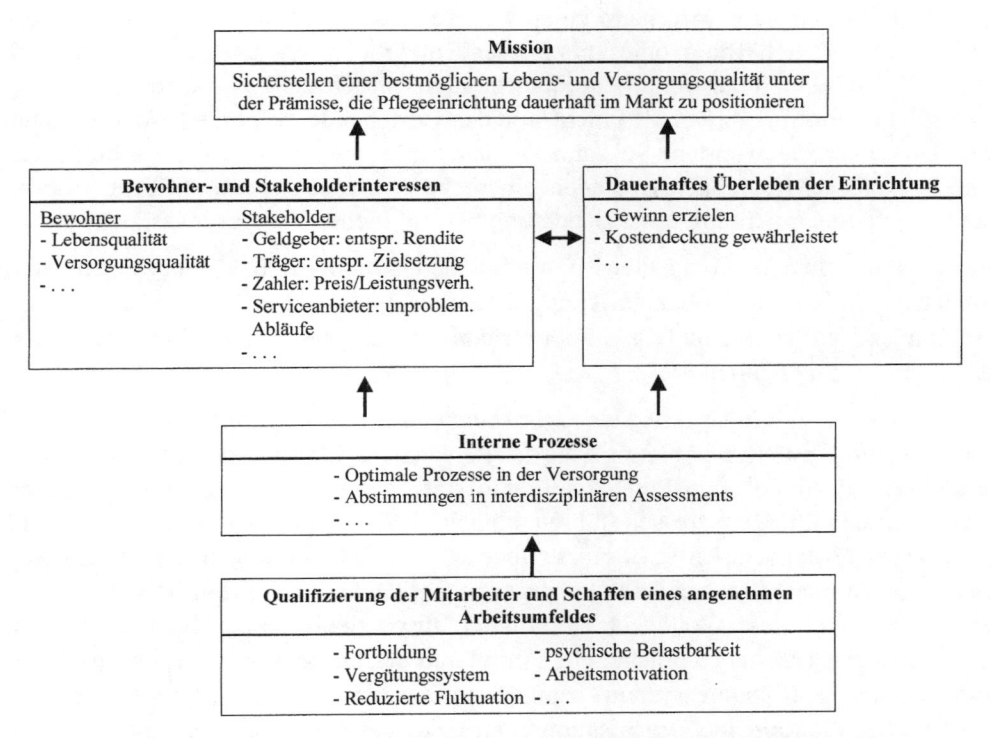

Abbildung 2: Balanced Scorecard in einer Pflegeeinrichtung (Quelle: Eigene Darstellung)

4.3 Festlegen der relevanten Perspektiven mit ihren Ursache-Wirkungsbeziehungen

Eine Mission und eine Vision könnte folgende Kernaussagen beinhalten: „Sicherstellung einer bestmöglichen Lebens- und Versorgungsqualität unter der Prämisse, die Pflegeeinrichtung dauerhaft im Markt zu positionieren". Es ist zu erwarten, dass die Balanced Scorecard für eine Pflegeeinrichtung folgende Architektur mit teilweise sich direkt gegenseitig beeinflussenden Perspektiven aufweist (vgl. Kapitel 3.2). Zwei der Perspektiven könnten lauten „Wahrung der Bewohner- und Stakeholderinteressen" und „Sicherung des wirtschaftlichen Überlebens". Diese Perspektiven würden eine unerlässliche Erweiterung und Fortführung der Überlegungen von Donnabedian (Struktur-, Prozess- und Ergebnisqualität) darstellen. Mit Hilfe der Balanced Scorecard nämlich kann die Kundenorientierung neben der Sicherung des wirtschaftlichen Überlebens in den Mittelpunkt der Steuerung rücken. Dies geschieht nicht nur durch die entsprechend definierte Bewohner- bzw. Stakeholderperspektive, sondern auch durch die dritte Perspektive „Interne Prozesse" und durch die zugehörigen Kennzahlen. Die Balanced Scorecard kann einen weiteren Fokus auf die „Qualifizierung der Mitarbeiter und Schaffung eines motivierenden Arbeitsumfeldes" legen, was dem Anspruch an eine hohe Mitarbeiterqualifikation im Gesundheitssektor entspricht. Schließlich kann mit ihrer Hilfe nicht nur das Bestehende verbessert, sondern auch komplett hinterfragt werden. So kann es zu einer grundlegenden Erneuerung kommen. All diese Möglichkeiten dienen einem langfristigen wirtschaftlichen Fortbestand der Pflegeeinrichtung unter Beachtung bestmöglicher Versorgungsstandards.

Die *Mission* „Sicherstellung einer bestmöglichen Lebens- und Versorgungsqualität unter der Prämisse, die Pflegeeinrichtung dauerhaft im Markt zu positionieren", wird zur Prämisse jeglichen Handelns in der Organisation, wobei alle Aktionen dazu dienen sollen, sie zu erfüllen.

Die Perspektive *„Qualifizierung der Mitarbeiter und Schaffung eines motivierenden Arbeitsumfelds"* ist stark abhängig von der Personalauswahl und den bereitgestellten Ressourcen. Es findet eine Potenzialbildung statt, deren Förderung und Einsatz zu hervorragenden Pflegeprozessen führen können. Durch Mitarbeiterschulungen und Qualifizierungsmaßnahmen (z.B. Kurse über neueste Entwicklungen über Therapien, Ernährungsseminare) steigen die Versorgungsqualität und Wirtschaftlichkeit in den Arbeitsprozessen. Zum Wohle der Mitarbeiterzufriedenheit können Instrumente wie Supervision, Mitarbeitergespräche, ein Optimieren der Dienstpläne, Einführung eines angemessenen Entlohnungssystems zum Einsatz kommen. Letztlich wirkt sich die Investition in die lernende Organisation positiv auf das Gesamtergebnis der Einrichtung aus, da im Mittelpunkt sozialer Arbeit in einem Pflegeheim die Interaktion zwischen dem Mitarbeiter und dem Bewohner steht. Die Organisationsmitglieder werden zum zentralen Element im Prozess der Leistungserstellung. Es besteht also über den Versorgungsprozess hinaus auch eine Wirkungsbeziehung zur Versorgungs- und Lebensqualität der Bewohner. Diese wiederum kann auch den Ausschlag für Stakeholder geben, die Einrichtung weiter zu unterstützen, da die eigenen Interessen durch Mitarbeiterleistungen im Prozess befriedigt werden. Schließlich tragen die Qualifikation der Mitarbeiter und ihre Gesamtmotivation indirekt dazu bei, das dauerhafte Überleben des Pflegeheims zu sichern. Die Mitarbeiterperspektive und -motivation im ansprechenden Arbeitsumfeld ist somit notwendig, um letztlich die Unternehmensmission zu verwirklichen.

Die Perspektive *„Interne Prozesse"* manifestiert sich in Einrichtungen der Pflege insbesondere in der Sicherstellung der Versorgungsqualität durch hervorragende Versorgungsprozesse. Neben den vorhandenen Mitarbeitern sind Strukturmerkmale ausschlaggebend für den Prozessablauf. Damit sind beispielsweise die Ausstattung an Apparaturen oder die Wahl der Therapiemaßnahmen und der Einsatz entsprechenden Know-hows (z.B. nach Schlaganfall) gemeint. Ebenso haben die Art und Weise der Prozesse der Leistungserstellung direkten Einfluss auf die Versorgungsqualität. Wie bereits erwähnt, sind beispielsweise multidisziplinäre Assessments erfolgversprechender im Therapieverlauf als traditionelle Behandlungsmethoden bei Senioren. Bei der Optimierung der Prozessabläufe ist neben ihrer bereits genannten Planung, Durchführung und Evaluation eine kommunikative Transparenz förderlich, insbesondere in einem stark interdisziplinären Arbeitsumfeld. „Gezielte Strategien zur Verbesserung der Lebensqualität und des Schutzes von Patienten sind daher ohne Kenntnisse der Versorgungsabläufe gar nicht möglich – Verbesserung der Transparenz ist daher Voraussetzung für die dringend notwendige Verbesserung des Patientenschutzes vor ungenügender Behandlungsqualität, sie ist auch Voraussetzung von Strategien für mehr Effizienz in der Versorgung." (Glaeske 1997, S. 43). Eine funktionierende Kommunikation wird somit zum Erfolgskriterium für Prozesse (vgl. Pall 1988, S. 189). Der Grad der Versorgungsqualität in den Prozessen steht in Wirkungszusammenhang mit den Bewohnerinteressen und wird schließlich in der Ergebnisqualität (Lebens- und Versorgungsqualität) sichtbar. Ebenso profitieren Stakeholder teilweise direkt von optimalen Prozessabläufen. So können externe Serviceanbieter (z.B. Ergotherapeuten oder Kioskbesitzer) eventuell mit Kontinuität in den zeitlichen Tagesabläufen und offener Kommunikation rechnen. Auch auf die Sicherung des dauerhaften Überlebens der Einrichtung haben die Prozesse Einfluss. Denn je effizienter die Abläufe gestaltet sind, desto besser wird in der Regel das Unternehmensergebnis ausfallen. Schließlich kann man nur durch die Fokussierung auf interne Prozessabläufe der Mission gerecht werden und eine bestmögliche Lebens- und Versorgungsqualität unter der Prämisse, die Pflegeeinrichtung dauerhaft am Markt zu positionieren, anbieten.

Betrachtet man die Perspektive „*Bewohner- und Stakeholderinteresse*", so kann davon ausgegangen werden, dass vor allem die Stakeholder Einfluss auf die Pflegeeinrichtung haben können und wollen. Beispielsweise beeinflussen Geldgeber oder Träger eventuell die Strategie des Unternehmens. Die Interessen der Anspruchsgruppen spielen eine Rolle in den Prozessen und Strukturen, wenn es sich beispielsweise um die soeben erwähnten externen Dienstleister im Bereich von zusätzlichen Serviceangeboten (Frisör, Kiosk etc.) handelt. Sie sind an ablaufenden Prozessen der Leistungserstellung in der Organisation direkt oder indirekt beteiligt, da sich die Prozessqualität ja gerade aus den Inputfaktoren (hier Stakeholdern) manifestiert. Schließlich sind sie z.B. als Träger, Geldgeber oder Betreuer der Bewohner Teilinteressenten am Unternehmensergebnis und haben ein Interesse am dauerhaften Fortbestand der Einrichtung. Dies steht in Übereinstimmung mit der Mission und wird zum Ziel einer gelungenen Unternehmenssteuerung. Ähnlich wie die Interessen der Anspruchsgruppen sind die Bewohnerinteressen relevant. Sie können beispielsweise in dem Grad der Zufriedenheit oder Lebensqualität der Bewohner zum Ausdruck kommen. Lebensqualität entsteht vor allem im Prozess und in der Interaktion zwischen Akteuren (u.a. Pflegeteam, Beratungsteam, Ärzte, Therapeuten und Bewohner). Sie ist messbar durch Fragen nach der Zufriedenheit oder nach dem Wunsch eines Auszugs oder des Verbleibs in der Einrichtung. Zukünftig, wenn die Bewohner zu Kunden werden, da sie (Stichwort „Baby-Boomer-Generation") ihre Interessen und Rechte stärker als bislang durchzusetzen bereit sind, stehen sie mit der Forderung nach Erhaltung der bestmöglichen Lebensqualität noch stärker im Mittelpunkt der Organisation. Auch die Sicherung der Bewohnerinteressen steht in direktem Zusammenhang mit der Mission der Pflegeeinrichtung.

Schließlich befindet das Pflegeheim im Wettbewerb mit anderen vergleichbaren Einrichtungen und muss sich auch den finanziellen Erfordernissen, je nach dem Wunsch der Teilhaber bzw. Geldgeber, stellen. Hierbei muss es abwägen, welche Schritte richtig sind, um den „finanziellen Erfolg" im weitesten Sinne zu sichern und diese gegenüber dem Teilhaber zu verantworten. Eine Perspektive *„dauerhaftes Überleben der Einrichtung"* hierzu erscheint ratsam. Diese Perspektive ist zum einen durch entsprechende Ressourcenauswahl festgelegt und zum anderen durch Prozesse bestimmt. Aus übergeordneter Sicht ist zu fragen, welche Geschäftsprozesse überhaupt beibehalten oder ggf. aufgegeben werden müssen (z.B. Outsourcen der Wäscherei). Im Ergebnis spiegelt sich ein effizientes Handeln in einem passenden Preis-Leistungsverhältnis wider. Die Wettbewerbsfähigkeit wird gesteigert und die Nachfrage steigt. Diese Perspektive steht ebenfalls in direktem Zusammenhang mit der formulierten Mission.

Mit dem Einsatz der Balanced Scorecard wird die Ausgewogenheit der unterschiedlichen Perspektiven mit ihren Ursache-Wirkungsketten angestrebt und das Ausmaß ihres notwendigen Zusammenspieles konkret (vgl. Probst 2001, S. 83 ff.). Abgebildet werden können diese Zusammenhänge in sogenannten „strategy maps" (Kaplan/Norton 2000, S. 168). Wichtig ist schließlich, dass die Ziele der Unternehmensleitung durch ein geeignetes Informationssystem auf allen Unternehmensebenen kommuniziert werden. Durch geeignete partizipative Kommunikations- und Feedbackmechanismen wird das strategische Ziel auf allen Unternehmensebenen verwirklicht. Im Anschluss an die Festlegung der Perspektiven muss die entsprechende Kennzahlenentwicklung erfolgen.

4.4 Kennzahlen für die relevanten Perspektiven

Die Wahl geeigneter Kennzahlen lässt Prozesse messbar und transparent erscheinen und der komplette Managementprozess kann bewertet werden: „It enables us to translate business units strategies into a measurement system that meshes with our entire system of management." (Kaplan/Norton 1993, S. 143). In den folgenden Tabellen werden mögliche Kennzahlen beispielhaft dargestellt:

„Qualifizierung der Mitarbeiter und Schaffung eines motivierenden Arbeitsumfeldes"

Ziel	Kennzahl/Messgröße	Zielvorgabe
Fortbildung	• Anzahl der Fortbildungen pro Mitarbeiter	• > x Tage im Jahr
Psychische Belastbarkeit der Mitarbeiter	• Anzahl der Supervisionssitzungen pro Mitarbeiter oder Anzahl der Teilnehmer	• X Sitzungen im Jahr • %-Anteil aller Mitarbeiter
Angemessene Vergütung	• Ausschüttung von Prämien	• X Euro pro Jahr
Arbeitsmotivation vor Ort	• Nutzung der Ruheräume, „Erholungsangebot" • Dienstplangestaltung	• %-Anteil der Arbeitszeit • Anzahl der Nachtschichttage pro Mitarbeiter

„Interne Prozesse"

Ziel	Kennzahl/Messgröße	Zielvorgabe
Optimale Prozesse	• Registrierung der Doppelarbeit • Dauer einzelner Prozesse • Betreuungsintensität: Pflegefälle Stufe III • Infektionen pro Bewohner/Wundliegen	• 0 % der Arbeiten • %-Anteil an Arbeitzeit • Rund-um-die-Uhr Betreuung • 0 % Anteil an Bewohnerfällen
Einrichten Interdisziplinärer Assessments	• Regelmäßige Meetings • Gegenseitige Akzeptanz der Mitglieder durch Einrichtung von Qualitätszirkel (Schulung über Berufsbilder etc.)	• Meetings pro Woche und Bewohner • 100 % aller Beteiligten an den Assessments

„Bewohner- und Stakeholderinteressen"

Ziel	Kennzahl/Messgröße	Zielvorgabe
Sicherung der Lebensqualität	• Fragebogen zur Bewohnerzufriedenheit • Anzahl/Umfang der Hotelleistungen • Grad der Selbständigkeit (Barthel-Index)	• 100 % zufrieden • „Alles Nötige vor Ort" • Barthel-Index: optimale Werte
Sicherung der Versorgungsqualität	• Verweildauer in Tagen/Monaten nach Einweisung, abh. vom Pflegegrad • Dauer bis zum Gesunden, abh. vom Pflegegrad • Anzahl an modernen Therapiearten („auf dem neuesten Stand") • gerontologische und geriatrische Versorgung optimal abgedeckt	• X Zeit bis zum Tode • X Zeit bis zur Gesundung • 100 % aller Therapien • ganzheitliche Betrachtung aller Bewohner
Geldgeber zufriedenstellen	• Rendite/Ausschüttung • Einsatz eventueller Spenden nachweisen	• %-Anteil an Gewinn • X-Euro Anteil in Projekte, die im Sinne des Spenders sind
Träger zufriedenstellen	• Trägerziel beachten	• 100%-Erfüllung des Ziels
Zahler zufriedenstellen	• Preis/Leistungsverhältnis	• Optimieren!
Serviceanbieter zufriedenstellen	• Anzahl an Aushängen, Briefen, Informationsschreiben, Rundmails, Regelmäßigkeit von Ankündigungen/Rundschreiben • Verlässlichkeit in den Abläufen	• 100 %-Informiertheit der Organisationsmitglieder über relevante Sachverhalte • Struktur im Tagesablauf konstant halten

"Dauerhaftes Überleben der Einrichtung"		
Ziel	Kennzahl/Messgröße	Zielvorgabe
Gewinne erzielen	• Deckungsbeitrag • Cash-flow etc.	• Optimieren
Kostendeckung erreichen	• Ausgaben/Einnahmen pro Bewohner • Auslastung von einzelnen Bereichen (z.B. Wäscherei, Küche etc.)	• 100 %-Anteil Kostendeckung • 100 %-Auslastung

Die Perspektive „*Qualifizierung der Mitarbeiter und Schaffung eines angenehmen Arbeitsumfeldes*" könnte durch die Frage messbar gemacht werden, ob ein ausreichendes Fortbildungsangebot bereitgestellt wird oder durch die Frage nach Möglichkeiten der Supervision für das Pflegepersonal. In Puncto einer leistungsgerechten Vergütung könnte registriert werden, ob und in welcher Höhe eine Ausschüttung von Prämien an die Mitarbeiter existiert. Um die Arbeitsmotivation zu erhöhen, könnten die Dienstpläne in ihrer Gestaltung hinterfragt werden. Zusätzlich könnte man prüfen, ob ausreichende Erholungs- und Ruhezonen für das Personal vorhanden sind.

Die Perspektive „*Interne Prozesse*" kann messbar gemacht werden, indem die Prozesse auf Doppeltätigkeiten durchleuchtet werden. Zusätzlich kann die Prozessdauer registriert werden, wobei das Zeitkriterium besonders im Pflegeprozess mit den individuellen Anforderungen an die Pflege nur bedingt geeignet erscheint. Ähnlich wäre es mit dem Messkriterium der Pflegeintensität. Ein Bewertungskriterium im Prozess kann die Häufigkeit des Auftretens von Wundliegen der bettlägrigen Bewohner darstellen. Interne Prozesse in der Pflege sind, wie bereits erwähnt, gekennzeichnet durch die Notwendigkeit interdisziplinärer Pflegeteams. Hier könnte ein Kriterium die Häufigkeit des Zusammentreffens dieser Teams pro Pflegefall sein. Da es hier leicht zu Akzeptanzproblemen zwischen den einzelnen Mitgliedern kommen kann, wäre ein weiteres Kriterium für die Güte im Prozess das Vorhandensein entsprechender Qualitätszirkel oder Schulungsmaßnahmen, in denen die Teilnehmer gegenseitiges Verständnis erlernen können.

Um die Perspektive „*Bewohner und Stakeholderinteressen*" zu betrachten, bedarf es diverser Messgrößen. Für die Bewohner ist die Frage nach der Lebensqualität mit Hilfe eines entsprechenden Fragebogens beantwortbar. In diesem Bogen könnte auch abgefragt werden, ob der Einzug und/oder Verbleib in der Einrichtung freiwillig geschah bzw., ob ein Auszugswunsch bestehe. Eine Betrachtung der bereitgestellten Hotelleistungen und Serviceangebote könnte ebenfalls als Kriterium für den Grad der Lebensqualität gelten. Im Hinblick auf die Versorgungsqualität des Bewohners könnte seine Selbständigkeit beispielsweise mit Hilfe des Barthel-Index[7] gemessen werden. Bei den Stakeholdern sollten die Geldgeber zunächst zufriedengestellt werden. Hier könnte man die Rendite betrachten und bei Spendern eventuell hinterfragen, ob die Gelder in ihrem Sinne Verwendung fanden. Träger wollen ihre Ziele erfüllt sehen, diese sollten selbstverständlich deckungsgleich mit denen der Einrichtung sein. Die Ziele von Privatzahlern oder entsprechenden Kassen kommen zum Ausdruck in einem akzeptablen Preis/Leistungsverhältnis. Und ob die Serviceanbieter zufriedengestellt sind, kann sich in der Prüfung der Verlässlichkeit der Abläufe widerspiegeln oder aber auch durch die Anzahl der Informationsschreiben/E-mails, die an alle Organisationsmitglieder gehen, gemessen werden.

Schließlich kann die Perspektive „*Dauerhaftes Überleben der Einrichtung*" gemessen werden, indem der Deckungsbeitrag oder aber andere finanzielle Kennzahlen betrachtet werden, die Aufschluss über die Gewinn- und Verlustsituation der Pflegeeinrichtung geben. Denkbar ist auch, eine Betrachtung der Ausgaben/Einnahmenstruktur verursacht durch einzelne Bewohner, um zumindest eine Kostendeckung zu überprüfen. Abschließend könnten unterschiedliche Bereiche (wie z.B. Wäscherei oder Küche) zum Grad ihrer Auslastung befragt werden.

5 Fazit und Handlungsempfehlungen

Wie im Vorangegangenen dokumentiert, ist davon auszugehen, dass der Einsatz der Balanced Scorecard im Bereich stationärer Pflegeeinrichtungen an Bedeutung gewinnen wird. Die Balanced Scorecard setzt eine Strategieformulierung voraus und strebt deren Umsetzung bis in die einzelnen Geschäftseinheiten an („from strategy into action"). Ein weiterer Vorteil des Einsatzes der Balanced Scorecard ist auch, dass aufgrund ihrer Individualität die Angst vor dem Wettbewerb genommen wird. Durch das Definieren einer strategischen Stoßrichtung und einem ständigen Rekurs auf diese, kann sich die Einrichtung vielmehr im Wettbewerb positionieren und ihr Überleben sichern.

Es sollte hier aber nicht unterlassen werden, auf eventuelle Schwierigkeiten beim Einsatz der Balanced Scorecard in Pflegeeinrichtungen einzugehen. Diese könnten durch organisatorische und unternehmenskulturelle Hemmnisse sowie intellektuelle Barrieren auftreten. Es ist zu denken an enge Zeitpläne der Mitarbeiter speziell im Pflegebereich oder unzureichende Abstimmungsprozesse im Sinne eines multidisziplinären Assessments sowie der Schwierigkeit unterschiedlicher Vorverständnisse

---

[7] Der Barthel-Index misst den Grad der Selbständigkeit durch die Betrachtung der „*Aktivitäten des täglichen Lebens*" in 10 Kategorien auf einer Skala von 0 (unselbständig) bis 100 (selbständig).

über Zusammenhänge in der Organisation. Schließlich ist die Einsicht in die Notwendigkeit eines Veränderungsmanagements Voraussetzung für die Arbeit mit der Balanced Scorecard. Neben diesen Barrieren muss außerdem darauf geachtet werden, dass eine Umsetzung der Balanced Scorecard nur in Zusammenhang mit einem geeigneten Qualitätscontrolling und Berichtswesen erfolgreich funktionieren kann. Ein solches Controlling könnte als ein Bestandteil der Balanced Scorecard in der Einrichtung etabliert werden. Denn die ermittelten Kennzahlen müssen schließlich zum einen dokumentiert, zum anderen aber vor allem auch kommuniziert werden. Erst dann können ein eventuelles Veränderungsmanagement und Anpassungsmaßnahmen im Steuerungsprozess einsetzen. Auch in diesem Bereich müssen gerade Unternehmen im sozialen Dienstleistungsbereich noch ein stärkeres Bewusstsein entwickeln. Wenn dieses aber geschärft ist, kann ein Optimum aus Wirtschaftlichkeit, Zeiteffizienz und Erfüllung der Qualitätsanforderungen (vgl. Wildemann/Keller 1996, S. 5) unter Einbeziehung aller Mitarbeiter und Organisationsebenen in den Veränderungsprozess erzielt werden. Hierbei müssen eine klare Definition von Effektivitäts- und Effizienzzielen, strukturierte Planungsprozesse für Ziele und Maßnahmen, Entfaltung und Nutzung der Kreativität, Einsatz standardisierter Methoden, Qualifikation und Training für alle Mitarbeiter, kontinuierliche Verbesserung in allen Prozessen, regelmäßige Fortschrittskontrolle und aktive Teilnahme von Management und Mitarbeitern vorliegen (vgl. Wildemann/Keller 1996a, S. 205).

Zusammenfassend erscheint der Einsatz der Balanced Scorecard gegenüber herkömmlichen Instrumenten durch die ganzheitliche Betrachtungsweise und den Hebel an der Strategieformulierung sowie der hohen praktischen Umsetzungsorientierung gerade im Bereich der Sozialen Dienste als besonders geeignet, um sich als Einrichtung im zunehmenden Wettbewerb zu festigen.

6 Literaturverzeichnis

Aust, B. (1994): Zufriedene Patienten? Eine kritische Diskussion von Zufriedenheitsuntersuchungen in der gesundheitlichen Versorgung, Veröffentlichungsreihe der Forschungsgruppe Gesundheitsrisiken und Präventionspolitik, Wissenschaftszentrum Berlin für Sozialforschung (P94-201), Berlin.

Badelt, C. (1996): Qualitätssicherung aus gesamtwirtschaftlicher und sozialpolitischer Perspektive, in: Maelicke, B. (Hrsg.): Qualitätsmanagement in sozialen Betrieben und Unternehmen, Baden-Baden, S. 9 – 23.

Badura, B. (1999): Evaluation im Gesundheitswesen, Weinheim, München.

Baumann, M. (1993): Die aktuelle Situation der medizinischen Versorgung geriatrischer Patienten, in: Naegler, H./Töpel, G. (Hrsg.): Die Pflege geriatrischer Patienten, Berlin, S. 5 – 12.

Birkelbach, R. (1993): Qualitätsmanagement in Dienstleistungszentren, Frankfurt u.a.

Boekholdt, M.G. (1990): Die Funktion der Geriatrie im Krankenhaus – Erfahrungen aus den Niederlanden, in: Naegler, H./Hartisch, E./Machinek, U. (Hrsg.): Die Versorgung alters- und chronischkranker Menschen im Bezirk Reinickendorf von Berlin, Berlin, S. 17 – 26.

Brandenburg, H. (1994): Soziologie des Heims, in: Kruse A./Wahl H.-W. (Hrsg.): Altern und Wohnen im Heim, Bern u.a., S. 67 – 81.

Bruhn, M. (1997): Qualitätsmanagement für Dienstleistungen, 2. Auflage, Berlin u.a.

Bruhn, M./Georgi, D. (1999): Kosten und Nutzen des Qualitätsmanagements – Ansatzpunkte einer Wirtschaftlichkeitsanalyse des Qualitätsmanagement, in: Die Unternehmung 53, Heft 3, S. 177 – 191.

Donnabedian, A. (1966): Evaluating the Quality of Medical Care, in: Milbank Memorial Fund Quarterly, Nr. 2, Juli, S. 166 – 206.

Dühring, A. (1993): Bestandsaufnahme der Pflegesituation in der Geriatrie, in: Naegler H./Töpel, G. (Hrsg.): Die Pflege geriatrischer Patienten, Berlin, S. 13 – 23.

Eberhardt, S. (2001): Die Balanced Scorecard als Instrument zur Positionierung von Value-based Management und EFQM – Am Beispiel von DaimlerChrysler, in: Grötzinger, M./Uepping, H. (Hrsg.): Balanced Scorecard im Human Resources Management, Neuwied, S. 179 – 192.

Engel, M./Flösser, G./Gensink, G. (1996): Qualitätsentwicklung in der Dienstleistungsgesellschaft – Perspektiven für die Soziale Arbeit, in: Heiner, M. (Hrsg.): Qualitätsentwicklung und Evaluation, Freiburg, S. 48 – 67.

Etienne, M. (2000): Total Quality Management im Spital erfolgreich gestalten, Bern u.a.

Glaeske, G. (1997): Transparenz im Gesundheitswesen – Voraussetzung für Effizienzoptimierung und Patientenschutz, in: Weidenholzer, J. (Hrsg.): Transparenz im Gesundheitswesen, Schriftenreihe „Gesundheitswissenschaften", Institut für Gesellschafts- und Sozialpolitik der Johannes Kepler Universität Linz, Band 14, Linz, S. 37 – 56.

Göschel, I. (1993): Neuzeitliche Wege der Betreuung Dementer in Kliniken und Heimen, in: Naegler, H./Töpel, G. (Hrsg.): Die Pflege geriatrischer Patienten, Berlin, S. 41 – 56.

Güntert, B.J. (1999): Benchmarking als Instrument zur Qualitätssicherung, in: Badura, B. (Hrsg.): Evaluation im Gesundheitswesen, Weinheim, München, S. 105 – 120.

Guggemos, P. (1993): Gemeinwesenorientierte Altenpolitik, Band I, Die Lebenswelten von Senioren und pflegenden Angehörigen, Augsburg.

Gutzmann, H./Klein, U. (2000): Gemeindebezogene gerontopsychiatrische Intervention, in: Wahl, H.W./Tesch-Römer, C. (Hrsg.): Angewandte Gerontologie in Schüsselbegriffen, Stuttgart, S. 275 – 280.

Hank, S./Glinski-Krause, B. (1996): Gerontopsychiatrie, in: Kuratorium Deutsche Altershilfe (Hrsg.): Rund ums Alter, München, S. 146 – 153.

Heiner, M. (1996a): Evaluation zwischen Qualifizierung, Qualitätsentwicklung und Qualitätssicherung, in: Heiner, M. (Hrsg.): Qualitätsentwicklung und Evaluation, Freiburg, S. 20 – 47.

Heiner, M. (1996b): Qualitätsmanagement durch kollegiale Evaluation der Berichterstattung, in: Heiner, M. (Hrsg.): Qualitätsentwicklung und Evaluation, Freiburg, S. 227 – 246.

Hesse-Schiller, W. (1996): Qualitätsmanagement in der Entwicklung und Erprobung am Beispiel der Pflegeversicherung, in: Maelicke, B. (Hrsg.): Qualitätsmanagement in sozialen Betrieben und Unternehmen, Baden-Baden, S. 91 – 110.

Horváth & Partner (Hrsg.) (2001): Balanced Scorecard umsetzen, Stuttgart.

Hummel, K. (1988): Öffnet die Altersheime, Weinheim, Basel.

Kaplan, R. S. /Norton, D. P. (1992): The Balanced Scorecard – Measures that Drive Performance, in: Harvard Business Review, January – February, S. 71 – 79.

Kaplan, R. S./Norton, D. P. (1993): Putting the Balanced Scorecard to Work, in: Harvard Business Review, September – October, S. 134 – 147.

Kaplan, R. S./Norton, D. P. (1997): The Balanced Scorecard : Translating Strategy into Action, Boston, Mass.

Kaplan, R. S./Norton, D. P. (2000): Having Trouble with Your Strategy? Then Map It, in: Harvard Business Review, September – October, S. 167 – 176.

Kaplan, R. S./Norton, D. P. (2001): Die strategiefokussierte Organisation, Stuttgart.

Klie, Th. (1987): Heime im normativen Konflikt, in: Brandt, H. et al. (Hrsg.): Stationäre Altenhilfe, Freiburg, S. 49 – 57.

Krankenhaus Umschau (2001): Starke Zunahme der Pflegefälle, in: Krankenhaus Umschau 4, S. 252.

Kruse, A./Wahl, H.-W. (1994): Entwicklungen in der stationären Altenarbeit, in: Diess. (Hrsg.): Altern und Wohnen im Heim, Bern u.a., S. 237 – 255.

Löffelholz, C. (2001): Die Balanced Scorecard bei Bosch Rexroth. Überlegungen eines Projektleiters, in: Grötzinger, M./Uepping, H. (Hrsg.): Balanced Scorecard im Human Resources Management, Neuwied, S. 51 – 68.

Maier, O. (1999): Umfassendes Qualitätsmanagement in der stationären Psychiatrie, Konstanz.

Mayer, F. (1998): Gesundheitsbezogene Lebensqualität, Bayreuth.

Meier-Baumgartner, H.-P. (1990): Rehabilitation, in: Späth L./Lehr, U. (Hrsg.): Altern als Chance und Herausforderung: Band 2: Gesundheit, Pflege und Vorsorge im Alter, Stuttgart u.a., S. 65 – 78.

Müller, J. (2001): Umfassendes und nachhaltiges Qualitätsmanagement im Krankenhaus, Forschungsgruppe Medizinökonomie am Lehrstuhl für Betriebswirtschaftslehre, insb. Operations Research, Friedrich-Alexander-Universität Erlangen-Nürnberg, Arbeitsbericht Nr. 01-2, Nürnberg.

Nüßle, W. (1996): Auf dem Weg zu einem qualitätsorientierten System sozialer Dienste, in: Maelicke, B. (Hrsg.): Qualitätsmanagement in sozialen Betrieben und Unternehmen, Baden-Baden, S. 37 – 53.

Oesterreich, K. (1990): Die Situation alter Menschen aus gerontopsychiatrischer Sicht, in: Späth, L./Lehr, U. (Hrsg.): Altern als Chance und Herausforderung, Band 2: Gesundheit, Pflege und Vorsorge im Alter, Stuttgart, S. 9 – 20.

Offermann, C. (1997): Qualitätsmanagement in Altenhilfeeinrichtungen, in: Schubert, H.-J./Zink, K. J. (Hrsg.): Qualitätsmanagement in sozialen Dienstleistungsunternehmen, Neuwied u.a., S. 147 – 159.

Ortlieb, P. (1993): Qualitätsmanagement und betriebliches Anreizsystem, Pfaffenweiler.

Pall, G. A. (1988): Quality Process Management, New Jersey.

Perleth, M./Schwartz, F. W. (1998): Qualitätssicherung von Krankenhausleistungen, in: Hentze, J./Huch, B./Kehres, E. (Hrsg.): Krankenhaus-Controlling: Konzepte, Methoden und Erfahrungen aus der Krankenhauspraxis, Stuttgart.

Probst, H.-J. (2001): Balanced Scorecard leicht gemacht, Wien/Frankfurt.

Pschyrembel (1998): Klinisches Wörterbuch, 258. Auflage, Berlin, New York.

Rosenmayr, L. (1991): Altenhilfe, Wien.

Rückert, W. (1987): Personelle Rahmenbedingungen für eine angemessene Pflege von Heimbewohnern, in: Brandt, H. et al. (Hrsg.): Stationäre Altenhilfe, Freiburg, Breisgau, S. 107 – 118.

Saup, W. (1994): Altenheime als „Umwelten", in: Kruse, A./Wahl, H.-W. (Hrsg.): Altern und Wohnen im Heim, Bern u.a., S. 49 – 66.

Saup, W. (1990): Übersiedlung und Aufenthalt im Alten- und Pflegeheim, Augsburger Berichte zur Entwicklungspsychologie und Pädagogischen Psychologie, Forschungsstelle für Pädagogische Psychologie und Entwicklungspsychologie, Universität Augsburg.

Schaeffer, D./Ewers, M. (1999): Professionsbezogene Ansätze der Qualitätsförderung und -messung: Die Pflege, in: Badura, B. (Hrsg.): Evaluation im Gesundheitswesen, Weinheim, München, S. 73 – 85).

Scherrer, W. (1996): Qualitätssicherung der Kinder- und Jugendhilfe, in: Heiner, M. (Hrsg.): Qualitätsentwicklung und Evaluation, Freiburg, S. 9 – 19.

Schmitz-Scherzer, R. (1994): Verbesserung der Lebensqualität in stationären Einrichtungen, in: Kruse, A./Wahl, H.-W. (Hrsg.): Altern und Wohnen im Heim, Bern u.a., S. 113 – 119.

Schmitz-Scherzer, R. et al. (1994): Besondere Belastungen im Altenpflegeberuf und Möglichkeiten der Intervention, in: Kruse, A./Wahl, H.-W. (Hrsg.): Altern und Wohnen im Heim, Bern u.a., S. 177 – 189.

Schröder, N./Schulze, J. (1999): Qualitätsmanagement, in: Kerres, A./Falk, J./Seeberger, B. (Hrsg.): Lehrbuch Pflegemanagement, Berlin, u.a., S. 2 – 43.

Sinha, M. (1998): Qualitätsmanagement im Gesundheitswesen: Die zahnmedizinische Versorgung in der gesetzlichen Krankenversicherung, Wiesbaden.

Stahmer, I. (1990): Rehabilitationsmaßnahmen für ältere Menschen im Lande Berlin, in: Naegler, H./Hartisch, F./Machinek, U. (Hrsg.): Die Versorgung alters- und chronischkranker Menschen im Bezirk Reinickendorf von Berlin, Berlin, S. 5 – 12.

Steinmann, H./Kustermann, B. (1995): Die Managementlehre auf dem Weg zu einem neuen Steuerungsparadigma, zugleich eine Besprechung des Buches von Robert Simons: „Levers of Control – How Managers Use Innovative Control Systems to Drive Strategic Renewal", Boston/Mass., Lehrstuhl für Allgemeine Betriebswirtschaftslehre und Unternehmensführung an der Universität Erlangen/Nürnberg, Lange Gasse 20, 90403 Nürnberg.

Steinmann, H./Schreyögg, G. (1993): Management, Wiesbaden.

Töpel, G. (1990): Das zukünftige Pflege- und Therapiekonzept des Humboldt-Krankenhauses zur Versorgung alters- und chronischkranker Menschen in Berlin-Reinickendorf – aus pflegerischer Sicht, in: Naegler, H./Hartisch, E./Machinek, U. (Hrsg.): Die Versorgung alters- und chronischkranker Menschen im Bezirk Reinickendorf von Berlin, Berlin, S. 83 – 89.

Tomys, A.-K. (1994): Kostenorientiertes Qualitätsmanagement: Ein Beitrag zur Klärung der Qualität-Kosten Problematik, München, Wien.

Türk, K. (2001): Messbarkeit und Steuerung qualitativer Personalarbeit, in: Grötzinger, M./Uepping, H. (Hrsg.): Balanced Scorecard im Human Resources Management, Neuwied, S. 121 – 133.

Unruh, T. (Hrsg.) (1989): Tatort Pflegeheim: Zivildienstleistende berichten, Essen.

Wahl, H.-W./Reichert, M. (1994): Übersiedlung und Wohnen im Altenheim als Lebensaufgabe, in: Kruse, A./Wahl, H.-W. (Hrsg.): Altern und Wohnen im Heim, Bern, S. 15 – 47.

Wahlich, S. (2001): Steuern mit Kennzahlen: EFQM und prozessorientierte Balanced Scorecard: Ein Erfahrungsbericht der Vaillant GmbH, in: Grötzinger, M./Uepping, H. (Hrsg.): Balanced Scorecard im Human Resources Management, Neuwied, S. 104 – 120.

Wetzler, R. (1996): Internationale Evaluationsgrundsätze zur Qualitätssicherung sozialer (residenzieller) Dienstleitungen, in: Heiner, M. (Hrsg.): Qualitätsentwicklung und Evaluation, Freiburg, S. 108 – 120.

Wienken, C. (1995): Alter in der Arbeitsgesellschaft, Diss., Universität Osnarbrück, Vechta 1995.

Wildemann, H. /Keller, S. (1996): Konzeption und Aufgabenfelder des Qualitätscontrolling, in: Wildemann, H. (Hrsg.): Controlling im TQM, Berlin u.a., S. 1 – 9.

Wildemann, H. /Keller, S. (1996a): Einführungsstrategien des Qualitätscontrollings als Erfolgsvoraussetzung, in: Wildemann, H. (Hrsg.): Controlling im TQM, Berlin u.a., S. 199 – 206.

Wittig, K.-J. (1993): Qualitätsmanagement in der Praxis, Stuttgart.

Wolter, O. (2000): TQM Scorecard, München/Wien.

Sonja Roth[*]

Entwicklung einer Balanced Scorecard als strategisches Steuerungsinstrument in einem öffentlichen Klinikum

1   Zielsetzung

2   Allgemeine Situation im Krankenhaussektor

3   Besonderheiten der strategischen Steuerung im Krankenhaus

    3.1   Das Krankenhaus als offenes System

    3.2   Gestaltungsanforderungen an ein strategisches Controllinginstrument

4   Die Balanced Scorecard für die Hegau-Klinikum GmbH in Singen/Engen

    4.1   Gründe für die Einführung einer Balanced Scorecard

    4.2   Konzeptionierung der Balanced Scorecard-Entwicklung

    4.3   Umsetzung des Balanced Scorecard-Projekts

    4.4   Ergebnisse und Erfolgsfaktoren

5   Ausblick

6   Literaturverzeichnis

---

[*] Dipl.-Verw.Wiss. Sonja Roth, Absolventin der Verwaltungswissenschaften am Lehrstuhl für Öffentliche BWL/Managementlehre, Universität Konstanz.

1 Zielsetzung

Angesichts leerer öffentlicher Kassen und zunehmender Privatisierungstendenzen wandelt das Krankenhaus-Management auf einem schmalen Grat zwischen Heilungs- und Gemeinwohlauftrag auf der einen Seite und Wirtschaftlichkeit auf der anderen Seite. Dabei ist wichtig, dass die Krankenhausorganisation den neuen Entwicklungen und Rahmenbedingungen nicht tatenlos gegenübersteht, sondern eine aktive, gestalterische Rolle übernimmt, aus der sie heraus lernt und sich weiterentwickelt. Die Balanced Scorecard (BSC) (vgl. Kaplan/Norton 1997, 2001) bietet gerade für diesen Drahtseilakt einen vielversprechenden Lösungsansatz.

Ziel des Beitrages ist es zum einen, die Notwendigkeit einer strategischen Steuerung im Krankenhaus aufzuzeigen, und zum anderen die BSC als Lösungsansatz vorzustellen. Ausgehend von der allgemeinen Situation im Krankenhauswesen sollen die Besonderheiten der strategischen Steuerung im Krankenhaus herausgearbeitet werden, um hieraus Schlüsse für die Gestaltungsanforderungen eines strategischen Controllinginstruments zu ziehen.

Dieser Beitrag beruht auf den konkreten Umsetzungserfahrungen der Entwicklung einer BSC für die Hegau-Klinikum GmbH in Singen. Dem praxisorientierten Leser sollen die Erfahrungen aus dem Entwicklungsprozess einer BSC für das Hegau-Klinikum geschildert und die wesentlichen Ergebnisse bis zum jetzigen Zeitpunkt dargelegt werden.

2 Allgemeine Situation im Krankenhaussektor

Aufgrund der besonders im stationären Gesundheitssektor kontinuierlich gestiegenen Ausgaben erfährt speziell der Krankenhaussektor als kostenintensivster Teilsektor[1] in der Politik große Aufmerksamkeit. Insbesondere die zahlreichen Kostendämpfungsgesetze seit 1972 wie das Krankenhausfinanzierungsgesetz (KHG), die Bundespflegeverordnung (BPflV) und nicht zuletzt die Gesundheitsreform 2000[2] haben existenzgefährdende Finanzierungsengpässe bei den Einrichtungen bewirkt. Seit der sukzessiven Abschaffung des Selbstkostendeckungsprinzips durch das KHG von 1972 gibt es auch für wirtschaftlich arbeitende Krankenhäuser keinen Bestandsschutz mehr

---

[1] Zur begrifflichen Abgrenzung vom Gesundheitssektor siehe Wendel 2001, S. 28.
[2] Am 01. Januar 2000 ist das Gesetz zur Reform der gesetzlichen Krankenversicherung (GKV-Gesundheitsreform 2000) in Kraft getreten. Zu den wichtigsten Regelungen des neuen Gesetzes gehört u.a. die Einführung eines pauschalierenden Entgeltsystems „Diagnosis Related Groups" (DRGs) (vgl. Deutsche Krankenhausgesellschaft 2000, S. 1).

durch Verlustausgleich. Gleichzeitig entsteht durch gesetzliche Auflagen zur Kostensenkung bei angestrebter gleichbleibender Qualität im Gesundheitswesen ein zunehmender Wettbewerb um „Marktanteile" (vgl. Landauer 2000, S. 1071).

Krankenhäuser sind mit einer zunehmenden Umweltkomplexität und dynamischen Rahmenbedingungen konfrontiert. Dies erzeugt wachsenden ökonomischen Anpassungsdruck (vgl. Adam 2001, S. 33, König 2001, S. 164). Folgende *exogene Rahmenbedingungen* lassen sich identifizieren:

- Die wettbewerbspolitischen Vorgaben der Europäischen Union hinsichtlich des freien Waren- und Dienstleistungsverkehrs unter Einbeziehung ärztlicher und medizinischer Leistungen leiten eine Liberalisierung des bisher von hoher Wettbewerbsintensität verschonten stationären Gesundheitssektors ein (vgl. Hamann 2000, S. 113).

- Der gesetzlich geförderte Pluralismus von privaten, öffentlichen und freigemeinnützigen Krankenhäusern führt bei zunehmend knappen öffentlichen Mitteln zu einem stärkeren Wettbewerb zwischen den Trägergruppen (vgl. Wendel 2001, S. 48 f.) und damit zu einer Selektion nach ökonomischen und qualitativen Kriterien.

- Entscheidende Auswirkungen auf die Ökonomisierung haben die Reformgesetze zur Krankenhausfinanzierung, insbesondere das ab dem Jahr 2004 verpflichtend für alle Krankenhäuser geplante leistungsbezogene Entgeltsystem „Diagnosis Related Groups" (vgl. o.V. 2001, S. 14).

- Die zu erwartende demographische Entwicklung mit dem Trend zur überalterten Gesellschaft und höherer Lebenserwartung einhergehend mit zunehmender Multimorbidität[3] sowie die stetig wachsenden Ansprüche der Patienten an Art, Umfang und Qualität der medizinischen Versorgung stellen die Krankenhäuser vor neue Leistungsansprüche, die immer schwieriger zu finanzieren sind (vgl. Adam 1998, S. 29 f., Landauer 2000, S. 1071).

- In Verbindung mit dem medizinischen und medizinisch-technischen Fortschritt und der erhöhten Spezialisierung führt dies zu mehr Behandlungsfällen, allerdings bei kürzerer durchschnittlicher Verweildauer der Patienten. Erhebliche Veränderungen des Versorgungsbedarfs im Krankenhausbereich sind die Folge (vgl. Müller/Offermanns 2001, S. 766).

Bei steigendem Selektionsdruck kommt es zur Realisierung von Betriebsgrößen- und Verbundeffekten.[4] Dies lässt sich bis heute an den steigenden Betriebsgrößen der Ein-

---

[3] „Multimorbidität" bezeichnet das gleichzeitige Bestehen von mehreren Krankheitsbildern.

[4] Zum Betriebsgrößeneffekt, der unter dem Begriff „Economies of scale" bekannt ist, und dem Verbundeffekt, der auch „Economies of scope" in der Literatur genannt wird, vgl. Steinmann/Schreyögg 2000, S. 172 ff.

richtungen (vgl. Statistisches Bundesamt 2001, S. 13) feststellen sowie an der steigenden Anzahl der Einrichtungen pro Träger. Als Konsequenz wird das Management mit einer größeren *internen* Steuerungskomplexität konfrontiert.

Angesichts dieser Umweltbedingungen und der stetigen Ausdifferenzierung von Träger- und Betriebsstrukturen stellt sich die Frage, auf welche Weise stationäre Gesundheitseinrichtungen – unter Beibehaltung ihrer trägerspezifischen Zielsetzungen – ihre Wettbewerbsfähigkeit erhalten können. Die heute immer noch oft vorherrschende Mentalität des „Verwaltens" wird den künftigen Rahmenbedingungen eines Dienstleistungsunternehmens nicht mehr gerecht (vgl. Adam 2001, S. 33). Verlangt wird ein nach betriebswirtschaftlichen Grundsätzen orientiertes Management, das sich im Spannungsfeld ökonomischer, medizinischer, pflegerischer und patientenorientierter Ziele strategisch günstig im Verhältnis zu den Wettbewerbern positioniert und im operativen Geschäft alle Rationalisierungsmöglichkeiten ausschöpft (vgl. Adam 1998, S. 33). Gleichzeitig wird deutlich, dass Managementansätze, die den Faktor Mensch nicht explizit miteinbeziehen, bei der Steuerung von komplexen Gesundheitseinrichtungen zu kurz greifen (vgl. Näf 1998, S. 1). Insofern lässt sich ein steigender Bedarf an strategischen und integrativen Controllingkonzepten konstatieren (vgl. Adam 2001, König 2001, Conrad 2001).

3 Besonderheiten der strategischen Steuerung im Krankenhaus

Strategische Steuerung, im Sinne einer organisatorischen Gestaltung der strategischen Planungs- und Kontrollprozesse (vgl. Steinmann/Scherer 1996, S. 136 ff.), wird in Zukunft für Krankenhäuser stark an Bedeutung gewinnen. Spätestens seit der Einführung des Gesundheitsstrukturgesetzes 1993 wird in der Literatur die Forderung nach einer stärkeren strategischen Ausrichtung von Krankenhäusern erhoben (vgl. u.a. Patt 1996, Schlüchtermann 1998, Eichhorn 1999). Die vorhandenen Steuerungsinstrumente können allerdings nicht ohne weiteres aus dem privatwirtschaftlichen Bereich übertragen werden. Krankenhäuser sind hinsichtlich der strategischen Steuerung gegenüber einem privatwirtschaftlichen Unternehmen durch spezifische Eigenschaften bzw. durch eine höhere Komplexität gekennzeichnet (Gmür/Brandl 2000, Kaplan/Norton 2001, S. 133 ff.). Die Besonderheiten eines so definierten Controllingsystems „ergeben sich zwangsläufig aus den spezifischen Management-Problemstellungen und aus den zentralen Steuerungsgrößen" (Horak 1996, S. 654). Gegenüber privatwirtschaftlichen Unternehmen ist in Krankenhäusern die Multidimensionalität der Steuerungsgrößen noch stärker zu berücksichtigen, zum einen was die Anzahl der zu berücksichtigenden Steuergrößen angeht und zum anderen was das Verhältnis zwischen quantitativen und qualitativen Steuergrößen betrifft. Der folgende Abschnitt geht hierauf genauer ein.

3.1 Das Krankenhaus als offenes System

Krankenhäuser lassen sich als „sozio-technische, zielgerichtete, dynamisch offene, adaptive Systeme" (vgl. Eichhorn/Schmidt-Rettig 1995, S. 15) definieren. In verschiedene Umwelten eingebettet steht das Krankenhaus in einem Spannungsfeld externer und interner Anspruchsgruppen, die Einfluss auf die unternehmerischen Belange ausüben. Existenz und Erfolg eines Krankenhauses hängen davon ab, inwieweit es gelingt, die politischen Koalitionen der verschiedenen Anspruchsgruppen auszubalancieren (vgl. Eichhorn/Schmidt-Rettig 1995, S. 15 ff., Straub 1997, S. 24). Als Anspruchsgruppen oder „Stakeholder" werden Gruppen oder Individuen verstanden, die entweder aktiv Einfluss auf die Entscheidungen der Organisation nehmen können oder passiv durch deren Entscheidungen betroffen sind. Die relevante Anspruchsgruppe variiert je nach situativer Gegebenheit (vgl. Steinmann/Schreyögg 2000, S. 75 f.). Abbildung 1 stellt das System Krankenhaus eingebettet in verschiedenen Umweltbedingungen und mit verschiedenen Anspruchsgruppen dar:

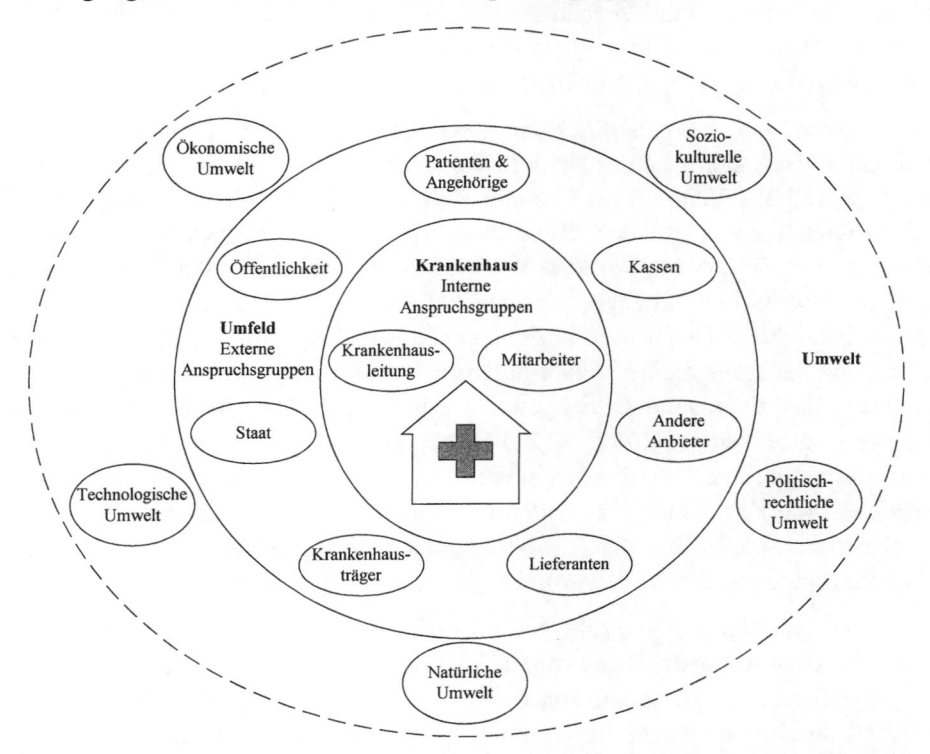

Abbildung 1: Das Krankenhaus als offenes System (Quelle: Eigene Darstellung)

Die Krankenhausleitung steht vor der Herausforderung, in diesem Spannungsfeld verschiedener Interessenlagen ein für alle Beteiligten akzeptables Zielsystem zu verfolgen. Dabei muss sie folgende Besonderheiten berücksichtigen:

a) *Interessenvielfalt:* Alle Geschehnisse im Krankenhaus werden aus unterschiedlichen Blickwinkeln und Interessenlagen betrachtet. Nach dem Sozialstaatsprinzip (Art. 20 Abs. 1 GG, Art. 28 Abs. 1 GG) sind die Kommunen bzw. in Baden-Württemberg die Landkreise verpflichtet, die Grundversorgung der Bevölkerung mit Gesundheitsleistungen sicherzustellen (vgl. Landauer 2000, S. 1071, Rühle 2000, S. 42). Konkretisiert wird der Versorgungsauftrag im Allgemeinen durch die Krankenhausplanung der Bundesländer sowie durch den Abschluss von Versorgungsverträgen zwischen Krankenhausträgern und Krankenkassen (vgl. Rühle 2000, S. 42 f.). Neben den Krankenkassen hat somit der Krankenhausträger ein großes Interesse an einer bedarfsgerechten und einer – angesichts der leeren öffentlichen Kassen – möglichst ressourcensparenden Erfüllung des Versorgungsauftrages. Darüber hinaus wollen Patienten die bestmögliche Versorgung bei kontinuierlicher Verbesserung des Angebotes. Die Öffentlichkeit, vertreten durch Parteien, Verbände oder das Gesundheitsministerium, ist an Erfolgsberichten interessiert, während die Mitarbeiter in erster Linie einen sicheren Arbeitsplatz sowie einen vertrauensvollen Umgang präferieren. Dementsprechend ist die Zielfindung im Gegensatz zu privatwirtschaftlichen Unternehmen eher heterogen.

b) *Gemeinwohl und Wirtschaftlichkeit:* Das Planungszielsystem öffentlicher Krankenhäuser lässt sich in einer Dualität von gemein- und eigenwirtschaftlichen Zielen beschreiben. Während die Planungsziele eines Krankenhauses neben der Wirtschaftlichkeit vor allem den öffentlichen Normen entsprechen müssen, sind die Planungsziele in erwerbswirtschaftlichen Unternehmen klar durch die Erwartungen der Anteilseigner abgegrenzt. Die Legitimationsbasis ist hier weitaus transparenter. Eine duale Zielsetzung im Krankenhaus bedeutet für das Management zum einen, die bedarfsgerechte Versorgung der Bevölkerung sicherzustellen, und zum anderen, das finanzielle Gleichgewicht zur langfristigen Aufgabenerfüllung zu wahren (vgl. Eichhorn 1987, S. 21). Durch das neue Fallpauschalensystem und den immer geringer werdenden staatlichen Investitionsanteil wird der Erfolgsdruck auf die Krankenhäuser tendenziell zunehmen (vgl. Goedereis 1999, S. 171 ff., Hahn/Polei 2000, S. 188 ff.). Nicht zuletzt rücken dadurch verstärkt ethische Fragestellungen in den Vordergrund (vgl. Städtler-Mach 1998, S. 460 ff.).

c) *Rolle der Funktionsträger:* Die Rolle der Funktionsträger ist in einem Unternehmen klar definiert – im Krankenhaus ist sie berufsständisch und manchmal speziell in öffentlichen Krankenhäusern auch politisch geprägt. Die Kommunikation wird oft durch gewachsene Strukturen und Denkweisen behindert. Durch die klassische – meist funktionale – Organisationsaufteilung zwischen den unterschiedlichen Berufsgruppen ärztlicher Dienst, Pflegedienst, Wirtschafts- und Verwaltungsdienst, die sich in der Zusammensetzung des Direktoriums widerspiegelt, wird eine abteilungsübergreifende Kommunikation erschwert. Hintergrund sind insbesondere die divergierenden Kulturen und Rationalitäten der Krankenhausmitarbeiter (vgl. Kraus 1998, S. 46 f.). Folglich stellt die Einigung auf eine „gemeinsame Sprache" im Krankenhaus ein schwieriges Unterfangen dar.

d) *„Humanfaktor" Patient und Mitarbeiter:* Der „Humanfaktor" qualifiziert mithin die konstitutiven Merkmale der Krankenhausdienstleistung (vgl. Seelos 1993, S. 109 ff.). Im Zentrum jeder Behandlungstätigkeit steht der Patient, der seine Krankheit geheilt oder zumindest gelindert haben möchte. Als Kunde, Verbraucher, Betroffener etc. nimmt er dabei verschiedene Rollen ein. Der Patient unterscheidet sich im Krankenhaus von seiner üblichen Konsumentenrolle jedoch darin, dass er nicht direkter Nachfrager und Finanzier der von ihm empfangenen Dienstleistung ist (vgl. Preuß 1994, S. 106 f.). Vielmehr ist für die Leistung des Krankenhauses das direkte Verhältnis zwischen dem Patienten als Leistungsempfänger und dem Arzt als Leistungserbringer charakteristisch. Für den Genesungserfolg, also den Output des Krankenhauses, sind auf der einen Seite die sozialen und fachlichen Qualifikationen aller Krankenhausmitarbeiter und auf der anderen Seite das Mitwirken des Patienten selbst („Compliance") maßgeblich, was eine Leistungsmessung erschwert.

3.2 Gestaltungsanforderungen an ein strategisches Controllinginstrument

Ausgehend von den dynamischen Rahmenbedingungen im Krankenhaussektor und den dargelegten Besonderheiten der Steuerung innerhalb des „Systems Krankenhaus" lassen sich nun Anforderungen an ein strategisches Controllinginstrument formulieren:

- Das Steuerungsinstrument muss zum einen *flexibel* sein, um zeitnah auf veränderte Rahmenbedingungen und unterschiedliches Anspruchsgruppenverhalten reagieren zu können. Zum anderen sollte es *integrierend* wirken, um Weiterentwicklungen der Leistungsstruktur durch horizontale (z.B. Fusion mit einem anderen Krankenhaus in der Region) und vertikale Diversifikation (z.B. Angliederung einer Rehabilitationseinrichtung) zu unterstützen (vgl. Conrad 2001a, S. 44).

- Innerhalb der dualen Zielsetzung muss das Controllinginstrument einen *Ausgleich* zwischen dem Ethik-Wirtschaftlichkeits-Konflikt schaffen, was nur durch konsequente Patientenorientierung im ganzheitlichen Sinne geschehen kann. Beide Zielsetzungen müssen sich nicht ausschließen, sondern können sich durch Wechselwirkungen sinnvoll ergänzen.

- Es sollte sich um einen *ganzheitlichen Ansatz* handeln, der durch seine interdisziplinäre und reflexive Ausrichtung ein Kommunikationsmedium darstellt, mit dem sprachliche Lücken zwischen den traditionell getrennten, aber interdependenten Krankenhausbereichen bzw. Berufsgruppen überwunden werden können. Das Controllinginstrument muss daher transparent und ausgewogen sowohl qualitative Größen wie Zufriedenheit der Patienten und Mitarbeiter als auch quantitative Größen wie das Betriebsergebnis als Zielgrößen beinhalten.

Das Konzept der BSC von Kaplan/Norton (vgl. 1997, 2001) erfüllt diese Gestaltungsanforderungen. Die Hegau-Klinikum GmbH hat sich dementsprechend für die Entwicklung einer eigenen BSC entschieden. Im Folgenden wird der bisherige Entwicklungsprozess der BSC im Hegau-Klinikum beschrieben.

4 Die Balanced Scorecard für die Hegau-Klinikum GmbH in Singen/Engen

Das Singener Krankenhaus[5] blickt auf eine lange Geschichte zurück. Am 11. Juli 1895 wurde das erste Krankenhaus mit 25 Betten eröffnet. Bereits 1995 wurde das ehemals Städtische Krankenhaus Singen in die Rechtsform einer gemeinnützigen GmbH umgewandelt, um den Anforderungen eines modernen Managements gerecht zu werden und den Weg zu einem Verbund zu ebnen.

Zum heutigen Gesundheitsverbund der Hegau-Klinikum GmbH[6] gehören das Krankenhaus Singen, das 1998 mit dem Krankenhaus Engen fusionierte, das Alten- und Pflegeheim Engen sowie die Hegau-Jugendwerk Gailingen GmbH (HJWG). Die HJWG wurde 1999 als gemeinsames Tochterunternehmen der Hegau-Klinikum GmbH und des „Neurologischen Rehabilitationszentrums Jugendwerk Gailingen e.V." gegründet. Die einheitliche Leitung der HJWG nimmt die Hegau-Klinikum GmbH war, die 51% des Stammkapitals und damit die Mehrheit der Stimmrechte besitzt. Abbildung 2 zeigt die Organisationsstruktur der Hegau-Klinikum GmbH mit ihren drei Geschäftsfeldern:

---

[5] Die Stadt Singen am Hohentwiel liegt zwischen dem Bodensee und der Vulkanlandschaft des Hegaus im Süden von Baden-Württemberg.

[6] Weitere Informationen und aktuelle Hinweise sind auf der Homepage http://www.hegau-klinikum.de zu finden.

```
                    ┌─────────────────────────┐
                    │   Hegau-Klinikum GmbH   │
                    └────────────┬────────────┘
         ┌───────────────────────┼───────────────────────┐
┌────────┴─────────┐   ┌─────────┴──────────┐   ┌────────┴─────────┐
│ GF: Krankenhäuser│   │GF: Alten- und Pflege-│  │ GF: Rehabilitation│
│   Singen/Engen   │   │     heim Engen      │   │  Hegau-Jugendwerk │
│      (100%)      │   │       (100%)        │   │    GmbH (51%)     │
└──────────────────┘   └─────────────────────┘   └───────────────────┘
```

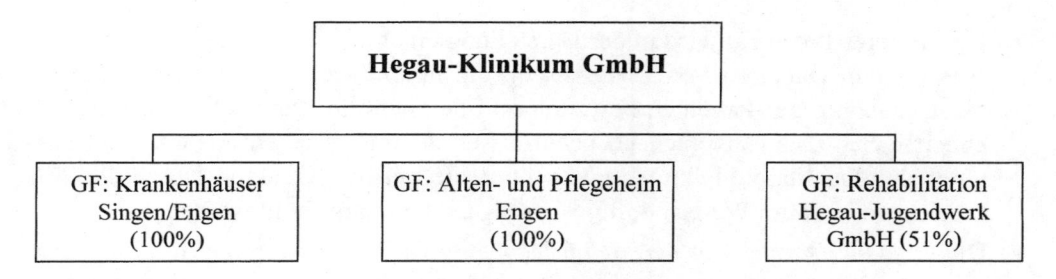

Abbildung 2: Organisationsstruktur der Hegau-Klinikum GmbH (Quelle: Eigene Darstellung)

Als Eigentümer des Gesundheitsverbundes fungieren die Städte Singen und Engen. Gemäß dem Krankenhausplan des Landes Baden-Württemberg nimmt das Krankenhaus Singen Aufgaben der Zentralversorgung in der Region wahr, welche auch die Grund- und Regelversorgung für die Stadt und Teile des Landkreises Konstanz mit einschließen. Inzwischen verfügen die zwei Krankenhäuser über insgesamt 534 Planbetten, während das Alten- und Pflegeheim auf 55 Betten kommt (vgl. Hegau-Klinikum 2001, S. 7). Die HJWG, die als Fachkrankenhaus und Rehabilitationsklinik speziell Kinder, Jugendliche und junge Erwachsene mit neurologischen Erkrankungen rehabilitiert, unterhält 222 Betten.

Im Jahr 2000 waren ca. 1500 Mitarbeiter in der Hegau-Klinikum GmbH beschäftigt. Davon gehören über zwei Drittel dem Pflege-, Funktions- und medizinisch-technischen Dienst an.

Im Sommer 2001 entschied sich die Geschäftsleitung zur Einführung einer BSC.

4.1 Gründe für die Einführung einer Balanced Scorecard

Nach Ansicht der Geschäftleitung ist die Entwicklung einer BSC für das Hegau-Klinikum sehr hilfreich. Grundsätzlich werden in folgenden Bereichen Potenziale gesehen:

- Ein wichtiges Anliegen des Klinikums ist die *Formulierung der strategischen Stoßrichtung*. Das Klinikum ist inzwischen zu einem diversifizierten Gesundheitsverbund gewachsen und möchte im Rahmen der „Integrierten Versorgung" u.a. vermehrt mit ambulanten Anbietern kooperieren. Für den Gesamtverbund ist es daher unerlässlich, die zukünftigen Rahmenbedingungen abzuschätzen und zeitnah die Stärken und Schwächen zu erkennen, um Investitionsentscheidungen treffen zu können. Dabei spielt die Prioritätensetzung hinsichtlich der Aktivitäten einzelner Einrichtungen und in Bezug auf mehrere nebeneinander laufende Projekte eine wichtige Rolle.

- Ein weiteres Potenzial wird in der Darstellung einer *transparenten Leistungsstruktur* gesehen. Dabei ist von Interesse, ob die interne Leistungsstruktur durch die Wertschätzung der Patienten bestimmt ist oder sich die Rahmenbedingungen geändert haben. Dementsprechend beeinflussen zukünftig neben quantitativen Faktoren auch qualitative Faktoren maßgeblich die Leistungsstruktur. Durch die BSC können sie in ihrem Wertschöpfungsbeitrag explizit dargestellt werden.
- Die *einfache Darstellung der vielfältigen Aufgaben- und Interessenstruktur* durch die BSC ist ein weiteres Kriterium für die Geschäftsleitung. Es wird eine Fokussierung des gesamten Klinikums auf die Unternehmensstrategie angestrebt. Die BSC strukturiert und visualisiert die Strategie und verknüpft diese mit dem operativen Bereich.
- Auch in der *Kommunikationsfähigkeit* der Strategie wird ein großes Potenzial gesehen. Die BSC soll als Kommunikationsrahmen sowohl intern als auch extern dienen. Intern sind alle Mitarbeiter des Klinikums angesprochen, während extern der kommunale Träger von dem neuen, transparenten Kommunikationsmedium profitieren wird.

4.2 Konzeptionierung der Balanced Scorecard-Entwicklung

Zur Entwicklung der BSC waren insgesamt vier Workshops notwendig, die durchschnittlich jeweils dreieinhalb Stunden in Anspruch nahmen und von einem intensiven Programm geprägt waren. Als geeigneter organisatorischer Rahmen haben sich die in der Regel vierzehntägig stattfindenden Direktoriumssitzungen in Singen erwiesen, die eine terminliche Übereinkunft der Führungskräftevertreter der verschiedenen Berufsgruppen des Klinikums erlaubte. Was sich zunächst als sehr knapper Zeitrahmen darstellte, erwies sich im Verlauf der vier Workshops als sehr konstruktiv. Durch die knappe Zeit mussten sich die Teilnehmer auf das Wesentliche konzentrieren und zugleich wurden „Ermüdungserscheinungen" verhindert. Eingeladen wurden Entscheidungsträger, die zum einen an der Formulierung der Strategie aktiv beteiligt sind, und zum anderen an deren Umsetzung führend mitwirken. Die insgesamt fünf Teilnehmer des Workshops setzten sich aus dem Klinikdirektorium (Verwaltungsdirektor und Geschäftsführer in Personalunion, Ärztlicher Direktor, Pflegedirektor), dem Marketingleiter und der Controllerin zusammen. Zu Beginn der Projektphase – ungefähr sechs Wochen vor dem ersten Workshop – wurde jeder Teilnehmer individuell auf die Sitzungen vorbereitet.

Da die BSC in erster Linie zur Umsetzung der Strategien dient, löst die Entwicklung einer BSC einen strategischen Informationsbedarf aus. Horváth & Partner schlagen deshalb im Vorfeld einen „Strategiecheck" vor, der im wesentlichen aus sechs Schritten besteht: Dokumentanalyse (Protokolle von Strategie-Workshops, Hauszeitschrift, Geschäftsberichte etc.), teilstrukturierte Strategieinterviews mit den Führungskräften,

Visualisierung des unterschiedlichen Strategieverständnisses, Diskussion der aktuellen strategischen Themen, die Konsolidierung der Erkenntnisse im Rahmen eines Workshops sowie das Ableiten und die Verabschiedung der strategischen Stoßrichtungen (vgl. Horváth & Partner 2001, S. 106 ff.). Ziel eines solchen „Strategiechecks" ist es, die Strategie und die ihr zugrunde liegenden Annahmen und Inhalte auf Vollständigkeit und Konsistenz zu prüfen.

Im vorliegenden Fall wurden vorab klinikumrelevante Dokumente wie der Geschäftsbericht, interne Dokumente und die Krankenhauszeitschrift gesichtet, um ein Gesamtbild des Klinikums und dessen (impliziter) Strategie zu erhalten. Zusätzlich wurden teilstrukturierte Interviews mit Führungskräften geführt, um Gemeinsamkeiten und Unterschiede zwischen den individuellen Strategieverständnissen zu klären. Dabei wurde schnell klar, dass es keine explizit formulierte Unternehmensstrategie gibt und sich die Unternehmensphilosophie, die manchmal in einem Zuge mit dem Begriff Strategie verwendet wurde, aus unverbindlichen Zielen der Leistungsqualität, der Patienten- und Mitarbeiterzufriedenheit sowie dem finanziellen Gleichgewicht zusammensetzte. Es bestand daher zunächst die Notwendigkeit einer strategischen Klärung.

Diese strategische Klärung wurde entsprechend der Ausgangssituation und dem zur Verfügung stehenden Zeitrahmen organisiert. So wurde ein Fragebogen zu allgemeinen, das Klinikum betreffenden, strategisch relevanten Themen sowie zur Umwelt- und Unternehmensanalyse verfasst (vgl. Bea/Haas 2001, S. 83 ff., Lombriser/Ablanalp 1998, S. 90 ff.), den die Teilnehmer der Workshops im Vorfeld der ersten Sitzung auszufüllen hatten. Die Ergebnisse wurden im ersten Workshop präsentiert und diskutiert und brachten strategische Stoßrichtungen sowie eine Positionierung des Klinikums hervor. In Anbetracht der Tatsache, dass das Klinikum noch über keine Mission oder Vision verfügte, wurden zunächst die Ergebnisse des Fragebogens vorgestellt, um hierfür eine Diskussionsgrundlage zu schaffen.

Die vier Workshops umspannten einen Zeitrahmen von insgesamt zwei Monaten beginnend Ende September bis Ende November 2001 und hatten folgende Themenschwerpunkte:

Erster Workshop:

- Präsentation und Diskussion der Fragebogenergebnisse zur Umwelt- und Unternehmensanalyse
- Strategieentwicklung: Strategische Positionierung – Klärung der Mission und Vision, Formulierung der strategischen Stoßrichtung auf Unternehmensebene
- Festlegung der strategischen Ziele für die Hegau-Klinikum GmbH

Zweiter Workshop:

- Festlegung der relevanten Perspektiven und Zuordnung der strategischen Ziele (strategische Architektur)
- Erstellung von Ursache-Wirkungsketten – „Strategiekarte"
- Entwicklung der „Story of Strategy"

Dritter Workshop:

- Identifikation der Kennzahlen und Festlegung der Zielwerte bis 2005

Vierter Workshop:

- Bestimmung der strategischen Aktionen
- Ausblick für die Implementierung der BSC
- Feedback-Befragung der Teilnehmer durch Fragebogen

4.3 Umsetzung des Balanced Scorecard-Projekts

4.3.1 Strategische Ziele

Bereits während des ersten Workshops wurde mit der Formulierung von strategischen Zielen für das Hegau-Klinikum begonnen. Zunächst wurden im Rahmen einer Kartenabfrage jeweils eine Kartenfarbe für eine Perspektive festgelegt. Als gedankliche Strukturierungshilfe dienten die klassischen Perspektiven der BSC sowie die strategischen Stoßrichtungen. Hinweise und Kontrollfragen zur Entwicklung der strategischen Ziele wurden entsprechend den Kriterien von Horváth & Partner (2001, S. 143 ff.) formuliert:

- Maximal vier bis fünf Ziele je Perspektive/Kartenfarbe
- Strategische Ziele müssen strategische Wettbewerbsrelevanz aufweisen und Handlungsnotwendigkeit für das Klinikum induzieren
- Zudem sollen sie aktionsorientiert formuliert (z.B. „Qualität verbessern", „Synergien nutzen") und beeinflussbar sein. Die Messbarkeit spielt noch keine Rolle

Die strategischen Ziele wurden von den Teilnehmern auf Karten geschrieben und anschließend auf die Plakatwand geklebt. Um aus der Fülle an Zielvorschlägen zu einem ausgewogenen Zielsystem mit etwa 20 Zielen zu kommen, wurde jedes strategische Ziel nochmals in der Gruppe diskutiert und begründet und von der Moderatorin dokumentiert.[7] Auffallend hierbei war, dass sich die Workshopteilnehmer in Verant-

---

[7] Die Definition und Begründung der einzelnen strategischen Ziele wurde zusätzlich dokumentiert, kann jedoch im Rahmen dieses Beitrages nicht tiefergehend dargestellt werden.

wortung ihrer Rolle als Funktionsträger der jeweiligen Berufsgruppe sahen und folglich auch für *ihre* Berufsgruppe bedeutsame Ziele formulierten. Während der Geschäftsführer beispielsweise eher finanzielle Ziele vorschlug, tendierte der Pflegeleiter dazu, die „weichen Faktoren" zu betonen, insbesondere die Mitarbeiterpotenziale. Anschließend wurden alle Ziele je nach ihrer strategischen Bedeutung verdichtet und in Cluster eingeteilt. Zur Erleichterung der Zielfindung wurden aktiv formulierte Ziele verwendet. Diese erfüllten zwar in diesem Stadium noch nicht ganz die Definition eines Ziels, jedoch änderte sich dies spätestens im vierten Workshop, als sie nach Inhalt, Ausmaß und Zeitbezug festgelegt wurden (vgl. Horak 1995, S. 21). Abbildung 3 veranschaulicht die strategischen Ziele des Hegau-Klinikums:

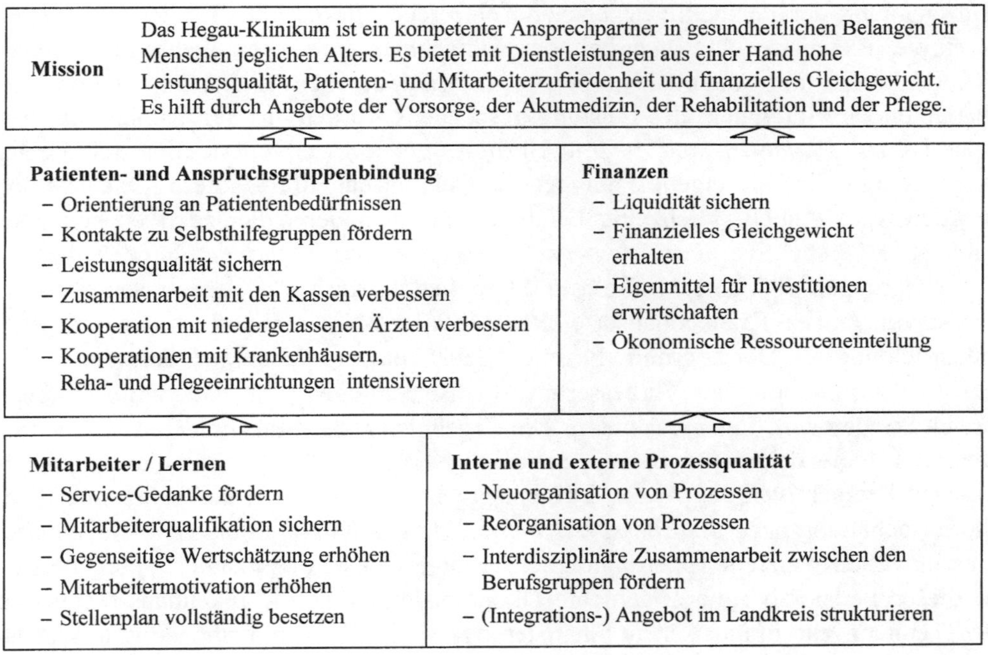

Mission
Das Hegau-Klinikum ist ein kompetenter Ansprechpartner in gesundheitlichen Belangen für Menschen jeglichen Alters. Es bietet mit Dienstleistungen aus einer Hand hohe Leistungsqualität, Patienten- und Mitarbeiterzufriedenheit und finanzielles Gleichgewicht. Es hilft durch Angebote der Vorsorge, der Akutmedizin, der Rehabilitation und der Pflege.

Patienten- und Anspruchsgruppenbindung
- Orientierung an Patientenbedürfnissen
- Kontakte zu Selbsthilfegruppen fördern
- Leistungsqualität sichern
- Zusammenarbeit mit den Kassen verbessern
- Kooperation mit niedergelassenen Ärzten verbessern
- Kooperationen mit Krankenhäusern, Reha- und Pflegeeinrichtungen intensivieren

Finanzen
- Liquidität sichern
- Finanzielles Gleichgewicht erhalten
- Eigenmittel für Investitionen erwirtschaften
- Ökonomische Ressourceneinteilung

Mitarbeiter / Lernen
- Service-Gedanke fördern
- Mitarbeiterqualifikation sichern
- Gegenseitige Wertschätzung erhöhen
- Mitarbeitermotivation erhöhen
- Stellenplan vollständig besetzen

Interne und externe Prozessqualität
- Neuorganisation von Prozessen
- Reorganisation von Prozessen
- Interdisziplinäre Zusammenarbeit zwischen den Berufsgruppen fördern
- (Integrations-) Angebot im Landkreis strukturieren

Abbildung 3: Die strategischen Ziele der Hegau-Klinikum GmbH (Quelle: Eigene Darstellung)

Leitende Fragen waren hierzu:
- Deckt das Zielsystem wirklich alle zentralen Aspekte im Klinikum ab, auch die, die bei einer Unterlassung zu einer unmittelbaren Krise führen könnten?

- Spielt die medizinische Qualitätssicherung in Form von Infektionsstatistiken, Sterblichkeitsraten bei bestimmten Operationen oder stationären Fällen nach DRG etc. im strategischen Controlling eine Rolle?
- Spielt die Tatsache, dass das Hegau-Klinikum ein akademisches Lehrkrankenhaus der Universität Freiburg ist z.B. bei der Anspruchsgruppenperspektive eine Rolle?
- Hat das Spendenaufkommen und der Anteil an ehrenamtlichen Mitarbeitern einen großen Einfluss auf die Leistungserstellung im Hegau-Klinikum?

4.3.2 Strategische Architektur

Hinsichtlich der Frage nach der strategischen Architektur, d.h. dem Aufbau und der Bezeichnung der Perspektiven, entstand eine rege Diskussion. Bei der Kundenperspektive assoziierte eine Mehrheit der Teilnehmer sofort den mehrdimensionalen Kundenbegriff der Anspruchsgruppen. Aufgrund der herausragenden Stellung des Patienten als Mittelpunkt des Leistungsgeschehens wurden die Bezeichnung der Perspektive zu *„Patienten- und Anspruchsgruppenbindung"* erweitert. Dies stellte einen Kompromiss für eine eigene Patienten-Perspektive dar, die – sofern sie ausgeführt worden wäre – auch gleichzeitig Dimensionen der anderen Perspektiven beinhaltet hätte. Die Perspektive *„Patienten- und Anspruchsgruppenbindung"* bündelt die Anspruchsgruppen „Patienten", „Selbsthilfegruppen", „Kassen", „niedergelassene Ärzte" sowie „andere Krankenhäuser", „Rehabilitationskliniken" und „Alten- und Pflegeeinrichtungen". Der zugrunde liegende Gedankengang dabei war, dass durch eine aktive Fokussierung und Verbesserung der Beziehungen eine dauerhafte Bindung erzielt werden soll. Entsprechend zu den Ergebnissen der Stakeholder-Analyse wurden noch fehlende Anspruchsgruppen wie der Träger und die Mitarbeiter in jeweils eigenen Perspektiven abgebildet. Dementsprechend waren sich die Teilnehmer über die Beibehaltung der *Finanzperspektive* einig, da das Klinikum als GmbH auch über eine gewisse finanzielle Eigenständigkeit verfügen muss. Insbesondere spiegelte sich in dieser Perspektive die allgemeine Ökonomisierung des Krankenhaussektors mit der Tendenz zur monistischen Finanzierung wider. Die Innovations- und Wachstumsperspektive wurde als *„Mitarbeiter/Lernen"* bezeichnet, um explizit die Mitarbeiter und deren Veränderungsbereitschaft als Erfolgsfaktoren zu integrieren. Die interne Prozessperspektive wurde in *„Interne und externe Prozessqualität"* umbenannt. Dabei lag der interne Fokus klar auf einer Neu- und Reorganisation von Prozessen mit dem Ziel der Schaffung neuer Angebote bzw. der Schnittstellenvermeidung. Demgegenüber wurde der Begriff „extern" gewählt, weil besonders die Prozesse mit potenziellen Kooperationspartnern aus der Region als strategisch relevant betrachtet wurden.

Für nicht sinnvoll wurde der Vorschlag von Kaplan/Norton (2001, S. 135) erachtet, der speziell für Non-Profit-Organisationen die Kundenperspektive in eine Klienten- und eine Geldgeberperspektive unterteilt. Dies hätte nach Meinung der Teilnehmer zu einer unnötigen Komplexität der BSC geführt und die Eigenwirtschaftlichkeit des Klinikums in Frage gestellt.

Wie im folgenden Abschnitt gezeigt wird, setzte die Auseinandersetzung mit den Ursache-Wirkungsbeziehungen einen Reflexionsprozess in Gang, der den Aufbau der BSC wesentlich beeinflusste.

4.3.3 Ursache-Wirkungsbeziehungen

Das eigentliche Herzstück der BSC stellen die Ursache-Wirkungsbeziehungen dar. Sie geben Antwort auf die Frage: „What is the strategy?" (Kaplan/Norton 2001, S. 10). Je länger sich die Teilnehmer mit den Ursache-Wirkungsbeziehungen beschäftigten, desto klarer geriet die Strategie des Wachstums ins Blickfeld. Dieser Bewusstseinsprozess kam *mit* der Entwicklung der BSC. Dementsprechend war die Erarbeitung der Ursache-Wirkungsbeziehungen von einer intensiven Kommunikation geprägt. Neben dem ersten Workshop zur Zielfindung stellte besonders dieser Workshop eine Herausforderung für die Teilnehmer dar. All zu oft waren die Teilnehmer versucht, in Regelkreisen zu denken und damit alle möglichen kausalen Verbindungen aufzuzeigen. Zusätzlich bereitete die Konkretisierung der dualen Zielsetzung Schwierigkeiten. Um der Erfüllung des Versorgungsauftrags bzw. des Gemeinwohls, aber auch der Wirtschaftlichkeit gerecht zu werden, wurden schließlich die Perspektiven *„Patienten- und Anspruchsgruppenbindung"* und *„Finanzen"* direkt unter die Mission platziert.

Hilfreich hierbei waren die von Kaplan/Norton (vgl. 1997, S. 9) aufgeworfenen Fragen zur Zielerreichung, die in angepasster Form für das Klinikum formuliert wurden:

- Welche Ziele sind hinsichtlich unserer Mitarbeiter- und Veränderungspotenziale zu setzen, um unsere Mission und Vision zu verwirklichen?
- Welche Ziele sind hinsichtlich unserer internen und externen Prozesse zu setzen, um die Ziele der Finanz- sowie der Patienten- und Anspruchsgruppenperspektive erfüllen zu können?
- Welche Ziele sind hinsichtlich der Anforderungen unserer Patienten und Anspruchsgruppen zu setzen, um unserer Mission gerecht zu werden?
- Welche Ziele leiten sich aus den finanziellen Erwartungen unserer Eigentümer bzw. Träger ab?

In Abbildung 4 sind die Ursache-Wirkungsketten der Hegau-Klinikum GmbH dargestellt.

Die Gesamtheit der Ursache-Wirkungsketten bildet die *„Story of strategy"*, die als Fließtext die insgesamt 19 Ziele des Zielsystems in vielfältiger Weise miteinander verknüpft.

Zunächst muss anhand des Aufbaus gezeigt werden, dass die Perspektiven *„Patienten- und Anspruchsgruppenbindung"* sowie *„Finanzen"* diverse *Oberziele* enthalten, die sich beide unmittelbar in der Mission, der Vision und den strategischen Stoßrichtungen widerspiegeln und die nicht kausal für ein anderes Ziel im Zielsystem sind: Dies gilt zum einen für das Ziel „Orientierung an Patientenbedürfnissen" (1), das sich direkt an den Menschen mit gesundheitlichen Belangen wendet. Zum anderen betrifft dies das Ziel „Leistungsqualität sichern" (3), das höchste Priorität im Klinikum genießt. Bezüglich der Perspektive *„Finanzen"* gibt es ein Ziel, das explizit in der Mission erwähnt wird und als Auftrag seitens des öffentlichen Trägers gilt: „Finanzielles Gleichgewicht erhalten" (8). Die Perspektive der *„Mitarbeiter und Lernen"* versteht sich als Nahtstelle zur Erreichung der Oberziele, während die Perspektive der *„Internen und externen Prozessqualität"* überhaupt als ursächlich für die optimale Erfüllung der Oberziele im Klinikum gilt. Erst wenn geeignete strukturelle Prozessbedingungen geschaffen sind, können die Mitarbeiter des Klinikums ihre Potenziale voll entfalten und gemeinsam wertvolle Beiträge zur Erreichung der Mission und der Vision leisten. In der Darstellung der Ursache-Wirkungsketten sind bewusst die Maßnahmen bei den Neu- und Reorganisationsprozessen mit abgebildet, so dass sich der Leser ein Bild über die vielfältigen Vorhaben machen kann.

Da die vollständige „Story of strategy" den Rahmen des Buchbeitrages sprengen würde, soll hier exemplarisch ausgehend von dem Oberziel „Leistungsqualität sichern" eine Ursache-Wirkungskette in Form einer Argumentationslinie aufgezeigt werden.

Balanced Scorecard im Krankenhaus 255

Mission	Das Hegau-Klinikum ist ein kompetenter Ansprechpartner in gesundheitlichen Belangen für Menschen jeglichen Alters. Es bietet mit Dienstleistungen aus einer Hand hohe Leistungsqualität, Patienten- und Mitarbeiterzufriedenheit und finanzielles Gleichgewicht. Es hilft durch Angebote der Vorsorge, der Akutmedizin, der Rehabilitation und der Pflege.
Vision	Gesundheit und Wohlbefinden durch qualitativ hochwertige Leistungen aus einer Hand in Zusammenarbeit mit gleichwertigen Kooperationspartnern.
Strategische Stoßrichtung	Wachstumsstrategie: Quantitatives und qualitatives Wachstum des Gesundheitsverbundes durch Kooperationen und Fusionen und als Gesundheitsversorger Nr. 1 im Landkreis

Patienten- und Anspruchsgruppenbindung

1. Orientierung an Patientenbedürfnissen
2. Kontakte zu Selbsthilfegruppen fördern
3. Leistungsqualität sichern
4. Zusammenarbeit mit den Kassen verbessern
5. Kooperation mit niedergelassenen Ärzten verbessern
6. Kooperationen mit Krankenhäusern, Reha- und Pflegeeinrichtungen intensivieren

Finanzen

7. Liquidität sichern
8. Finanzielles Gleichgewicht erhalten
9. Eigenmittel für Investitionen erwirtschaften
10. Ökonomische Ressourceneinteilung

Mitarbeiter/ Lernen

11. Service-Gedanke fördern
12. Mitarbeiterqualifikation sichern
13. Gegenseitige Wertschätzung erhöhen
14. Mitarbeitermotivation erhöhen
15. Stellenplan vollständig besetzen

Interne und externe Prozessqualität

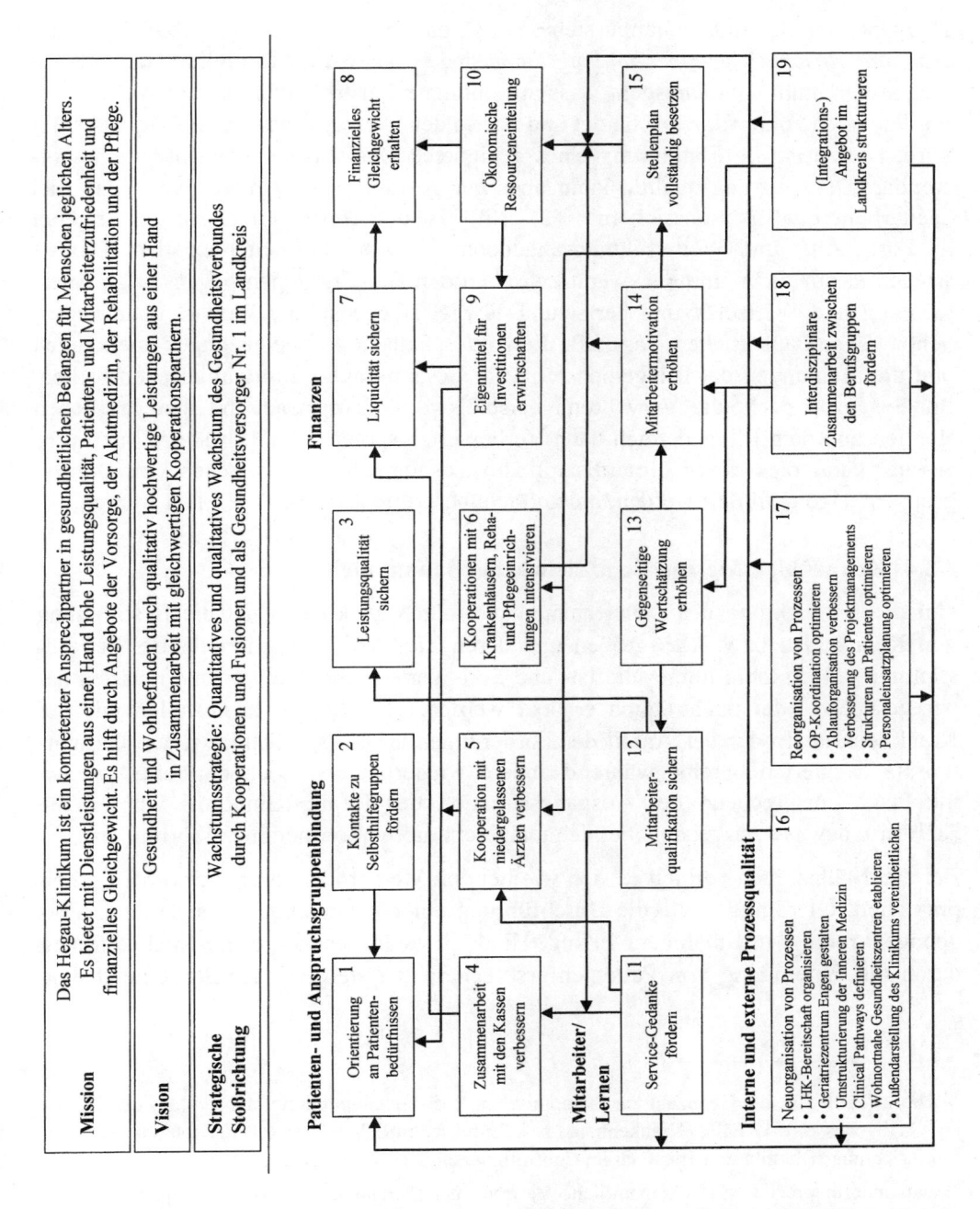

16. Neuorganisation von Prozessen
    - LHK-Bereitschaft organisieren
    - Geriatriezentrum Engen gestalten
    - Umstrukturierung der Inneren Medizin
    - Clinical Pathways definieren
    - Wohnortnahe Gesundheitszentren etablieren
    - Außendarstellung des Klinikums vereinheitlichen
17. Reorganisation von Prozessen
    - OP-Koordination optimieren
    - Ablauforganisation verbessern
    - Verbesserung des Projektmanagements
    - Strukturen am Patienten optimieren
    - Personaleinsatzplanung optimieren
18. Interdisziplinäre Zusammenarbeit zwischen den Berufsgruppen fördern
19. (Integrations-)Angebot im Landkreis strukturieren

Abbildung 4: Ursache-Wirkungsbeziehungen der Hegau-Klinikum GmbH (Quelle: Eigene Darstellung)

Das Oberziel „Leistungsqualität sichern" (3), das innerhalb der Perspektive *„Patienten- und Anspruchsgruppenbindung"* angesiedelt ist, wurde formuliert, da man im Hegau-Klinikum davon ausgeht, dass nur optimale Leistungsqualität den Wettbewerb um Patienten zukünftig entscheidet und nur so der Versorgungsauftrag adäquat erfüllt wird. Hierzu ist die Etablierung eines geeigneten Qualitätsmanagementsystems notwendig. Die Leistungsqualität kann aber nur gewährleistet werden, wenn das Ziel „Mitarbeiterqualifikation sichern" (12) erfüllt ist und dementsprechend ein Angebot an Fort-, Aus- und Weiterbildungsangeboten für alle Mitarbeiter existiert. Das ist wiederum nur dann sinnvoll, wenn zwischen den Berufsgruppen gegenseitige Anerkennung und Wertschätzung herrscht. Das Ziel „Gegenseitige Wertschätzung erhöhen" (13) soll ausdrücken, dass z.B. die Ärzteschaft die Pflegeleistungen anerkennen und die Meinungen der Pflegedienste in die Gesamtdiagnose miteinbeziehen sollten. Im Gegenzug sucht die Verwaltung beispielsweise gemeinsam mit dem ärztlichen Bereich und dem Pflegebereich nach Verbesserungspotenzialen. Strukturell und prozessual kann dies durch „Interdisziplinäre Zusammenarbeit zwischen den Berufsgruppen" (18) gefördert werden, indem fachübergreifende Teams gebildet werden.

4.3.4 Kennzahlen/Messgrößen, Zielwerte, Maßnahmen

Um die Entwicklung der Zielerreichung verfolgen zu können, ist die Bestimmung von Kennzahlen bzw. Messgrößen und deren Zielwerten erforderlich. Bei der Bestimmung lagen nicht immer die Ist- und Soll-Werte aufbereitet vor und mussten daher geschätzt oder nachträglich ergänzt werden. Manche der Kennzahlen wie der Krankheitsstand oder der Anteil der Forderungen an die Krankenkasse am Gesamtumsatz existierten bereits, während andere wiederum erst noch erarbeitet werden mussten.[8] Entsprechend der Ausgangssituation des Hegau-Klinikums wurden die Zielwerte bewusst ehrgeizig, aber dennoch nicht motivationshemmend formuliert.

Bei den Maßnahmen verhielt es sich wie bei den Messgrößen. Manche wurden schon praktiziert, allerdings – wie die Durchführung einer Patientenbefragung mittels Fragebogen zeigt – mit mäßigem Erfolg. Hier gilt es insbesondere die Rücklaufquote durch die Einbindung von Patientenfürsprechern[9] zu steigern. Tabelle 1 zeigt eine

---

[8] Hierzu zählt z.B. die Kennzahl zur ökonomischen Ressourceneinteilung, die sich aus der Formel (GuV – Pos. 9-10) / Fälle (Krankenhaus) bzw. durchschnittlich belegte Plätze (Reha- und Pflegeeinrichtungen) ergibt und erst noch im Controlling etabliert werden muss.

[9] Patientenfürsprecher sind ehrenamtliche Vertreter der Patienten, die vom Gemeinderat berufen werden und sich regelmäßig mit dem Direktorium treffen sowie dem Aufsichtsrat und der Gesellschafterversammlung berichten. In ihrer beratenden und informierenden Funktion unterstützen sie die Geschäftsleitung. Seit 1996 gibt es diese Institution im Hegau-Klinikum.

Übersicht der strategischen Ziele und der hierfür bestimmten Kennzahlen, Zielwerten und Maßnahmen für das Hegau-Klinikum:

Nr.	Strategische Ziele	Kennzahlen	Zielwerte	Maßnahmen
PERSPEKTIVE: PATIENTEN-/ANSPRUCHSGRUPPENBINDUNG				
1	Orientierung an Patientenbedürfnissen	• Patientenzufriedenheit (Fragebogen: Skala 1-5)	• ≤ 2,3 bei Rücklaufquote der Fragebogen von min. 30%	• Einbeziehung der vier ordentlichen und vier stellvertretenden Patientenfürsprecher bei der Durchführungsaktion des bereits existierenden Fragebogens • Koordinierung lärmintensiver Bauphasen (kurzfristig und tagsüber). Zusätzlich wird den betroffenen Patienten z.B. mit einem Gutschein für das Café „Danke" gesagt
2	Kontakte zu Selbsthilfegruppen fördern	• Anzahl der betreuten Selbsthilfegruppen entsprechend dem Leistungsspektrum im Einzugsgebiet	• 100%	• Dokumentation der Erstellung einer Übersicht der Ausgangslage: Welche Projekte laufen, welche fehlen? Ggf. stufenweise Kontakt aufnehmen.
3	Leistungsqualität sichern	• Anzahl der Patienten-Wiederkehrer innerhalb 4 Wochen • Anzahl der indikationsbezogenen QS-Maßnahmen	• < 10% p.a. • ≥ 50% der Fälle	• Quartalsweise Erstellung der Wiederkehrer-Statistik durch K+L-Abteilung • Quartalsweise QS-Berichte der Chefärzte an die Bundesgeschäftsstelle für Qualitätssicherung • EDV-Programm zur QS-Sicherung ausbauen
4	Zusammenarbeit mit den Kassen verbessern	• Anteil beanstandeter Kodierungen von den Gesamtabrechnungen (%) im DRG-System • Anteil der Forderungen am Gesamtumsatz pro KV (%)	• < 20% p.a. • < 12% (nicht mehr als 6 Wochen)	• Kontaktaufnahme mit der Krankenversicherung und Gründe ermitteln • Gemeinsame Projekte durchführen
5	Kooperation mit niedergelassenen Ärzten verbessern	• Arztbriefzustellung nach Entlassung • Anzahl der Stammeinweiser (> 24 Einweisungen pro Jahr) der Ärzte im KV-Bezirk • Maschinell erstellter Kurzbefund bei Entlassung • Anzahl der Schulungsteilnehmer	• 14 Tage nach Entlassung • 50% Stammeinweiser p.a. • 100% • > 200 p.a.	• „Care-Center-Text" einführen (EDV-Programm zur teilautomatischen Brieferstellung) • Quartalsweise Berichte der Chefärzte über Einweisungen • Stufenmodell: 1. Information (Newsletters: Betreffend neue Methoden, Ansprechpartner etc.), 2. Kommunikation (EDV-Plattform, quartalsweise Stammtische), 3. Kooperation (Verträge) • Assistenzärzte als Verantwortliche benennen • Seminare anbieten
6	Kooperationen mit Krankenhäusern, Reha- und Pflegeeinrichtungen intensivieren	• Anzahl der Kooperationsfelder, z.B. Hygiene, Anästhesie gewichtet nach Anzahl der Partnern • Personalkosten in Verwaltung und Technik	• > 30 • < 10% der Gesamtpersonalkosten	• Kontaktaufnahme und Angebote unterbreiten • Überprüfen der Personalkosten und Synergien ausnutzen
PERSPEKTIVE: FINANZEN				
7	Liquidität sichern	• Liquide Betriebsmittel in €	• > 1/12 (GuV – Pos. 1-8)	• Ständige Überprüfung

8	Finanzielles Gleichgewicht erhalten	• Positive DB pro Fachbereich im Gesamtverbund	• Erträge
			  – med. Pers.kosten
			  – med. Sachkosten
			≥ (Ertragsanteil(%) · Restkosten)
				• Erstellung der Auswertung
				• Fachbereiche beobachten: Ausnahmen mit strategischer Wichtigkeit zulassen (z.B. Frühchen), aber gleichzeitig Kooperationspartner in diesen Bereichen suchen

9	Eigenmittel für Investitionen erwirtschaften	• Erwirtschafteter nichtgeförderter Anteil kumulierter Abschreibungen für Abnützung (AfA)	• > 100%	
10	Ökonomische Ressourcenverteilung	• (GuV – Pos. 9-10)/Fälle (Krankenhaus) bzw. durchschn. belegte Plätze (Reha- und Pflegeeinrichtungen), wobei 9 und 10 Personal- und Materialkosten sind • (GuV – Pos. 1-8) Vollkraftstellen	• Oberes Drittel im Betriebsvergleich	• Kennzahlen ableiten • Sofern keine publizitätspflichtige GmbH, Kooperationspartner für den Betriebsvergleich in der Region gewinnen

		PERSPEKTIVE: MITARBEITER / LERNEN		
11	Service-Gedanken fördern	• Anzahl erfolgter Qualitätszirkel (QZ)	• Ein QZ p.a. pro Bereich bzw. Klinikeinrichtung	• Einberufung von Qualitätszirkeln
12	Mitarbeiter-qualifikation sichern	• Anzahl der Teilnehmer bei DRG-Kodierungs-schulungen • Anzahl der Teilnehmer an Fort- u. Weiterausbildung	• 100% der Ärzteschaft • Jeder Mitarbeiter alle 2 Jahre	• Schulungen für Ober-, Stations-, Fach- und Assistenzärzte • Teilnehmerdokumentation einführen
13	Gegenseitige Wertschätzung erhöhen	• Mitarbeiterumfrage (Fragebogen: Skala 1-5)	• ≤ 2,3 bei Rücklaufquote von min. 30%	• Erstellung und Durchführung eines Fragebogens • Qualitätszirkel anbieten (Einen pro Bereich) • Erstellung eines Angebots/Laufzettel durch die Personalentwicklung • Durchführung von Mitarbeitergesprächen im ges. Klinikum • Geg. Hospitation neueingestellter Führungskräfte in allen Berufsgruppen
14	Mitarbeiter-motivation erhöhen	• Krankenstand • Fluktuationsrate	• < 4,5% bei Differenzierung nach Berufsgruppen • < 15% bei Differenzierung nach Berufsgruppen	• Durchführung von Mitarbeitergespräche im gesamten Klinikum. • Schulungen der Gesprächsführer und Erstellung von Strukturierungshilfen bei Mitarbeitergesprächen • Projektabhängige Prämienzahlungen bei 100% vom festegelegten Betrag
15	Stellenplan vollständig besetzen	• Anzahl Vollkraftstellen	• 100%	• Alle Medien der Personalaquisition nutzen

		PERSPEKTIVE: INTERNE UND EXTERNE PROZESSQUALITÄT		
16	Neuorganisation von Prozessen	• Erträge aus Behandlungsfällen von 16.00 -8.00 Uhr (24h-Bereitschaft)	• > Bereitschaftsdienst – Vergütung + Sachkosten	• Planen und umsetzen
		• Anzahl Patienten stationär und ambulant	• Engen: > 2000	• Entwicklung beobachten
		• Auslastung 3. Innere Medizin	• > 80%	• Planen und umsetzen
		• Anzahl Clinical Pathways	• ≥ 2 p.a., wobei Priorität der Erkrankungen zu berücksichtigen ist	• Planen und umsetzen
		• Anzahl Informationsartikel	• ≥ 10 p.a.	• Informationsbriefe selektiv an Zielgruppen und Presse
		• Anzahl neuer Partner (Einzelpartner, wie z.B. Beleg-, Konsiliarärzte, Physiotherapeuten)	• ≥ 2 p.a.	• Direkte Ansprache und Angebote machen
		• Anzahl neuer Angebote an Patienten	• ≥ 2 p.a.	• Planen und Umsetzen
17	Reorganisation von Prozessen	• OP-Saal-Auslastung (Std.)	• > 5 Stunden Schnitt-Naht-Zeit pro Saal	• Koordination der Auslastung (Stelle planen)
		• Anzahl Prozessbeschreibungen	• >2 p.a. nach Kostenintensität priorisiert	• Erstellen
		• Anzahl der Krankheitsbilder mit klarer Zuordnung zur Klinik	• 90% der Krankheitsbilder	• Organisation durch die zentrale Aufnahme
		• Anzahl standardisiert abgelaufener Projekte	• > 12 p.a.	• Durchführung
18	Interdisziplinäre Zusammenarbeit zw. den Berufsgruppen fördern	• Anzahl Clinical Pathways	• > 2 p.a.	• Definition geeigneter Clinical Pathways
19	(Integrations-) Angebot im Landkreis strukturieren	• Anzahl Integrationsprodukte • Anzahl Partner im Einzugsgebiet	• Min. > 1 p.a. • Min. 1 Partner pro Fachbereich	• Entwickeln und Einführen von Integrationsprodukten • Kontaktaufnahme

Tabelle 1: Kennzahlen/Messgrößen, Zielwerte, Maßnahmen der Hegau-Klinikum GmbH (Quelle: Eigene Darstellung)

4.4 Ergebnisse und Erfolgsfaktoren

Insgesamt kann die Arbeit mit der BSC in Krankenhäusern einen wertvollen Beitrag zur Wettbewerbsfähigkeit um die Marktposition, um Patienten und auch um Fördergelder leisten. Die BSC des Hegau-Klinikums zeigt nochmals anschaulich, dass die in Kapitel 3.2 benannten Gestaltungsanforderungen an ein Controllinginstrument im Krankenhaus bestens erfüllt werden. Das Konzept erlaubt dem Krankenhaus schnell, transparent und flexibel auf dynamische Rahmenbedingungen zu reagieren und dies mit Anpassungen im operativen Bereich zu verknüpfen. Durch seine integrative Wirkung ist es prädestiniert, einen diversifizierten Gesundheitsverbund zu steuern. Indem vor allem die immateriellen Erfolgsfaktoren im Krankenhaus in ihrem Wertschöpfungsbeitrag dargestellt werden, kann ein Ausgleich zwischen den zuvor konfligierenden Planzielen Gemeinwohl und Wirtschaftlichkeit erreicht werden. Dabei ist die wichtigste Errungenschaft der BSC im Krankenhaus die Schaffung eines Kommunikationsmediums, das aufgrund seiner Mehrdimensionalität die Verwendung einer „gemeinsamen Sprache" erlaubt und Diskussionen zwischen den Berufsgruppen anregt.

Für das Hegau-Klinikum lassen sich im Wesentlichen drei Ergebnisse, die sich durch die Arbeit mit der BSC heraus kristallisierten, zusammenfassen:

- Die Arbeit mit der Balance Scorecard *ist* Strategieentwicklung. Das Hegau-Klinikum verfügte bis zu diesem Zeitpunkt über keine explizite Strategie. Eine explizite Strategieentwicklung war bisher aufgrund der spezifisch operativen Rolle der Funktionsträger und dem Fehlen eines geeigneten Kommunikationsmedium nicht zu bewerkstelligen.

- Die duale Zielsetzung wurde bisher immer als konträr aufgefasst, da es kein Controllinginstrument gab, das auf beide Ziele einzugehen vermochte. Die BSC bietet nun die Möglichkeit, beide Ziele zu integrieren und in ihren Wechselwirkungen darzustellen.

- Das wohl wichtigste Ergebnis für das Hegau-Klinikum ist, dass die BSC einen Veränderungsprozess in Gang gesetzt hat, der zu einem neuen, kreativen Umgang mit den Organisationsstrukturen, den Mitarbeitern und insgesamt mit den Ressourcen des Klinikums anregt. Wie der Aufbau der BSC veranschaulicht, werden aufgrund der bisherigen Organisationsstrukturen zu viele Schnittstellenprobleme aufgeworfen, so dass zunächst über Neu- und Reorganisationsmaßnahmen nachgedacht werden muss. Um die Steuerungskapazität aller Mitarbeiter nutzen zu können, sind daher zuerst die organisatorischen Strukturen, Prozesse und Personalführungssysteme so einzurichten, dass allen Mitarbeitern die Möglichkeit und der Anreiz zur Beteiligung an Strategieformulierungs- und Kontrollprozessen gegeben wird (vgl. Steinmann/Scherer 1996a, S. 142). Indem die BSC diese langfristige Veränderungsprozesse initiiert und unterstützt, kann sie gleichzeitig als Organisationsentwicklungs-Instrument im gesamten Klinikum eingesetzt werden.

Für die erfolgreiche Durchführung des Projektes „Hegau-Klinikum" waren folgende Faktoren ausschlaggebend:

- Die Größe des BSC-Entwicklungsteams prägte entscheidend das Ergebnis. Insbesondere war es erforderlich, dass die BSC vom Direktorium verabschiedet wurde. Die Anzahl sowie die Vertretung der wichtigsten Berufsgruppen stellten eine potenzielle Konsensfindung trotz verschiedener Rationalitäten sicher.
- Der straffe aber flexible Zeitplan erlaubte, die nicht vollendeten Themenschwerpunkte auf die Tagesordnung des nächsten Workshops zu verschieben. Dies forderte von den Teilnehmern zusätzliche „Hausaufgaben" zwischen den einzelnen Workshops. Gleichzeitig wurden dadurch Unstimmigkeiten aufgedeckt und diskutiert.
- Einen nicht zu unterschätzenden Einfluss hatten die Moderationstechniken. Nach dem Motto „keep it as simple as possible" wurde auf traditionelle, interaktive Methoden zurückgegriffen. Konkret wurden Folien für Präsentationen, Erläuterungen und Skizzen verwendet. Für die Zielfindung und die strategische Architektur haben sich Karten in verschiedenen Farben, die auf einer Plakatwand angebracht wurden, als sehr nützlich erwiesen. Diese konnten beliebig abgeändert und umgestellt werden. Dabei wurde auf Spontanität und aktive Mitarbeit der Teilnehmer Wert gelegt.
- Nicht zuletzt spielte der „persönliche Faktor" eine Rolle. Durch vorheriges Vorstellen und Kennenlernen war es möglich, eventuelle Vorurteile abzubauen und inhaltliche Fragen zu klären. Dies schuf die Basis für einen vertrauensvollen Umgang und ein kreatives Arbeiten.

5 Ausblick

Die Geschäftsleitung der Hegau-Klinikum GmbH plant, die BSC zu implementieren und als strategisches Management- und Steuerungssystem im Klinikum einzusetzen. Abbildung 5 zeigt die hierfür notwendigen Schritte.

Der Kreis beschreibt das vollständige Geschäftsjahr mitsamt dem jährlichen Controllingzyklus. Beginnend mit einer jährlichen Strategieklausur des Direktoriums werden entsprechend der Mission und Vision des Klinikums strategische Ziele formuliert bzw. angepasst, um sie dann im gesamten Klinikum zu kommunizieren und auf die nächsten Ebenen herunterzubrechen. Idealerweise werden sie mit Anreizen zur Erreichung der BSC-Ziele verknüpft. Dies kann z.B. auf Basis einer Abteilungs-BSC geschehen.

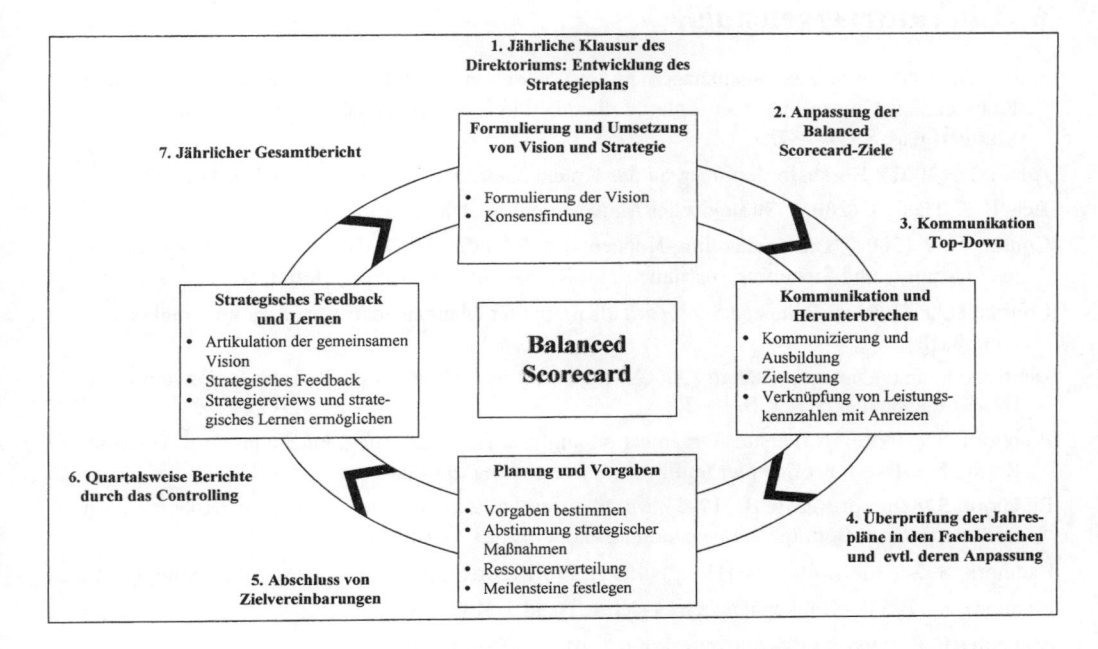

Abbildung 5: Die Balanced Scorecard als Managementsystem (Quelle: In Anlehnung an Horváth & Partner 2001, S. 277, Kaplan/Norton 1997, S. 10)

Schließlich folgt die Überprüfung der Jahrespläne bzw. deren Anpassung und damit verbunden die Budgetierung und Vereinbarungen von Zielen in Mitarbeitergesprächen. Durch Kontrolle der Zielerreichung, insbesondere der quartalsweisen Dokumentation des Zielerreichungsgrades durch ein geeignetes Berichtswesen, wird ein Lern- und Anpassungsprozess in Gang gesetzt, der Rückschlüsse auf die jährlich neu zu treffenden strategischen Annahmen zulässt und somit den Managementkreislauf schließt.

Dabei sollte beachtet werden, dass die Entwicklung und Implementierung einer BSC im Krankenhaus keinen einmaligen Prozess darstellt. Zunächst gilt es für das Hegau-Klinikum, die gefundenen Maßnahmen umzusetzen, die Ziele weiterzuentwickeln und die Gesamt-BSC auf nachgeordnete Bereiche zu übertragen. Erst wenn das Krankenhaus im täglichen Umgang mit der BSC arbeitet, an ihr lernt und sich weiterentwickelt, kann wirklich von einem lebendigen Steuerungssystem gesprochen werden. Die Arbeit an und mit der BSC ist somit nie abgeschlossen, sondern geht weiter.

6 Literaturverzeichnis

Adam, D. (1998): Krankenhausmanagement im Wandel, in: Hentze, J./Huch, B./Kehres, E. (Hrsg.): Krankenhaus-Controlling: Konzepte, Methoden und Erfahrungen aus der Krankenhauspraxis, Stuttgart u.a., S. 27 – 37.

Adam, D. (2001): Herausforderungen an das Krankenhausmanagement, in: FAZ, 2.04., S. 33.

Bea, F. X./Haas, J. (2001): Strategisches Management, 3. Auflage, Stuttgart.

Conrad, H.-J. (2001): Das Controlling-Konzept der Zukunft – Die Balanced Scorecard als integriertes Führungs- und Steuerungsinstrument, in: Krankenhaus Umschau, Heft 3, S. 172 – 178.

Conrad, H.-J. (2001a): Balanced Scorecard als modernes Managementinstrument im Krankenhaus, Kulmbach.

Deutsche Krankenhausgesellschaft (2000): Regierung setzt abgespeckte Reformversion durch, in: Das Krankenhaus, Heft 1, S. 1 – 3.

Eichhorn, S. (1999): Profitcenter-Organisation und Prozessorientierung, in: Eichhorn, S./Schmidt-Rettig, B. (Hrsg.): Profitcenter und Prozessorientierung. Stuttgart u.a. S. 1 – 13.

Eichhorn, S./Schmidt-Rettig, B. (1995): Mitarbeitermotivation im Krankenhaus, in: Robert-Bosch-Stiftung (Hrsg.): Beiträge zur Gesundheitsökonomie 29, Gerlingen.

Eichhorn, S./Schmidt-Rettig, B. (Hrsg.) (1999): Profitcenter und Prozessorientierung. Stuttgart u.a.

Eichhorn, S. (1987): Krankenhausbetriebslehre, Band 3, Köln u.a.

Eschenbach, R. (Hrsg.) (1996): Controlling, 2. Auflage, Stuttgart.

Gmür, M./Brandl, J. (2000): Die Balanced Scorecard als Instrument zur aktivierenden Steuerung mitgliedschaftlicher Organisationen, Diskussionsbeitrag Nr. 31 des Lehrstuhls für Management der Universität Konstanz.

Goedereis, K. (1999): Finanzierung, Planung und Steuerung des Krankenhaussektors: Dualistik und Monistik im Strukturvergleich, Dissertation, Lohmar.

Hahn, F./Polei, G. (2000): Investitionsstau und knappe Fördermittel – was geschieht, wenn die Länder nicht mehr zahlen? in: Das Krankenhaus, 92. Jahrgang, Heft 3, S. 188 – 195.

Hamann, E. (2000): Ziele und Strategien der Krankenhausfusion, Dissertation, in: Eichhorn, P./Friedrich, P. (Hrsg.): Schriften zur öffentlichen Verwaltung und öffentlichen Wirtschaft, Band 166, Baden-Baden.

Hegau-Klinikum GmbH (2001): Geschäftsbericht 2000, Singen.

Hentze, J./Huch, B./Kehres, E. (Hrsg.) (1998): Krankenhaus-Controlling: Konzepte, Methoden und Erfahrungen aus der Krankenhauspraxis, Stuttgart u.a.

Horak, C. (1995): Controlling in Nonprofit-Organisationen, Dissertation, 2. Auflage, Wiesbaden.

Horak, C. (1996): Besonderheiten des Controlling in Nonprofit-Organisationen, in: Eschenbach, R. (Hrsg.): Controlling, 2. Auflage, Stuttgart, S. 649 – 656.

Horváth, P. & Partner (Hrsg.) (2001): Balanced Scorecard umsetzen, 2.Auflage, Stuttgart.

Kaplan, R. S./Norton, D. P. (Hrsg.) (1997): Balanced Scorecard, Stuttgart.

Kaplan, R. S./Norton, D. P. (2001): The strategy-focused organization. How balanced scorecard companies thrive in the new business environment, Boston.

König, H. (2001): Unternehmensziele messbar machen, in: Krankenhaus Umschau, Heft 3, S. 164 – 169.

Kraus, R. (1998): Transformationsprozesse im Krankenhaus, Dissertation, München.

Landauer, G. (2000): Das Krankenhaus als Wirtschaftsbetrieb, in: Das Wirtschafts-Studium (WISU), Heft 8 – 9, S. 1071 – 1074.

Lombriser, R./Abplanalp, P. A. (1998): Strategisches Management, 2. Auflage, Zürich.

Müller, U./Offermanns, M. (2001): Entwicklung der Krankenhausfallzahlen, in: Das Krankenhaus, Heft 9, S. 766 – 771.

Näf, A. (1998): Effektivität und Effizienz öffentlicher Einrichtungen: Am Beispiel stationärer Altersbetreuung und -pflege, Bern u.a.

O.V. (2001): Kabinett beschließt Fallpauschalen, FAZ, 30.08., S. 14.

Patt, C. (1996): Die strategische Planung als Komponente eines Controllingsystems im Krankenhaus, in: Europäische Hochschulschriften: Reihe 5, Volks- und Betriebswirtschaft, Band 1991, Dissertation, Frankfurt a. M.

Peters, S. H.F./Schär, W. (Hrsg.): Betriebswirtschaft und Management im Krankenhaus, Berlin.

Preuß, O. (1994): Das Krankenhaus als Betrieb, in: Peters, S. H.F./Schär, W. (Hrsg.): Betriebswirtschaft und Management im Krankenhaus, Berlin, S. 92 – 109.

Rühle, J. (2000): Wertmanagement im Krankenhaus, Dissertation, Lohmar u.a.

Schlüchtermann, J. (1998): Strategische Positionierung von Krankenhäusern im Spannungsfeld zwischen medizinischen und ökonomischen Zielen. In: Zeitschrift für öffentliche und gemeinwirtschaftliche Unternehmen (ZögU), Band 21, Heft 4, S. 432 – 449.

Schulte, C. (Hrsg.): Lexikon des Controlling, München u.a..

Seelos, H.-J. (1993): Die konstitutiven Merkmale der Krankenhausleistungsproduktion, in: f&w, 10. Jahrgang., Heft 2, S. 109 – 116.

Städtler-Mach, B. (1998): Führen heißt auch, ethische Verantwortung zu übernehmen, in: Krankenhaus Umschau, Heft 6, S. 458 – 462.

Statistisches Bundesamt (Hrsg.) (2001): Grunddaten der Krankenhäuser und Vorsorge- oder Rehabilitationseinrichtungen 1999, Fachserie 12: Gesundheitswesen, Reihe 6.1., Stuttgart.

Steinmann, H./Scherer, A. G. (1996): Strategisches und operatives Controlling, in: Schulte, C. (Hrsg.): Lexikon des Controlling, München u.a., S. 135 – 139.

Steinmann, H./Scherer, A. G. (1996a): Controlling und Unternehmensführung. In: Schulte, C. (Hrsg.): Lexikon des Controlling, München u.a., S. 139 – 144.

Steinmann, H./Schreyögg, G. (2000): Management. Grundlagen der Unternehmensführung, 5. Auflage, Wiesbaden.

Straub, S. (1997): Controlling für das wirkungsorientierte Krankenhausmanagement, Dissertation, Bayreuth.

Wendel, V. (2001): Controlling in Nonprofit-Unternehmen des stationären Gesundheitssektors, Dissertation, in: Eichhorn, P./Friedrich, P. (Hrsg.): Schriften zur öffentlichen Verwaltung und öffentlichen Wirtschaft, Band 170, Baden-Baden.

Albert Galli/Marc Wagner[*]

Zur Anwendbarkeit einer Balanced Scorecard im Sportverein

1 Vorbemerkung

2 Die ökonomische Dimension des Sports

3 Grundlegendes Unternehmens- und Geschäftsmodell von Sportvereinen

4 Das Balanced Scorecard-Modell

    4.1 Grundüberlegungen

    4.2 Die vier Ebenen der Balanced Scorecard

5 Vorschlag für strategische Ziele, Erfolgsfaktoren und Kennzahlen in den vier Ebenen der BSC für einen Sportverein

6 BSC als strategisches Managementsystem

7 Herausforderungen für Sportvereine an der Schnittstelle Profit-Non-Profit

8 Fazit

9 Literaturverzeichnis

---

[*] Prof. Dr. Albert Galli, Professor der Betriebswirtschaftslehre, Regensburg,
Dipl.-Kfm. Marc Wagner, CFA, Berater, Großwallstadt.

1 Vorbemerkung

Sport wird immer stärker kommerzialisiert und hat sich in den letzten Jahren zu einem bedeutenden Faktor der gesamten Volkswirtschaft, insbesondere jedoch auch der Medien- und Entertainmentbranche entwickelt. Das sportbezogene Bruttoinlandsprodukt betrug in 1998 ca. 27 Mrd. Euro und damit gut 1,4% des gesamten Bruttoinlandsproduktes. Die Sportbranche hat somit mittlerweile die Textilbranche an Bedeutung überholt. Die Bundesbürger haben in 1998 ca. 20,8 Mrd. Euro und damit 1,9% ihres gesamten privaten Verbrauchs für Sportzwecke ausgegeben (vgl. Meyer/Ahlert 2000, S. 57 f.). Die Ausgaben für die private Sportbetätigung der Bundesbürger stellten 1998 ein Volumen von gut 7,1 Mrd. Euro dar. Hiervon wurden 3,6 Mrd. Euro für die Leistungen privater erwerbswirtschaftlicher Sporteinrichtungen ausgegeben und 3,5 Mrd. Euro für die Leistungen von Sportvereinen und Sportverbänden (vgl. Meyer/Ahlert 2000, S. 59 f.).

Sportvereine als Non-Profit-Organisationen stehen somit immer stärker mit privaten Sportanbietern, wie z.B. Fitness-Studios, im Wettbewerb.[1] Außerdem reichen die Budgets von Sportvereinen mit professionellen Abteilungen, insbesondere im Berufsfußball, an die Budgets mittlerer Unternehmen heran oder liegen bei Top-Vereinen sogar darüber.

Der nachfolgende Beitrag zeigt die Eignung des Balanced Scorecard-Konzepts für ein professionelles Management von Sportvereinen an der Schnittstelle Profit-Non-Profit auf. Ursprünglich wurde die Balanced Scorecard für einen Einsatz in kommerziellen Unternehmen entwickelt. Neuere Entwicklungen, die in anderen Beiträgen dieses Sammelbands dokumentiert sind, zeigen jedoch auch die vielversprechenden Einsatzmöglichkeiten einer Balanced Scorecard im Bereich der öffentlichen Verwaltung und in Non-Profit-Organisationen auf.

Der erste Teil des Beitrags begründet die ökonomische Dimension des Phänomens „Sport" und leitet daraus die Relevanz der Auseinandersetzung, insbesondere mit den Problemen, die sich durch eine teilweise oder vollständige Professionalisierung ergeben, ab. Im zweiten Teil wird ein grundlegendes Unternehmens- und Geschäftsmodell eines „Sportunternehmens" vorgestellt und wesentliche Problemstellungen für die Führung aufgedeckt. Zu deren Erfassung und Management wird im dritten Teil die Balanced Scorecard vorgeschlagen und zentrale sportrelevante Ebenen werden untersucht. Auf diesen Erkenntnissen aufbauend wird im vierten Teil des Beitrags ein Vorschlag für eine Balanced Scorecard für einen Sportverein abgeleitet. Im fünften

---

[1] Vgl. zu einer Prognose über eine Substitution der Nachfrage nach Leistungen von Sportvereinen durch die Nachfrage nach Leistungen privater Sportanbieter, vgl. Meyer/Ahlert 2000, S. 68 ff.

Teil wird die Balanced Scorecard als strategisches Managementsystem eingeordnet. Hieran schließt sich eine Diskussion der Herausforderungen von Sportvereinen an der Schnittstelle Profit-Non-Profit an. Der Beitrag endet mit einem Fazit.

2 Die ökonomische Dimension des Sports

Mit dem Sport sind zunehmend weitreichende unternehmerische Aktivitäten vieler Sportvereine verbunden. Im Jahr 1998 interessierten sich rund 55 Mio. Deutsche für Sport – und damit ca. 20% mehr als fünf Jahre zuvor. Davon besitzen über 9 Mio. Fanartikel ihres Vereins und sind bereit, hierfür mehr als 46 Euro im Jahr auszugeben (o.V. 1998). Von den Fußballfans sind rund drei Viertel an täglichen Sportsendungen interessiert.

Im Rahmen von Sponsoring- und Werbeaktivitäten versuchen Unternehmen aus den unterschiedlichsten Branchen, mit mehr oder weniger enormen Summen und fortlaufend zunehmenden Budgets, die positive Imagewirkung des Sports und der Markennamen der Vereine, die sie unterstützen, auf ihre Produkte zu transferieren. Nachfolgende Graphik zeigt die Entwicklung der Sportsponsoring-Ausgaben in Deutschland seit 1991 (Angaben in Mrd. Euro):

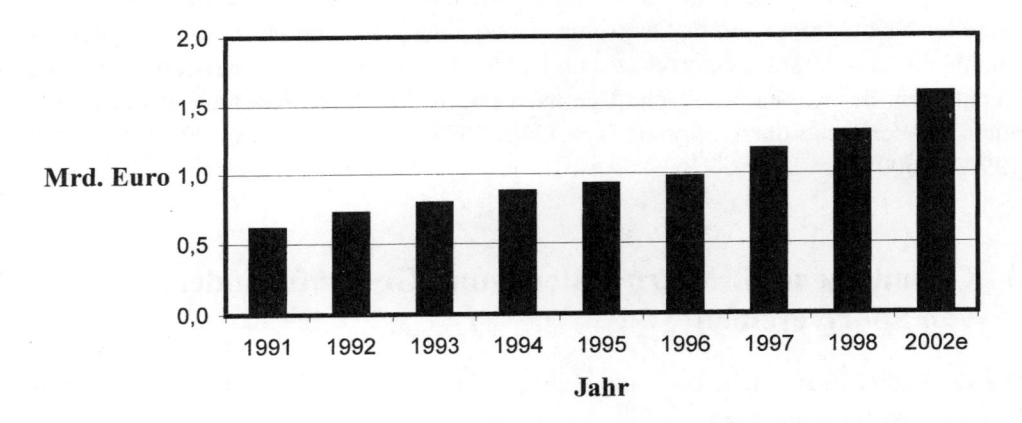

Abbildung 1: Entwicklung der Sportsponsoring-Ausgaben (vgl. Brand maier/Schimany 1998, S. 23 und o.V. 1999.)

Für das Jahr 1998 flossen, wie aus Abbildung 1 ersichtlich, ca. 1,28 Mrd. Euro an Sponsoringmittel in den Sport, was ca. zwei Drittel des gesamten Sponsoring-Etats repräsentiert (o.V. 1998). Die Sponsoren nutzen so die überragende Beliebtheit und

Medienpräsenz des Sports[2] und insbesondere des Fußballsports in regionalen und überregionalen Printmedien oder in Radio und Fernsehen zu den besten Sendezeiten.

In Deutschland wurden v.a. in den Bereichen Fußball, Eishockey, Handball und Basketball in den vergangenen Jahren Bestrebungen erkennbar, den Sport unter kommerziellen Gesichtspunkten – teilweise in Kapitalgesellschaften – zu organisieren, zu führen und zu vermarkten, obwohl die Muttervereine nach wie vor gemeinnützige Vereine sind. Die beteiligten wirtschaftlichen Einheiten sind jedoch lediglich in Ausnahmefällen professionell geführt.

Das Management eines Sportvereins ist nicht nur Werbe- und Sponsoringpartnern sowie Rechtehändlern gegenüber bei der Vermarktung der Lizenz- und TV-Rechte als professioneller Akteur gefordert. Die Aktivitäten reichen von der Zusammenarbeit mit staatlichen Institutionen und übergeordneten Verbänden, u.a. in organisatorischen Angelegenheiten und Sicherheitsfragen, über sämtliche Gesichtspunkte des Eventmarketing, der Eventorganisation und der Zusammenarbeit mit weiteren Dienstleistern, wie z.B. Vermarktungsagenturen aber auch Caterern, bis hin zu eigenständigen Merchandisingaktivitäten oder sogar Infrastrukturmaßnahmen, z.B. bei Stadion- und Sportstättenbauprojekten. Nicht zu vergessen sind interne organisatorische und personelle Maßnahmen vor allem bei der Nachwuchsförderung sowie der Sportlerverpflichtung und -betreuung.

Im europäischen Ausland hat die Professionalisierung im Sport, nicht nur aus institutioneller Sicht, früher als in Deutschland begonnen. So werden z.B. in England, in Spanien und in Italien Sportklubs, und nicht nur solche im Berufsfußball, in der Rechtsform der Kapitalgesellschaft geführt. Fußballkapitalgesellschaften werden dort auch an Wertpapierbörsen notiert (vgl. Galli 1997, S. 46, 52, 59; im Überblick Galli 1999, S. 600 ff.).

3 Grundlegendes Unternehmens- und Geschäftsmodell von Sportvereinen

Die wesentlichen Bereiche des Unternehmens- und Geschäftsmodells eines „Sportunternehmens" repräsentieren

- die professionellen Bereiche, im Sinne der Lizenzspielerabteilungen,

---

[2] So gaben in der Allensbacher Markt- und Werbeträgeranalyse 28% der Befragten an, sehr gerne Sportsendungen zu sehen. Dieser Wert übersteigt die Beliebtheit von Krimiserien und großen Unterhaltungsshows und wird lediglich von Nachrichten und Regionalsendungen übertroffen, vgl. o.V. 2001.

- die Bereiche Handel und Vermarktung, die oft bereits auf Tochtergesellschaften ausgegliedert sind,
- der Bereich allgemeine Verwaltung sowie
- die anderen Amateurbereiche.

Die finanziellen und nichtfinanziellen Daten dieser Bereiche werden durch ein mehr oder weniger ausgeprägtes Instrumentarium im Rahmen des betrieblichen Rechnungswesens erfasst und verdichtet. Aus diesen Daten resultieren entweder eine Einnahmen-Überschuss-Rechnung oder ein Jahresabschluss, bestehend aus Bilanz und Gewinn- und Verlustrechnung, bisweilen eine Cash-Flow-Rechnung und ein Kostenrechnungssystem.[3] Abbildung 2 fasst das grundlegende Unternehmens- und Geschäftsmodell von Sportvereinen zusammen.

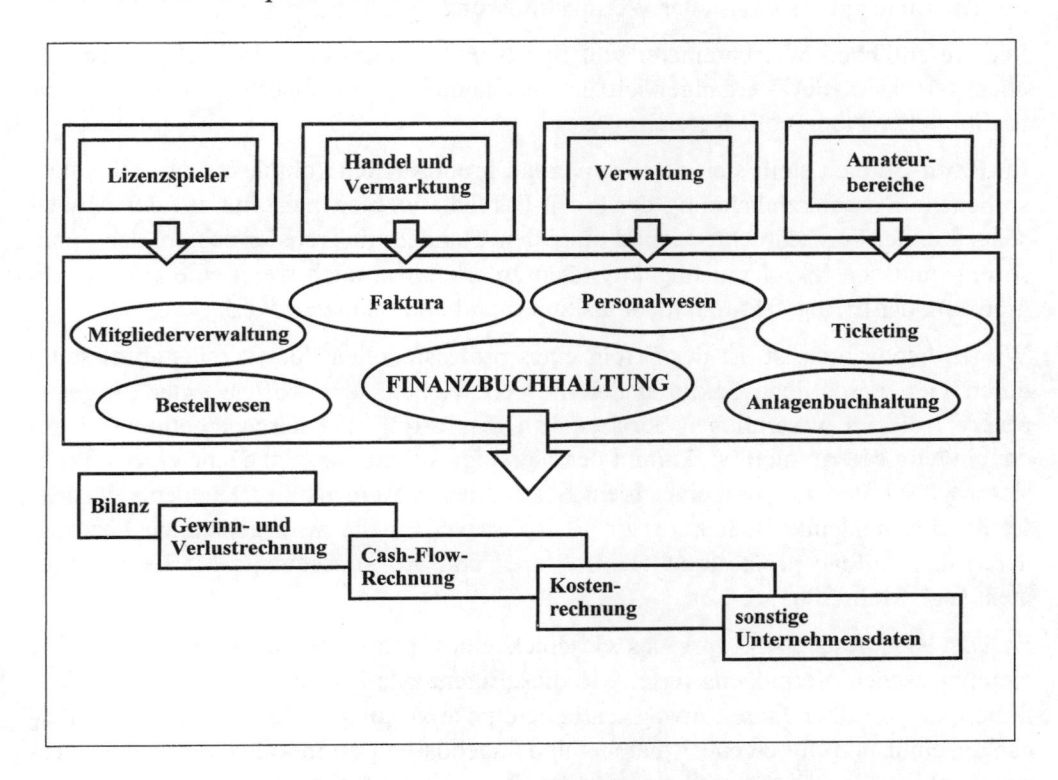

Abbildung 2: Das Unternehmens- und Geschäftsmodell von Sportvereinen

---

[3] Eine Vorreiterrolle nimmt in Deutschland der Berufsfußball ein (vgl. Ellrott/Galli 2000, S. 269 – 278).

Vor allem enorme Personalausgaben im Bereich Lizenzspieler und in den sonstigen professionellen Bereichen,[4] aber auch enorme Ausgaben im Bereich Sachanlagen, führen jedoch oftmals zu einem hohen, häufig unkontrollierten und existenzbedrohenden Fixkostenbestandteil bei den Sportvereinen, die unter Umständen nicht nur den Sportbetrieb der professionellen Bereiche sondern auch den Sportbetrieb der Amateurbereiche in seinem Fortbestehen gefährden können.

Daneben neigen die Funktionäre oft dazu, ihre persönliche Machtbasis und ihren Einfluss innerhalb und außerhalb des Sportvereins zu maximieren, ohne dabei die ökonomischen Belange des Sportvereins hinreichend zu berücksichtigen. Aus diesen Gründen ist bei Sportvereinen ein mangelndes Kostenbewusstsein zu beobachten. Der Hauptfokus eines Sportvereins liegt deswegen eindeutig auf Umsatz- und erst in zweiter Linie auf Gewinn- oder Wertmaximierung.

Die wesentlichen Wertparameter von Sportvereinen beruhen jedoch oft auf sportlichem Erfolg in der Vergangenheit und entstammen zum überwiegenden Teil dem traditionellen Non-Profit-Bereich.

Im Profit-Bereich stellt sich der Sachverhalt grundsätzlich komplexer dar: Die angesprochene Kommerzialisierung der Profit-Bereiche ist hier meist nur auf der Absatzseite, v.a. der Fernsehrechtevermarktung, dem Handel mit Transferrechten, den Sponsoring- und den Merchandisingaktivitäten zu erkennen, auch wenn eine genaue Abgrenzung der Erfolgsfaktoren nicht diskutiert und kommuniziert wird.

Wie zu beobachten ist, ist der Erfolg eines professionellen Sportvereins absatzseitig durch vier wesentliche Faktoren determiniert. Neben dem Aufbau einer „Eigenen Marke", die im wesentlichen durch sportlichen Erfolg und durch emotionale Kundenbindung determiniert ist, kommt der Markenpositionierung im Sinne einer Lokalisierung der Potenziale und einer Identifikation der entsprechenden Kundenbedürfnisse die entscheidende Bedeutung zu. Flankiert werden die zwei genannten Faktoren durch den Aufbau professioneller Strukturen und das konsequente Markenmanagement (vgl. Mohr 2001, S. 12).

Es lässt sich feststellen, dass das Geschick eines Sportvereins, insbesondere seine nichtphysischen Vermögenswerte, wie die „Eigene Marke", das Logo, die Vereinsfarben, das oft über Jahre hinweg erarbeitete positive Image, die Mitglieder, die Anhängerschaft und die eigene Amateur- und Jugendarbeit zu mobilisieren und zu verwerten, bisweilen wichtiger ist, als in Profisportler und überzogen in Sachanlagen, wie Stadien und Sportstätten, zu investieren. Denn vielfach tragen gerade diese Ver-

---

[4] Die Personalausgaben für Spieler sind in der ersten Fußballbundesliga außerordentlich hoch und differieren stark zwischen den jeweiligen Vereinen (Vgl. zu der Entlohnung von Profifußballspielern Lehmann/Weigand 1999, S. 124 – 135).

mögenswerte dazu bei, nicht nur Auszahlungen zu verursachen, sondern auch Wert zu generieren, bzw. den Fortbestand des Sportvereins zu sichern. Gleichzeitig sollte sich ein Sportverein immer bewusst sein, dass es seine Hauptaufgabe ist, Dienstleistungen für Menschen zu erbringen.

Die Verbesserung der wirtschaftlichen Leistungsfähigkeit im Rahmen der sporttypischen „Unternehmensbereiche" kann nur gelingen, wenn:

- die Zuschauereinnahmen gesteigert werden,
- die „Eigene Marke" in den Bereichen Sponsoring, Werbung, Merchandising sowie TV- und Lizenzrechtehandel besser vermarktet wird,
- der eigene Nachwuchs optimal gefördert wird und
- ökonomisch sinnvolle Diversifikationsmöglichkeiten eingegangen werden.

4 Das Balanced Scorecard-Modell

Die Balanced Scorecard (BSC) stellt ein Performance-Measurement-Modell dar, das nicht nur monetäre Leistungsmessgrößen abdeckt, sich also zu einem Einsatz auch für Non-Profit-Unternehmen eignet. Deswegen ist die BSC ein umfassendes und ausgewogenes Steuerungskonzept, das einen Sportverein als Gesamtheit abzubilden vermag und dazu beitragen kann, die in vorherigen Abschnitten genannten Problembereiche zu überwinden. Dies gilt unabhängig davon, ob der Verein ausschließlich im Profit- bzw. im Non-Profit-Bereich tätig ist oder ob er beide Bereiche nebeneinander unterhält.

Die BSC ist das Resultat eines Forschungsvorhabens, das zu Beginn der neunziger Jahre von KPMG USA entwickelt wurde.[5]

4.1 Grundüberlegungen

Traditionell werden zur Abbildung von „Unternehmensprozessen" im Rahmen des externen Rechnungswesens auch bei Sportvereinen (vgl. Galli 1997, S. 905 ff. und Galli 1998, S. 263 ff.) Instrumente der finanziellen Berichterstattung herangezogen. Diese sind nicht in der Lage, immaterielle und intellektuelle Vermögenswerte wie den Wert einer Marke, Qualitätsdienstleistungen und -produkte sowie effektive interne Prozesse aufzuzeigen. Zudem ist das Rechnungswesen vergangenheitsorientiert und geprägt durch den Grundsatz der Periodenabgrenzung. Die HGB-Regelungen

---

[5] Vgl. im folgenden Kaplan/Norton 1997. Zu einer Synthese aus wertorientierter Unternehmensführung und ganzheitlichem Risikomanagement, vgl. Pollanz 1999, S. 1277 – 1281.

sind des weiteren, anders als die Regelungen nach IAS und US-GAAP, am Primat des Gläubigerschutzes ausgerichtet.

Ein an historischen Kosten und Werten orientiertes Rechnungswesenmodell arbeitet mit finanziellen Kennzahlen, an denen vergangene Ereignisse und Entscheidungen gemessen werden. Positive Effekte, die Werte generieren, können unter Umständen nicht gemessen und folglich nicht kontrolliert und kommuniziert werden (vgl. Kaplan/Norton 1997, S. 12).

Negative Effekte schlagen im Rechnungswesen zwar erfolgswirksam zu Buche, werden jedoch meist mit einer zeitlichen Verzögerung erfasst und können den einzelnen Quellen des wirtschaftlichen Misserfolges nicht zugeordnet werden (vgl. Bruhn 1998, S. 150; a.A.: Kaplan/Norton 1997, S. 7).

Nicht abgebildete Wertparameter im Bereich Sport sind in erster Linie immaterielle Vermögensgegenstände, v.a. die „Eigene Marke". Diese befähigen einen Sportverein dazu, Kundenbeziehungen, insbesondere auch Mitgliederbeziehungen, herzustellen, zu bewahren und auszubauen. Gerade im Sportbereich besteht die „Eigene Marke" aus einer Anzahl an möglichen Einzelkomponenten. Dazu zählen u.a. auch die Wettkampfstätte, die Spieler und die Offiziellen (vgl. Mohr 2001, S. 22).

Das Bewusstsein für die Marke des „Sportunternehmens" und damit das Selbstverständnis als Markenartikler ist häufig nicht in ausreichendem Maß vorhanden. Gerade jedoch die Marke ermöglicht es, innovative Produkte und Dienstleistungen für die Zielkunden anzubieten. Unter Kunden sind hier sämtliche Konsumenten der Produkte und Dienstleistungen eines Sportvereins zu verstehen. Kunden sind vor allem Mitglieder, Sponsoring- und Werbepartner, Käufer von Profi- und Jugendsportlern und TV-Rechten, Zuschauer im Stadion und der Sportstätte sowie Käufer von Lizenzrechten und Merchandising-Artikeln. Dem Kundenkreis im weitesten Sinn ist auch die interessierte Öffentlichkeit zuzuordnen.

Den wesentlichen Wertparameter „eigene Marke" und damit zusammenhängende Zielkunden des Sportunternehmens zeigt Abbildung 3 im Überblick.

Eine ausschließlich auf finanzielle Kennzahlen gerichtete Berichterstattung zur Abbildung vergangener Leistungen reicht somit nicht aus, um die entscheidenden Faktoren künftiger Leistungen zu identifizieren. Die dort generierten Kennzahlen werden zudem oftmals unverdichtet, nicht standardisiert und ohne Berücksichtigung individueller Kausalzusammenhänge zwischen den jeweiligen Kennzahlen untereinander oder den Kennzahlen und der Strategie der Organisation angewendet. Notwendig ist eine effektive Nutzung der Informationen und keine Informationsüberlastung.

Es stellt sich ferner die Frage, ob traditionelle Kennzahlensysteme, die für industrielle Bereiche entwickelt wurden, auf die Dienstleistungs- und auch auf die Sport- und

Entertainmentbranche unreflektiert übertragen werden können. Man läuft Gefahr, dass der Wert und die Wertparameter nur unvollständig abgebildet werden.

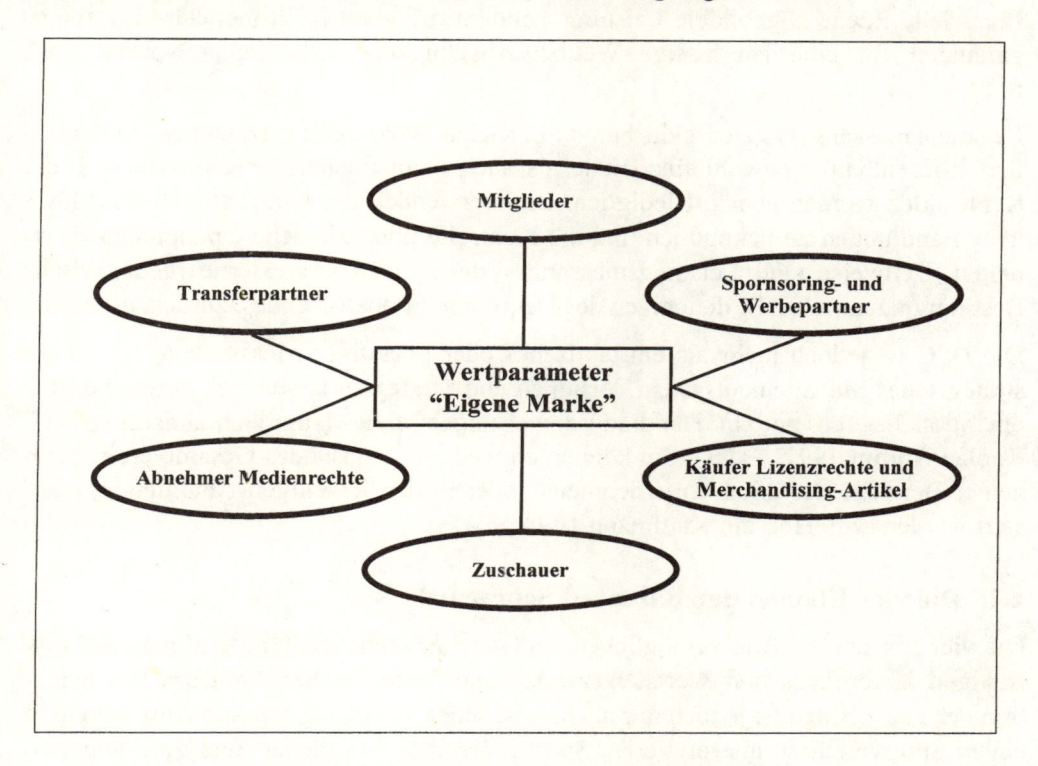

Abbildung 3: „Eigene Marke" und Zielkunden

Die moderne betriebswirtschaftliche Theorie wendet sich deswegen nicht grundsätzlich von traditionellen, häufig finanzwirtschaftlich orientierten Kennzahlen ab. Sie versucht vielmehr, diese zweckentsprechend zu ergänzen, langfristige Ziele zu fokussieren und der Organisation zu nachhaltigem wirtschaftlichen Erfolg zu verhelfen. Eine Möglichkeit hierfür stellt die BSC dar.

Die BSC schärft den Blick für die Generierung von nachhaltigen Wertsteigerungsmöglichkeiten durch das Angebot kundenorientierter Produkte und Dienstleistungen.

Die BSC verbindet die finanzielle Ebene mit der Kundenebene, der Ebene interner Geschäftsprozesse und der Lern- und Innovationsebene. Sie ist somit zugleich kapitalmarkt-, absatzmarkt-, prozess- und ressourcenorientiert (vgl. Horváth/Kaufmann 1998, S. 41). Finanzielle Kennzahlen vergangener Leistungen werden in der BSC um die treibenden Faktoren künftiger finanzieller und nicht-finanzieller Ergebnisse ergänzt.

Ziele und Kennzahlen der BSC werden von Visionen und Strategien des Unternehmens abgeleitet. Die BSC verfolgt nicht nur eine kurzfristig orientierte und durch die finanzielle Ebene abgebildete Leistung, sondern offenbart nicht-monetäre Leistungsparameter für eine langfristige Wettbewerbsfähigkeit (vgl. Kaplan/Norton 1997, S. 8).

Leistungsmessungssysteme sind bereits in vielen Wirtschaftunternehmen implementiert. Sie enthalten sowohl finanzielle als auch nicht-finanzielle Kennzahlen. Diese Kennzahlen werden aber oft lediglich dazu verwendet, um kurzfristig Rückschlüsse über Handlungen zu bekommen und die Kontrolle über taktische Operationen zu erhalten. Teilweise sind Leistungsmessungssysteme auch auf externe regulatorische Bestimmungen, wie z.B. diejenigen des Deutschen Fußball-Bundes, zurückzuführen.

Die BSC ist jedoch mehr als ein taktisches oder operatives Messsystem. Sie ist ein strategisches Managementsystem. Visionen und Strategien lassen sich durch die BSC operationalisieren und in Handlungsanweisungen und Maßgrößen umsetzen (vgl. Kaplan/Norton 1997, S. 23). Sie können entweder auf Basis des Gesamtvereins, einzelner Bereiche des „Sportunternehmens" oder in den jeweiligen Abteilungen realisiert werden (vgl. Horváth/Kaufmann 1998, S. 47).

4.2 Die vier Ebenen der Balanced Scorecard

Die vier Ebenen der BSC ermöglichen ein Gleichgewicht von kurzfristigen und langfristigen Zielen zwischen Wertsteigerungen und deren Leistungstreibern. Die Selektion der vier Ebenen ist jedoch nur als heuristischer Vorschlag für eine Anwendung in einem Sportverein zu interpretieren. Sport-, Vereins-, Mitglieder- und ggf. unternehmensspezifische Gegebenheiten können eine Erweiterung oder Änderung notwendig machen (vgl. Kaplan/Norton 1997, S. 33; Weber/Schäffer 1998, S. 354 f.).

Eine zielführend aufgebaute BSC besteht aus einer Verknüpfung von Zielen und Kennzahlen, die sich ergänzen und gegenseitig verstärken. Es sollte nicht ein Schwerpunkt auf lediglich einer Ebene liegen. Die Daten sollten leicht zu gewinnen sein und bestenfalls aus bereits existierenden DV-Systemen generierbar sein (vgl. Kaufmann 1997, S. 427). Abbildung 4 zeigt das Balanced Scorecard-Modell im Überblick.

4.2.1 Die finanzwirtschaftliche Ebene

Die BSC enthält eine finanzwirtschaftliche Ebene. Klassische finanzielle Kennzahlen sollen einen Überblick über die wirtschaftlichen Konsequenzen früherer Aktionen geben. Die Umsetzung und die Durchführung einer Unternehmensstrategie sollte ex-post anhand von Finanzkennzahlen dahingehend überprüft werden, ob ein positiver Wertbeitrag erzielt wurde.

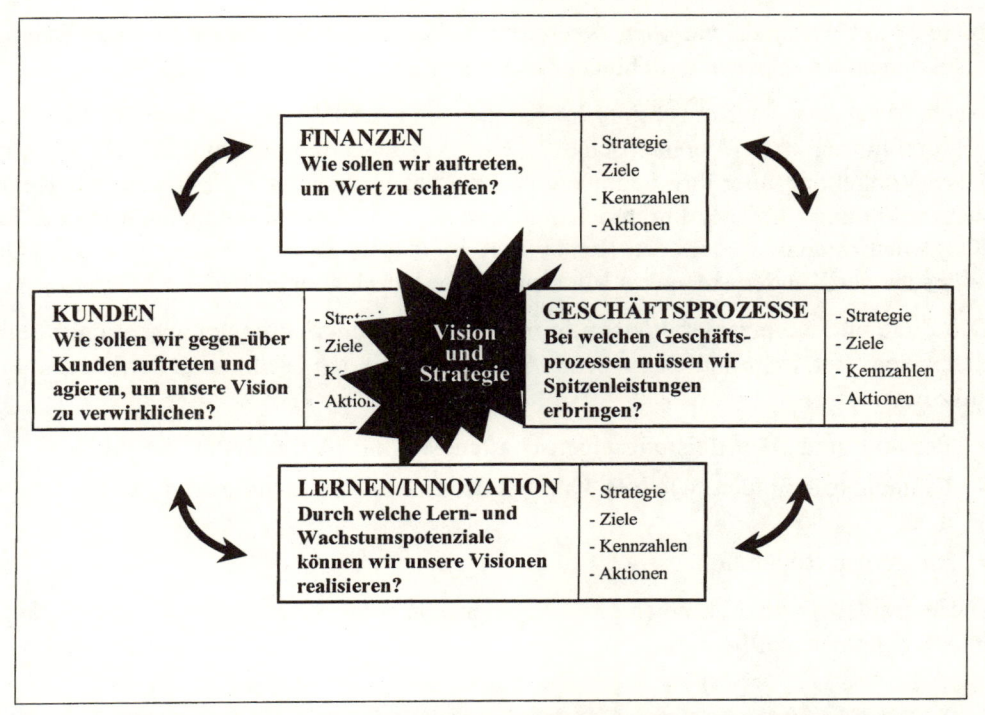

```
                    FINANZEN              - Strategie
                    Wie sollen wir auftreten,   - Ziele
                    um Wert zu schaffen?    - Kennzahlen
                                            - Aktionen

KUNDEN              - Strategie    GESCHÄFTSPROZESSE    - Strategie
Wie sollen wir gegen-über  - Ziele   Vision   Bei welchen Geschäfts-  - Ziele
Kunden auftreten und  - Kennzahlen  und    prozessen müssen wir   - Kennzahlen
agieren, um unsere Vision - Aktionen Strategie Spitzenleistungen   - Aktionen
zu verwirklichen?                        erbringen?

                    LERNEN/INNOVATION       - Strategie
                    Durch welche Lern- und  - Ziele
                    Wachstumspotenziale     - Kennzahlen
                    können wir unsere Visionen - Aktionen
                    realisieren?
```

Abbildung 4: Das Balanced Scorecard-Modell (In Anlehnung an: Kaplan/ Norton 1997, S. 9, Horváth/Kaufmann 1998, S. 42)

Das finanzwirtschaftliche Ziel der BSC steht dem langfristigen Unternehmensziel der Erfolgsmaximierung des „Sportunternehmens" nicht entgegen. Tatsächlich kann die BSC die finanzwirtschaftlichen Ziele definieren und präzisieren. Dies gilt für alle Stufen des Wachstums- und Lebenszyklusses. Finanzwirtschaftliche Ziele in Bezug auf langfristige Rentabilität, Vermögenserträge und Ergebnisverbesserung finden sich in jeder BSC. Es ist anzumerken, dass alle Ziele und Kennzahlen auf der BSC mit einem oder mehreren Zielen der finanzwirtschaftlichen Ebene verbunden sein sollten (vgl. Sure/Thiel 1999, S. 55).

Die finanziellen Ziele einer BSC für einen Sportverein, gerade mit professionellen Abteilungen, müssen auf Cash-flow-Maximierung ausgerichtet sein. Zur Messung sind klassische finanzielle Kennzahlen heranzuziehen.

4.2.1 Die Kundenebene

Segmente, in denen sich der Verein positionieren will, sowie Kennzahlen zur Messung der Leistung in diesen Segmenten werden in der Kundenebene der BSC abgebildet. Faktisch sind, wie oben bereits erwähnt, sowohl Mitglieder als auch Externe als Kunden des „Sportunternehmens" anzusehen.

Nach Abschluss der Konzeption der Kundenebene sollten die Funktionäre, also Geschäftsführung bzw. Vorstandschaft sowie Aufsichtsgremien und Mitarbeiter eine klare Vorstellung über ihre Segmente und die dazugehörigen Ziele haben. Als Kennzahlen kommen der Markt- und Kundenanteil, die Kundenbindung und -treue, die Kundenzufriedenheit und die Rentabilität in diesen Zielsegmenten in Frage. Die Wünsche der Kunden stehen im Mittelpunkt der Überlegungen.

Die Ziele und Kennzahlen können primär auf drei Blickrichtungen ausgerichtet sein, die es dem Verein ermöglichen, seine Aktivitäten mit den Zielkunden zu festigen und auszuweiten:

- Produkt- und Dienstleistungseigenschaften, wie z.B. Attraktivität und Preis,
- Kundenbeziehungen, wie z.B. Qualität des Erlebnisses und persönliche Beziehungen,
- Image und Reputation.

Diese drei Blickwinkel können nicht singulär interpretiert werden, da sie gegenseitige Interdependenzen aufweisen.

4.2.3 Die Ebene der internen Geschäftsprozesse

Die Ebene der internen Geschäftsprozesse thematisiert die kritischen Prozesse, in denen die Organisation zur Verwirklichung ihrer Ziele in der finanziellen Ebene und der Kundenebene ihre Verbesserungsakzente setzen muss. Führungskräfte müssen zunächst die kritischen Prozesse, die sie einwandfrei verstehen und beherrschen müssen, identifizieren. Nur so können sie die Ziele in den Zielkundensegmenten erfüllen. Herkömmliche Controlling- und Berichtssysteme gewährleisten ex ante keine steuernde und gestaltende Beeinflussung des Unternehmens. Anders die BSC, sie ermöglicht die Ableitung der Anforderungen an die interne Prozessleistung aus den Erwartungen der Zielkunden.

4.2.4 Die Lern- und Innovationsebene

Zur Bewerkstelligung eines langfristigen nachhaltigen Wachstums ist als vierte Ebene permanentes Lernen und Innovationsfähigkeit der Organisation notwendig. Diese liefert einen wesentlichen Wertbeitrag.

Das Lern- und Innovationspotenzial beeinflusst maßgeblich die Fähigkeit, finanzielle, interne und externe Kundenziele zu erreichen. Innovation und Wachstum wird durch drei Faktoren ermöglicht:

- Mitarbeiter (Back-Office, ehrenamtliche Helfer und Sportler),
- Organisationsstrukturen und
- Ausrichtung an den Vereinszielen.

Um bessere Leistungen erzielen zu können, sind Investitionen in die drei oben genannten Faktoren notwendig.

5 Vorschlag für strategische Ziele, Erfolgsfaktoren und Kennzahlen in den vier Ebenen der BSC für einen Sportverein

Vereinfacht kann eine BSC für einen Sportverein mit professionellen Abteilungen die in Abbildung 5 illustrierten Inhalte aufweisen.

Ableitung strategischer Ziele — **Analyse der kritischen Erfolgsfaktoren** — **Operationalisierung der kritischen Erfolgsfaktoren**

Strategische Ziele
- erfolgreichster überregionaler bzw. regionaler Sportverein
- beste Jugendarbeit
- Ausbau Sponsoring, Merchandising sowie TV-Rechte- und Lizenzhandel
- optimale Unterstützung Amateurabteilungen

Erfolgsfaktoren
- sportliche Attraktivität
- Zuschauerzahlen
- Markenimage
- Bekanntheitsgrad
- Sponsorenpool
- Managementkompetenz
- lückenlose Distributionskanäle
- Zusammenarbeit mit anderen Vereinen
- Jugendarbeit
- Service
- friedliche Atmosphäre im Stadion

Kennzahlen
- ROCE, Umsatz, DB, ...Abteilungen, Merchandising, Sponsoring, TV- und Lizenzrechtehandel
- Marktanteil
- Kundenrentabilität, -zufriedenheit
- Imagewerte/ Bekanntheitsgrad
- Medienpräsenz
- Dauerkartenverkauf
- Anzahl Fanclubs, Verkaufsstellen, Auswahlsportler
- „Marktwert" der Sportler
- Anzahl Sportler aus eigenem Nachwuchs in Profikader
- Stärke des Sicherheitsdienstes

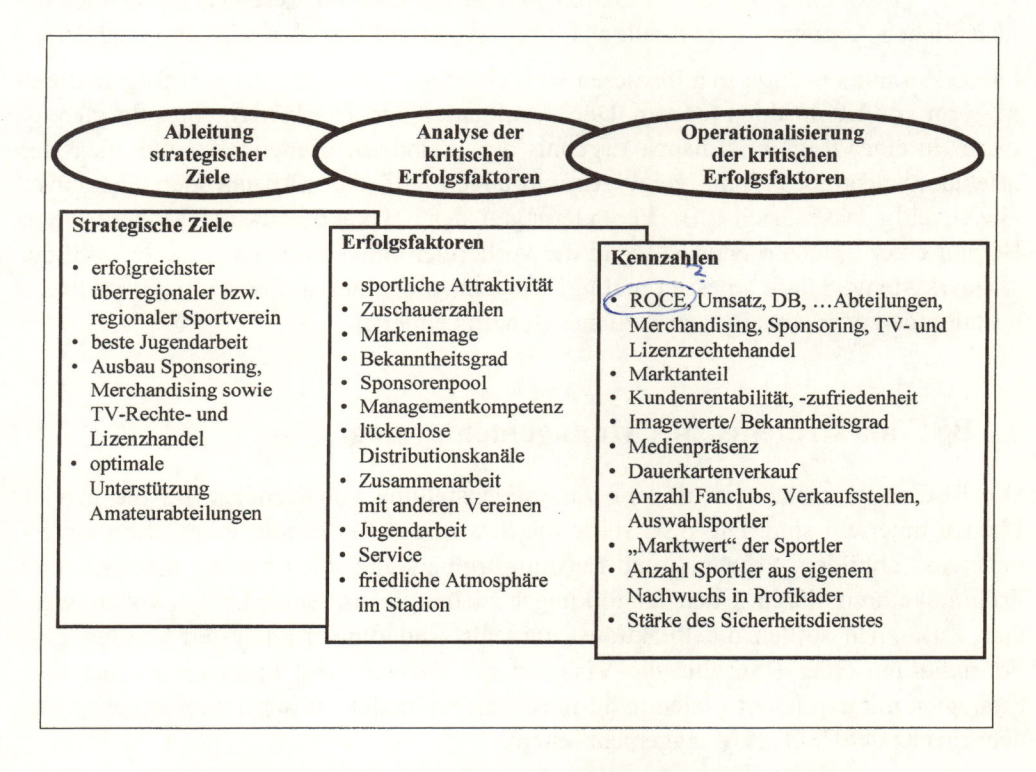

Abbildung 5: Mögliche Inhalte einer BSC für einen Sportverein

An diesen möglichen Inhalten einer BSC erkennt man die engen Verbindungen zwischen den verschiedenen Ebenen der BSC und den hier ausgewählten strategischen Zielen. So bezieht sich das strategische Ziel „Ausbau Sponsoring, Merchandising sowie TV-Rechte- und Lizenzhandel" auf die Ebene der Kunden, der Geschäftsprozesse und gleichzeitig auch auf die Ebene der Finanzen. Das strategische Ziel „beste Jugendarbeit" bezieht sich auf die Ebenen Finanzen und Kunden, aufgrund der Nachwuchsarbeit jedoch auch auf die Lern- und Innovationsebene. Gleichzeitig können strategische Ziele auch relativ einwertig eine Ebene repräsentieren, wie das Beispiel der „optimalen Unterstützung der Amateurabteilungen" zeigt. Dieses wirkt sich auf die Mitglieder des Vereins aus, die als Kunden anzusehen sind. Es bleibt jedoch zu bemerken, dass alle weiteren als Beispiel genannten strategischen Ziele Rückwirkungen auf dieses strategische Ziel zeigen, wenn der Sportverein sich als Dienstleister für seine (aktiven) Mitglieder definiert.

Analysiert man die kritischen Erfolgsfaktoren, so wird ebenfalls die enge Verbindung zwischen vielen dieser Größen deutlich, wie das folgende Beispiel zeigt: „Zuschauerzahlen", „Bekanntheitsgrad", „Zusammenarbeit mit anderen Vereinen", aber auch die „friedlichen Atmosphäre im Stadion" korrelieren grundsätzlich positiv miteinander.

Diese Zusammenhänge manifestieren sich ebenfalls, will man diese Erfolgsfaktoren in Form von Kennzahlen messen. Der „Marktanteil" an Zuschauern eines Sportereignisses in einer Region ist bspw. Ergebnis der „Kundenzufriedenheit", aber auch des „Bekanntheitsgrades" und zeigt Auswirkungen auf die „Anzahl der Fanclubs". Gleichzeitig lassen sich z.B. Veränderungen des „Bekanntheitsgrades" bereits vor Beginn einer Spielzeit oder während der vorherigen Spielzeit anhand der Anzahl der „Dauerkartenverkäufe" messen und ggf. Gegenmaßnahmen in Form attraktiver Preisgestaltungen oder sonstiger zusätzlicher Benefits einleiten.

6 BSC als strategisches Managementsystem

Die BSC muss mehr sein als eine Zusammenstellung von Kennzahlen, die in vier Ebenen unterteilt sind. Die BSC sollte die Strategien aller Bereiche des „Sportunternehmens" abbilden. Ergebnis- und Leistungstreiberkennzahlen müssen als Spät- und Frühindikatoren durch Ursache-Wirkungsbeziehungen miteinander verwoben werden. Zusätzlich sollten die Reaktionszeiten für Änderungen analysiert werden. Die Formulierung einer BSC, die die Visionen der Bereiche des Sportvereins und ihre Strategien mit expliziten Zielen und Maßstäben verbindet, ist nur der erste Schritt für den Einsatz der BSC als Managementsystem.

Die BSC muss allen Bereichen des Vereins vermittelt werden, besonders den Funktionären sowie den hauptberuflichen und den ehrenamtlichen Mitarbeitern. In Ansätzen sind in diesen Prozess sicherlich auch die Mitglieder einzubeziehen. Ziel dieses Kommunikationsprozesses ist es, die Organisation, insbesondere aber alle Führungskräfte, auf die Strategie auszurichten. Dazu zählen im vorliegenden Fall vor allem auch die Sportler und die sonstigen Vereinsvertreter, die bei diversen öffentlichen Auftritten und unter Umständen gegenüber Medien den Verein nach außen hin repräsentieren.

Neben der Umsetzung von Vision und Strategie in Ziele und Kennzahlen, die an sämtliche Mitglieder und Offizielle sowie an Externe verständlich vermittelt werden können, ist es entscheidend, dass Ressourcen für die Erreichung dieser Ziele eingesetzt werden. Erst dann gelingt es, ferne Ziele in greifbare Vorgaben umzuwandeln, denen sich der Sportverein verpflichtet fühlt.

Effektives Lernen setzt ein, wenn die Beteiligten in Frage stellen, ob die Annahmen, nach denen sie bisher gehandelt haben, unter der aktuellen Umweltsituation noch aufrecht erhalten werden können. Effektives Lernen ist durch drei essenzielle Elemente gekennzeichnet:

- ein gemeinsamer organisatorischer Rahmen, der die Strategie, Ziele, Kennzahlen, Aktionen und die Funktionsweise der BSC vermittelt und jedem ermöglicht, zu erkennen, wie seine Handlungen zur Erreichung der Gesamtstrategie beitragen,
- ein Feedbackprozess, der Leistungsdaten über die Strategie sammelt und die Ziele und Aktionen hinsichtlich ihres Zusammenhangs überprüft, und
- ein teamorientierter Problemlösungsansatz, beim dem die Leistungsdaten analysiert werden.

Die Strategie sollte anschließend den sich ergebenden Erkenntnissen und Problemen angepasst werden.

Einen zusammenfassenden Überblick über eine BSC als strategisches Managementsystem gibt Abbildung 6.

7 Herausforderungen für Sportvereine an der Schnittstelle Profit-Non-Profit

Maßgeblich für den wirtschaftlichen und sozialen Erfolg des Vereins ist die Pflege und Entwicklung der „Eigenen Marke". Eine konkret definierte Strategie und deren Umsetzung ist hierzu zwingend notwendig.

Sportvereine erstellen keine industriellen Produkte. Vielmehr bieten sie eine nicht ohne weiteres reproduzierbare Dienstleistung an, die aufgrund ihres Markencharakters und aufgrund der Voraussetzung der sportlichen Qualifikation mit Markteintrittsbarrieren behaftet ist. Der Definition einer von allen Beteiligten mitgetragenen Strategie kommt deshalb die wesentliche Bedeutung zum Aufbau und zur Ausdehnung der Markteintrittsbarrieren und von Differenzierungsmerkmalen den Wettbewerbern

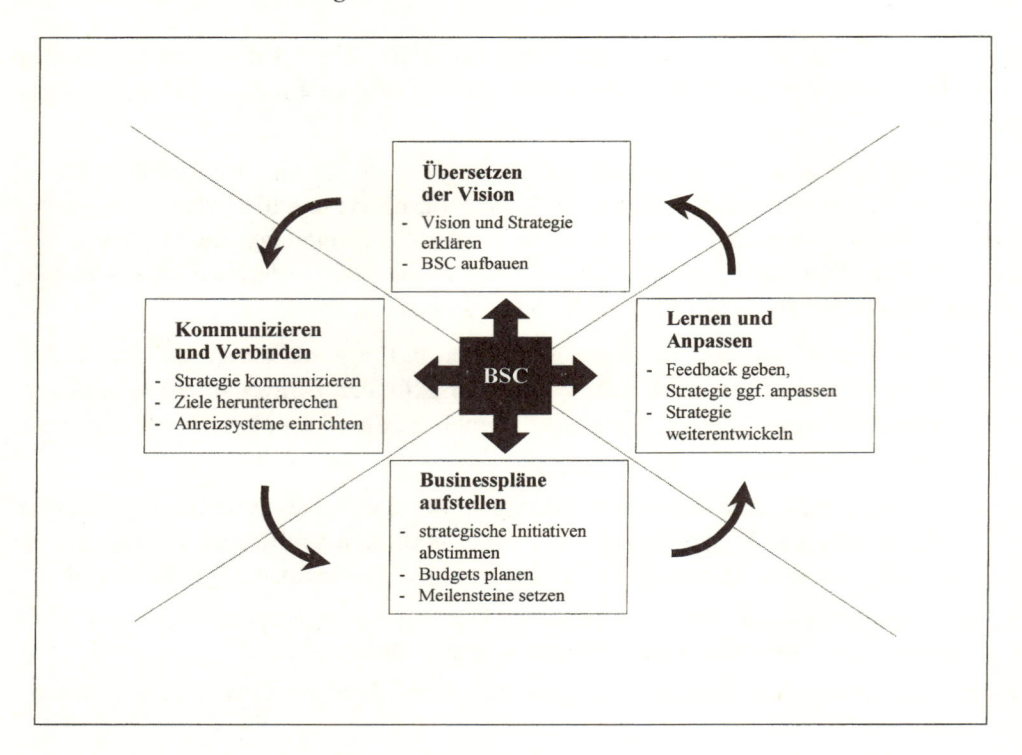

```
                    Übersetzen
                    der Vision
              - Vision und Strategie
                erklären
              - BSC aufbauen

  Kommunizieren                              Lernen und
  und Verbinden                              Anpassen
- Strategie kommunizieren    BSC          - Feedback geben,
- Ziele herunterbrechen                     Strategie ggf. anpassen
- Anreizsysteme einrichten                - Strategie
                                            weiterentwickeln

                    Businesspläne
                    aufstellen
              - strategische Initiativen
                abstimmen
              - Budgets planen
              - Meilensteine setzen
```

Abbildung 6: BSC als strategisches Managementsystem (In Anlehnung an Kaplan/Norton 1997, S. 10)

gegenüber zu. Der Suche nach der Strategie und deren Umsetzung sollte große zeitliche und intellektuelle Aufmerksamkeit gewidmet werden. Der strategische Fokus kann sich z.B. entweder auf eine Internationalisierungsstrategie oder auf die regionale Vorherrschaft eines Vereins und der von diesem vertretenen Sportarten richten.

Die Sportvereine sollten sich jedoch primär unter Berücksichtigung wirtschaftlicher und gemeinnützigkeitsrechtlicher Aspekte auf ihre Kernkompetenzen besinnen. Falsche wirtschaftliche Ausrichtungen von Sportvereinen, vor allem solchen mit professionellen Abteilungen, z.B. durch unreflektierte Diversifizierungsstrategien, sollten vermieden werden. Idealerweise sollte die ökonomische Orientierung dieser ehemals ausschließlich im Non-Profit-Bereich angesiedelten Vereine in ihren Profit-Bereichen zu einem erfolgs- und wertorientierten betriebswirtschaftlich fundierten Management der Organisation führen. Die Verfolgung von Non-Profit-Zielen wird dadurch nicht ausgeschlossen. Sie kann dadurch vielmehr gezielt gefördert werden.

8 Fazit

Das Potenzial der BSC, gerade auch für Sportvereine an der Schnittstelle Profit-Non-Profit, liegt in der strategischen Willensbildung. Mitglieder, Mitarbeiter und Führungskräfte werden im Rahmen der Einführung einer BSC dazu angeregt, ihr internes Wissen und ihre Erfahrungen über Ursache-Wirkungs-Zusammenhänge zu erörtern und anderen mitzuteilen (vgl. Weber/Schäffer 1998, S. 349).

Die Implementierung einer BSC beginnt mit der Klärung der Vision und der Ableitung der entsprechenden Strategien des Sportvereins. Der Gebrauch von Kennzahlen dient der Planung, der Steuerung und der Kontrolle und erleichtert die Kommunikation. So werden aus hektisch gefassten Konzepten, die oft nur Reaktionen auf Modeerscheinungen oder Umweltänderungen darstellen, zielführende Aktionen. Diese Vorgehensweise hilft dabei, präzise Vorstellungen zu erhalten und daraus konkrete und vorausschauend konzipierte Handlungsanweisungen abzuleiten.

Ein Prozess des strategischen Lernens und der strategischen Anpassung ist die Grundlage für die erfolgreiche Umsetzung einer Unternehmensstrategie. Infolge des permanenten Abgleichs aller Anspruchsgruppen, der ganzheitlichen Betrachtung und Würdigung der Bereiche des „Sportunternehmens" und der Orientierung an langfristigen Strategien, gewährleistet die BSC, dass die Vision nicht lediglich ein abstraktes Konstrukt bleibt. Traditionelles Rechnungswesen und BSC müssen sich nicht widersprechen, sie ergänzen sich vielmehr. Denn: „Unternehmen allein über Finanzzahlen zu führen gleicht dem Verfolgen eines Fußballspiels via Anzeigentafel." (vgl. Weber/Hamprecht/Goeldel 1997, S. 12)

9 Literaturverzeichnis

Brandmaier, S./Schimany, P. (1998): Die Kommerzialisierung des Sports, Hamburg.

Bruhn, M. (1998): Balanced Scorecard: Ein ganzheitliches Konzept der Wertorientierten Unternehmensführung? In: Bruhn, M. (Hrsg.): Wertorientierte Unternehmensführung: Perspektiven und Handlungsfelder für die Wertsteigerung von Unternehmen, Wiesbaden. S. 145 – 167.

Ellrott, H./Galli, A. (2000): Neuregelung der Rechnungslegung und Prüfung im deutschen Berufsfußball, in: Die Wirtschaftsprüfung (WPg), S. 269 – 278.

Galli, A. (1997a): Anforderungen an das externe Rechnungswesen gemeinnütziger Vereine, in: Buchführung, Bilanz, Kostenrechnung (BBK), S. 905 – 910.

Galli, A. (1997b): Das Rechnungswesen im Berufsfußball, Düsseldorf.

Galli, A. (1998): Die Rechnungslegung nichtwirtschaftlicher gemeinnütziger Vereine, in: Deutsches Steuerrecht (DStR), S. 263 – 268.

Galli, A. (1999): Rechnungswesen im Berufsfußball in Deutschland, England, Italien und Spanien, in: Recht der Internationalen Wirtschaft - Betriebsberater International (RIW), S. 600 – 604.

Horváth, P./Kaufmann, L. (1998): Balanced Scorecard – Ein Werkzeug zur Umsetzung von Strategien, in: Harvard Business Manager (HBM), S. 39 – 48.

Kaplan, R. S./Norton, D. P. (1997): Balanced Scorecard, Stuttgart.

Kaufmann, L. (1997), Balanced Scorecard, in: Zeitschrift für Planung (ZfP).

Lehmann, E./Weigand, J. (1999): Determinanten der Entlohnung von Profifußballspielern – Eine empirische Analyse für die deutsche Bundesliga, in: Betriebswirtschaftliche Forschung und Praxis (BfuP), S. 124 – 135.

Meyer, B./Ahlert, G. (2000): Die ökonomischen Perspektiven des Sports, Schorndorf.

Mohr, S. (2001): Neue Regeln für ein neues Spiel, Studie Roland Berger, München.

O.V. (1998): Fußball – Das Spiel mit Ball und Zahlen, in: IWD – Online, Nr. 33.

O.V. (1999): Sponsoring – Erst der Spot, dann der Sport, in: IWD – Online, Nr. 27.

O.V. (2001): TV-Präferenzen – Geliebte News, in: Medienspiegel Online, Nr. 25.

Pollanz, M. (1999): Ganzheitliches Risikomanagement im Kontext einer wertorientierten Unternehmensführung (Risk Adjusted Balanced Scorecarding), in: Der Betrieb (DB), S. 1277 – 1281.

Sure, M./Thiel, R. (1999): Balanced Scorecard – Strategieumsetzung und Performancemessung in Banken, in: Die Bank.

Weber, J./Hamprecht, M./Goeldel, H. (1997): Integrierte Planung – nur ein Mythos, in: Harvard Business Manager 19, Heft 3, S. 9 – 13.

Weber, J./Schäffer, U. (1998): Balanced Scorecard – Gedanken zur Einordnung des Konzepts in das bisherige Controlling-Instrumentarium. In: Zeitschrift für Planung 9, S. 341 – 365.

Martin Mertes[*]

Leistungsorientierung mit der Balanced Scorecard als Baustein eines kirchlichen Controlling

1   Die Kirche als Objekt betriebswirtschaftlicher Betrachtungen

2   Die Eignung der BSC für ihren Einsatz in der Kirche und daraus resultierende Modifikationen

    2.1   Prüfung der Eignung und generelle Überlegungen zur Funktion

    2.2   Modifikation des perspektivischen Aufbaus

3   Beispielhafte Konkretisierungen der BSC

    3.1   Eine BSC für ein Bistum

    3.2   Besonderheiten einer BSC für eine Gemeinde

4   Resümee und Ausblick

5   Literaturverzeichnis

---

[*]   Dr. Martin Mertes, Leiter Rechnungswesen und Controlling, Parsytec AG, Aachen.

1 Die Kirche als Objekt betriebswirtschaftlicher Betrachtungen

Die katholische Kirche[1] in Deutschland ist ein überaus bedeutender Wirtschaftsfaktor: Sie hat ein jährliches Kirchensteueraufkommen von ca. 4 Mrd. Euro[2] und beschäftigt inklusive ihres Anteils am staatlich unterstützten Sozialsektor (meist in der Hand von Vereinen oder Verbänden) ungefähr eine halbe Million Menschen (vgl. Kruip 1999, S. 248). Sie ist in den letzten Jahrzehnten mit bedeutenden Umbrüchen konfrontiert: Ihr Mitgliederanteil ist auf ein Drittel der Gesamtbevölkerung gesunken (vgl. Ruh 1999b, S. 1). Gleichzeitig erodieren die finanziellen Ressourcen der deutschen Kirche nicht nur durch den Mitgliederschwund, sondern durch die Verknüpfungen der deutschen Kirchensteuer mit dem allgemeinen Steuersystem auch im Zuge von dessen Umschichtungen hin zu den indirekten Steuern.[3] Darüber hinaus sieht sich die katholische Kirche einem dramatischen Priestermangel (vgl. z.B. Baaske et al. 1997, S. 14, Zollitsch 1998, S. 181, Kruip 1999, S. 247 und o.V. 1999a) und Glaubwürdigkeitskrisen wie etwa im Zusammenhang mit dem Streit um die Schwangerschaftskonfliktberatung ausgesetzt. Dabei kommt all diesen Problemen nicht nur eine theologische, sondern auch eine betriebswirtschaftliche Dimension zu: Die Nachfrager bleiben aus, die Einnahmen schrumpfen, die personellen Ressourcen schwinden und die Aufgabenfelder der Kirche wandeln sich freiwillig oder gezwungenermaßen.

Die Kirche sieht sich also erheblichen ökonomischen Problemen gegenüber, für die es bis heute fundierte Lösungen weder aus der kirchlichen Praxis noch aus der betriebswirtschaftlichen Theorie gibt.[4] Lediglich das kirchliche Marketing kann auf eine solide wissenschaftliche Basis zurückgreifen.[5] In den übrigen funktionalen Teilbereichen der Betriebswirtschaftslehre sind kaum Forschungsarbeiten vorhanden. Außerdem zeigt die Kirche auch eminente Besonderheiten in Zielen, Organisation, Finanzen, Personal und Leistungsprogramm, so dass eine einfache Übertragung wenig aussichtsreich erscheint.

---

[1] Im Folgenden werden die Termini katholische Kirche und Kirche aus Vereinfachungsgründen synonym verwendet.

[2] Vgl. o.V. 1996, S. 2. Im Jahr 1997 nahmen die katholischen Bistümer 4,1 Mrd. Euro Kirchensteuer ein. Vgl. Ruh 1999a, S. 337.

[3] Nach Schätzungen kirchlicher Experten werden die Kirchen in Deutschland durch die verschiedenen Steuerreformvorhaben einen Rückgang ihrer Kirchensteuereinnahmen ab dem Jahr 2002 von bis zu 25 % hinnehmen müssen. Vgl. Ruh 1999a, S. 337.

[4] Als Ausnahme und Ausgangspunkt anderer Auseinandersetzungen mit dem Thema vgl. z.B. Horak 1987 und Barrenstein 1997.

[5] Vgl. zu diesem Themenkreis bspw. Hillebrecht 1997, Kapfer/Putzer/Schnider 1997, Raffée 1997, Butzer-Strothmann 1998, Thomé 1998 und Röhr 1999.

Vor diesem Hintergrund unternimmt der folgende Beitrag den Versuch, das Instrument der Balanced Scorecard (BSC) auf das Anwendungsfeld Kirche zu übertragen. Als Anwendungsbeispiel wird in concreto die katholische Kirche in ihrer Ausprägung der deutschen Kirche auf den Ebenen Bistum und Gemeinde gewählt und dabei speziell auf den originären (seelsorglichen) und durch das Kirchenrecht gestalteten Teil der „Verfaßte[n] Kirche" (Pirson 1992, Sp. 1088) fokussiert. Dazu wird in Abschn. 2 das Konzept der BSC auf seine Eignung für die Kirche untersucht, bevor in Abschnitt 3 konkrete Umsetzungsbeispiele in Bistum und Kirchengemeinden gegeben werden.

Das in Teil I dieses Bandes erläuterte Basismodell der BSC wurde primär für den Einsatz in erwerbswirtschaftlichen Unternehmen entwickelt. Daher ist im folgenden zu prüfen, inwieweit mit diesem Ansatz den Herausforderungen an ein Controlling in der Kirche Rechnung getragen wird und inwieweit wegen der spezifischen Charakteristika der Kirche Modifikationen vorgenommen werden müssen.[6]

2 Die Eignung der BSC für ihren Einsatz in der Kirche und daraus resultierende Modifikationen

2.1 Prüfung der Eignung und generelle Überlegungen zur Funktion

Die Eignung der BSC für die Lösung der Aufgaben eines Kirchen-Controlling ist grundsätzlich zu bejahen. Gegenüber den meisten anderen Steuerungssystemen beruht dieses positive Urteil zum ersten auf der Einbeziehbarkeit nicht-monetärer Steuerungsinformationen in die Führung der Organisation. Sie entspricht damit der in der Kirche – als einer NPO – vorherrschenden Sachzieldominanz und ist insoweit für den Einsatz in der Kirche prädestiniert.[7] Damit wird auch der Forderung nach einer aus der Sachzieldominanz resultierenden Organisationsspezifität von Kennzahlen in NPOs (vgl. zu dieser Forderung Schauer 1989, S. 310) entsprochen. Zum zweiten stößt die der BSC zugesprochene Übersetzungs- und Kommunikationsfunktion (vgl. Kaplan/Norton 1996a, S. 10 und Kaplan/Norton 1997, S. 10) bezüglich Vision und Strategie in der Kirche auf ein Umfeld, in dem noch erheblicher Aufholbedarf besteht.[8] Zwar existiert mit der in die drei Grunddienste aufgespalteten Sendung[9] in der

---

[6] Vgl. im folgenden auch immer Mertes 2000a, S. 222 – 252, und Mertes 2000b.

[7] Vgl. zu dieser Schlussfolgerung allgemein für NPOs Berens/Karlowitsch/Mertes 2000, S. 25 f. Zur besonderen Bedeutung nicht-monetärer Kennzahlen für NPOs vgl. auch Schauer 1989, S. 310.

[8] Vgl. zu dieser Schlussfolgerung allgemein für NPOs Berens/Karlowitsch/Mertes 2000, S. 27.

[9] Die Sendung stellt die Mission der Kirche dar; der Begriff ergibt sich aus dem Sendungsbefehl Jesu an seine Jünger, die in die Welt hinausgehen sollten.

Kirche eine über allem stehende Zwecksetzung, welche die Funktion der Vision für die Erarbeitung einer BSC erfüllen kann, aber diese ist – wie geschildert – nicht in ein Zielsystem ausdifferenziert oder handlungsleitend als Strategie konkretisiert. Die BSC löst zwangsläufig eine Auseinandersetzung mit den Organisationszielen aus, die den positiven Effekt einer Debatte über die Ausdifferenzierung eines Zielsystems und die Entwicklung einer handlungsleitenden Strategie beinhaltet. Auch über diese Beschäftigung mit der Sendung im eingeschränkten Kreis der an der Ausarbeitung Beteiligten hinaus, wird durch die nachfolgende Arbeit mit der BSC auf allen Ebenen der Organisation die Sendung wieder nachdrücklich ins Bewusstsein gerufen. Als dritten Vorteil der BSC gegenüber anderen Konzepten ist ihre Konkretisierung in die verwendeten Perspektiven zu werten: Dadurch erhält das Konzept eine Ordnung, die eine Beschäftigung mit Strategie und Zielsystem vorstrukturiert und eine weitgehend intuitive Anwendung auch im mit Management-Methoden ungeübten Umfeld der Kirche ermöglicht.

Nachdem das Konzept nun als grundsätzlich geeignet befunden wurde, ist im Detail zu prüfen, an welchen Stellen Modifikationen zur Verbesserung der Einsetzbarkeit in der betrachteten Organisation vorgenommen werden müssen. Die dazu im Schrifttum vorhandenen Konzepte zur Modifikation der BSC für ihren Einsatz in NPOs sind dabei in die folgenden Gedankengänge eingeflossen (zu einer ausführlichen Auseinandersetzung vgl. Mertes 2000a, S. 222–225). Die folgenden Ausführungen erfolgen in Anlehnung an Berens/Karlowitsch/Mertes (vgl. Berens/Karlowitsch/Mertes 2000 und Berens/Karlowitsch/Mertes 2001). Es werden im Folgenden auch jeweils Beispiele für Kennzahlen in den einzelnen Perspektiven gegeben. Deren Darstellung erhebt keinen Anspruch auf Vollständigkeit oder Geschlossenheit, da – wie allgemein für die BSC erörtert – deren Auswahl im jeweiligen Anwendungsfall anhand der etablierten Strategie erfolgen muss. Beispiele dafür werden in Abschnitt 3 gegeben. Die im folgenden vorzustellenden Modifikationen beziehen sich zunächst auf Bedeutung und Aussagekraft der BSC und deren Stellung im betriebswirtschaftlichen Instrumentarium der Kirche. Anschließend werden die Perspektiven auf ihre Relevanz im Kontext der Kirche und ihre inhaltliche Ausgestaltung untersucht, und es wird die Frage nach der eventuellen Neuentwicklung von Perspektiven aufgeworfen und beantwortet.

Das Problem der allgemeinen Erörterung einer BSC für die Kirche liegt in der fehlenden Ausdifferenzierung und Ausformulierung des Zielsystems der Kirche. Es wird daher folgender Weg beschritten: Einerseits wird in der laufenden Diskussion dieses Abschnittes weitgehend nur auf die vorhandenen Zielsystem-Fragmente in Form von Sendung und Grunddiensten zurückgegriffen, um die Erörterungen nicht zwangsläufig dem Vorwurf der Wahl eines inadäquaten Zielsystems und daraus resultierend einer falschen Strategie auszusetzen. Andererseits wird in den Beispielen des folgenden Abschnitts eine exemplarische Konkretisierung von Zielsystem und Strategie vorgenommen, um diese Ausführungen anschaulich gestalten zu können.

Die Anwendung der BSC in der Kirche wird eine andere *Bedeutung* haben als in einem Unternehmen. Während in einem Unternehmen die Akzeptanz des Instruments evtl. daran scheitern kann, dass es als eine weitere, sich schnell überholende Modewelle[10] angesehen wird, stellt sich in der Kirche eher die mangelnde Erfahrung mit betriebswirtschaftlichen Instrumenten und/oder die generelle Ablehnung des Einsatzes solcher Instrumente als Problem heraus. Hier muss in dem Sinne „Aufklärungsarbeit" geleistet werden, dass auch die BSC nicht versucht, alles zu quantifizieren oder gar zu monetarisieren, dass sie aber die Chance beinhaltet, eine Quantifizierung in ausgewählten Teilbereichen anzugehen. In Unternehmen wird die BSC in der Regel auf ein detailliertes Informationssystem treffen, in dem sie für eine Reduktion bzw. Begrenzung von Kennzahlensystemen und vielfachen Berichten wirkt. In der Kirche wäre ihr Einsatz hingegen der erste Versuch – abgesehen von statistischen Aufzeichnungen bezüglich Mitglieder- und Kirchenbesucherzahlen – einer an den Bedürfnissen der Steuerung der kirchlichen Organisation ausgerichteten Informationsversorgung. Damit muss die von Kaplan/Norton geforderte strenge Differenzierung von diagnostischen, nicht zur BSC gehörenden und strategischen, in diese eingehenden Kennzahlen an Bedeutung verlieren; denn zum einen kann ein nicht existierender *information overload* nicht bekämpft werden und zum anderen fehlen aufgrund nicht vorhandener ausgebauter Informationssysteme die Quellen, die in Unternehmen in der Regel die diagnostischen Kennzahlen zu liefern in der Lage sind. Daraus resultiert auch, dass die Kennzahlenauswahl nicht ausschließlich strategisch bedeutsame Elemente, sondern ebenfalls gewisse *(diagnostische) Basiskennzahlen,* die zu verfolgen wichtig sein kann, enthalten sollte. Außerdem werden viele Kennzahlen speziell für die BSC erhoben werden müssen. Ein Rückgriff auf bestehende kirchliche Statistiken und das kirchliche Rechnungswesen ist nur zum Teil möglich.

In NPOs und noch mehr in der Kirche werden immer wieder Ziele in den Scorecards auftauchen, die weder operationalisierbar sind noch sinnvoll operationalisierbar gemacht werden können („Wir wollen eine spirituell geprägte Gemeinde sein." oder „Wir wollen unsere Konflikte mehr als bisher im Geiste Jesu austragen."). In diesen Fällen würde jeglicher Versuch einer Messung deren geistlichen Charakter zerstören. Dennoch sind diese nicht zahlenmäßig messbaren Ziele als wichtige Elemente des Zielsystems zu beachten, und es stellt sich die Frage, ob es Möglichkeiten gibt, dies methodisch zu unterstützen. Werden sie nämlich aus dem Zielsystem ausgeklammert bzw. nicht in die BSC aufgenommen, so drohen sie gegenüber den aufgenommenen Zielen vernachlässigt zu werden, da sie aus dem Blick geraten. Zur Lösung dieser Problematik schlagen Beer/Eisenstat/Biggadike vor, in solchen Fällen *Texte anstelle*

---

[10] Zur Diskussion der BSC als Modewelle der Management-Theorie vgl. Weber/Schäffer 1998, S. 361 f.

der Kennzahlen zu verwenden, in denen zunächst die gewünschte und anschließend die tatsächliche Zielerreichung beschrieben wird (vgl. Beer/Eisenstat/Biggadike 1996, Kaplan/Norton 1996, S. 145 f. und Kaplan/Norton 1997, S. 139 f.). Solche verbalen Ausführungen können nicht alle Funktionen der Kennzahlenverwendung übernehmen. Insbesondere sind durch die mangelnde Operationalisierung die Konkretisierung der Zielvorgaben und die Objektivität der Messung der Zielerreichung eingeschränkt. Sie sind für manche Bereiche aber einer Verwendung von Indikatoren vorzuziehen, da sie in der Lage sind, die Zielerreichung wesentlich facettenreicher darzustellen. Aus den geschilderten Operationalisierungsproblemen resultieren Manipulationsmöglichkeiten. Deshalb sind eine Akzeptanz des Instruments und ein „guter Wille" bei seinem Einsatz unabdingbar. Ist dieser gegeben, ist eine Verwendung von verbalen Zielstatements einer Nicht-Verankerung in der BSC vorzuziehen.

Außerdem ist die allgemein diskutierte Relativierung der Möglichkeiten der Ableitung von *Ursache-Wirkungs-Ketten* für die Kirche graduell zu verstärken. Es werden entgegen der Forderung von Kaplan/Norton in den wenigsten Fällen quantifizierbare und zeitlich spezifizierbare Kausalketten zwischen einzelnen Größen der BSC zu ermitteln sein. In der Regel handelt es sich lediglich um Plausibilitätsüberlegungen bezüglich der Wirkungen zwischen diesen Größen. Damit ist aber kein grundsätzlicher Unterschied zum Einsatz in Unternehmen gegeben, sondern es wird lediglich ein nicht zu haltender Anspruch an dieses Instrument im vorhinein aufgegeben.

Demgegenüber ist ein deutlicherer Unterschied für die Art der den verwendeten Kennzahlen zugrunde liegenden Zielfunktionen zu unterstellen. Es ist zu vermuten, dass es sich seltener um extremale, häufiger dagegen um *faktale Zielvorstellungen* handeln wird. Dies wird insbesondere dann der Fall sein, wenn die etablierte Strategie auf die Implementierung neuer struktureller Koordinationsmechanismen in allen Bereichen der Organisation abzielt (Einführung eines Know-how-Pools, Konzeption eines Pastoralplans etc.). In solchen Fällen werden binär zu messende Zielvorstellungen einen hohen Stellenwert einnehmen.

BSCs können für die verschiedensten Teilbereiche bzw. Untergliederungen der Kirche entwickelt und dort eingesetzt werden. Wichtig ist dabei, dass eine Abstimmung der einzelnen Scorecards aufeinander im Sinne einer *BSC-Pyramide* erfolgt. Aufgrund der hohen Zahl an Gemeinden und anderen selbständigen Einrichtungen erscheint es erforderlich, zuerst eine BSC für das Bistum zu entwickeln und diese anschließend top down auf Gemeindeebene herunterzubrechen. Würde man umgekehrt bottom up eine Bistums-Scorecard aus den einzelnen Gemeinde-Scorecards und den Scorecards der anderen Einrichtungen des Bistums entwickeln, würden die Einzel-Scorecards so unterschiedliche Zielgrößen beinhalten, dass eine Zusammenführung kaum möglich wäre. Wenn aber eine BSC für das Bistum vorliegt, müssen die Gemeinden und anderen Einrichtungen diese als Vorgabe betrachten und auf dieser Basis ihre Scorecards konkretisieren. In Unternehmen wird die Entwicklung einer BSC für die jeweiligen strategischen Geschäftseinheiten (SGEs) empfohlen, da diese aufgrund ihrer Abgegrenztheit eigene Strategien verfolgen (vgl. Kaplan/Norton 1996, S. 36 und Kaplan/Norton 1997, S. 34). Diesen Gedanken auf die Kirche zu übertragen könnte bspw. heißen, eigene BSCs für die drei Grunddienste Verkündigung, Heiligung und Caritas zu entwickeln. Eine SGE wird als eine Produkt-Markt-Kombination angesehen, für das eine eigenständige, abgrenzbare Strategie entwickelt werden kann (vgl. Welge/Al-Laham 1992, S. 183). Dies erscheint für die genannten Grunddienste nur in sehr eingeschränktem Maße möglich. Insbesondere ist die Abgrenzbarkeit der Grunddienste in den konkreten Handlungsvollzügen fraglich. So wird mit einem Hilfsangebot für sozial ausgegrenzte Jugendliche (Caritas) immer auch ein Verkündigungsauftrag einhergehen. Die Sakramentenspendung innerhalb eines Gottesdienstes verknüpft Heiligungs- und Verkündigungsdienst. Eine Weiterbildungsstätte lässt sich ebenfalls nicht einwandfrei einem der drei Vollzüge zuordnen, wenn dort bspw. Weiterbildungen (grundsätzlich der Caritas zuzuordnen) von Seelsorgern für den Heiligungs- und Verkündigungsdienst erfolgen. Dennoch ist es sinnvoll, innerhalb der Scorecard die Einteilung in die drei Grunddienste als Strukturierungsdimension zu verwenden, da diese der „Ordnung des Denkens" (Theurl 1989, S. 405) dienen kann. Als weiterer Einsatzbereich für eine BSC sind auch Projekte (z.B. mit dem Ziel der Steigerung der Zahl der Wiedereintritte) zu nennen, zu deren Strategieverfolgung für die Laufzeit des Projektes eine temporäre Scorecard aufgestellt werden kann.

2.2 Modifikation des perspektivischen Aufbaus

Nach diesen allgemeinen Ausführungen über den Stellenwert der Scorecard werden nun die einzelnen Perspektiven einer Analyse unterzogen.[11]

Die *finanzielle Perspektive* tritt – wie von Kaplan/Norton implizit vorgeschlagen – in den Hintergrund. Dafür sind zwei Gründe zu nennen: Zum ersten ist die auch von Kaplan/Norton konstatierte Restriktionseigenschaft der Finanzen in NPOs zu beachten. Der monetäre Bereich stellt durch die Sachzieldominanz nicht den Kulminationspunkt der Bemühungen der Organisation dar („Not-For-Profit"), sondern ist lediglich als Bedingung des Handelns mit zu beachten. Zum zweiten muss auch eine psychologische Komponente mit ins Kalkül gezogen werden: Die ablehnende Grundhaltung gegenüber betriebswirtschaftlichen Steuerungsinstrumenten wird um so größer sein, je mehr eine Monetarisierung des Organisationshandelns im Vordergrund steht. Auch daher ist eine offensiv vertretene Reduktion der Bedeutung der finanziellen Perspektive aus Akzeptanzgründen zu empfehlen. Daraus leitet sich unmittelbar die

---

[11] Siehe für einen anderen Vorschlag zur Modifikation der BSC für den Einsatz in der Kirche Keyt 2001.

Frage ab, ob ein vollständiger Verzicht im Sinne von Haddads Vorschlag nicht noch positiver zu beurteilen wäre. Dies wird aber als nicht zieladäquat angesehen, da damit die nicht zu leugnende Bedeutung der Finanzen keine Berücksichtigung mehr finden würde. Der Verfolgung finanzieller Ziele kommt insbesondere die Funktion der Sicherung der Zukunftsfähigkeit der Organisation zu.[12] Finanzielle Ziele erhalten damit einen ähnlichen Stellenwert wie die in der Perspektive zum Lernen und zur Entwicklung enthaltenen Zielbereiche. Die finanzielle Perspektive sollte folglich beibehalten werden, aber in untergeordneter Weise Verwendung finden. Dies impliziert auch eine Visualisierung dieser Nachrangigkeit wie in Abbildung 2 dargestellt. Die Kennzahlen, die hier Einsatz finden können, unterscheiden sich ebenfalls grundlegend von denen, die für erwerbswirtschaftliche BSCs vorgeschlagen und in solchen eingesetzt werden. Rentabilitätsmaße, Gewinngrößen und Kenngrößen für den Shareholder Value haben aufgrund der anders gearteten Zielsetzungen in NPOs keine Relevanz. Es geht vielmehr darum, spezifische finanzielle Maßgrößen in Abhängigkeit von der verfolgten Strategie zu finden. Ist eines der postulierten Ziele die Unabhängigkeit der NPO von bestimmten Finanzquellen (äquivalent zu Bestrebungen im Beschaffungsbereich von Unternehmen sich nicht von einzelnen Zulieferern abhängig zu machen), so kann sich dies in Kennzahlen zur Abbildung der Finanzierung der NPO aus unterschiedlichen Quellen niederschlagen. Eine Möglichkeit wäre ein Finanzierungsquotient als Anteil der x größten Geldgeber am Gesamthaushalt. Ebenso lassen sich Kennzahlen zum Anteil bestimmter Finanzierungsarten bilden, wenn bspw. in der Strategie verankert wurde, den Anteil des Sponsoring an den Gesamteinnahmen (vgl. Seufert 1999, S. 335 f.) zu erhöhen. Andere Kennzahlen, die Verwendung finden können, sind die Anteile der Kosten- bzw. Aufwandsarten am Gesamtbudget: Liegt die gewählte Strategie in einer Konzentration auf die eigentliche Mission unter Zurückdrängung indirekter Bereiche, so kann eine Messung des Anteils der Verwaltungskosten am Gesamtbudget sinnvoll sein. Über solche „allgemeinen" Kennzahlen hinaus muss sich die Strategie- und Kennzahlenbildung für eine kirchliche BSC vornehmlich an den Besonderheiten der Kirche bezüglich Finanzierung und Haushalt ausrichten. Die hauptsächliche Finanzierung mittels Kirchensteuer und deren überwiegende Verausgabung für Personal und (Bau-)Investitionen könnten Strategien zu deren Veränderung nach sich ziehen. Beispiele für kirchliche Strategien und daraus abzuleitende Kennzahlen für die finanzielle Perspektive werden im folgenden Abschnitt gegeben.

Die Kundenperspektive beinhaltet in der Grundform der BSC Größen, welche die finanziellen Ziele erfüllen helfen sollen. Sie stellt die Verknüpfung von Sach- und

---

[12] Diedering formuliert in bezug auf soziale Organisationen, dass finanzielle Ziele „gleichermaßen zur Erfüllung der Primärziele einer Planung und Steuerung bedürfen." Diedering 1996, S. 36.

Formalzielen jedweder Organisation heraus: Ohne Kunden, die die Produkte der Organisation nachfragen, lassen sich auch die finanziellen Ziele nicht erfüllen. Wie beschrieben verliert die finanzielle Perspektive in NPOs aber ihre Bedeutung als „letzter und unmittelbarer Ausdruck des Erfolgs" (Haddad 1998, S. 59). Es muss daher ein neuer Kulminationspunkt für die gesamte BSC gesucht werden. Greift man auf das allgemeine Zielkonzept für NPOs zurück und überträgt es auf die Kirche, so liegt die Schlussfolgerung Haddads nahe, die Leistungswirkung als eigentliches, letztliches Ziel von NPOs an die Stelle der finanziellen Perspektive treten zu lassen. Diese sollte aber nicht als Ersatz der finanziellen Sicht angesehen werden, sondern als Extrakt aus der Kundenperspektive abgeleitet werden. Damit kann die notwendige Ausrichtung auf den Leistungsempfänger besser dokumentiert werden. Die *Perspektive der Leistungswirkung* ist somit als neuer Kulminationspunkt der BSC zu berücksichtigen. Die Leistungserbringung als Erfüllung der Anforderungen der Leistungsempfänger stellt das andere Element einer nunmehr zweigeteilten Kundenperspektive dar. Auf diese wird weiter unten genauer eingegangen. Problematisch in bezug auf die Perspektive der Leistungswirkung ist allerdings die äußerst komplizierte und zum Teil unmögliche Quantifizierung der Teilziele dieser Perspektive. Oftmals werden lediglich Tendenzaussagen über Einstellungsveränderungen von Anspruchsgruppen oder die Verbesserung der Lage dieser Gruppen die Leistungswirkung erahnen lassen. Problematisch ist in diesem Zusammenhang insbesondere, dass sich die Einflüsse der Tätigkeit der betrachteten Organisation sowie sonstige gesellschaftliche Einflüsse in der Regel nicht trennen lassen und außerdem in vielen Fällen erst mit einer großen zeitlichen Verzögerung ihre messbare Wirkung entfalten. Um dennoch die Verfolgung dieser Ziele mit der BSC zu gewährleisten, sollte ihr Erreichungsgrad mit Hilfe von Indikatoren indirekt abgebildet werden (vgl. Budäus/Buchholtz 1997, S. 325). Für die Kirche ist zu konstatieren, dass die Leistungswirkung der einzige Bereich ist, für den im Status quo überhaupt Ziele existieren, wenn diese auch nicht operationalisiert sind: Die Sendung der Kirche besteht darin, „das Reich Christi und Gottes anzukündigen und in allen Völkern zu begründen." (Lumen Gentium 5) Sie soll den Menschen das Heil bringen, das Müller als „Inbegriff der Vollendung des menschlichen Verlangens nach einem endgültigen Innewerden von Wahrheit und Güte in Freiheit und Liebe" (Müller 1987, S. 236) beschreibt. Diese Formulierungen zeigen deutlich, dass auf der Ebene der Sendung eine konkrete Messung der Leistungswirkung in Form von Kennzahlen weder möglich noch angemessen ist. In diesem Sinne ist auch die Einordnung der Heilskonkretisierung in „Vergebung der Sünden, Auferstehung der Toten und das Ewige Leben" als ein (in „diesem" Leben) niemals verifizierbares Leistungsversprechen, also die extremste Form eines Vertrauensgutes zu interpretieren. Es ist folglich höchstenfalls eine unter den o.g. Vorbehalten stehende Messung von Einstellungsveränderungen zu Glaube und Kirche bei den Anspruchsgruppen mittels Befragungen möglich.

Eine theologische Diskussion, ob es sich bei den die Sendung konkretisierenden Grunddiensten Verkündigung, Heiligung und Caritas um eigenständige Zielbereiche mit angestrebter Leistungswirkung handelt, oder lediglich um Konkretisierungen der Sendung im Sinne der Leistungserbringung, kann und soll hier nicht geführt werden. Es wird vielmehr angenommen, dass es sich bei den Grunddiensten um Segmente des Zielsystems handelt, die sich in „Produktgruppen" konkretisieren, in denen jeweils verschiedene Leistungen zusammengefasst werden können. Daher erfolgt deren Diskussion primär im Zusammenhang mit der *Perspektive der Leistungserbringung*. Diese stellt – wie erwähnt – den zweiten Teil der ursprünglichen Kundenperspektive dar. Bei allen Messungen in dieser Perspektive ist zu unterstellen, dass die gemessenen, sichtbaren Vollzüge des Glaubens ein entsprechendes Pendant in der inneren Einstellung des Gläubigen mit sich bringen. Es wird also bspw. angenommen, dass der Besucher eines Gottesdienstes diesen auch – allgemein gesprochen – in gläubiger Haltung mitfeiert oder dass der gefirmte Jugendliche dieses Sakrament „ehrlichen Herzens" empfängt. Da dies aber nicht zwingend unterstellt und insbesondere nicht überprüft werden kann, handelt es sich zumindest bei der Messung der aus den Grunddiensten Verkündigung und Heiligung abgeleiteten „Dienstleistungen" nicht um Kennzahlen, sondern um Indikatoren. Lediglich der Grunddienst Caritas erlaubt eine deutlich objektivere Messung mittels Kennzahlen, bei der die zugrunde liegenden Einstellungen in weit geringerem Maße eine Rolle spielen. Hier können Fallzahlen u.ä. herangezogen werden, da es weniger um Einstellungsveränderungen als vielmehr um konkrete Hilfeleistungen für die Menschen geht. Der Grunddienst Caritas ermöglicht auch – wie das Beispiel der Fallzahlen zeigt – am ehesten einen Erkenntnistransfer aus anderen Bereichen wie etwa NPOs. Die Größen aller drei Grunddienste sind noch auf bestimmte Marktsegmente zu beziehen, die als strategisch besonders relevant erkannt worden sind (z.B. Jugend oder bestimmte Bevölkerungsschichten). Außerdem können Zufriedenheitsindices oder qualitative Zufriedenheitsinformationen eine Rolle spielen, wie sie aus dem Marketing bekannt sind. Wichtig ist bei der Differenzierung in die Grunddienste, dass die bestehenden Überschneidungen und Interdependenzen nicht außer acht gelassen werden. Bspw. wird es für die Kirche im Bereich Heiligung darum gehen müssen, Nachfrager nach Sakramentenspendungen über das anliegende Ereignis hinaus an die Kirche zu binden. Außerdem ist in dieser Perspektive auch ein Anwendungsfeld für die erwähnten verbalen Statements anstelle von Kennzahlen zu sehen. Damit könnten neben der Verfolgung selbständiger Ziele auch Informationen über die spirituelle Dimension von Leistungszielen (z.B. Einstellungen der Firmlinge und Stimmung in der Firmvorbereitung) erfasst werden.

Die Perspektive der internen Geschäftsprozesse wird von ihrer grundsätzlichen Ausrichtung her beibehalten, erfährt allerdings aus Gründen der Akzeptanzsteigerung nach dem Vorschlag von Haddad eine Umbenennung in *interne Perspektive*. Auch in einer NPO bzw. der Kirche muss die Betrachtung interner Strukturen zur Erreichung der erörterten Leistungserbringungs- und Leistungswirkungsziele einen hohen Stellenwert einnehmen. Zu berücksichtigen ist hier insbesondere der Dienstleistungscharakter der allermeisten NPO-Leistungen und grundsätzlich aller Leistungen der Kirche (bzw. deren Charakter als hochintegrativ und in hohem Maße immateriell). Damit kommt der Einbeziehung des externen Faktors (Integrativität) in den Leistungserstellungsprozess und gleichermaßen auch dessen Behandlung in der BSC große Bedeutung zu. Der Kunde wird zu einer schwer steuerbaren Erfolgsdeterminante, da er auf einen Teil der Prozesse der Organisation unmittelbar einwirken kann. Daraus ergibt sich die Forderung, bei der Analyse der Prozesse eine diese Integrativität berücksichtigende Vorgehensweise zu wählen, um die im Hinblick auf die zugrunde zu legenden Sachziele erfolgskritischen Prozesse zu ermitteln. Es wird daher vorgeschlagen, die Analyse anhand der mittels Blueprinting ermittelten Kundenkontaktpunkte (Eingriffszeitpunkte) sowie der anderen zu unterscheidenden Dimensionen Eingriffstiefe, Eingriffsintensität, Eingriffsdauer und Eingriffshäufigkeit vorzunehmen (vgl. Karlowitsch 2000). Als grundsätzlich problematisch stellt sich die Messbarkeit insbesondere der Eingriffsintensität und der aus allen Dimensionen resultierenden Integrativität heraus. Zum besseren Verständnis des Vorgehens soll beispielhaft ein Blueprint der Prozessstruktur[13] eines Gottesdienstes erstellt werden (siehe Abbildung 1).

Die Konsequenzen dieser Analyse für die Gestaltung von Prozessen bzw. die Abbildung von Prozessen in der BSC können unterschiedlicher Art sein. In „normalen" Prozessketten rücken damit vor allem diejenigen Prozesse in den Vordergrund, die für den Leistungsempfänger transparent sind. Dieser interessiert sich nicht für die Prozesse, die für ihn unsichtbar ablaufen (sogenannte „Back-office-Prozesse") wie etwa der Einkauf des Weines in einem Restaurant. Bei solchen Prozessen ist für den Nachfrager lediglich das Leistungsergebnis (der gute Wein) relevant. Demgegenüber kann sich in typisch kirchlichen Bereichen wie der Seelsorge eine andere Betrachtungsweise als sinnvoll herausstellen. Die Analyse der Eingriffsdimensionen bietet nämlich – anders herum betrachtet – die Möglichkeit herauszufinden, in welchen Prozessen ohne „Rücksicht" auf den Leistungsempfänger Veränderungen durchgeführt werden können, da bei ihnen keine Integrativität im Sinne einer Sichtbarkeit der Prozesse vorliegt. Für die Kirche erscheint dies deshalb als ein gangbarer Weg, weil Effizienz und Effektivität für Seelsorgeprozesse nur in sehr begrenztem Maße messbare Größen darstellen. Deshalb muss das Augenmerk darauf liegen, durch eine „Optimierung" der die Seelsorge unterstützenden Prozesse eine Konzentration der Ressourcen auf die eigentliche Seelsorge zu erreichen. Bezogen auf die Kirche wird in Abbildung 1 ein solches Vorgehen zur Analyse eines Gottesdienstes herangezogen.

---

[13] Zur Anregung einer prozessualen Sichtweise kirchlicher Leistungen und den daraus resultierenden Möglichkeiten vgl. Schuster 1998, S. 203.

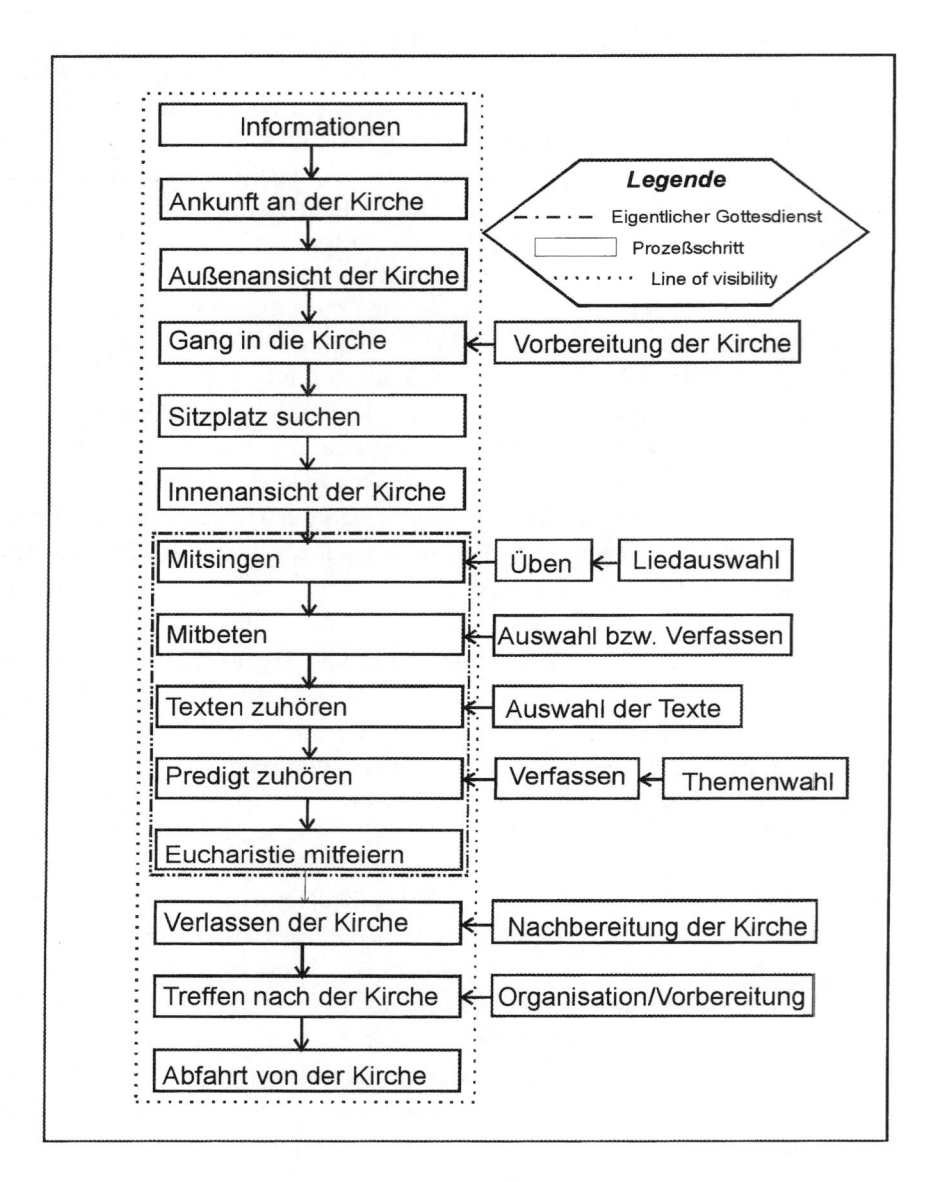

```
                    ┌─────────────────────────┐
                    │     Informationen       │
                    └─────────────────────────┘
                                │
                                ▼
                    ┌─────────────────────────┐       ╱‾‾‾‾‾ Legende ‾‾‾‾‾╲
                    │  Ankunft an der Kirche  │      ╱  ─ ─ ─  Eigentlicher Gottesdienst ╲
                    └─────────────────────────┘      ╲  ▭     Prozeßschritt              ╱
                                │                     ╲ ······ Line of visibility       ╱
                                ▼                      ╲_____╱
                    ┌─────────────────────────┐
                    │ Außenansicht der Kirche │
                    └─────────────────────────┘
                                │
                                ▼
                    ┌─────────────────────────┐    ┌──────────────────────────┐
                    │   Gang in die Kirche    │◄───│ Vorbereitung der Kirche  │
                    └─────────────────────────┘    └──────────────────────────┘
                                │
                                ▼
                    ┌─────────────────────────┐
                    │    Sitzplatz suchen     │
                    └─────────────────────────┘
                                │
                                ▼
                    ┌─────────────────────────┐
                    │ Innenansicht der Kirche │
                    └─────────────────────────┘
                                │
                                ▼
                    ┌─────────────────────────┐    ┌────────┐   ┌──────────────┐
                    │       Mitsingen         │◄───│  Üben  │◄──│  Liedauswahl │
                    └─────────────────────────┘    └────────┘   └──────────────┘
                                │
                                ▼
                    ┌─────────────────────────┐    ┌──────────────────────────┐
                    │        Mitbeten         │◄───│  Auswahl bzw. Verfassen  │
                    └─────────────────────────┘    └──────────────────────────┘
                                │
                                ▼
                    ┌─────────────────────────┐    ┌──────────────────────────┐
                    │     Texten zuhören      │◄───│    Auswahl der Texte     │
                    └─────────────────────────┘    └──────────────────────────┘
                                │
                                ▼
                    ┌─────────────────────────┐    ┌───────────┐  ┌──────────────┐
                    │     Predigt zuhören     │◄───│ Verfassen │◄─│  Themenwahl  │
                    └─────────────────────────┘    └───────────┘  └──────────────┘
                                │
                                ▼
                    ┌─────────────────────────┐
                    │  Eucharistie mitfeiern  │
                    └─────────────────────────┘
                                │
                                ▼
                    ┌─────────────────────────┐    ┌──────────────────────────┐
                    │   Verlassen der Kirche  │◄───│ Nachbereitung der Kirche │
                    └─────────────────────────┘    └──────────────────────────┘
                                │
                                ▼
                    ┌─────────────────────────┐    ┌──────────────────────────┐
                    │ Treffen nach der Kirche │◄───│ Organisation/Vorbereitung│
                    └─────────────────────────┘    └──────────────────────────┘
                                │
                                ▼
                    ┌─────────────────────────┐
                    │  Abfahrt von der Kirche │
                    └─────────────────────────┘
```

Abbildung 1: Blueprint eines Gottesdienstes[14]

---

[14] Der Blueprint stellt lediglich eine grobe Prozessstruktur und keine Aufspaltung in jegliche denkbaren Details dar. Außerdem ist der Ablauf der Feier des Gottesdienstes schematisch und ohne Berücksichtigung der zeitlichen Abfolge in die enthaltenen Bestandteile aufgespalten.

Eine differenzierte Betrachtung der Prozesse vor und hinter der „line of visibility" ist also erforderlich: Prozesse mit Kundenkontakt werden von den Nachfragern auch im Prozessablauf als relevant angesehen (der eigentliche Gottesdienst oder das sich anschließende Gespräch), während Prozesse ohne diesen Kontakt in der Regel lediglich in ihrem *Ergebnis* wahrgenommen werden (Vorbereitung der Predigt). Daher sind auch jeweils diese Elemente der Leistungserstellung zu fokussieren und abzubilden.

Bezüglich der „Back-Office-Prozesse" ist eine Strategie der Standardisierung zu erwägen, um die Effizienz dieser Prozesse im Sinne einer Input-Output-Relation zu verbessern. Eine solche Standardisierung ist etwa durch die Verwendung von Aufbauschemata bei der Vorbereitung von Predigten (wie die Homiletik[15] sie in allgemeiner Weise vorgibt, ohne den kreativen Anteil einer solchen Ausarbeitung zu beschneiden) oder die Ausarbeitung von wiederverwendbaren Plänen zur Vorbereitung bestimmter Veranstaltungen zu erreichen. Die Übertragung solcher Ziele in Maßgrößen stellt sich als schwierig dar. Man wird sich hierbei auf subjektive Abschätzungen (Berichte) etwa durch Befragungen über den Fortschritt der Standardisierungen stützen müssen. Alternativ wäre die Erhebung von zu standardisierenden Prozessen und die anschließende Zählung bereits umgesetzter Standardisierungen denkbar. Es liegen folglich weitgehend faktale Ziele vor. Im Gegensatz dazu ist bei den sichtbaren Prozessen eine Individualisierung als sinnvoll anzustreben. Als plastisches Beispiel ist eine Predigt bei einer Hochzeit anzuführen, die – inhaltlich auf das jeweilige Brautpaar bezogen – zu einer größeren „Kundenzufriedenheit" führen wird. Messungen der Ergebnisse dieser Individualisierung sind meistenteils lediglich über Abschätzungen der Beteiligten möglich. Allerdings muss auf ein Dilemma verwiesen werden, dass auch bei dem genannten Beispiel einer Predigt zum Tragen kommt: Ein individualisierter, sichtbarer Bestandteil eines Leistungsbündels zieht oftmals individualisierte Prozessschritte in unsichtbaren Bereichen nach sich. Daher sind zum einen häufig Standardisierungen lediglich im Sinne einer Verwendung von – im Einzelfall zu individualisierenden – Schemata realisierbar. Zum anderen kann die Differenzierung der Prozessschritte durch das Blueprinting eine andere Unterscheidung als die nach der „Line of visibility" ermöglichen: Ein weiterer zu berücksichtigender Faktor ist nämlich der herrschende Priestermangel in Verbindung mit der Beschränkung der Sakramentenspendung und der Übernahme von Leitungsverantwortung durch den Klerus.

Damit kann der erstellte Blueprint auch dazu verwandt werden, exakt diejenigen Bestandteile der Prozesskette zu identifizieren, die zwangsläufig einer Bearbeitung durch einen Kleriker bedürfen. Alle übrigen Prozesselemente können anderen Aufgabenträgern zugeordnet werden. Damit wird eine Übereinstimmung zwischen (formaler) Kompetenz und zu erfüllender Aufgabe erreicht. Bspw. lässt sich diese Erkennt-

---

[15] Die Homiletik ist die Theorie der Predigt bzw. des Predigens.

nis zur Trennung von Vorbereitung und Durchführung von Aufgaben wie etwa bei der Sakramentenvorbereitung (Laien) und -spendung (Priester) einsetzen. Zu beachten ist hierbei allerdings, dass aus Sicht der Nachfrager oftmals eine viel stärkere Bindung an den Priester gegeben ist als das Kirchenrecht sie vorschreibt, so dass bspw. auch die Durchführung einer solchen Vorbereitung von diesem gefordert wird. Über diese Besonderheiten hinaus sind auch klassische Prozesskennzahlen wie etwa der Anteil der tatsächlichen Bearbeitungszeit an der Durchlaufzeit eines Prozesses[16] zumindest in Teilbereichen (Verwaltung, Gremienarbeit) einsetzbar.

Die *Lern- und Entwicklungsperspektive* behält ihren aus Unternehmen bekannten Stellenwert. Ein Bereich liegt dabei in der Befähigung zur Entwicklung neuer Sach- oder Dienstleistungen. Beispiele dafür sind die Veränderungen des „Leistungsspektrums" der Kirche insbesondere im Bereich des Grunddienstes Caritas: Dort werden etwa mit der Schwangerschaftskonfliktberatung oder der Sterbebegleitung heute Dienste angeboten, deren Bedarf sich erst durch den Wandel der Gesellschaft ergeben hat. Darüber hinaus werden Innovationen wichtig sein, die eine Fortentwicklung der Kirche in aufbau- oder ablauforganisatorischen Bereichen ermöglichen, also bspw. auch Neuerungen bezüglich der *Wege* der Verkündigung im Gegensatz zum *Inhalt* der Verkündigung. Eine solche Betrachtung kann an den dazu benötigten Ressourcen ansetzen. Diese sind über die bereits betonten personellen Ressourcen in der Kirche hinaus insbesondere finanzieller und informatorischer Art. Außerdem können Ziele zur Schaffung und Realisierung von Flexibilität und der Sicherung von Know-how verfolgt werden. Letzterer Punkt gewinnt seine Bedeutung dadurch, dass durch den laufenden Wechsel von Mitarbeitern (bspw. sehr stark ausgeprägt bei ehrenamtlichen Jugendleitern) ein ständiger Abfluss von Wissen und Erfahrungen vorliegt. Dieser ist durch eine konsequent institutionalisierte Weitergabe des Wissens zu verringern. Hierzu ist insbesondere eine laufende Formalisierung („Verschriftlichung") wichtiger Vorgänge, Ereignisse und Abläufe sowie ein überlappender Übergang zwischen Verantwortlichen zu fordern.

Damit ist die Explikation und Modifikation der bekannten Perspektiven der BSC abgeschlossen. Es stellt sich nun die Frage, ob evtl. weitere Dimensionen des Handelns einer Non-Profit-Organisation bzw. der Kirche ihre Entsprechung durch die Aufnahme einer gesonderten Perspektive erfahren sollen. Dabei ist insbesondere an den zentralen Produktionsfaktor und gleichzeitig die zentrale Ressource der meisten NPOs – das Personal – zu denken. Zwar können mitarbeiterseitige Strategien und Ziele implizit in den Perspektiven der internen Geschäftsprozesse (Aussagen über die Mitarbeitereffektivität) und des Lernens und der Entwicklung (Aussagen über die Mitarbeiter-

---

[16] Vgl. Kaplan/Norton 1996a, S. 113, und Kaplan/Norton 1997, S. 117. Dort als Effektivität des Fertigungszyklus bezeichnet.

förderung) abgebildet werden. Es erscheint aber vorteilhaft, den Fokus der Entwicklung der BSC durch die Etablierung einer eigenen *Mitarbeiterperspektive*[17] explizit auf diese erfolgskritische Ressource zu lenken. Eine solche Perspektive hebt darüber hinaus auch die herausragende Bedeutung der Kommunikation und anderer sozialer Faktoren in NPOs besonders hervor. Gleichzeitig erhält man durch diese Perspektive die Möglichkeit, den Besonderheiten des Einsatzes von ehrenamtlich tätigen Mitarbeitern in NPOs Rechnung zu tragen, in dem auch deren Belange und Herausforderungen durch eigene Ziele und Strategien sowie deren Abbildung in Kennzahlen berücksichtigt werden. So schlägt Seufert für Verbände eine separate Berechnung von Qualifikationsquoten für ehren- und hauptamtliche Mitarbeiter vor (vgl. Seufert 1999, S. 338). Als weiterer zu verfolgender Zielbereich innerhalb dieser Perspektive stellt sich die Mitarbeiterzufriedenheit dar. Auch hierbei sind ehrenamtliche Mitarbeiter entsprechend einzubeziehen. Damit sind die Perspektiven der BSC expliziert; sie werden in Abbildung 2 visualisiert.

Die gemachten Vorschläge verändern die BSC in verschiedenen Teilbereichen. Diese vermindern insbesondere ihre Strategiegerichtetheit und ihre Fähigkeit zur Quantifizierung derselben. Diese Modifikationen erscheinen allerdings unabdingbar, um den Einsatz in der Kirche erfolgversprechend zu gestalten. Die Hereinnahme diagnostischer Kennzahlen in die BSC führt zu einer Verwässerung ihres strategischen Charakters; deren Vernachlässigung könnte allerdings erhebliche Fehlsteuerungen zur Folge haben, die lediglich durch die Verfolgung dieser Kennzahlen in anderen Informationssystemen vermieden werden könnten. Deren flächendeckende Einführung in der Kirche wäre aber zweifellos als „Overengineering" anzusehen. Würde man darüber hinaus (z.B. in der Perspektive der Leistungswirkung) auf eine strenge Quantifizierung setzen, so müsste man sich mit Recht den Vorwurf einer mangelnden Passgenauigkeit des Instruments für den Einsatz in der Kirche gefallen lassen. Daher erscheinen die vorgenommenen Veränderungen der BSC zwar als Abschwächungen der „reinen Lehre", aber als notwendig, um den Einsatz in der Kirche tragfähig zu gestalten.

Nach diesen Ausführungen zu sinnvollen Modifikationen wird im nächsten Abschnitt der Versuch unternommen, für ein Bistum und eine Gemeinde eine konkrete BSC bzw. einen Ausschnitt daraus zu entwickeln. Dazu werden jeweils Annahmen bezüglich des Zielsystems und der daraus resultierenden Strategie zu treffen sein. Es liegt in der Natur des Instrumentes begründet, dass diese Annahmen und damit auch die daraus entwickelten BSCs angreifbar sind.

---

[17] Unabhängig vom Anwendungsfeld der NPOs wird eine Mitarbeiter-Perspektive auch von Fink/Grundler entwickelt: Vgl. Fink/Grundler 1998, S. 228 und 232.

```
                    ┌─────────────────┐
                    │     Sendung     │
                    └─────────────────┘
                    ┌─────────────────┐
                    │  Perspektive der│
                    │ Leistungswirkung│
                    ├─────────────────┤
                    │ Messung von Ein-│
                    │ stellungsverän- │
                    │ derungen mittels│
                    │ (Tendenz-)Indi- │
                    │ katoren         │
                    └─────────────────┘
```

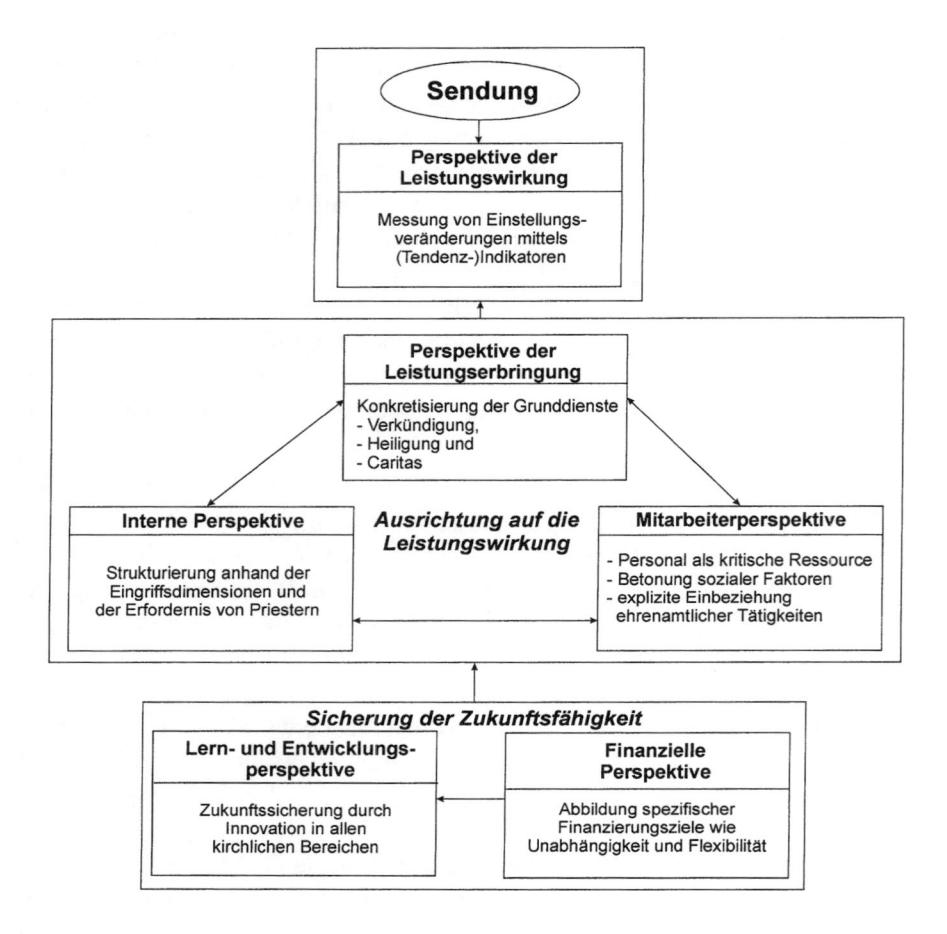

Abbildung 2: Die modifizierte BSC für die Kirche im Überblick

Ein Bistum oder eine Gemeinde, die ein anderes Zielsystem und damit eine andere Strategie haben, werden eine andere BSC haben *müssen*. Daraus kann aber keine Kritik an den hier zu entwickelnden Beispielen abgeleitet werden. In diesem Sinne müssen auch die Vorschläge für Zielwerte oder noch mehr für daraus abgeleitete Maßnahmen betrachtet werden: Dem Controlling kommt bei der Entwicklung einer BSC in der Praxis lediglich die methodische Unterstützung und Moderation des Prozesses der Erstellung zu: Das Setzen von Zielwerten und die Erarbeitung von Maßnahmen sind selbstverständlich Aufgabe der Kirchenleitung bzw. jeweils hinzugezogener Experten und nicht die des Controllers. Dass dies in dieser Arbeit zum Teil anders sein muss, liegt im Fehlen eines operationalisierten Zielsystems mit einer daraus abgeleiteten Strategie für die Kirche oder einen Teil der Kirche begründet.

3 Beispielhafte Konkretisierungen der BSC

Ausgangspunkt der Konstruktion einer konkreten BSC sollte ein bestehendes Leitbild und/oder Zielsystem sein. Da ein solches aber nach Wissen des Verfassers weder für das Bistum Münster noch für andere Bistümer existiert, muss hier ein anderer Weg beschritten werden. Um möglichst realitätsnahe Beispiele für die Scorecards zu erreichen, werden die Überlegungen zur Bildung der entsprechenden Zielsysteme an die Ergebnisse des Diözesanforums des Bistums Münster geknüpft. Die in dreizehn Kommissionen zu unterschiedlichen Themenkreisen erarbeiteten Beschlüsse und Empfehlungen bilden dabei kein geschlossenes System, sondern eine Aufzählung von Einzelaussagen. Außerdem handelt es sich nicht um offizielle Stellungnahmen der Kirche, sondern um vom Grundsatz her nicht bindende Aussagen. „Das Diözesanforum hat beratenden Charakter."[18] Im folgenden werden einzelne Beschlüsse oder Aussagen des Forums aufgegriffen, zusammengeführt und zum Teil erweitert. Es ist daher nicht möglich, das nachfolgend vorzustellende Leitbild und das daraus abgeleitete Zielsystem dem Bistum Münster zuzuordnen.

3.1 Eine BSC für ein Bistum

In einem ersten Schritt wird – wie erwähnt – ein konkretisiertes[19] Leitbild[20] für das Beispiel-Bistum entwickelt. Es ist nochmals zu betonen, dass es sich hierbei nicht um eine bestimmte Diözese handelt, insbesondere nicht um die Diözese Münster, sondern ein fiktives Bistum unterstellt werden muss, da keine hierzu verwendbaren Konzepte existieren. Es wird daher folgendes *fiktives* Leitbild zugrunde gelegt. Die einzelnen Fundstellen, aus denen die Einzelaussagen *sinngemäß* entnommen wurden, sind kenntlich gemacht. Desgleichen sind Quellen bei der Explikation der Perspektiven

---

[18] Präambel des Diözesanforums Münster, zitiert nach Bischöfliches Generalvikariat Münster 1998, Vorwort des Bischofs, S. I.

[19] Es wird der Zusatz „konkretisiert" verwendet, da die Beschreibung von Zielen zur besseren Nutzbarkeit in der BSC über den üblichen Konkretisierungsgrad in Leitbildern hinausgeht. Gleiches gilt für das Gemeinde-Leitbild im folgenden Abschnitt.

[20] Zum Begriff des Leitbildes allgemein vgl. Grünig 1988, für Kirchen vgl. auch Amherd 1995, S. 271, und Röhr 1999, S. 176 f. Der Begriff des Leitbildes findet in der kirchlich-theologischen Literatur oftmals seine Entsprechung auch in dem Terminus Vision. Vgl. hierzu statt vieler Ernsperger 1998.

bezüglich Unterzielen und Maßnahmen angegeben. Im Anschluss wird die Entwicklung der BSC anhand der einzelnen Perspektiven vorgestellt.

> ***Konkretisiertes Leitbild des Bistums:***[21] *Die Sendung mit ihren Ausprägungen in den drei Grunddiensten Verkündigung, Heiligung und Caritas bildet den Mittelpunkt unserer Arbeit und ist immer als unumstößlicher oberster Maßstab an unsere Arbeit anzulegen. Wir wollen durch unsere Arbeit in allen drei Grunddiensten die Frohe Botschaft in den Alltag der Menschen tragen und das „Gespräch mit Institutionen und Gruppierungen außerhalb der Kirche" suchen. „Die Aussage 'Kirche als Communio' wird der Leitbegriff des pastoralen Konzepts unserer Diözese sein." Wir verfolgen das Ziel der Erhaltung der katholischen Kirche in unserem Bistum als Volkskirche*[22] *und stellen uns bewusst und offensiv in den Zusammenhang von Welt und Weltkirche. Um dauerhaft Gott und den Menschen dienen zu können, wollen wir unter Betonung des Evangeliums und unserer Tradition flexibel auf die Wandlungen unserer Umwelt reagieren: „Im Haushalts- wie im Personalplan des Bistums sollte für zukunftsweisende Ideen und Projekte ein Spielraum bleiben." Eine verstärkte Transparenz im finanziellen Bereich ist wünschenswert.*

Dieses Leitbild ist in einzelne Ziele herunterzubrechen und weiter zu konkretisieren: „Ein Leitbild ohne Definition von Zielen wäre wirkungslos."[23] Daher sind Konkretisierungen für die einzelnen Ziele zu entwickeln. Dabei können im Rahmen der vorliegenden Arbeit sinnvollerweise nicht alle Bestimmungselemente abgeleitet werden.

Startpunkt der Entwicklung der BSC muss die *Leistungswirkungsperspektive* sein. Es wurde aber bereits festgestellt, dass das in dieser Arbeit gewählte betriebswirtschaftliche Verständnis der Grunddienste und damit ihre Einordnung in den Bereich der Leistungserbringung eine direkte Quantifizierung auf der Ebene der Leistungswirkungsziele („die Frohe Botschaft in den Alltag der Menschen tragen") für die Kirche unmöglich macht. Auch die Möglichkeiten einer Messung über Indikatoren, die die Einstellung zum Glauben und den Niederschlag, den diese Verwurzelung im Alltag findet (Verkündigung durch den Einzelnen, Handlungen der Nächstenliebe, positive Einstellung zum Leben), sind begrenzt. Um den Einfluss der Kirche bzw. noch präziser des Bistums auf diese Ergebnisse zumindest abschätzen zu können, ist auch eine Erhebung der den Einstellungen der Gläubigen zugrunde liegenden Motivationen notwendig. Eine weitere Möglichkeit könnte in der im vorherigen Abschnitt erläuterten Verwendung von beschreibenden Texten bestehen. Die ebenfalls angesprochene

---

[21] Vgl. im Folgenden immer Bischöfliches Generalvikariat 1998.

[22] Eigene Ergänzung. Eine Klärung der Frage Volkskirche oder Entscheidungskirche stellt eine wichtige Prämisse des zu entwickelnden Zielkonzeptes dar. Sie hätte mit Konsequenzen für die konkrete Umsetzung und Operationalisierung des Leitbildes auch anders beantwortet werden können. Kritisch setzen sich u.a. Fetzer/Grabenstein/Müller mit dieser Fokussierung auseinander: Vgl. Fetzer/Grabenstein/Müller 1999, S. 213.

[23] Vgl. Baaske et al. 1997, S. 19. Ähnlich auch Amherd 1995, S. 270.

Manipulierbarkeit ist offensichtlich. Dennoch würde ein solches Abfragen von – notwendigerweise subjektiven – Einschätzungen über die Verwirklichung der Ziele der Leistungswirkungsperspektive eine Auseinandersetzung mit selbigen fördern. Ein Herunterbrechen der genannten abstrakten Zielsetzung muss in dieser Arbeit aber unterbleiben, da hierzu in erheblichem Umfang theologisches Fachwissen erforderlich wäre. Es wird unmittelbar deutlich, dass die vorgestellten Versuche, die Leistungswirkung der Kirche in der BSC abzubilden, aus betriebswirtschaftlicher Sicht nicht vollständig überzeugen können. Als eigentlicher Kulminationspunkt der Scorecard wären die anderen Perspektiven auf sie hin auszurichten. Wird hier eine Operationalisierung verneint, so ist dies nicht mehr möglich und der BSC werden zentrale Potenziale ihres Einsatzes genommen. Die vorgestellte Lösung erscheint aber sowohl gegenüber einer zwanghaften Messbarmachung nicht messbarer Sachverhalte als auch gegenüber der gänzlichen Aussparung aus der Scorecard als „kleinstes Übel".

Die *Perspektive der Leistungserbringung* bietet erheblich mehr Potenzial, zu anwendbaren Präzisierungen zu gelangen. Das aufgestellte Leitbild beinhaltet eine Orientierung an den Grunddiensten; daher erscheint eine Gliederung dieser Perspektive in diese drei Bereiche sinnvoll. Für den Bereich der Verkündigungsdienste werden verschiedene Kennzahlen diskutiert: Es muss dabei primär um die adäquate Abbildung des Besuches der Gottesdienste gehen. Es bieten sich die Möglichkeiten der Orientierung an absoluten Werten (Zahl der Kirchenbesucher) und an relativen Werten (z.B. Besucherquote = Zahl der Kirchenbesucher[24]/Mitgliederzahl). Zieht man die Forderung nach einem Erhalt des Volkskirchencharakters hinzu, so kann eine konsequente Umsetzung nur in einem Vergleich absoluter Zahlen bestehen, da sonst bei einem Absinken der Mitgliederzahlen (z.B. durch Austritte) und gleichbleibenden absoluten Besucherzahlen eine Steigerung des Anteils der Kirchenbesucher und damit eine Verbesserung der Situation suggeriert würde. Als Zielwert könnte bspw. eine jährliche Steigerung der Besucherzahl um einen bestimmten Prozentwert (z.B. 2 %) angestrebt werden. In einem letzten Schritt sind Maßnahmen festzulegen, die eine solche Verbesserung möglich machen. Wichtig ist hierbei, dass im Sinne der BSC nicht starr auf das heutige Gefüge der Kirche abgestellt wird, sondern bereits in die Überlegungen einfließt, dass über die Verknüpfungen von Ergebnissen mit deren Treibern (im Sinne von einwirkenden Faktoren) mit anderen Perspektiven Veränderungen zur Freisetzung von Potenzialen initiiert werden. Erste und wichtigste Maßnahme ist dabei die Erhebung der Gründe der Nicht-Besucher[25] für ihr Fernbleiben.

---

[24] Bei der Verwendung dieser Kennzahl ist auszuschließen bzw. bei ihrer Interpretation zu berücksichtigen, dass Mehrfachbesuche einer Person vorkommen können.

[25] Vgl. zur Notwendigkeit der Beschäftigung mit Nicht-Besuchern im Museumsbereich Günter 1998.

Aus diesen Ergebnissen sind dann konkrete Verbesserungsmaßnahmen abzuleiten. Dies können etwa sein:

- Variabilisierung der Gottesdienstzeiten und ihre Abstimmung über Gemeindegrenzen hinweg, um jedem, der einen Gottesdienst besuchen will, diesen Besuch auch zu ermöglichen,[26]
- Ansprache und Einladung von Nicht-Besuchern in den Gottesdienst zu besonderen Anlässen,
- Ausweitung zielgruppenspezifischer Gottesdienste (Kinder, Jugend etc.).[27]

Hierbei handelt es sich lediglich um Vorschläge, die im konkreten Fall aus den angesprochenen Untersuchungen über die Gründe für den Nicht-Besuch abzuleiten sind. Ein weiterer wichtiger Teilbereich des Grunddienstes Verkündigung ist die Beschäftigung mit Kirchenaustritten und deren Gründen. Dabei ist auch in die Einführung eines Beschwerdemanagementsystems zu denken, mit dem als ein Handlungsfeld dem Verlust von Mitgliedern durch die aktive Auseinandersetzung mit den Gründen für deren Unzufriedenheit vorgebeugt werden soll. Hierbei ist äquivalent zur Operationalisierung der Kirchenbesucherzahlen vorzugehen.

Der Heiligungsdienst als zweiter betrachteter Grundvollzug der Sendung lässt sich in die verschiedenen Sakramente differenzieren: Grundsätzlich können dabei alle Sakramente als zu verfolgende Teilziele Verwendung finden. Auch bei dieser Auswahl handelt es sich letztlich um eine sach-inhaltliche Entscheidung. Bspw. könnte die Zahl der Taufen als Anzahl neuer Mitglieder mit einem erheblichen Zukunftsbezug eingesetzt werden. Hier ist allerdings von der Verwendung absoluter Werte Abstand zu nehmen. Statt dessen ist zur Berücksichtigung unterschiedlich geburtenstarker Jahrgänge auf den Anteil der Taufen an den Geburten abzustellen. Ist auch hier wiederum ein anzustrebender Zielwert festgelegt, so ist nach Maßnahmen zu fragen, die zur Erreichung dieses Wertes führen sollen. Es könnte sich dabei etwa um Angebote für werdende Eltern handeln, die dadurch auf die Kirche aufmerksam gemacht werden. Ein zweites möglicherweise zu fokussierendes Element im Rahmen der Heiligungsleistungen stellt aufgrund der jeweiligen persönlichen Bedeutung für den Nachfrager die kirchliche Eheschließung dar. Außerdem hat sie aufgrund ihrer Korrelation zur Anzahl kirchlicher Taufen zu dieser einen relativ zeitnahen Vorlauf.[28] Generell ist

---

[26] Ähnlich Bischöfliches Generalvikariat Münster 1998, Kommission 2, Beschluss 2.2.1, S. 3.

[27] Vgl. Bischöfliches Generalvikariat Münster 1998; Kommission 2, Beschluss 2.5, S. 33 f. und Diözesanforum Münster, Kommission 5.

[28] Interessant ist in diesem Zusammenhang, dass die sich über das Leben eines Kirchenmitglieds erstreckenden Sakramente gegenseitig sowohl als Früh- als auch als Spätindikatoren betrachtet werden können: Eine sinkende Zahl von Taufen wird sich - ceteris paribus - ca. 20-30 Jahre später in einer sinkenden Zahl von Eheschließungen niederschlagen; eine sinkende Zahl von Eheschlie-

beim Heiligungsdienst zu berücksichtigen, dass die Kirche hierbei vielfach lediglich als „Zeremonienmeister" agiert, ohne dass eine innere Bindung der Sakramentempfänger zur Kirche besteht. Wie erwähnt muss sie daher versuchen, eine Bindung über die Sakramentenspendung hinaus zu erreichen. Eine Kennzahl hierfür ist die Bindungsquote als der Anteil an Sakramentempfängern, der mittelfristig (z.B. nach einem Jahr) den Kontakt zur Gemeinde gehalten hat. Dieser Kontakt kann sich in verschiedenster Weise wie etwa dem Gottesdienstbesuch oder der Zugehörigkeit zu einer Gruppierung in der Gemeinde niederschlagen.

Der sozial-karitative Dienst[29] als dritter Grunddienst mit Angeboten wie Bildungs- und Erziehungsleistungen hat in der Regel nicht unter einer mangelnden Nachfrage zu leiden. Eine Ausweitung des Angebotes wird in vielen Fällen „automatisch" zu einer Ausweitung der Nachfrage führen. Da aber keine kostendeckende Gebührenpolitik betrieben werden kann (etwa bei Kindergärten), sind einer solchen Vorgehensweise enge finanzielle Grenzen gesetzt. An die Stelle der Messung von Fallzahlen könnten hier Zufriedenheitsgrade bei den Nachfragern erhoben werden. Im Einzelfall sind daraus resultierende Verbesserungsmöglichkeiten zu diskutieren. Außerdem können hier bspw. Auslastungsgrade der verschiedenen Einrichtungen als Maßstab angesetzt werden, wenn man unterstellt, dass solche unterschiedlichen Auslastungen durch die Überhangnachfrage in der Regel nur durch Mängel der Einrichtungen hervorgerufen werden können. Im Rahmen des Grunddienstes Caritas ist auch das Engagement für Welt und Weltkirche einzuordnen. Hierzu können etwa Haushaltsanteile für den Bereich Mission bzw. Entwicklung festgelegt werden. Das Diözesanforum Münster schlägt hierzu einen Mindestanteil von 2,5 % des jährlichen Kirchensteueraufkommens vor.[30] Damit liegt ein Indikator im Gegensatz zu einer Kennzahl vor, da man von den eingesetzten Finanzmitteln auf die geleistete Hilfe zu schließen versucht.

Aus diesen Ergebnissen in der Perspektive der Leistungserbringung sind im nächsten Schritt die notwendigen Veränderungen in der *internen Perspektive* und der Mitarbeiter-Perspektive abzuleiten. Es ist also zu fragen, welche Prozesse für die Erreichung

---

ßungen ergibt bis ca. 10 Jahre später eine sinkende Zahl von Taufen. Damit kann sich sowohl eine Abwärts- als auch eine Aufwärtsspirale ergeben.

[29] Die Ausführungen des Diözesanforum Münsters, Kommission 10, stellen ein Beispiel für die Erarbeitung von Zielen ohne den Blick für die Notwendigkeit resultierender Maßnahmen und die Einbindung in ein Gesamtkonzept dar: Ohne die Finanzierungsseite zusätzlich in den Blick zu nehmen oder Schwerpunkte zu setzen, wird die verstärkte Förderung von Einrichtungen der Schwangerenberatung, Behinderten, Menschen mit psychischen Erkrankungen, Beratungs- und Schutzeinrichtungen für Frauen und Männer, Wohnungssuchenden, Armen, Aussiedlern, Asylbewerbern, Arbeitslosen, Langzeitarbeitslosen und arbeitslosen Jugendlichen gefordert.

[30] Vgl. Bischöfliches Generalvikariat Münster 1998, Kommission 11, Beschluss 11.2.4, S. 7.

dieser Ziele erfolgskritisch sind und welche Faktoren bei den eingesetzten Mitarbeitern fokussiert werden müssen. Zur Analyse der internen Geschäftsprozesse wurden allgemein die beiden Strategien Individualisierung und Standardisierung für jeweils bestimmte Prozesse vorgeschlagen. Eine Individualisierung ist insbesondere für (sichtbare) seelsorgliche Prozesse, eine Standardisierung für (unsichtbare) Verwaltungsprozesse (Personalverwaltung, Haushaltsaufstellung etc.) zu erwägen. Außerdem wurde auf die Bedeutung der Differenzierung von Prozessen und Prozessschritten nach der Notwendigkeit bzw. Sinnhaftigkeit ihrer Durchführung durch einen Kleriker oder der Beteiligung eines Klerikers hingewiesen. Wählt man an dieser Stelle etwa den Prozess der Haushaltsaufstellung durch das Bischöfliche Generalvikariat als Beispiel, so erscheint die Mitwirkung des Klerus – ausgenommen durch die Einbringung von Informationen – insgesamt verzichtbar, da die Grundlinien für die Mittelverwendung durch den Diözesankirchensteuerrat und den Diözesanpastoralrat vorgegeben wurden. In der Konsequenz sollte auf die Beteiligung der äußerst knappen Ressource „Klerus" an diesem Prozess zugunsten ihres Einsatzes in seelsorglichen Prozessen verzichtet werden. In diesem Sinne wäre für die konkrete Scorecard eine Aufstellung der Umschichtung von Ressourcen und des Umbaus von Prozessen sowohl im Sinne von Individualisierung/Standardisierung als auch die Beteiligung des Klerus betreffend vorzunehmen, mit Zielen bezüglich ihrer Umsetzung zu versehen und entsprechend durch Zielerreichungskontrollen abzuprüfen (Wurde der Prozess standardisiert oder nicht?). Es liegen somit vielfach faktale Ziele vor. Damit werden Ressourcen freigesetzt, um die angestrebten Verbesserungen auf der Leistungserbringungs- und letztendlich auf der Leistungswirkungsebene erzielen zu können. Diese Verknüpfungen stellen ein deutliches Beispiel dafür dar, dass die BSC in einer Organisation wie der Kirche in den wenigsten Fällen mit quantifizierbaren oder zeitlich messbaren Ursache-Wirkungs-Beziehungen ausgestattet werden kann, sondern sich lediglich auf Plausibilitäten stützen kann.

Die Inhalte der *Mitarbeiter-Perspektive* leiten sich im nächsten Schritt aus den zuvor beschriebenen Perspektiven sowie den noch nicht abgebildeten Zielen ab. Um die vorgegebenen Ziele erreichen zu können, ist in fast allen Fällen eine hervorragende Mitarbeiterbasis unabdingbare Voraussetzung. Diese enthält sowohl eine quantitative als auch eine qualitative Dimension. Es ist konkret die Frage zu stellen, welche Fähigkeiten in welcher „Menge" benötigt werden, um die oben erörterten Zielvorstellungen realisieren zu können. Um auf der Prozessebene zu den angestrebten Ergebnissen zu gelangen, werden nicht nur pastoral ausgebildete Mitarbeiter benötigt, sondern auch solche, die ein entsprechend analytisches Vorgehen beherrschen. Es ist also eine Anzahl von Mitarbeitern auf Bistumsebene zu ermitteln, die in diesem Bereich ein bestimmtes Qualifikationsniveau haben müssen. Dessen Verwirklichung kann nach realisierten Anteilen in der Gegenüberstellung zu den anvisierten Anteilen überprüft werden. Außerdem kann aus der gewünschten Steigerung seelsorgerischer

Handlungen auf einen gestiegenen Bedarf an Seelsorgern geschlossen werden. Die Ausweitung hauptamtlichen Seelsorgepersonals hätte aber einen weitergehenden Anstieg der (fixen) Personalkosten zur Folge. Dies widerspricht dem postulierten Ziel einer Flexibilisierung des Haushaltes, es tritt also ein Zielkonflikt zutage. Diesem kann auf verschiedenen Wegen begegnet werden: zum einen durch die verstärkte Gewinnung[31] und den verstärkten Einsatz ehrenamtlicher Seelsorger, zum anderen durch einen Ausgleich des Haushaltes an anderer Stelle. Entscheidet man sich für den Einsatz ehrenamtlicher Seelsorger, so resultiert daraus erneut die Forderung, dass diese adäquat ausgebildet sein müssen.[32] Maßgrößen könnten die Anzahl durchlaufener Weiterbildungen oder die (subjektive) Abschätzung der erfolgreichen Integration ehrenamtlicher Seelsorger in die konkrete Arbeit mittels verbaler Statements sein. Auch die Bildung von Teams aus ehrenamtlichen und hauptamtlichen Seelsorgern ist als Unterziel denkbar. Deren Erfolg könnte durch eine gegenseitige Kritik der gemeinsamen Arbeit im Sinne einer 360°-Beurteilung[33] gemessen werden. Die eingeflossenen Beurteilungen sind unbedingt nach Ehren- und Hauptamtlichen (ggf. auch nach Klerikern und Laien) getrennt zu halten, um differenzierte Analysen von deren Gründen im Sinne des strategischen Lernprozesses durchführen zu können. Damit erhalten auch die Meinungen der beteiligten Ehrenamtlichen das Gewicht, das ihnen aufgrund ihrer faktischen Bedeutung für die Arbeit der Kirche zukommen muss. Diese Kennzahlen bzw. Indikatoren sind auch auf die einzelnen Grunddienste und deren angestrebte Zielerreichungsgrade zu beziehen, wobei Abschätzungen erfolgen müssen, mit welchen Maßnahmen diese Ziele mitarbeiterseitig erreicht werden können. Zentral ist auch hier die Forderung nach einer Differenzierung in ehrenamtliche und hauptamtliche Mitarbeiter bzw. das Ermöglichen von Vergleichen zwischen den Gruppen bei der Durchführung ähnlicher Tätigkeiten. Dies ist insbesondere auch bei dem letzten noch nicht angesprochenen Aspekt dieser Perspektive, der Mitarbeiterzufriedenheit, zu gewährleisten. Durch die Einordnung des Personals als Kernressource ist auch deren Zufriedenheit ein zentraler Erfolgstreiber, da nur durch die Motivation der Mitarbeiter eine Nutzung der vorhandenen Ressourcen erreicht werden kann. Auch hierzu sind Befragungen einzusetzen, deren Ergebnisse sowohl quantitativ in Form von

---

[31] Baaske et al. ermittelten für den Zeitraum 1986-1996 eine Zunahme ehrenamtlicher Mitarbeiter in der Erzdiözese München-Freising von 22 %. Vgl. Baaske et al. 1997, S. 14.

[32] Bischöfliches Generalvikariat Münster 1998, Kommission 9, Beschlüsse 9.5.1 und 9.5.2, S. 32 – 34. Adair sieht „the 'strategic importance' of laity": Adair 1973, S. 7. „Das gewaltige und immer wichtiger werdende Potential der ehrenamtlichen Mitarbeiter bedarf in zunehmendem Maß eines professionellen Managements." Baaske et al. 1997, S. 19. Im Original teilweise hervorgehoben.

[33] Die 360°-Beurteilung stellt eine ganzheitliche Leistungsbewertung dar, bei der nicht nur Vorgesetzte sondern auch Kollegen und Untergebene sowie der Betreffende selbst Beurteilungen abgeben. Vgl. Hilb 1997, S. 79 – 84.

Zufriedenheitsindizes als auch qualitativ in Form von verbalen Ergebnissen zu nutzen sind. Es sind Zielwerte vorzugeben, die mit den tatsächlich erreichten Werten abzugleichen sind. Als weitere objektiv messbare Kennzahlen sind Fluktuationsraten und (etwa bei den Messdienern) Abwesenheitsquoten zu ermitteln.

Die finanzielle Perspektive und die Perspektive zum Lernen und zur Entwicklung bilden das „diesseitige" Element der Zukunftsfähigkeit der Organisation Kirche ab. Die zu beantwortende Kernfrage muss dabei lauten, welche Potenziale und Fähigkeiten die Kirche benötigt, um langfristig ihre Ziele erreichen zu können. Dabei kann es sich grundsätzlich um alle Arten von Ressourcen wie Kapital (finanzielle Perspektive), Personal und Informationen (Perspektive zum Lernen und zur Entwicklung) handeln. Die *finanzielle Perspektive* muss zum einen sicherstellen, dass die zur Erreichung der Ziele der anderen Perspektiven benötigten Finanzmittel zur Verfügung stehen. Zum anderen muss das eigenständige Ziel einer größeren finanziellen Flexibilität[34] einbezogen werden. Letzteres Ziel lässt sich über den Anteil des Bistumshaushaltes abbilden, der nicht durch langfristige Verträge oder unabwendbare Ansprüche gebunden ist. Ein konkreter Zielwert ist ohne Schwierigkeiten formulierbar. Maßnahmen zur Variabilisierung des Haushaltes können z.B. im Outsourcing von Vorleistungen, im Abbau von (Verwaltungs-)Personal und in der Veräußerung von Immobilien liegen.[35] Darüber hinaus erfordern die oben entwickelten Ziele und Maßnahmen bestimmte Finanzmittel. Diese sind in der finanziellen Perspektive abzubilden und mit Maßnahmen zu hinterlegen: Grundsätzlich bieten sich als Maßnahmen Ausgabeneinsparungen an anderer Stelle des Haushaltes und die Erschließung neuer Einnahmequellen an. Die Ziele „Ausgabeneinsparung" und „Flexibilisierung des Haushaltes" könnten gleichzeitig über die Vorgabe der Trennung von nicht sachgerecht genutzten Immobilien angestrebt werden. Bei der Erschließung neuer Einnahmequellen könnte eine dezentrale Lösung angewandt werden, indem den einzelnen Kirchengemeinden Vorgaben bezüglich einer zukünftigen Eigenfinanzierung gemacht werden. So wäre etwa ein langfristig auf z.B. 25 % des Gemeindehaushaltes ansteigender Eigenfinanzierungsgrad der Gemeinden denkbar.

Die *Perspektive zum Lernen und zur Entwicklung* bildet die nicht-finanziellen Potenziale der Kirche zur Erhaltung bzw. Erlangung ihrer Zukunftsfähigkeit ab. Das Mitarbeiter-Potenzial wurde zum Teil schon im Zusammenhang mit der Mitarbeiterper-

---

[34] Die Formulierung dieses Ziels beruht selbstverständlich ursprünglich auf der Erkenntnis, dass eine solche Flexibilität positive Effekte auf die originären (Sendungs-)Ziele der Kirche haben *kann*. Da es aber im vorgestellten Zielsystem eigenständig erwähnt wird, wird es auch explizit einbezogen.

[35] „Wir sollten hier und da Gebäude, Verwaltung und Strukturen, die viel Geld kosten, aufgeben, um unser Seelsorgepersonal optimal einzusetzen." Diözesanbischof Lettmann (Münster) in o.V. 1999b.

spektive erörtert. Über die dort gemachten Aussagen hinaus sind in dieser Perspektive weitere Treiber für die geforderten Entwicklungen offenzulegen. Dabei ist das Ziel der Schaffung einer kreativen, motivierenden und innovationsfreudigen Organisationskultur sowohl bei den ehrenamtlichen als auch bei den hauptamtlichen Mitarbeitern als zentral anzusehen. Eine wesentliche Maßnahme hierfür ist die Realisierung einer Personalentwicklungskonzeption.[36] Diese muss dafür sorgen, dass allen Mitarbeitern – sowohl aus Sicht der Kirche als auch aus ihrer eigenen Sicht – sinnvolle Fortentwicklungen in ihrer Tätigkeit aufgezeigt werden. Diese müssen ständig flexibel an die sich verändernden Situationen in den Teilbereichen der Kirche angepasst werden, um mit deren Wandlungen Schritt halten zu können. Auch dazu sind insbesondere die Möglichkeiten der gezielten und systematischen Informationssammlung, -aufbereitung und -analyse zu schaffen. Ohne die entsprechende informatorische Basis sind die geforderten Entwicklungen in den anderen Perspektiven nicht zu leisten. So ist bspw. die bedarfsadäquate Aus- und Weiterbildung, wie sie in der Mitarbeiterperspektive gefordert wurde, nur durch systematische Analysen des jeweiligen Bedarfs zu erreichen. Die Bereitstellung solcher Informationen kann etwa dadurch abgebildet werden, dass gemessen wird, wie oft Informationen nicht zur Verfügung standen bzw. nicht in angemessener Zeit ermittelt werden konnten. Zur Vermeidung von Doppelarbeiten und des mehrfachen Begehens ähnlicher Fehler in allen Bereichen der Bistumsarbeit könnten (bspw. internetgestützt) zentrale Know-how-Pools geschaffen werden. Erfolgsmessungen sind hier indikatorenartig über die Messung der Einspeisung und des Abrufs von Informationen möglich. Als weiteres (eigenständiges) Ziel wurde die Schaffung von Flexibilität gefordert: Diese kann sich in der Umsetzung von (z.B. pastoralen) Innovationen wie der neuartigen Durchführung einer Firmvorbereitung (vgl. Wichmann 1996) niederschlagen. Diese werden über das gesamte Bistum erfasst und dokumentiert; eine Messung mittels Kennzahlen (bspw. Zählung) ist aufgrund der enormen Unterschiede zwischen verschiedenen Innovationen nicht sinnvoll durchführbar. Allerdings ist eine Messung des „Erfolges" der Innovationen über die mittelfristig zu messende Häufigkeit ihrer Anwendung erreichbar.

Damit ist ein Vorschlag zu einer BSC für das Beispiel-Bistum erarbeitet. Dieser besitzt nicht den Konkretisierungsgrad wie ihn eine in der praktischen Umsetzung befindliche, vollständige Scorecard mit einem geschlossenen System an Kennzahlen und Zielwerten haben muss. Da insbesondere die Festlegung von Zielwerten, aber auch die Feststellung, ob ein Zielsystem vollständig abgebildet wurde, nur sach-

---

[36] Zu einer Personalentwicklungskonzeption für evangelische Kirchengemeinden vgl. Patzen 1997, S. 151 – 175. Zur aktuellen Situation der Personalentwicklung in der Kirche und der ihr eigentlich zukommenden Bedeutung vgl. Kruip 1999. Als Beleg für die zumindest theoretische Auseinandersetzung mit diesem Thema in der Kirche vgl. o.V. 1999e.

inhaltlich von den jeweils beteiligten „Sachverständigen" beantwortet werden kann, muss hier die Ausarbeitung der BSC an dieser Stelle des Prozesses stehen bleiben. Der Ablauf einer solchen Erarbeitung wird exemplarisch anhand einer Kirchengemeinde im folgenden Abschnitt vorgestellt. Mit den in den einzelnen Perspektiven niedergelegten Zielbereichen des Beispiel-Bistums wurde gezeigt, dass eine Umsetzung des Konzeptes auf kirchliche Gegebenheiten möglich scheint. Abschließend wird die konkretisierte BSC in Ausschnitten in Abbildung 3 graphisch veranschaulicht. Dazu wurden prägnante Beispiele aus den Erörterungen ausgewählt.

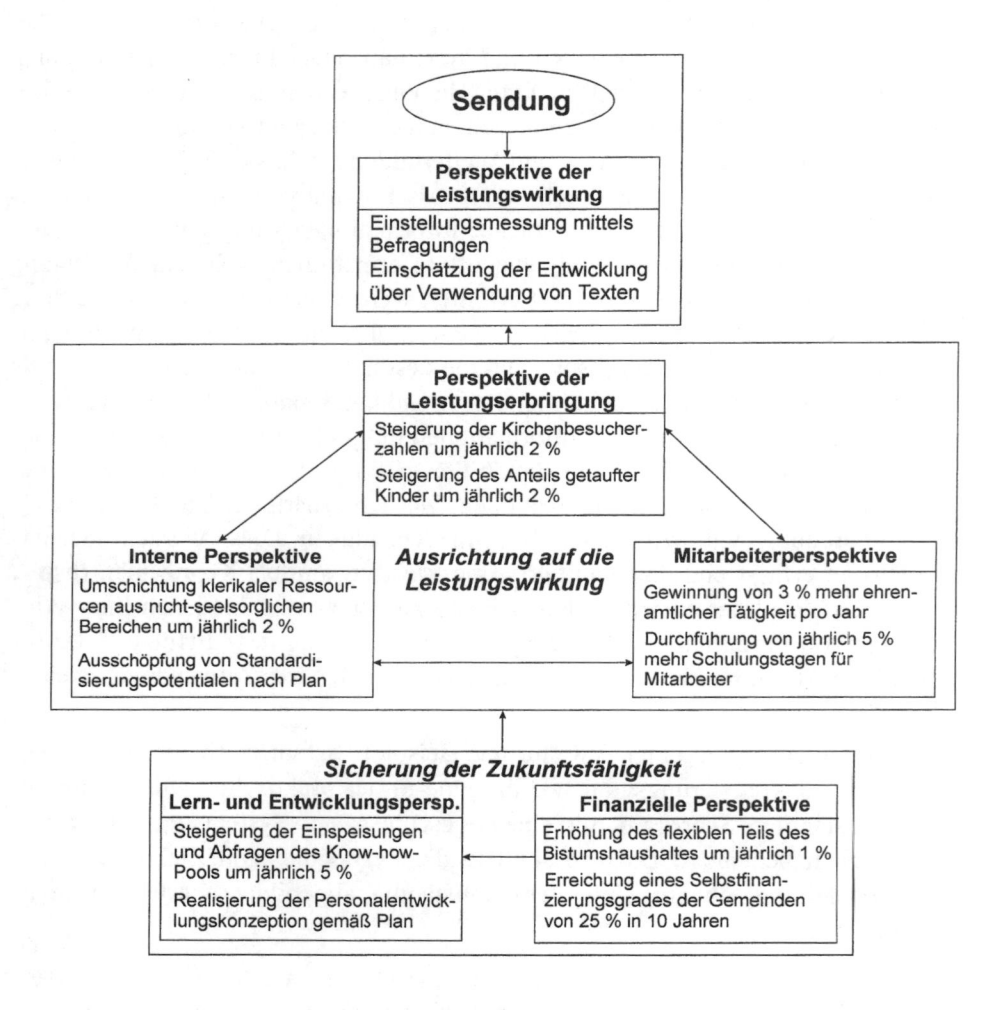

Sendung

Perspektive der Leistungswirkung
Einstellungsmessung mittels Befragungen
Einschätzung der Entwicklung über Verwendung von Texten

Perspektive der Leistungserbringung
Steigerung der Kirchenbesucherzahlen um jährlich 2 %
Steigerung des Anteils getaufter Kinder um jährlich 2 %

Ausrichtung auf die Leistungswirkung

Interne Perspektive
Umschichtung klerikaler Ressourcen aus nicht-seelsorglichen Bereichen um jährlich 2 %
Ausschöpfung von Standardisierungspotentialen nach Plan

Mitarbeiterperspektive
Gewinnung von 3 % mehr ehrenamtlicher Tätigkeit pro Jahr
Durchführung von jährlich 5 % mehr Schulungstagen für Mitarbeiter

Sicherung der Zukunftsfähigkeit

Lern- und Entwicklungspersp.
Steigerung der Einspeisungen und Abfragen des Know-how-Pools um jährlich 5 %
Realisierung der Personalentwicklungskonzeption gemäß Plan

Finanzielle Perspektive
Erhöhung des flexiblen Teils des Bistumshaushaltes um jährlich 1 %
Erreichung eines Selbstfinanzierungsgrades der Gemeinden von 25 % in 10 Jahren

Abbildung 3: Beispielhafte BSC für ein Bistum

3.2 Besonderheiten einer BSC für eine Gemeinde

Es wird in diesem Abschnitt keine weitere vollständige Scorecard entwickelt, sondern vielmehr das Augenmerk auf die Anwendung der BSC für einen Teilbereich der Gemeindearbeit im Sinne eines Projektes gelegt. Dazu wird auch eine Ursache-Wirkungs-Kette herausgearbeitet. Außerdem werden Unterschiede gegenüber der Situation im Bistum angesprochen.

Auch für die Kirchengemeinde ist zunächst ein zugrunde zu legendes Leitbild zu entwickeln. Dabei wird dasjenige des erörterten Bistums im Sinne einer übergeordneten Instanz einbezogen, dem das Gemeindekonzept nicht widersprechen darf bzw. dessen Vorgaben in die Gemeinde-Scorecard einfließen müssen. Das durch die BSC zu konkretisierende Rahmenkonzept könnte etwa folgendermaßen aussehen:

> **Konkretisiertes Leitbild der Gemeinde:** *Die Gemeinde macht sich das Leitbild des Bistums uneingeschränkt zu eigen und setzt darüber hinausgehend folgende Schwerpunkte in ihrer Arbeit: Wir wollen als eine Gemeinde mit hoher Jugendarbeitslosigkeit besonders für die arbeitslosen Jugendlichen im Einzugsgebiet der Gemeinde da sein und sowohl eigene Angebote zur Verfügung stellen als auch uns nach außen für sie einsetzen.[37] Als zweiten Schwerpunkt konzentrieren wir uns auf die Pastoral für junge Familien.*

Ein deutlicher Unterschied zur Situation des Bistums liegt in der *Existenz konkreter Vorgaben* durch dessen bereits entwickelte Scorecard. Damit sind sowohl der auszufüllende Freiraum als auch die zu bewältigenden Schwierigkeiten geringer. Eine zu verwendende Vorgabe liegt in der angestrebten Kirchenbesucherzahl, die konsequent auf die einzelnen Gemeinden heruntergebrochen werden muss. Durch die Vorgabe von prozentualen Steigerungen gestaltet sich dies – weitgehend – problemlos: Die Gemeinde erhält die Vorgabe, ihre Kirchenbesucherzahlen jährlich wie das Bistum um ebenfalls 2 % zu steigern. Es muss lediglich ein Faktor bezüglich der allgemeinen Bevölkerungsentwicklung berücksichtigt werden: Ändert sich die Einwohnerzahl der der Kirchengemeinde entsprechenden politischen Gebietskörperschaft[38], so ist die Veränderung dieser Zahl entsprechend als Ab- oder Zuschlag bei der zu erreichenden Kirchenbesucherzahl zu berücksichtigen. Gegen diese Vorgehensweise einer Verteilung zu erreichender Steigerungsraten per „Gießkanne" lässt sich das Argument anführen, dass damit Gemeinden mit bereits heute guten Kirchenbesucherzahlen benachteiligt würden. Dieser berechtigte Einwand wird im vorliegenden Zusammen-

---

[37] Vgl. im Folgenden immer Diözesanforum Münster.
[38] Es wird hier auf die Einwohnerzahl und nicht die Zahl der Katholiken abgestellt, um Verzerrungen aufgrund von Kirchenaustritten auszuschließen. Damit müssen allerdings Verzerrungen durch Änderungen der Bevölkerungsstruktur (etwa die Durchmischung „katholischer" Gegenden mit Neuzugezogenen anderer Glaubensrichtungen) in Kauf genommen werden.

hang aber als weniger problematisch eingeschätzt als die Alternative einer Aushandlung der zu erreichenden Steigerungsraten mit allen 689 Gemeinden des Bistums. Eine solche Verhandlungslösung wäre äußerst ressourcenbindend und würde tendenziell zu einer ebenso großen Unzufriedenheit unter Gemeinden führen, die mit dem ausgehandelten Ergebnis nicht einverstanden sind. Eine weitere sehr konkrete Vorgabe liegt in dem den Gemeinden zugewiesenen langfristigen Eigenfinanzierungsgrad von 25 %. Aufgabe der Gemeinde-Balanced-Scorecard ist dabei nun die Erarbeitung von Maßnahmenbündeln, um das gesteckte Ziel zu erreichen.

Eine andere Situation liegt bei den selbstgesteckten Zielen vor: Hierbei hat die Gemeinde eigenständig eine Umsetzung in die Perspektiven zu leisten. Dies soll am Beispiel der Fokussierung auf arbeitslose Jugendliche demonstriert werden. Beginnt man auf der Ebene der *Leistungswirkung*, so kann das Ziel in zwei Unterziele aufgespalten werden: Zum einen kann die Arbeitslosigkeit selbst bekämpft werden, zum anderen können die Folgen der Arbeitslosigkeit für die Jugendlichen entschärft werden. Die Gemeinde muss entscheiden, welchen Weg sie für den gangbareren hält, oder ob sie beide verbinden möchte. Will sie auch ersteres in ihre Arbeit integrieren, so ergibt sich das bereits angesprochene Problem der Zuordnung von Veränderungen der Arbeitslosigkeit auf die Arbeit der Gemeinde. Konzentriert man sich auf letzteres, so ist die Leistungswirkung durch die Befragung betroffener Jugendlicher erfassbar. Zur Darstellung der Umsetzung auf den weiteren Ebenen erfolgt eine Beschränkung auf die Bekämpfung der Folgen der Arbeitslosigkeit. Für die Ebene der *Leistungserbringung* sind dazu in einem ersten Schritt Angebote zu formulieren, die den Jugendlichen gemacht werden, und Zielgrößen festzusetzen, welche Resonanz man sich durch die Jugendlichen verspricht. Die Erfolgsmessung kann daraufhin entweder schon bei den realisierten Angeboten ansetzen oder die Annahme der Angebote durch die Jugendlichen beinhalten. Ersteres erscheint lediglich in einer Einführungsphase sinnvoll, später muss auf die erreichte Akzeptanz zurückgegriffen werden. Diese kann bspw. in Teilnehmerzahlen oder Zufriedenheitsgraden mit der Teilnahme mittels Befragungen ausgedrückt werden. In der *Internen Perspektive* kann gemäß der durch ein Blueprinting gewonnenen Kenntnisse über sichtbare und unsichtbare Prozesse eine Differenzierung in zu standardisierende (Vorbereitung von Veranstaltungen) und zu individualisierende Prozesse (Durchführung der Veranstaltungen) erfolgen. Der Erfolg dieser Maßnahmen ist anhand des Vergleiches von Planung und Realisierung nachzuverfolgen (faktale Ziele). Die *Mitarbeiterperspektive* hat sicherzustellen, dass die personellen Voraussetzungen dafür geschaffen werden, dass insbesondere die Ziele der Leistungserbringungsperspektive erreicht werden. Dazu sind auch hier im weiteren Sinne Aus- und Fortbildungen notwendig, die aber auch Informationen etwa von Arbeitsämtern und anderen Gemeinden, die bereits Erfahrungen auf diesem Gebiet sammeln konnten, umfassen. Zur konkreten Nachverfolgung können Maßnahmenkataloge dienen, deren Abarbeitung überprüft wird (faktales Ziel).

Die *finanzielle Perspektive* kann im Zusammenhang mit den verfolgten Zielen verschiedene Bedeutungen entfalten: So kann als Unterziel eine Selbstfinanzierung der Maßnahme über die Einwerbung von Spenden verfolgt oder lediglich die Einhaltung bestimmter Ausgabebudgets einbezogen werden. Die *Lern- und Entwicklungsperspektive* beinhaltet die systematische Nutzung gewonnener Erkenntnisse sowohl für das Segment „Hilfe für arbeitslose Jugendliche" als auch für die gesamte Gemeinde. Diese kann z.B. in der vorher festgelegten Dokumentation des Projektverlaufs inklusive der gemachten Fehler bestehen. Abbildung 4 zeigt die zu unterstellenden Ursache-Wirkungs-Ketten für dieses Beispiel auf.

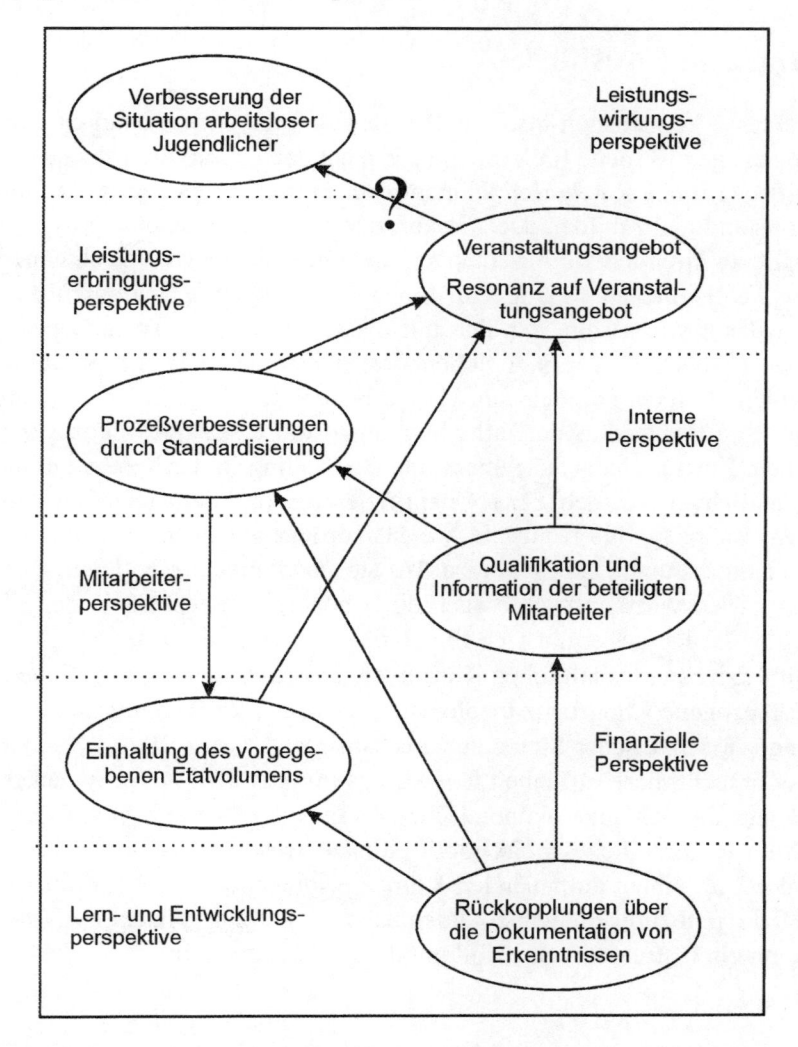

Abbildung 4: Mögliche Kausalketten für die BSC einer Gemeinde

Exemplarisch soll auf die Verknüpfung von Lern- und Entwicklungsperspektive und finanzieller Perspektive verwiesen werden: Werden die geforderten Lernprozesse realisiert und daher z.B. die finanzielle Planung verbessert, so wird angenommen, dass sich dadurch auch die finanzielle Situation im Sinne einer Etateinhaltung verbessert. Dabei wird auch deutlich, dass es sich nicht um quantifizierbare oder zeitlich messbare Kausalbeziehungen handelt, sondern um Plausibilitätsannahmen, wie Beziehungen zwischen den Perspektiven zu einer Verbesserung der Leistungen genutzt werden können.

4 Resümee und Ausblick

Welche Schlüsse können nun also aus der aufgezeigten Anwendbarkeit der BSC in der Kirche gezogen werden? Im Vordergrund steht dabei wohl der folgende Gedanke: Betriebswirtschaftliche Kategorien können nicht in der Lage sein, das kirchliche Geschehen vollständig abzubilden. Der Gefahr, durch eine Überbetonung ökonomischen Gedankenguts in kirchlichen Einrichtungen und Organisationen eine ablehnende Haltung gegenüber jeglichem Einzug von Managementmethoden heraufzubeschwören, muss sich jeder bewusst sein, der sich mit dieser Thematik auseinandersetzt. Es ist dem Wiener Erzbischof Kardinal Schönborn zuzustimmen, wenn er äußert: „Wir können die Kirche nicht so managen wie ein beliebiges Unternehmen." (Zitiert nach o.V. 1999d, S. 174). Daraus darf allerdings nicht die Konsequenz gezogen werden, sich jeglichem Einzug von Management und Controlling in der Kirche und insbesondere auch jeglichem Versuch einer Quantifizierung kirchlichen Geschehens entgegenzustellen. Vielmehr sind Konzepte wie das vorliegende zu entwickeln, die sich am besonderen Kontext und den besonderen Aufgabenstellungen orientieren. Damit dürfte sich die Betriebswirtschaftslehre auch einer höheren Akzeptanz in der Kirche sicher sein. Für die Kirche ergibt sich die Herausforderung der offenen Auseinandersetzung mit betriebswirtschaftlichen Konzepten, um ohne theologische Scheuklappen eine „zweckbezogene Kongruenz theologischer, sozialer und ökonomischer Ziele zur Bestimmung wirtschaftlicher Steuerungsmechanismen" (Reiss 1990, S. 12) zu erreichen. Dabei braucht diese Offenheit keineswegs nur aus dem momentanen Blick des Kaninchens auf die Schlange ökonomischer Zwangslagen zu erfolgen. Dem mag ein Zitat des Münsteraner Diözesanbischofs Lettmann Ausdruck verleihen, der die Kirche auffordert, „in einem aufbauenden Klima ressourcenorientiert [zu] arbeiten statt nur auf Defizite und zurückgehende Zahlen zu starren." (zitiert nach o.V. 1999c, S. 2) Die BSC kann ein Instrument zur Erfüllung dieses Zweckes sein.

5 Literaturverzeichnis

Adair, J. (1973): Formulating Strategy in the Church of England, in: Journal of Business Policy, 3. Jahrgang, Heft 4, S. 3 – 12.

Amherd, M. (1995): Controlling-Instrumente in kirchlichen Organisationen, in: Fickert, R./Meyer, C. (Hrsg.): Management-Accounting im Dienstleistungsbereich, Bern et al., S. 261 – 283.

Baaske et al. (1997): Strukturuntersuchung der Erzdiözese München und Freising, in: Erzbischöfliches Ordinariat München (Hrsg.): Pastorales Forum, Schlierbach.

Barrenstein, P. (1997): McKinsey und die Folgen im Unternehmen Kirche – Das Evangelische München-Programm und seine Umsetzung in die Praxis, in: Kongressmappe zum Kongress: Unternehmen Kirche, Heidelberg 10.–12. November.

Beer, M./Eisenstat, R. A./Biggadike, E. (1996): Developing an Organization Capable of Strategy Implementation and Reformulation, in: Moingeon, B./Edmonson, A. (Hrsg.): Organizational Learning and Competitive Advantage, London, Thousand Oaks, New Dehli.

Berens, W./Karlowitsch, M./Mertes, M. (2000): Die Balanced Scorecard als Controllinginstrument in Non-Profit-Organisationen, in: Controlling, 12. Jahrgang, Heft 1, S. 23 – 28.

Berens, W./Karlowitsch, M./Mertes, M. (2001): Performance Measurement und Balanced Scorecard in Non-Profit-Organisationen, in: Klingebiel, N. (Hrsg.): Performance Measurement & Balanced Scorecard, München, S. 277 – 297.

Bischöfliches Generalvikariat Münster (Hrsg.) (1998): Diözesanforum Münster: Mit einer Hoffnung unterwegs, Ergebnisse, Anregungen, Aufgaben geordnet nach 13 Kommissionen, Dokumentation der Beschlüsse und Inkraftsetzung durch den Bischof, Münster.

Budäus, D./Buchholtz, K. (1997): Konzeptionelle Grundlagen des Controlling in öffentlichen Verwaltungen, in: Die Betriebswirtschaft 57. Jahrgang, Heft 3, S. 322 – 337.

Butzer-Strothmann, K. (1998): Marketing-Mix für Kirchen – Zulässigkeit und Grundlagen der Ausgestaltung, Textfassung des Disputationsvortrages an der Wirtschaftswissenschaftlichen Fakultät der Heinrich-Heine-Universität Düsseldorf am 28. Oktober (unveröffentlicht).

Diedering, W. (1996): Analytische Budgetierung in sozialen Organisationen, 2. Aufl., Freiburg i.B.

Ernsperger, B. (1998): Mit Visionen und Zielen arbeiten, in: Lebendige Seelsorge, 49. Jahrgang, Heft 4, S. 196 – 199.

Fetzer, J./Grabenstein, A./Müller, E. (1999): Kirche in der Marktwirtschaft – ein Unternehmen der besonderen Art: Eine Thesenreihe, in: Fetzer, J./Grabenstein, A./Müller, E. (Hrsg.): Kirche in der Marktgesellschaft, Gütersloh, S. 200 – 219.

Fink, C. A./Grundler, C. (1998): Strategieimplementierung im turbulenten Umfeld – Steuerung der Firma Fischerwerke mit der Balanced Scorecard, in: Controlling, 10. Jahrgang, Heft 4, S. 226 – 235.

Grünig, R. (1988): Unternehmensleitbilder – Grundzüge eines Verfahrens zur Erarbeitung und Revision, in: zfo, 57. Jahrgang, Heft 4, S. 254 – 260.

Günter, B. (1998): Wozu braucht ein Museum Besucher?, in: Treff, H. (Hrsg.): Museen unter Rentabilitätsdruck: Engpässe – Sackgassen – Auswege, München, S. 67 – 75.

Haddad, T. (1998): Balanced Scorecard, in: Eschenbach, R. (Hrsg.): Führungsinstrumente für die Nonprofit Organisation, Stuttgart, S. 58 – 63.

Hilb, M. (1997): Integriertes Personalmanagement: Ziele – Strategien – Instrumente, 4. Auflage, Neuwied, Kriftel, Berlin.

Hillebrecht, S. W. (Hrsg.) (1997): Kirchliches Marketing, Paderborn.

Horak, C. (1987): Betriebswirtschaftliche Analyse der römisch-katholischen Pfarre in Österreich, Diplomarbeit (unveröffentlicht), Wien.

Kapfer, L./Putzer, H./Schnider, A. (1997): Die Jesusmanager – Kirche und Marketing, Innsbruck, Wien.

Kaplan, R. S./Norton, D. P. (1997): Balanced Scorecard: Strategien erfolgreich umsetzen, Stuttgart.

Kaplan, R. S./Norton, D. P. (1996): The Balanced Scorecard – Translating Strategy into Action, Boston.

Karlowitsch, M. (2000): Leistungscontrolling mit der Balanced Scorecard. Entwicklungsstand – Gestaltungskonzeption – Perspektiven, Dissertation, Düsseldorf.

Keyt, J. C. (2001): Beyond Strategic Control: Applying the Balanced Scorecard to a Religious Organization, in: Journal of Nonprofit & Public Sector Marketing, 8.Jahrgang, Heft 4, S. 91 – 102.

Klingebiel, N. (1999): Performance Measurement: Grundlagen – Ansätze – Fallstudien, Wiesbaden.

Kruip, Gerhard (1999): Das Humankapital pflegen – Auch die Kirche bedarf dringend der Personalentwicklung, in: HK, 53. Jahrgang, Heft 5, S. 245 – 249.

Lumen Gentium (1991): Lumen Gentium – Dogmatische Konstitution über die Kirche, 5. öffentliche Sitzung, 21. November 1964; in: Denzinger, H. (Begr.); Hünermann, Peter (Hrsg.): Kompendium der Glaubensbekenntnisse und kirchlichen Lehrentscheidungen; 37. Auflage; Freiburg i. B., Basel, Rom, Wien, Nr. 4101 – 4179 (S. 1172 – 1238) II. Vatikanum

Mertes, M. (2000a): Controlling in der Kirche: Aufgaben, Instrumente und Organisation, in: Jäger, A. (Hrsg.): Leiten. Lenken. Gestalten – Theologie und Ökonomie, Band 7, 2. Auflage, Gütersloh, zugl. Dissertation, Düsseldorf.

Mertes, M. (2000b): Controlling in der Kirche, in: Verbandsmanagement, 23.Jahrgang, Heft 3, S. 42–49.

Müller, G. L. (1987): Heil, in: Beinert, W. (Hrsg.): Lexikon der katholischen Dogmatik, Freiburg i.B., S. 236 – 239.

o.V. (1996): Kirchensteuer, in: Schätzler, W. (Hrsg.): Pressemitteilungen der deutschen Bischofskonferenz (Johannes Paul II. in Deutschland 1996), Bonn.

o.V. (1999a): "Wie muß der Geistliche der Zukunft sein...?" Bischof Reinhard Lettmann im Gespräch über die Bedeutung des Priesters, in: http://www.bistum-muenster.de/aktuelles/wortlaut/ag01/Zukunftspriester.html, Datum: 29.07.

o.V. (1999b): Nicht nur Kooperationen – auch Fusionen, in: http://www.bistum-muenster.de/aktuelles/monatsarchiv/ag01/99031313.html, Datum: 19.03.

o.V. (1999c): Ordnungspolitischer Ingrimm, in: FAZ, 28.07., Nr. 172, S. 4.

o.V. (1999d): Österreich: Kardinal Schönborn entläßt seinen Generalvikar, in: HK, 53. Jahrgang, Heft 4, S. 174 – 176.

o.V. (1999e): Grundsätze zur Organisations- und Personalentwicklung im Erzbistum Paderborn, in: Pastorale Regelungen – Schriftenreihe des Erzbistums Paderborn, Heft 6, 2. Auflage.

Patzen, M. (1997): Führung von evangelisch-reformierten Kirchgemeinden – Betriebswirtschaftliche Konzepte und Instrumente in ethisch-theologischer Perspektive, Konstanz 1997, zugl. Dissertation, St. Gallen.

Pirson, D. (1992): Kirchenorganisation, in: Frese, E. (Hrsg.): HWO, 3. Auflage, Stuttgart, Sp. 1087 – 1098.

Raffée, H. (1997): Barrieren abbauen – Die Kirche braucht ein eigenes Marketing, in: Evangelische Kommentare, 30. Jahrgang, Heft 4, S. 215 – 218.

Reiss, H.-C (1990): Controlling in Einrichtungen der Verbände der freien Wohlfahrtspflege, in: Verbands-Management, o. Jahrgang., Heft 1, S. 11 – 18.

Röhr, T. (1999): „Optimale Verkündigung" auf dem religiösen Markt? Kirchen-Marketing für die Zukunft, in: Fetzer, J./Grabenstein, A/Müller, E. (Hrsg.): Kirche in der Marktgesellschaft, Gütersloh, S. 168 – 182.

Ruh, U. (1999a): Auf dem Prüfstand – Wie geht es weiter mit der deutschen Kirchensteuer?, in: HK, 53. Jahrgang., Heft 7, S. 337 – 340.

Ruh, U. (1999b): Christliches Deutschland?, in: HK, 53. Jahrgang., Heft 1, S. 1 – 3.

Schauer, R. (1989): Controlling in Non-Profit-Organisationen, in: Seicht, G. (Hrsg.): Jahrbuch für Controlling und Rechnungswesen, Wien, S. 238 – 314.

Schuster, N. (1998): Seelsorge und Leitung. Ein ungleiches Geschwisterpaar, in: Lebendige Seelsorge, 49. Jahrgang, Heft 4, S. 200 – 204.

Seufert, G. (1999): Verbandscontrolling – Ansätze einer operativen Führungskoordination, Wiesbaden, zugl. Dissertation, München.

Theurl, E. (1989): Ökonomische Aspekte von Religionsgemeinschaften, in: ZögU, 12. Jahrgang, Heft 3, S. 403 – 409.

Thomé, M. (Hrsg.) (1998): Theorie Kirchenmanagement, Bonn.

Weber, J./Schäffer, U. (1998): Balanced Scorecard – Gedanken zur Einordnung des Konzepts in das bisherige Controlling-Instrumentarium, in: ZP, 9. Jahrgang, Heft 4, S. 341 – 365.

Welge, M. K./Al-Laham, A. (1992): Planung. Prozesse – Strategien – Maßnahmen, Wiesbaden.

Wichmann, M. (1996): „Sei besiegelt ..." Exemplarische Professionalität in einem trivialen System, in: Schuster, N./Moser, U. (Hrsg.): Kirche als Beruf: Neue Wege jenseits falscher Erwartungen, Mainz, S. 31 – 47.

Zollitsch, R. (1998): Was auf uns zukommt, in: Lebendige Seelsorge, 49. Jahrgang, Heft 4, S. 180 – 185.

C Synopsis und Kritik

Dietrich Budäus[*]

Strategisches Management in öffentlichen Verwaltungen – Zur Funktion und Leistungsfähigkeit der Balanced Scorecard als strategisches Planungs- und Managementkonzept

1   Problemstellung, konzeptionelle Grundlagen und Gang der Untersuchung

2   Das strategische Defizit in der aktuellen Reform öffentlicher Verwaltungen
    2.1   Struktur der aktuellen Reform
    2.2   Erklärung des strategischen Defizits in der aktuellen Reformdiskussion

3   Zum Bedarf strategischer Planung auf kommunaler Ebene

4   Balanced Scorecard als strategisches Planungs- und Managementkonzept für öffentliche Verwaltungen
    4.1   Kennzeichnung
    4.2   Systemtheoretische Begründung

5   Problemfelder
    5.1   Probleme der horizontalen-inhaltlichen Integration
    5.2   Probleme der vertikalen-organisatorischen und kommunikativen Integration

6   Öffentliches Managementinformationssystem als Entwicklungsperspektive

7   Literaturverzeichnis

---

[*] Prof. Dr. Dietrich Budäus, Universität für Wirtschaft und Politik, Hamburg.

1 Problemstellung, konzeptionelle Grundlagen und Gang der Untersuchung

Strategisches Denken und Handeln ist im privatwirtschaftlichen Unternehmenssektor zu einer elementaren Voraussetzung für die Unternehmenssteuerung geworden. Dabei scheint die Diskussion und das der Praxis empfohlene strategische Planungskonzept und Planungsinstrumentarium seit einiger Zeit in eine neue Phase eingetreten zu sein. Die vergangene Diskussion zur strategischen Ausrichtung von Unternehmen wurde bisher sehr stark durch den Ansatz des Portfoliomanagements geprägt. Die Portfolioanalyse und -gestaltung in den unterschiedlichsten Varianten war über mehr als ein Jahrzehnt Grundlage strategischer Planungsansätze sowohl bei Beraterkonzepten als auch in den Lehrbüchern zur Managementlehre und Unternehmensführung (vgl. z.B. Steinmann/Schreyögg 2000, Kreikebaum 1997). Heute tritt als Grundlage der strategischen Planung zunehmend das Konzept der Balanced Scorecard in den Vordergrund (vgl. Kaplan/Norton 2001, Horváth 2001).

Die Portfolioanalyse versucht, die aus der Unternehmensanalyse ermittelten Stärken und Schwächen und die aus der Umweltanalyse ermittelten Chancen und Risiken in eine Normstrategie für einzelne Geschäftsfelder oder aber auch für das gesamte Unternehmen einmünden zu lassen. Dabei geht es um die Erhaltung und den Ausbau von Erfolgspotenzialen, um Wettbewerbsvorteile gegenüber der Konkurrenz zu erreichen und die Marktattraktivität der eigenen Produkte und Leistungen zu erhöhen. Die Portfolioanalyse ist zwar insgesamt ein mehrdimensionales Konzept, verknüpft dabei aber faktisch nur die beiden jede Strategie bestimmenden Ebenen: (interne) Ressourcen und Markt. Es geht primär um die Ableitung von Strategien.

Die Balanced Scorecard (BSC), Anfang der 90er Jahre von Kaplan und Norton als neues strategisches Handlungskonzept entwickelt, zeichnet sich hingegen dadurch aus, dass sie als integrativer Ansatz der Strategieumsetzung und -anpassung auf horizontaler und vertikaler Ebene konzipiert ist. Sie schließt quasi an den Ergebnissen der Portfolioanalyse an.

Für die Analyse der Funktion und Leistungsfähigkeit der BSC für öffentliche Verwaltungen wird im Folgenden zwischen horizontaler und vertikaler Integration unterschieden. Horizontale Integration bezieht sich dabei auf die inhaltliche Erfassung, Abgrenzung und Koordination der für eine Gesamtstrategie und für die damit angestrebten strategischen Zielsetzungen relevanten Gestaltungsfelder. Vertikale Integration hingegen richtet sich auf die Gewährleistung der organisatorischen Umsetzung und Anpassung der Strategie innerhalb des Verwaltungssystems und hier insbesondere auf die Verknüpfung der strategischen Ebene mit den operativen, die Strategie realisierenden Einzelmaßnahmen. Vertikale Integration bezieht sich somit auf den organisatorischen und kommunikativen Prozess der Implementierung und Realisation der einzelnen Strategieelemente.

Geht es bei der Portfolioanalyse zentral um Ressourcen und Markt, so richtet sich die BSC auf das Management der horizontalen und vertikalen Integration als jenen Problembereichen, deren Lösung den Erfolg einer Strategie bestimmen. Dabei steht nicht die Ermittlung von Normstrategien im Mittelpunkt, sondern eher ein allgemeingültiges strategisch determiniertes Managementkonzept zur Unternehmenssteuerung. Insofern ist dieser Ansatz vergleichsweise anspruchsvoller und komplexer, zumal er beansprucht, vom Grundprinzip her sowohl für private Unternehmen als auch für öffentliche Verwaltungen Gültigkeit zu haben.

Da der privatwirtschaftliche Unternehmenssektor den BSC-Ansatz seit geraumer Zeit – wenn auch mit unterschiedlichem Erfolg – versucht zu implementieren, war zu erwarten, dass dieser Ansatz nunmehr auch für Städte und Kommunen und darüber hinaus generell für öffentliche Verwaltungen und Unternehmen des dritten Sektors empfohlen wird.[1] Um nun Aussagen machen zu können, ob und in welchem Ausmaß dieser Ansatz für den öffentlichen (und auch dem übrigen Non-Profit-Sektor) geeignet ist, soll zunächst der aktuelle Reformstand in öffentlichen Verwaltungen aufgezeigt werden und der Bedarf strategischen Managements verdeutlicht werden. Es scheint, dass öffentliche Verwaltungspraxis – aber auch die Wissenschaft – aufgrund der wachsenden Erfahrung mit den bisherigen Reformelementen zunehmend den strategischen Planungsbedarf erkennen, sich inzwischen vereinzelt durchaus auch der Portfolioanalyse zugewandt haben (vgl. Ruter/Eltrop 2001, S. 174 ff.) und jetzt mit dem komplexen Konzept der BSC von Beratern und aus der Literatur konfrontiert werden (vgl. Dumont du Voitel 2001, S. 186 ff.). Dabei ist auffallend, dass die einzelnen Reformelemente konzeptionell eine recht gute Grundlage für die Implementierung eines BSC-Ansatzes bieten, ein Aspekt, der jedoch praktisch bisher wenig Gestaltungskraft für den öffentlichen Sektor besitzt.

In einem weiteren Schritt werden die Gründe für die bisherige Vernachlässigung strategischer Ansätze in der Reformentwicklung und -diskussion skizziert sowie der wachsende Bedarf hierfür aufgezeigt. Die sich hieran anschließende Beurteilung der Eignung der BSC-Konzeption für öffentliche Verwaltungen kennzeichnet zunächst die BSC systemtheoretisch als Ansatz zur Steigerung der Binnenkomplexität im Handlungssystem „öffentliche Verwaltung". Hieran anschließend wird der Frage nachgegangen, inwieweit dieses dann praktische Erfolgsaussichten im derzeitigen Verwaltungssystem haben kann. Im letzten Teil steht die These im Mittelpunkt, dass zunächst im Rahmen des derzeitigen Standes und der zukünftigen Entwicklung der

---

[1] Vgl. hierzu im Einzelnen die Beiträge in diesem Sammelband.

Informationstechnik – sich durchaus am Konzept der BSC orientierend – ein integratives öffentliches Managementinformationssystem (ÖMIS) konzipiert und entwickelt werden muss. Erst dann lassen sich überhaupt erst notwendige komplexe Planungs- und Managementkonzepte wie die BSC nutzbringend auch für den öffentlichen Sektor zur Anwendung bringen. Die Ausführungen konzentrieren sich auf die kommunale Verwaltung.

2 Das strategische Defizit in der aktuellen Reform öffentlicher Verwaltungen

2.1 Struktur der aktuellen Reform

Die derzeitige Reform des öffentlichen Sektors (vgl. stellvertretend für viele Budäus/Finger 1999, Schedler/Proeller 2000, Schuppert 2000, S. 999 ff., Thom/Ritz 2000, Finger 2001, Reichard 2001) – erfasst durch Begriffe wie „New Public Management, Public Management, Neues Steuerungsmodell, Wirkungsorientierte Verwaltungssteuerung" – ist generell durch einen paradigmatischen Wandel vom Bürokratiemodell hin zu einem Managementmodell gekennzeichnet. Hierbei sind vier charakteristische Grundtendenzen prägend:

- neues Funktions- und Rollenverständnis von Staat und Verwaltungen,
- eine stärkere Markt- und Wettbewerbsorientierung,
- eine Ziel- und Ergebnis-orientierte Steuerung,
- Kunden bzw. Bürgerorientierung.

Diese Grundtendenzen finden ihre inhaltliche Ausprägung jeweils in einer Reihe von spezifischen Merkmalen, Konzepten, Verfahren und Prinzipien. So zeichnet sich das *neue Funktions- und Rollenverständnis* durch einen Wandel vom produzierenden Staat zum Gewährleistungsstaat aus. Daneben tritt aufgrund der Finanzkrise der Gebietskörperschaften generell eine auf mehr Wirtschaftlichkeit ausgerichtete Ressourcensteuerung in den Vordergrund.[2] Damit verbunden ist inzwischen – teilweise auf der Grundlage der Institutionenökonomie theoretisch fundiert (vgl. z.B. Finger 2001) – eine Entwicklung zur Umstrukturierung der klassischen Arbeitsteilung zwischen Markt und privatem Sektor einerseits und öffentlichem Sektor andererseits. Dies bedeutet ein anderes Verständnis und damit i.d.R. auch ein abnehmendes Spektrum und

---

[2] So ist die derzeitige paradigmatische Reform öffentlicher Verwaltungen unmittelbar verknüpft mit einer Ökonomisierung des öffentlichen Sektors, vgl. hierzu etwa die Ausführungen und angegebenen Quellen bei Schuppert 2000, S. 999.

Volumen öffentlicher Aufgaben und vor allem auch eine geänderte Leistungstiefe bisher öffentlich wahrgenommener Aufgaben (vgl. Naschold u.a. 2000).

Durch eine *Markt- und Wettbewerbsorientierung* ändern sich die externen Rahmenbedingungen, unter denen öffentliche Verwaltungen ihre Leistungen erbringen müssen (vgl. Greiling 2001, S. 106 ff.). Dies kommt etwa im wachsenden Ausschreibungswettbewerb zum Ausdruck, aber auch in neuen, wettbewerbsorientierten Konzepten der staatlichen Finanzierung/Subventionierung meritorischer Güter. Hierzu gehören aber auch – bisher weitgehend nur theoretisch diskutiert – Gutscheinsysteme, durch die die klassische Objekt- oder auch Angebotsfinanzierung umstrukturiert wird auf eine Subjekt- oder Nachfragefinanzierung (vgl. Kreyenfeld u.a. 2000, S.121 ff.). So würde etwa ein System von Bildungsgutscheinen, bei dem die staatliche Finanzierung der Hochschulen eingestellt wird und statt dessen jeder Bürger/jede Bürgerin mit dem 18. Lebensjahr ein – interpersonell nicht übertragbares – Kontingent an Bildungsgutscheinen erhält, zu neuen Bildungsmärkten führen. Die Hochschulen müssten bei einem derartigen Ansatz ihr Angebot wesentlich stärker an der Nachfrage und dem Bedarf ausrichten.[3] Zu neuen Wettbewerbselementen zählen schließlich auch Wettbewerbsäquivalente in Form von Benchmarking zur Ermittlung von „Best Practice" wie es konkret in interkommunalen Vergleichsringen zum Tragen kommt (vgl. Sandberg 2001, S. 163 ff.).

Marktorientierung und damit verbunden materieller Wettbewerb setzen die Wahlmöglichkeit der Nachfrager voraus. Zugleich gewinnt zunehmend auch eine individuelle, unmittelbar nutzerbezogene Finanzierung des öffentlichen Leistungsangebots an Bedeutung. Verbunden hiermit ist eine allokativ effizientere Ressourcensteuerung durch die Vermeidung von Dysfunktionalitäten kollektiver Finanzierungssysteme.[4]

---

[3] Zur Änderung der Objektfinanzierung zur Subjektfinanzierung, vgl. auch Budäus 2001, S. 301 ff.

[4] Die Dysfunktionalitäten kollektiver Finanzierungssysteme (Versicherungen, Steuern, Gesundheitssystem) bestehen darin, dass eine von der individuellen Bedarfslage unabhängige Nachfrage getätigt und finanziert wird, die bei einer individuellen Finanzierung nicht entstanden wäre. Beispiel: Ein Professor vereinbart mit seinen Studenten, zu einem gemeinsamen Abendessen zu gehen. Vorher wird aus Gründen der Einfachheit – einige Studenten meinen auch aus Gerechtigkeitsgründen – eine verbindliche kollektive Finanzierungsregel derart vereinbart, dass jeder den Durchschnittspreis bezahlt, also gesamter Rechnungsbetrag dividiert durch die Zahl der Teilnehmer. Beim Abendessen sitzt der Student Fritz neben seinem Professor und bestellt, da er nicht sehr hungrig ist, ein Würstchen mit Kartoffelsalat und ein Bier. Der Professor bestellt eine Portion gebratene Ente und einen sehr teuren Bordeaux-Wein. Als der Student dies beobachtet, fällt ihm die kollektive Finanzierungsregel ein. Was macht er? Er bestellt ebenfalls ein wesentlich teureres Essen und Getränk als ursprünglich beabsichtigt. Dies wiederum beobachten die übrigen Studierenden mit dem Effekt, dass im Endergebnis alle das teuerste Essen und das teuerste Getränk bestellen, obwohl keiner dieses bei einer individuellen Finanzierung praktizieren würde. Die kon-

Die *Ziel- und Ergebnisorientierung* tritt an die Stelle der klassischen – bürokratisch und juristisch geprägten – Verwaltungsverfahren. Das Erreichen bestimmter Ergebnisse steht im Mittelpunkt der Betrachtung. Dies hat zu neuen dezentralen Organisationsstrukturen geführt, mit weitgehend eigenständigen durch die Zurechenbarkeit von Kosten und Leistungen gekennzeichneten Verantwortungszentren. Für die Steuerung derartiger Verantwortungszentren bedarf es dann auch entsprechender Verfahren und Instrumente des Kosten-, Leistungs- und Finanzmanagements. Dies schlägt sich konkret in den Ansätzen zur Reform des öffentlichen Haushalts- und Rechnungswesens nieder (vgl. Lüder 2001, 1999, Buchholtz 2001, Budäus/Küpper/Streitferdt 2001, Budäus/Gronbach 1999). Schließlich sind in reformierten Verwaltungen ebenso andere fachliche Qualifikationen der Akteure erforderlich. Zudem bedarf es struktureller Anreize (leistungsorientierte Besoldung) für die Akteure, um wirtschaftliche Verhaltensweisen zu gewährleisten.

Die vierte Reformtendenz, die *Bürger-/Kundenorientierung*, zielt auf eine neue Legitimationsbasis von Verwaltungshandeln. Es geht immer weniger um die eher durch den Obrigkeitsstaat geprägte Vorstellung, dass ein über Politik bestimmtes Angebot von der Verwaltung bereitgestellt wird und zwar relativ unabhängig von dem konkreten Bedarf des Bürgers. Reformierte Verwaltungen versuchen, wesentlich stärker die Bedarfe und Erwartungen der Bürger in ihr Leistungsprogramm einzubeziehen.

Die Reformsituation öffentlicher Verwaltungen lässt sich schematisch wie in Abbildung 1 dargestellt strukturieren.

Auffallend bei der Analyse dieser Grundstruktur der derzeitigen Reformsituation im öffentlichen Sektor ist das Fehlen strategischer Ansätze. Ganz offensichtlich mangelt es bisher an der Entwicklung und systematischen Einbeziehung strategischer Denkweisen und des notwendigen strategischen Steuerungsinstrumentariums in die Neustrukturierung öffentlicher Verwaltungen. Dieses strategische Orientierungsdefizit schlägt sich dann u.a. nieder in (vgl. Budäus/Finger 1999, S. 40)

- mangelnden oder zu wenig konkretisierten Strategien für die Wahrnehmung zukünftiger Aufgabenfelder,

---

krete praktische Anwendung dieser Verhaltensweise findet man spätestens dann, wenn man mit seinem Auto mit einem Bagatellschaden in eine Werkstatt zur Reparatur fährt. Eine der ersten Fragen des Kfz-Meisters wird in diesem Fall sein, ob es sich um einen Versicherungsschaden handelt oder um einen selbst zu finanzierenden. Im Falle des Versicherungsschadens, ein kollektives Finanzierungssystem, ist die getätigte und zu finanzierende Nachfrage eine höhere im Vergleich zur individuellen Finanzierung.

```
┌─────────────────────────────┐
│   Neues Rollen- und         │
│   Funktionsverständnis von  │
│   Staat und Verwaltung      │
└─────────────────────────────┘
```

Externe Strukturreform	Neues Rollen- und Funktionsverständnis von Staat und Verwaltung	Binnenmodernisierung
• Wettbewerb • Nutzerbezogene Finanzierung • Wahlmöglichkeiten der Nutzer	• Gewährleistungsstaat • Aufgabenabbau / Privatisierung • Innovative Kooperations- und Koordinationsformen (PPP) • Ökonomisierung • Bürgerorientierung • ...	• Verfahren • Strukturen • Personal Verhalten/ • Qualifikation

⇔ Interdependenzen ⇔

Bürger-/Kundenorientierung

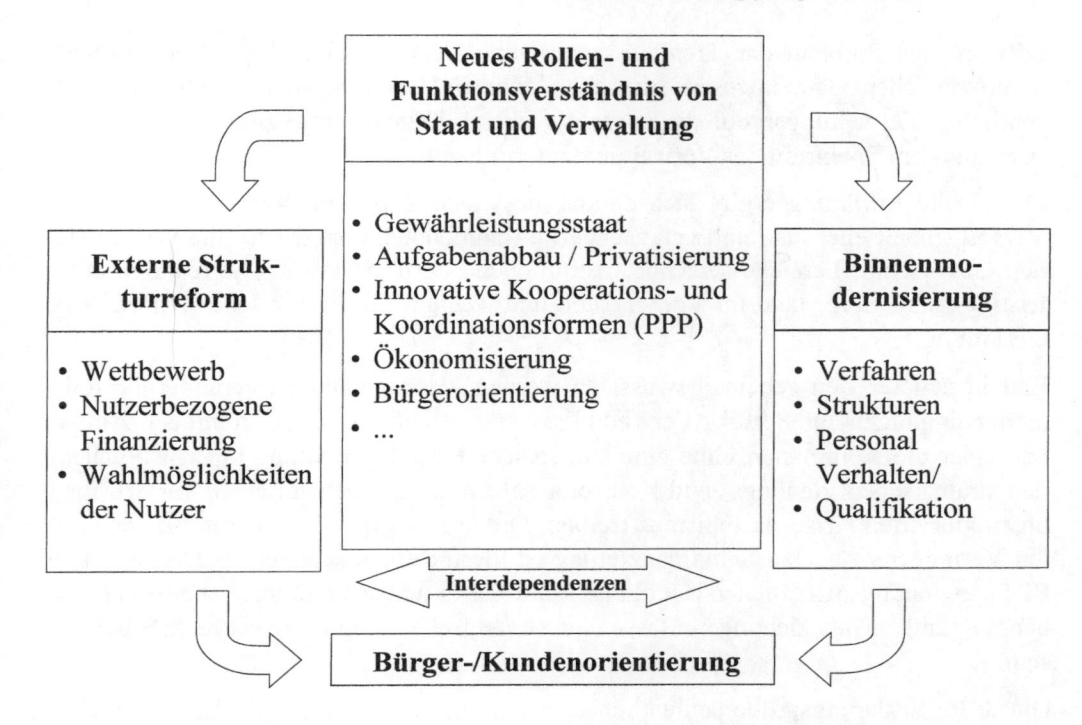

Abbildung 1: Reformebenen und Reformtendenzen im öffentlichen Sektor

- einer fehlenden Verknüpfung der Aufgabenstrategien mit entsprechenden Finanzierungs- und Personalstrategien und
- der mangelnden oder unzulänglichen Einbeziehung von Zielgruppen des Verwaltungsumfeldes und deren Bedarfe.

2.2 Erklärung des strategischen Defizits in der aktuellen Reformdiskussion

Eine Erklärungsgröße für die Vernachlässigung der strategischen Ausrichtung und der Anwendung entsprechender strategischer Instrumente dürfte zunächst einmal in der vergleichsweise lange Zeit in der Diskussion vertretenen Arbeitsteilung von Politik und Verwaltung liegen. Danach sollte Politik primär zuständig sein für strategische Entscheidungen und das Setzen langfristiger Ziele und Rahmenbedingungen, während die Verwaltung eher für die operative Umsetzung der politisch vorgegebenen strategischen Ziele als zuständig angesehen wurde. Diese der Realität widersprechende normative Setzung von Arbeitsteilung zwischen Politik und Verwaltung scheint sich in der Diskussion zunehmend überholt zu haben. Die Verflechtungen zwischen Politik und Verwaltungen sind empirisch beobachtbar, dokumentiert und teilweise als Problem der Trennung zwischen Exekutive und Legislative in einem demokratischen Gemeinwesen erkennbar. Eine Fokussierung der Zuständigkeit öffentlicher Verwaltungen auf die operative Ebene definiert strategische Planung faktisch aus dem Spektrum der Verwaltungsreform heraus.

Die zweite Erklärung ergibt sich daraus, dass sich Staat und Verwaltungen in der Vergangenheit eher als relativ statische, die Rahmenbedingungen für die verschiedenen Gesellschaftsbereiche setzende Institutionen begriffen haben. Die reaktive kurzfristige Anpassung stand im Vordergrund und weniger die strategische längerfristige Gestaltung.

Erst in neuerer Zeit scheint bewusst zu werden, dass dynamisch verändernde Rahmenbedingungen für Politik, Verwaltungen und öffentlich wahrgenommene Aufgabenfelder die Kommunen ohne eine strategische Grundausrichtung mit entsprechenden strategischen Planungs- und Kontrollansätzen immer mehr in einen kurzfristigen unstrukturierten Krisenaktionismus treiben. Die kurzfristige Veräußerung kommunalen Vermögens zur Haushaltsfinanzierung ist hierfür ein anschauliches Beispiel. Die Rückgewinnung öffentlicher Handlungs- und Gestaltungsspielräume scheint von daher nur unter Einbeziehung umfassender strategischer Planungsansätze möglich zu sein.

Die dritte Erklärungsgröße schließlich dürfte darin liegen, dass sich die Reformdiskussion und -praxis in den vergangenen 12 Jahren in Deutschland sehr stark auf die operative Ebene der Binnenmodernisierung konzentriert hat. Die Reform des Haushalts- und Rechnungswesens stand bisher im Mittelpunkt, geprägt durch die Erwartungen, durch globale Budgetierungskonzepte und Kosten- und Leistungsrechnungen Einsparungspotenziale zu erschließen und auszuschöpfen. Es sollte in vergleichsweise kurzer Zeit eine relativ hohe „Reformrendite" erwirtschaftet werden. Für strategisches Denken und für die Entwicklung eines strategischen Planungsinstrumentariums bestand für die theoretischen und praktischen Reformtreiber wenig Interesse.

Gleichwohl bleibt zu beachten, dass auch die der operativen Ebene zugeordnete Reform des Rechnungswesens, hier speziell die Einführung der integrierten Verbundrechnung (kaufmännisches Rechnungswesen, Speyerer Verfahren), durchaus eine strategische Dimension und Bedeutung hat. Erstmals wird mit diesem Rechensystem der intergenerativen Wirkung heutiger Entscheidungen und Ressourcenverbräuche informationsmäßig in Teilbereichen Rechnung getragen. So führt etwa die Berücksichtigung von Pensionsrückstellungen zu einer perioden- und damit auch generationsgerechten Zuordnung der verbrauchten Personalressourcen.

3   Zum Bedarf strategischer Planung auf kommunaler Ebene

Der Bedarf an strategischer Planung und damit geeigneter Informations- und Planungssysteme (vgl. hierzu Heinz 2000, Pröhl 2001, Thom/Ritz 2000) ergibt sich generell aus der zunehmenden Dynamik und aus dem Veränderungsdruck des Verwaltungsumfeldes. Hierzu gehört zunächst einmal die Finanzkrise der Kommunen. Hierzu gehört aber vor allem auch die Konfrontation der öffentlichen Gebietskörperschaften mit regionalem und überregionalem Standortwettbewerb. Daneben ergibt sich ein ganz besonderer Druck aus der Wirkung der EU-Wettbewerbskonzeption (vgl. Greiling 2001, S. 106 ff). Die Liberalisierung der klassischen Infrastrukturaufgaben des Ver- und Entsorgungsbereichs erfordern ganz neue Finanzierungs-, Organisations- und Kooperationsstrategien.[5] An die Stelle des klassischen Querverbunds mit seinen Gebietsmonopolen und seiner internen Subventionierung etwa des defizitären öffentlichen Personennahverkehrs durch die gewinnträchtige Energieversorgung treten überregional anbietende und im Wettbewerb stehende Versorgungsunternehmen. Die interne Subventionierung als ein wesentliches Finanzierungskonzept auf kommunaler Verwaltungsebene wird in Zukunft an Bedeutung verlieren. Hieraus folgt der Bedarf, Finanzierung, Organisation und Betreiben öffentlicher Aufgabenwahrnehmungen neu zu konzipieren und den sich ständig ändernden Wettbewerbsbedingungen anzupassen. Die EU-Wettbewerbskonzeption hat für die Kommunen zu einem bisher nicht gekannten strategischen Planungs- und Handlungsbedarf im Sinne eines strategischen Managements geführt. Es geht um die Schaffung und Weiterentwicklung von Erfolgspotenzialen öffentlicher Verwaltungen und ihrer Beteiligungen, um gegenüber zukünftigen Anforderungen bestehen zu können.

Zudem erfordert die Philosophie „Stadt/Kommune als Konzern" analog zum privaten Konzern eine Gesamtstrategie, aus der sich die Vorgaben für die dezentralen Planungen der Verantwortungszentren ableiten (vgl. Beckhof/Pook 2001, S. 68 ff., Martens/Thiel/Zanner 1998).

---

[5] Hier zeichnet sich schon jetzt ab, dass private Konzerne wie RWE und EON in Zukunft federführend die Umstrukturierung der klassischen kommunalen Wirtschaft prägen werden.

4 Balanced Scorecard als strategisches Planungs- und Managementkonzept für öffentliche Verwaltungen

4.1 Kennzeichnung

Ein strategisches Management- und Planungskonzept im Sinne der BSC erfordert zunächst einmal die Systematisierung und Kennzeichnung der für einzelne Verwaltungen steuerungsrelevanten Gestaltungsfelder. Für diese Gestaltungsfelder sind dann inhaltlich strategische Maßnahmen zu planen, aus denen sich in einem weiteren Schritt operative Umsetzungsmaßnahmen ableiten lassen. Hieraus ergibt sich ein horizontaler Integrations- und Koordinationsbedarf bezogen auf die einzelnen Gestaltungsfelder (vgl. Abbildung 2).

Abbildung 2: Strategisch relevante Gestaltungsfelder öffentlicher Verwaltungen auf der Grundlage des BSC-Ansatzes

Im Einzelnen geht es neben der finanzwirtschaftlichen Sphäre um die Bürger/Umfeldebene, die Politikebene mit den politischen Zielsetzungen, die Finanzen mit den verfügbaren Ressourcen, die Prozess- und Leistungsebene (Produkte/Prozesse) sowie um die Mitarbeiterebene. Zwar können im Einzelfall die Gestaltungsfelder durchaus anders strukturiert oder unterteilt sein, grundsätzlich dürfte die hier gekennzeichnete Struktur für den öffentlichen Sektor Allgemeingültigkeit besitzen.

Nun bleibt zu berücksichtigen, dass das hier skizzierte BSC-Schema für den öffentlichen Sektor zunächst einmal nur die horizontale Integrationsebene umfasst. Daneben ist die vertikale, d.h. die organisatorische und kommunikative Integration in das Verwaltungssystem als zweiter wesentlicher Aspekt der BSC zu berücksichtigen. Dieser bezieht sich auf die Weiterentwicklung, inhaltliche Umsetzung bzw. Anpassung der Strategie. Beide Komponenten führen dann zur BSC als integratives Management- und Planungskonzept.

Die hier als vertikale, organisatorische und kommunikative Integration bezeichnete Komponente wird von den Vertretern der BSC als ein kontinuierlicher Entwicklungs- und Kommunikationsprozess mit entsprechenden Feedback-, Kontroll- und Korrekturschleifen interpretiert. Diese Prozesse vollziehen sich zwischen den Führungskräften und Mitarbeitern der einzelnen Organisationsbereiche einerseits und den Mitarbeitern untereinander andererseits, wobei der Prozess selbst wiederum in unterschiedliche Phasen unterteilt wird. Diese Phasen umfassen die Entwicklung eines alle Gestaltungsfelder einbeziehenden Zielsystems und die Zielerreichungskontrolle mit eventuell notwendigen Anpassungsprozessen.

4.2 Systemtheoretische Begründung

Öffentliche Verwaltungen stellen soziale Handlungssysteme[6] dar, die in der gegebenen Situation in eine komplexe sich dynamisch verändernde Umwelt eingebunden sind. Dabei besteht die Funktion des Verwaltungssystems darin, durch interne Handlungsstrukturen Umweltkomplexität zu reduzieren. Eine derartige Reduktion von Umweltkomplexität vollzieht sich durch Ausdifferenzierung und Dezentralisierung innerhalb des Verwaltungssystems. Dezentrale Einheiten nehmen selektiv nur bestimmte Umweltsegmente arbeitsteilig wahr und erbringen dadurch eine eigenständige Selektionsleistung für das Gesamtsystem. Hiermit verbunden ist ein entsprechendes Komplexitätsgefälle zwischen Verwaltungssystem und Umweltkomplexität.

---

[6] Das System „Verwaltung" konstituiert sich nicht aus Personen, sondern aus den der Verwaltung im Sinne einer Differenzierung zur Umwelt zuzurechnenden Handlungen bzw. kommunikativen Akte, vgl. hierzu im einzelnen Luhmann (1973, 1984, S. 34 ff.). Vgl. zur entsprechenden systemtheoretischen Fundierung und funktionalen Analyse des Managementprozesses privater Unternehmen sowie zu den folgenden Überlegungen vor allem Steinmann/Schreyögg 2000, S. 121 ff.

Allerdings darf dieses Komplexitätsgefälle auf Dauer nicht auf ein die Existenz gefährdendes Niveau sinken, d.h., die Selektionsleistung darf nicht zu einer Vernachlässigung und Ausklammerung solcher Umweltsegmente und deren Veränderung führen, die für die zukünftige Funktions-/Leistungsfähigkeit und damit für die Existenz des Verwaltungssystems von Bedeutung sind. Von daher bedarf es nicht nur Komplexität reduzierender interner Systemstrukturen, sondern auch solcher Instrumente und Konzepte, die die Binnenkomplexität erhöhen (Schaffung von Komplexität). Diese Funktion obliegt strategischen Planungs- und Koordinationskonzepten, durch die die dezentralen Bereiche inhaltlich und organisatorisch wieder zu einem Gesamtsystem integriert werden.

Systemtheoretisch ist damit das strategische Managementkonzept der BSC als Ansatz zur Erhöhung der Eigenkomplexität des Systems Verwaltung zu interpretieren zwecks Handhabung und Bewältigung der Komplexität des Verwaltungsumfeldes. Die Hinwendung der Verwaltungspraxis zur BSC ist offensichtlich Ausdruck des Bedarfs zur Erhöhung der Eigenkomplexität des Verwaltungssystems. Die bisherigen oben aufgezeigten sehr stark operativ ausgerichteten Reformelemente der Binnenmodernisierung wie Dezentralisierung, Produktorientierung und Kosten- und Leistungsrechnung führen zwar zu einer hohen Ausdifferenzierung des Verwaltungssystems und entsprechend hoher Reduktion von Umweltkomplexität. Zugleich scheinen damit aber wesentliche von der Verwaltung zu bewältigende Umweltelemente ausgeklammert und vernachlässigt zu werden. Ohne Integration in eine Gesamtstrategie führt die Selektionsleistung dieser isoliert eingesetzten Reformelemente zu einer dysfunktionalen Reduktion von Umweltkomplexität und damit auf Dauer zu einer Systemgefährdung. Hieraus erklärt sich dann generell die Hinwendung zu strategischen Planungskonzepten und deren Ausdifferenzierung. Insofern ist auch die Aussage, dass die BSC aufgrund der wachsenden Dynamik und Komplexität der Umwelt notwendig wird, zunächst einmal grundsätzlich zutreffend und systemtheoretisch begründbar.

5 Problemfelder

5.1 Probleme der horizontalen-inhaltlichen Integration

Versucht man einmal zunächst, die einzelnen Gestaltungsfelder und deren Bedingungen im öffentlichen Sektor etwas näher zu charakterisieren, so zeigt sich Folgendes:

Ein Kernproblem liegt im *Gestaltungsfeld Politik*, von dem formal die Vorgabe von strategischen Zielen und den entsprechenden Ressourcen zu erwarten wäre. Auch wenn Politik für einzelne Politikfelder durchaus Ziele vorgibt und die für deren Erreichung notwendige Ressourcen, so kann keineswegs hieraus ein in sich konsistentes operatives Zielsystem abgeleitet werden. Die formalen Kompetenzen von Politik, das

Wechselspiel von Politik und Verwaltungen, der dabei ständig wirksam werdende situationsabhängige Handlungsdruck sowie die unterschiedlichen Handlungsrationalitäten von Verwaltungen und Politik (vgl. Schedler/Proeller 2000)[7], lassen es zweifelhaft erscheinen, einen rationalisierenden, die Inhalte der einzelnen Felder flächendeckend koordinierenden Managementansatz für öffentliche Verwaltungen entwickeln zu können.

Die *Finanzen* beziehen sich auf die Verfügbarkeit von Ressourcen. Sie ergeben sich zum einen als Ergebnis politischer Einzelentscheidungen (z.B. Erhöhung von Gebühren und Steuern, Neuverschuldung, Veräußerung öffentlichen Vermögens) und zum anderen als Konsequenzen aus früheren und/oder außerhalb des Kompetenzbereichs der einzelnen Gebietskörperschaft liegenden Entscheidungen und gesamtwirtschaftlicher Entwicklungen (z.B. Steueraufkommen in Abhängigkeit von der konjunkturellen Entwicklung, Verpflichtung der einzelnen Kommune zur Übernahme von Sozialleistungen, Bereitstellung von Kindergartenplätzen etc.). Hier zeigt sich, dass die einzelnen Gestaltungsfelder ganz unterschiedlich im Rahmen einer Strategie von der einzelnen öffentlichen Verwaltung beeinflusst und gesteuert werden können.

Bei den *Produkten und Prozessen* geht es um die Leistungssphäre. Diese Aufgabenfelder sind ganz im Sinne des 3-E-Konzeptes (vgl. Budäus/Buchholtz 1997, S. 327 ff., Buchholtz 1999, S. 83 ff.) strategisch einzubinden und als operative Umsetzung auszuformulieren. Auch dies stellt sich in der Praxis jedoch anders dar. Einzelne Produkte resultieren schlichtweg aus rechtlichen Vorgaben und/oder stellen Pflichtaufgaben der Kommunen dar.

Das Feld *Mitarbeiter/Lernen* bezieht sich auf die aus einer Strategie abgeleiteten Anforderungen und Verhaltenserwartungen gegenüber den Humanressourcen. Nun existieren zwar mit ersten Ansätzen der Personalentwicklung im Rahmen von Verwaltungsreform durchaus Ansätze, die auch im öffentlichen Bereich BSC-kompatibel sein dürften. Allerdings ist auch hier die Realität von einem integrativen Ansatz weit entfernt. Es herrscht nach wie vor eine kurzfristig operativ ausgerichtete Konzeption des Personalabbaues als Sparmaßnahme vor. Ein systematisches Personalinformationssystem zur Ermittlung des zukünftigen Personalbedarfs existiert nicht, schon gar nicht in Verbindung mit integrativen Strategien. Vielmehr zeigt sich, dass gerade im öffentlichen Bereich das Bezugsfeld „Finanzen" für alle übrigen Felder die dominante Größe darstellt.

---

[7] Auch wenn die Auffassung, es handele sich um unterschiedliche Rationalitäten, weit verbreitet ist, so handelt es sich gleichwohl um unterschiedliche Ziele, auf die hin dann auch zwangsläufig die einzelnen Maßnahmen (Mittel der Zielerreichung) unterschiedlich bewertet werden. Es gibt nur eine Rationalität (vgl. hierzu im Einzelnen Budäus 1982, S. 56 ff.)

Das Feld *Bürger/Umfeld* soll ganz im Sinne der neuen Steuerungsphilosophie ein wesentliches Bezugsfeld des gesamten Verwaltungshandelns sein. Allerdings fehlt für dieses Feld ein strategisches Berichtswesen und ein Frühwarnsystem, aus dem sich gesellschaftlich relevante Veränderungen und entsprechende Handlungs- und Entscheidungsbedarfe für die Verwaltung ergeben. Das originäre Interesse, ein derartiges Informationssystem aufzubauen, dürfte allerdings gering sein. Die Handlungsorientierung gegenüber Umfeld und Bürger ist – je nach Situation, gesellschaftlichem Machtpotenzial und Wertesystem sowie politischem Kräfteverhältnis – eher auf spezifische Interessengruppen ausgerichtet. Dabei spielt weniger deren objektive Problemlage eine Rolle, sondern – wie hinreichend aus den Ansätzen der Public Choice bekannt – primär deren Bedeutung für parteipolitische Machterhaltung und gruppenspezifische und/oder individuelle Interessendurchsetzung.

5.2 Probleme der vertikalen-organisatorischen und kommunikativen Integration

Wesentliche Anwendungsprobleme der BSC im öffentlichen Bereich dürften aus der Zieldeterminiertheit dieses Ansatzes resultieren. Mehr oder minder implizit wird davon ausgegangen, dass die Organisation eine klare Zielstruktur aufweist, auf die hin alle relevanten Gestaltungsfelder ausgerichtet werden können. Dies ist im privaten Unternehmen tendenziell gegeben. Der öffentliche Sektor hingegen zeichnet sich gerade durch unklare Zielformulierungen, konkurrierende und möglicherweise substituierende Ziele auf den verschiedenen Ebenen, keine klaren Zielhierarchien sowie durch die Dominanz mikropolitischer Machtspiele nicht zuletzt aufgrund der personellen Vermischung von Politik und Verwaltung aus.

Allerdings können ganz im Sinne der Notwendigkeit, jeweils organisationsspezifische BSCs zu entwickeln, die Zielorientierung und die Strukturierung des öffentlichen Zielsystems zu einem wesentlichen Element einer öffentlichen BSC werden. Die Diskussionen um Leitbilder einzelner Städte und entsprechende pragmatische Vorgehensweisen unter Einbeziehung der Bevölkerung liefern Anhaltspunkte für die strategische Machbarkeit eines derartigen Konzepts. Die Verknüpfung strategischer Ziele mit der operativen Ebene ist zumindest konzeptionell durch das Reforminstrumentarium des Kontraktmanagements gegeben. Auch – wiederum konzeptionell – schafft die Ergebnis- und Produktorientierung gute Voraussetzungen für die operative Umsetzung einer Strategie. Allerdings zeigt sich die Realität der kommunalen Verwaltung keineswegs so BSC-strukturiert, wie es bei oberflächlicher Betrachtung den Anschein hat. Die Produkte werden i.d.R. gerade nicht aus einer übergeordneten Strategie abgeleitet, sondern ergeben sich in wesentlichen Bereichen schlichtweg aus vorgegebenen Rechtsnormen. Daneben existieren historisch gewachsene Produkte und Leistungsprogramme. Von daher besteht, sofern strategische Planung zu einem wesentlichen Bestandteil zukünftiger Gesamtsteuerung von Verwaltungen werden soll, durchaus die Gefahr, dass eine zukünftige Strategie aus vorhandenen Produkten, Maßnahmen und Aktivitäten abgeleitet wird. Dies bedeutet, dass die Strategie vorhandenen Strukturen und Produkten folgt und nicht umgekehrt sich die Produkte und Strukturen aus einer Strategie ergeben. Hinzu kommt, diese Gefahr verstärkend, dass Verwaltungsrealität nach wie vor durch einen nicht zu vernachlässigenden Ressortegoismus geprägt ist. All dies erklärt – trotz der theoretisch verfügbaren BSC-freundlichen Reformelemente – eher eine Tendenz zur Rigidität und Stabilisierung des status quo zu Lasten notwendiger strategischer Planungs- und Implementierungsinnovationen.

Die Lernperspektive in der BSC muss mit einem Anreiz zur Zielerreichung verbunden sein. Hier sind individuelle Leistungsanreize insbesondere als leistungsorientierte Entlohnung geboten. Die auf diesem Gebiet inzwischen entwickelten ersten Konzepte reichen hierfür allerdings keineswegs aus. Auch die wesentlich konkreteren ersten Ansätze einer leistungsorientierten Budgetierung, so z.B. im Hochschulbereich, weisen noch ganz erhebliche Probleme auf. Diese liegen in der Art der gewählten Leistungsindikatoren, der Leistungserfassung und -messung. Die Leistungsindikatoren können möglicherweise in ihrer Wirkung zu nicht zielbezogenen und nicht kontrollierten Wirkungen führen. Dies ist vor allem dann der Fall, wenn die Quantität eines Produktes ohne extern normierte Qualitätsstandards als Leistungsindikator und Anreizmechanismus definiert wird.[8] Vor diesem Hintergrund werden Qualitätssicherung, Qualitätsstandards und Evaluationsverfahren in Zukunft zwangsläufig an Bedeutung gewinnen müssen, bei wachsender Anwendung des hier skizzierten strategischen Planungskonzeptes.

Die BSC als Managementkonzeption unterstellt eine eher „sozialromantische" Verwaltungskultur, die von vornherein die Akzeptanz des Konzeptes, ja sogar dessen begeisterte Umsetzung gewährleistet. Hier scheinen hinsichtlich der Realität doch erheblich andere Bedingungen vorzuherrschen. Öffentliche Einrichtungen sind nach wie vor sehr stark nach innen orientiert und mit flächendeckenden Reformansätzen

---

[8] So gewährt beispielsweise als besonderen Anreiz für die Betreuung von Diplomarbeiten die Universität K pro 10 betreuter Diplomarbeiten im Semester eine Stunde Lehrdeputatsermäßigung für den einzelnen Dozenten. Da die Qualität der Betreuung weder von der Zeit her noch inhaltlich standardisiert ist, führt dieser Anreizmechanismus dazu, dass möglichst ökonomisch eine hohe Lehrdeputatsermäßigung erwirtschaftet wird. Konkret bedeutet dies, dass die Betreuungsleistung für den Einzelfall i.d.R. erheblich sinkt. Ähnliche Effekte lassen sich aufgrund der Anzahl von Dissertationen als Indikator für eine leistungsorientierte Budgetierung erwarten. Da die Qualität einer Dissertation nicht standardisiert ist (und sich wohl auch nur schwierig standardisieren lässt), ist zu erwarten, dass zunehmend Dissertationen für die Bibliotheken produziert werden, um möglichst hohe individuelle Budgets an den einzelnen Lehrstühlen verfügbar zu haben.

nur bedingt belastbar. Bei flächendeckenden Änderungen muss für den einzelnen Mitarbeiter ein zusätzlicher Nutzen erkennbar sein, oder es bedarf hinreichender Ausgleichszahlungen (zu den „side payments", vgl. Cyert/March 1963), um die Akzeptanz und die Mitwirkung zu gewährleisten. Alternativ bedarf es einer Organisationsmacht, die eine entsprechende Umsetzung erzwingen kann, eine Prämisse, die in öffentlichen Organisationen kaum gegeben sein dürfte.

Die BSC liefert als Konzept durchaus eine geeignete Grundlage zur Erfassung und Abgrenzung der einzelnen Gestaltungsfelder von Verwaltungshandeln. Damit steht aber lediglich ein allgemeingültiger – sicherlich auch von der Verwaltungspraxis weitgehend akzeptierter – konzeptioneller Bezugsrahmen für die Wirkungsanalyse von Verwaltungshandeln zur Verfügung. Schon bei der Erfassung und Berücksichtigung der Interdependenzen zwischen den einzelnen Gestaltungsfeldern – ein nicht unwesentlicher Aspekt der horizontalen Integration – dürfte es erhebliche Schwierigkeiten geben. Somit kann selbst die horizontale Integration nur bedingt mit Hilfe der BSC geleistet werden.

Noch problematischer ist es hinsichtlich der vertikalen Integration. Hier sind in öffentlichen Verwaltungen die erforderlichen methodischen und organisatorischen Voraussetzungen eher nicht gegeben. Für die praktische Umsetzung einer Strategie auf der Grundlage des BSC-Konzepts fehlt das entsprechende Gestaltungspotenzial. Es existieren i.d.R. weder klare Zielformulierungen als ganz wesentliche Orientierungs- und Bewertungsgrundlage, noch verfügt das Verwaltungssystem über die erforderlichen Anreizmechanismen und/oder side payments. Eine diese substituierende Gestaltungs- und Organisationsmacht der Verwaltungsleitung ist i.d.R. ebenfalls nicht gegeben. Hinsichtlich der Lösung des vertikalen Integrationsproblems fehlt es bisher an geeigneten Instrumenten, Verfahren und Kultur geprägten Verhaltensweisen. Die BSC als strategisches und integratives Managementkonzept unterstellt eine ausgleichende simultane Berücksichtigung aller wesentlichen Gestaltungsbereiche und deren Interdependenzen. Hierdurch soll praktisch ein Gesamtoptimum erreicht werden. Nun verweisen aber sowohl die Erfahrungen in der Praxis als auch theoretische Ansätze (so etwa Cyert/March 1963) darauf, dass Verwaltungen eher durch den Verzicht auf Koordination interdependenter Teilbereiche geprägt sind sowie eher sukzessiv als simultan planen und dies auch nur mit begrenzter Rationalität. Das „Durchwursteln" wird zur dominanten Struktur- und Verhaltensdeterminante als Reaktionsmuster auf die Dynamik und den Druck von Umfeldänderungen. Auch die neuen, bisher nur isoliert eingesetzten operativen Reformelemente vor allem im Bereich des Haushalts- und Rechnungswesens können eine strategische Ausrichtung und Gesamtsteuerung von Verwaltungshandeln nicht leisten.

Die systemtheoretische Analyse lässt erkennen, dass Verwaltungen bisher weniger die Entwicklung und Praktizierung von Ansätzen zur Steigerung der Systemkomplexität als Konzept zur Bewältigung von Umweltkomplexität betreiben. Vielmehr stehen Ansätze und Konzepte zur Komplexitätsreduktion durch interne Verfahren und Strukturen im Vordergrund. Ein anschauliches Beispiel hierfür ist nach wie vor die Negativkoordination zwischen einzelnen Organisationseinheiten aber auch Politikfeldern. Es wird gerade nicht eine positive integrative Koordination betrieben. Vielmehr sieht die Verwaltungspraxis nur dann einen Abstimmungs- und Koordinationsbedarf, wenn die Gestaltung eines Teilbereichs negative Wirkungen auf einen anderen Teilbereich hat. Das gemeinsame Anstreben von Zielen gerade auch unter Nutzung von Synergien ist eher nicht Element der internen Systemstrukturen und Systemsteuerung.

Der Einsatz der BSC erfordert, soll sie denn als Managementkonzeption praktische Gestaltungsfunktion haben, eine auf wachsende Binnenkomplexität ausgerichtete Verwaltungsorganisation und -kommunikation. Eine derartige Steigerung der Binnenkomplexität des Verwaltungssystems durch Planungskonzepte ist bisher weder von den Verwaltungsstrukturen, noch von den Verfahren, noch von den Personen, d.h. vor allem von deren Qualifikation und von der Verwaltungskultur her, angelegt. Das Scheitern vergleichsweise einfacher strategischer Planungskonzepte in der Vergangenheit wie das Konzept der Aufgabenplanung oder – anspruchsvoller – das Planning Programming Budgeting lassen die empirische Relevanz dieser These vermuten. Möglicherweise war aber bisher auch der Bedarf zur Schaffung von Binnenkomplexität zu wenig ausgeprägt, d.h. für das Verwaltungssystem nicht von existenzieller Bedeutung. Das System konnte sich in der Vergangenheit das Scheitern derartiger Ansätze leisten.

6 Öffentliches Managementinformationssystem als Entwicklungsperspektive

Akzeptiert man den praktischen Bedarf an wachsender Binnenkomplexität öffentlicher Verwaltungen, so ist davon auszugehen, dass sich ein Ansatz zur notwendigen Steigerung der Binnenkomplexität aus einer ganz anderen Richtung ergibt, nämlich aus der Entwicklung und Verfügbarkeit der Informationstechnik (IT). Durch die neuen Möglichkeiten der Informationsgenerierung, Verarbeitung und ubiquitären Verfügbarkeit von Informationen, verbunden mit einer Rezentralisierung von Informations- und Entscheidungsprozessen bei dezentralen Organisationsstrukturen, erhöht sich die verfügbare Planungs- und Steuerungskapazität des Verwaltungssystems. Gleichzeitig werden ganz neue IT-induzierte Systeme und Verknüpfungen von Verwaltungen und Umwelt entstehen. Folgt man dieser Hypothese, so müssen Augenmerk und zukünftige Anstrengungen zunächst einmal weniger auf komplexen Planungskonzepten liegen, sondern auf der Entwicklung und Ausgestaltung eines öffentlichen Managementinformationssystems (ÖMIS). Dieses sollte sich als Grundlage zukünftiger Planung (und eines öffentlichen Controlling) inhaltlich durchaus an der Grundkonzeption der BSC orientieren (vgl. Abbildung 3). Die bereits entwickelte und vorhandene integrierte Verbundrechnung bezieht sich dabei auf die Felder Finanzwirtschaft sowie Geschäfts- und Leistungsprozesse, wobei bisher noch die operative Betrachtung im Vordergrund steht.

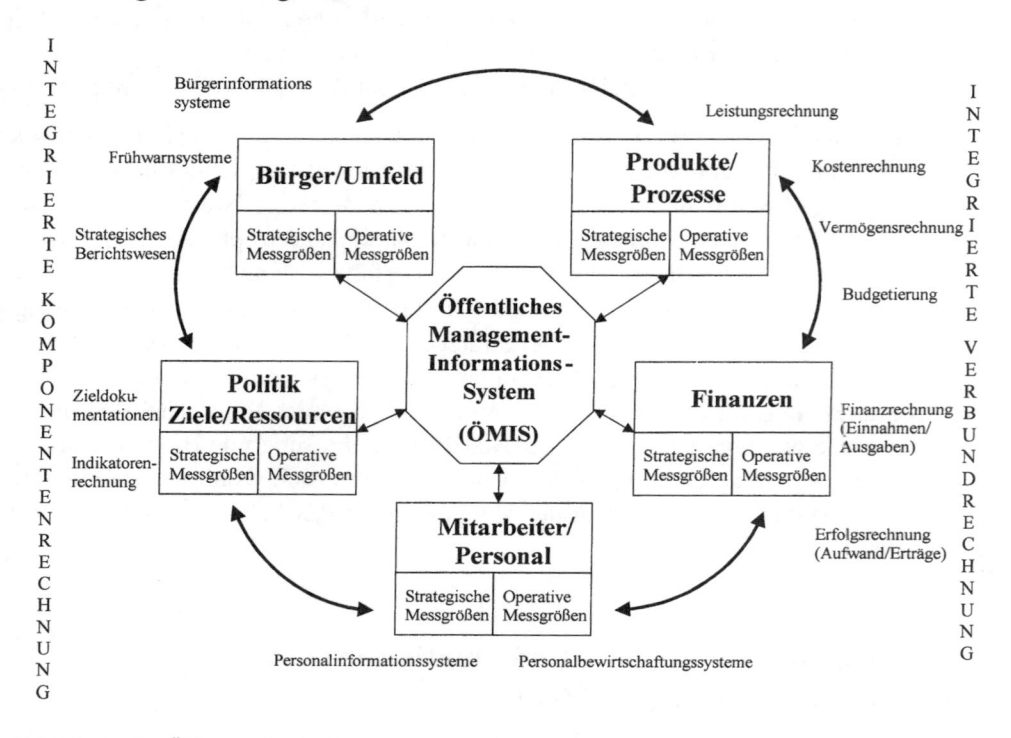

Abbildung 3: Öffentliches Managementinformationssystem (ÖMIS) als Grundlage für ein BSC-orientiertes Managementsystem

Aus der Finanzrechnung, der Erfolgsrechnung, der Vermögensrechnung und der Kosten- und Leistungsrechnung lassen sich für diese beiden Felder recht gut über Kennzahlen und deren Veränderungen steuerungsrelevante Partialprobleme abbilden und steuern. Bisher wenig entwickelt hingegen sind strategische Ziele und Messgrößen, die den eigentlichen Politikbereich ausmachen und sich gleichzeitig auf Bürger/Umfeld der Verwaltung beziehen. Ähnliches gilt auch für das Bezugsfeld „Mitarbeiter".

Dabei dürfte die langfristige Entwicklung vor allem auf eine softwaremäßige Kompatibilität einzelner Informationsmodule hinauslaufen, d.h. die informationsmäßige Integrationsproblematik bezogen auf die hier skizzierten Gestaltungsebenen wird in Zukunft an Bedeutung gewinnen. Ob auf dieser Grundlage dann auch die systematische Nutzung der Informationen zur Verbesserung von Planung, Entscheidung und Kontrolle im Sinne der notwendigen Steigerung der Binnenkomplexität erfolgen wird, muss die zukünftige Entwicklung von Verwaltungsreform erst noch zeigen.

7 Literaturverzeichnis

Adamascheck, B. (2001): Strategische Neuorientierung der öffentlichen Rechnungslegung, in: Eichhorn/Wiechers, S. 197 ff.

Beckhof, H./Pook, M. (2001): Gesamtstädtische Steuerung als "Konzernsteuerung", in: Eichhorn/Wiechers, S. 68 ff.

Beyer, R. u.a. (2001): Strategisches Management von Beteiligungen, in: Eichhorn/Wiechers, S. 92 ff.

Buchholtz, K. (1999): Anforderung an eine aussagefähige Kosten- und Leistungsrechnung, in: Budäus, D./Gronbach, P.: Umsetzung neuer Rechnungs- und Informationssysteme in innovativen Verwaltungen, Freiburg/Berlin/München, S. 83 ff.

Buchholtz, K. (2001): Controllingorientierte Kosten- und Leistungsrechnung für ein New Public Management. Anforderungen, Konzepte und internationale Erfahrungen am Beispiel von Kommunalverwaltungen, Wiesbaden.

Budäus, D. (1982): Betriebswirtschaftliche Instrumente zur Entlastung kommunaler Haushalte, Baden.

Budäus, D./Buchholtz, K. (1997): Konzeptionelle Grundlagen des Controlling in öffentlichen Verwaltungen, in: DBW, 57, Heft 3, S. 322 ff.

Budäus, D./Finger, S. (2001): Grundlagen eines strategischen Managements auf kommunaler Ebene, in: Eichhorn/Wiechers, S. 40 ff.

Budäus, D./Finger, S. (1999): Verwaltungsreform in Deutschland. Ausgewählte theoretische Bezüge und praktische Umsetzung.

Budäus, D./Gronbach, P. (Hrsg.) (1999): Umsetzung neuer Rechnungs- und Informationssysteme in innovativen Verwaltungen, Freiburg.

Budäus, D./Küpper, W./Streitferdt, L. (Hrsg.) (2001): Neues öffentliches Rechnungswesen. Stand und Perspektiven, Wiesbaden.

Budäus, D. (2001): Weiterentwicklung der integrierten Verbundrechnung (Speyerer Verfahren). Aktuelle Reformprobleme und Entwicklungsperspektiven des öffentlichen Rechnungswesens, in: Budäus, D./Küpper, W./Streitferdt, L. (Hrsg.): Neues öffentliches Rechnungswesen. Stand und Perspektiven, Wiesbaden, S. 301 ff.

Cyert, R. M./March, J. G. (1963): A Behavioral Theory of the Firm, Englewood Cliffs, N.J.

Dumont du Voitel, R. (2001): Balanced Scorecard als Instrument zur Operationalisierung von Strategien, in: Eichhorn/Wiechers, S. 186 ff.

Eichhorn, P./Wiechers, M. (Hrsg.) (2001): Strategisches Management für Kommunalverwaltungen, Baden-Baden.

Fiedler, J./Vernau, K. (2001): Strategisches Management als fehlendes Teilchen im Puzzle des Neuen Steuerungsmodells, in: Eichhorn/Wiechers, S. 28 ff.

Finger, S. (2001): Verschuldung und Verwaltungsreform in der Demokratie, Wiesbaden.

Greiling, D. (2001): Europäische Dimension des kommunalen Managements bei Dienstleistungen von allgemeinem wirtschaftlichen Interesse, in: Eichhorn/Wiechers, S. 106 ff.

Heinz, R. (2000): Strategisches Management. Überlegungen zu einem KGSt-Ansatz, Stuttgart.

Horváth, P. u.a. (Hrsg.) (2001): Balanced Scorecard umsetzen, Stuttgart.

Kaplan, R.S./Norton, D.P. (2001): Die Strategiefokussierte Organisation. Führen mit der Balanced Scorecard, Stuttgart.

Kreikebaum, H. (1997): Strategische Unternehmensplanung, 6. Auflage, Stuttgart/Berlin/Köln.

Kreyenfeld, M. u.a. (2000): Finanzierungsmodelle sowie Verteilungs- und Finanzierungsrechnungen für eine bedarfsgerechte Kinderbetreuung von Vorschul- und Schulkindern in Deutschland (Projekt-Nr. 96-812-4), Deutsches Institut für Wirtschaftsforschung DIW, Berlin.

Lüder, K. (1999), Konzeptionelle Grundlagen des neuen kommunalen Rechnungswesens (Speyerer Verfahren), 2. Auflage, Stuttgart.

Lüder, K. (2001): Neues öffentliches Haushalts- und Rechnungswesen. Anforderungen, Konzepte, Perspektiven, Berlin.

Luhmann, N. (1984): Soziale Systeme, Frankfurt a.M.

Luhmann, N. (1973): Zweckbegriff und Systemrationalität, Frankfurt a.M.

Martens, D./Thiel, F.-K./Zanner, H. (1998): Konzern Stadt: Führung und Steuerung kommunaler Leistungen unter Wettbewerbsbedingungen, Stuttgart, Berlin, Köln.

Naschold, F. u.a. (2000): Leistungstiefe im öffentlichen Sektor. Erfahrungen, Konzepte, Methoden, 2. Auflage, Berlin.

Pröhl, M. (Hrsg.) (2001): Key Learnings about Strategic Management from Cities of Tomorrow. Case Studies, Gütersloh.

Reichard, C. (2001): New Approaches to Public Management, in: König, K./Siedentopf H. (Hrsg.): Public Administration in Germany, Baden-Baden.

Ruter, R. X./Eltrop, S. (2001): Portfoliomanagement für den Konzern Stadt, in: Eichhorn/Wiechers, S. 174 ff.

Sandberg, B. (2001): Kommunales Benchmarking als strategisches Managementinstrument, in: Eichhorn/Wiechers, S. 163 ff.

Schedler, K./Proeller, I. (2000): A New Public Management, Bern/Stuttgart/Wien.

Schuppert, G F. (2000): Verwaltungswissenschaft: Verwaltung, Verwaltungsrecht, Verwaltungelehre, 1. Auflage, Baden-Baden.

Steinmann, H./Schreyögg, G. (2000): Management. Grundlagen der Unternehmensführung. Konzepte, Funktionen, Fallstudien, 5. Auflage, Wiesbaden.

Thom, N./Ritz, A. (2002): Public Management. Innovative Konzepte zur Führung im öffentlichen Sektor, Wiesbaden.

Autorenverzeichnis:

Dipl.-Verw.Wiss. Jens Michael Alt: Studium der Wirtschafts- und Politikwissenschaften an den Universitäten Freiburg, Grenoble (Frankreich) und Konstanz. Abschluss: „Diplôme d'Administration et de la Politique Internationale" (Université Grenoble), Diplom-Verwaltungswissenschaften (Universität Konstanz). Praktische Tätigkeiten u.a. bei „Volkswagen de México" in Puebla (1999) sowie Arthur Andersen (2000/ 2001). Derzeit als Assistent am Lehrstuhl für „Grundlagen der BWL und Theorien der Unternehmung" am Institut für betriebswirtschaftliche Forschung (IfbF) der Universität Zürich.

Dr. Guido Benzler: Studium der Wirtschaftswissenschaften an der Ruhr-Universität Bochum. Abschluss: Diplom-Ökonom. Promotion zum Dr. rer. oec. im Fachgebiet Volkswirtschaftspolitik. Berufstätigkeit von 1993 – 1998 beim Rheinisch-Westfälischen Institut für Wirtschaftsforschung (RWI), Essen, sowie von 1998 – 1999 bei der GMO Managementberatung, Düsseldorf. Seit 1999 Berater/Prokurist bei Arthur Andersen Business Consulting. Beratungsschwerpunkte: Kosten- und Leistungsrechnung, Controlling, Organisationsanalysen/-gestaltung, Change Management.

Dr. Rainer Beyer: Studium der Betriebswirtschaftslehre an den Universitäten Erlangen-Nürnberg und Bloomington (IN), USA. 1995 – 1999 Universitätsassistent am Institut für Organisation und Materialwirtschaft der Wirtschaftsuniversität (WU) Wien. 1998 Forschungsaufenthalt an der University of Edmonton, Kanada. Promotion zum Dr. rer. soec. an der Wirtschaftsuniversität Wien zum Thema: „Organisatorische Veränderungstypen in der öffentlichen Verwaltung." Seit 1999 bei Rödl & Partner, Nürnberg. Leiter für Organisationsentwicklung/strategische Projekte (intern) sowie des Kompetenzzentrums strategische Steuerung (Beratung). Seit 2000 Mitglied des Arbeitskreises New Public Management der Schmalenbachgesellschaft e.V. Diverse Lehrtätigkeiten.

Dipl.-Verw.Wiss. Julia Brandl: Studium der Politik- und Verwaltungswissenschaften an den Universitäten Paria (Italien) und Konstanz. 1998 – 2001 Beraterin bei KPMG Consulting AG im Bereich Public Sector. Beratungsschwerpunkte: Personal-Controlling, Prozessoptimierung, Change Management. Seit 2002 Promotion zum Thema „Erfolgsfaktoren der Personalarbeit" am Institut für Personalmanagement der Wirtschaftsuniversität (WU) Wien.

Univ.-Prof. Dr. Dietrich Budäus vertritt das Fach „Public Management" in Forschung und Lehre und leitet nach mehreren Rufen an in- und ausländische Hochschulen den Arbeitsbereich Public Management an der Hamburger Universität für Wirtschaft und Politik. Neben zahlreichen Veröffentlichungen zur Verwaltungsreform und hier speziell zur Reform des öffentlichen Rechnungswesens wirkt er in wissenschaftlichen

Gremien und Beiräten sowie in einzelnen Reformprojekten konkret und praxisorientiert an der Gestaltung des aktuellen Reformprozesses mit.

Dipl.-Kff., Dipl.-Psych.Ger. Adelheid Susanne Esslinger: Studium der BWL an der Friedrich-Alexander-Universität Erlangen-Nürnberg (FAU) sowie an der Glasgow Business School. Abschluss: Dipl.-Kauffrau. Anschließend wiss. Mitarbeiterin am Lehrstuhl für Internationales Management der FAU. Seit 1997 Promotion im Bereich Gesundheitsmanagement. Thema: Einführung von Management-Steuerungssystemen in sozialen Einrichtungen. Seit 1997 geschäftsführende Assistentin am Betriebswirtschaftlichen Institut der FAU. 2000 Abschluss des Aufbaustudiengangs „Diplom-Psychogerontologie" an der FAU. Im Rahmen der Diplomarbeit „Lebensqualität nach Schlaganfall" zweijährige Projektarbeit in der Schlaganfall-Unit der neurologischen Abteilung der FAU.

Prof. Dr. Albert Galli: Studium der Betriebswirtschaftslehre. Promotion zum Dr. rer. pol., gefördert durch den Deutschen Fußball-Bund. Thema der Dissertation: „Das Rechnungswesen im Berufsfußball". Im Anschluss daran mehrjährige internationale Consultingtätigkeit im Bereich Financial Advisory Services/Corporate Finance bei der KPMG Deutsche Treuhand-Gesellschaft, München. Dort deutschlandweit verantwortlich für den Bereich „Beratung von nationalen und internationalen Sportvereinen und -verbänden". Seit September 2000 Professor der Betriebswirtschaftslehre mit Schwerpunkt Finanz- und Investitionswirtschaft. Diverse Veröffentlichungen und Vorträge zum Thema Non-Profit- und Sportmanagement.

Dr. Markus Gmür: Studium der Betriebswirtschaftslehre an der Hochschule St. Gallen. 1989 Lizentiat der Wirtschaftswissenschaft, 1996 Promotion zum Dr. rer. soc. 1989 – 1994 und seit 1996 wissenschaftlicher Mitarbeiter bzw. Assistent am Lehrstuhl für Management der Universität Konstanz. 1992 Forschungsaufenthalt an der Universität Genf. 1994 – 1995 geschäftsführender Prokurist der Medeclin Tageskliniken GmbH, seit 2000 Partner des IMb.K Institut für Managementberatung, Konstanz. Forschungsgebiete: Krisenmanagement und Organisationstheorie, Human Resource Management, Flexibilisierung, Managementlehre im internationalen Vergleich, Strategisches Management von Non-Profit-Organisationen.

Dipl.-Verw. (FH) Cornelia Gottbehüt: Studium zur Diplom-Verwaltungswirtin an der Fachhochschule Kehl. 1991 – 1995: Leitende Sachbearbeiterin für den Bereich Gewerberecht, stellvertretende Sachgebietsleiterin des Sachgebietes „Öffentliche Sicherheit und Ordnung" beim Landratsamt München. 1995 – 2000: Leiterin der Abteilung „Öffentliche Sicherheit und Ordnung" in der Stadt Garching bei München. Seit 2000 als Seniorberaterin bzw. seit 2001 als Prokuristin bei Andersen, Kommunales Kompetenz Center. Beratungsschwerpunkt: Steuerungs-/Managementinstrumente in der öffentlichen Verwaltung, Verwaltungsreform, Aufbau- und Ablauforganisation, Balanced Scorecard, eGovernment.

Dr. Frank Hippler: Studium der Wirtschafts- und Organisationswissenschaften an der Universität der Bundeswehr in München. Abschluss: Dipl.-Kaufmann. Promotion zum Dr. rer. pol. im Fachgebiet Internationales Management zum Thema Strategisches Controlling/Balanced-Scorecard. Von 1989 – 1999 Offizier der Bundeswehr. Seit 1999 Senior Berater bei Arthur Andersen Business Consulting. Verantwortlicher Knowledge Manager Government Services Germany. Beratungsschwerpunkte: Controlling, Kosten- und Leistungsrechnung, Organisationsberatung/Prozessoptimierung u.a.

Dr. Markus Horneber: Studium der Betriebswirtschaftslehre und Promotion zum Thema: „Innovatives Entsorgungsmanagement" an der Universität Erlangen-Nürnberg. Von 1995 bis 1997 Controller und Leiter der kaufmännischen Abteilung Geschäftszweig „Standard Derivate" des Bereiches „Halbleiter" bei der Siemens AG in München (jetzt Infineon). Seit 1997 Verwaltungsdirektor der Diakonie Neuendettelsau und Geschäftsführer der Diakonischen Dienste Neuendettelsau GmbH. Gleichzeitig Vorstandsmitglied des Verbandes Diakonischer Dienstgeber in Deutschland.

Dr. John C. Lührs, MBA: Studium der Wirtschaftswissenschaften in Bamberg, Washington D.C. und St. Gallen. Promotion im Fachgebiet Strategisches Management bei den Professoren Bieger und Rüegg-Stürm, Universität St. Gallen. Seit 1996 als Berater bei Roland Berger Strategy Consultants tätig. Projekt-Manager im Bereich Corporate Strategy mit den Beratungsschwerpunkten Strategieentwicklung, Steuerung und Controlling im öffentlichen Sektor und in der Privatwirtschaft sowie Konzeption und Umsetzung umfassender Veränderungsprozesse in großen Organisationen.

Dipl.-Verw. (FH) Ute Lysk: Studium an der Fachhochschule für öffentliche Verwaltung Hannover. Langjährige Praxiserfahrung in der Kommunalverwaltung. Seit 1997 als Beraterin bei Roland Berger Strategy Consultants tätig. Projekt-Managerin im Bereich Public Services mit den Beratungsschwerpunkten Strategieentwicklung, Führungs- und Steuerungssysteme, Controlling, E-Government, Bildung.

Dr. Martin Mertes: Studium der Betriebswirtschaftslehre an den Universitäten Essen und Düsseldorf. 1996 – 2000 Wissenschaftlicher Mitarbeiter am Lehrstuhl für Controlling an der Heinrich-Heine-Universität Düsseldorf. Promotion bei Prof. Dr. Wolfgang Berens über das Thema „Controlling in der katholischen Kirche". November 2000 Einstieg bei der Parsytec AG (Aachen) im Controlling, seit August 2001 als Leiter Rechnungswesen und Controlling. Im WS 2001/2002 Lehrauftrag an der Theologischen Fakultät Paderborn im Studiengang Caritaswissenschaften.

Dipl.-Verw.Wiss. Sonja Roth: Studium der Verwaltungswissenschaft an der Universität Konstanz mit Abschluss Diplom-Verwaltungswissenschaft. Moderation der Workshops und wissenschaftliche Aufbereitung der Entwicklung einer Balanced Scorecard im Hegau-Klinikum, Singen 2001/2002.

Prof. Dr. Andreas Georg Scherer: Studium der Betriebswirtschaftslehre an der Universität Erlangen-Nürnberg. 1989 Diplom-Kaufmann, 1994 Promotion zum Dr. rer. pol., 2000 Habilitation. 1990 – 2000 Wissenschaftlicher Mitarbeiter bzw. Assistent am Betriebwirtschaftlichen Institut der Universität Erlangen-Nürnberg, 2000 – 2002 Professor für BWL der Öff. Verwaltung/Managementlehre am Fachbereich Politik- und Verwaltungswissenschaften der Universität Konstanz. Sommersemester 1996 Gastprofessor am Department of Management, University of Georgia, Sommersemester 2000 Gastprofessor am CESAG, Université Robert Schuman (Strasbourg), Wintersemester 2001/02 Lehrauftrag am IfbF der Universität Zürich. Seit März 2002 Inhaber des Lehrstuhls „Grundlagen der BWL und Theorien der Unternehmung" an der Universität Zürich. Forschungsgebiete: Strategische Steuerung in erwerbswirtschaftlichen und öffentlichen Institutionen, Organisationstheorie, Wirtschaft und Politik, Internationales Management, Unternehmensethik u.a.

Lic. Oec. Katrin Vernau: Studium der Wirtschaftswissenschaften an der Hochschule St. Gallen und der Columbia University, New York. Promotion im Bereich Public Management bei den Professor Reichard und Jann, Universität Potsdam. Seit 1997 als Beraterin bei Roland Berger Strategy Consultants tätig. Projekt-Managerin im Bereich Public Services mit den Beratungsschwerpunkten Strategie, Organisation, Führungs-und Steuerungssysteme, Controlling, Finanz- und Rechnungswesen.

Dipl.-Kfm. Marc Wagner, CFA: Studium der Betriebswirtschaftslehre an den Universitäten Stuttgart und Augsburg. Im Anschluss daran mehrjährige internationale Consultingtätigkeit im Bereich Financial Advisory Services/Corporate Finance bei der KPMG Deutsche Treuhand-Gesellschaft, München. Zugleich Doktorand am Lehrstuhl von Prof. Dr. Manfred Steiner, Universität Augsburg. Dozententätigkeit für Hochschulen, nationale und internationale Organisationen und Unternehmen im Bereich der Investitionsrechnung und Finanzierung. CFA Charterholder seit 2001. Veröffentlichungen und Vorträge zur Unternehmensfinanzierung und zum Wert- und Risikomanagement.

Dipl.-Verw.Wiss. Michael Worschischek: Studium der Verwaltungswissenschaften an der Universität Konstanz. Abschluss Diplom-Verwaltungswissenschaften. Daneben diverse Tätigkeiten im Bereich „Neuer Steuerungsmodelle" unter anderem im Main-Kinzig-Kreis und bei der KGSt consult GmbH. Projektstudie über die kennzahlengestützte Steuerung zweier Jugendhilfeeinrichtungen. Seit Mai 2001 Berater bei der Simma & Partner Consulting GmbH.